Miller & Levine

Biología

Cuaderno del estudiante A

PEARSON

Boston, Massachusetts   Chandler, Arizona   Glenview, Illinois   Upper Saddle River, New Jersey

ISBN-13: 978-0-13-361467-1

ISBN-10:   0-13-361467-0

PEARSON

Contenido

¿Sabías que aprender a estudiar eficazmente puede hacer una diferencia real en tu desempeño escolar? Los estudiantes que dominan las destrezas de estudio tienen mayor seguridad y se divierten aprendiendo. El *Cuaderno del estudiante A* para *Biología de Miller & Levine* está diseñado para adquirir destrezas que te permitirán estudiar biología de forma más eficaz. Tu participación activa en clase y el uso de este cuaderno de trabajo serán de gran ayuda para alcanzar el éxito en biología.

Este cuaderno de trabajo puede usarse para:
- dar un vistazo al capítulo
- aprender los términos clave del vocabulario
- dominar conceptos difíciles
- revisar las pruebas de capítulos y unidades
- practicar las Destrezas para el siglo XXI

Considera estas sugerencias de uso de este cuaderno para estudiar de forma más eficaz.

Empieza con La gran idea

Cada capítulo de tu cuaderno empieza con La gran idea y la pregunta esencial de tu libro de texto. Usa las preguntas del organizador gráfico para desarrollar una respuesta a la pregunta esencial. Antes de empezar, completa la primera columna del organizador gráfico. Luego, al terminar cada lección, regresa y completa la segunda columna.

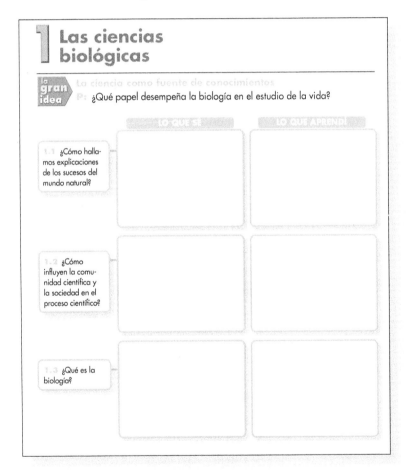

Cada lección empieza con los Objetivos de la lección que establece lo que se aprenderá en ella. Usa el Resumen de la lección para dar un vistazo al contenido y luego lee la lección correspondiente en tu libro de texto. Puedes usar esta página como repaso rápido antes de hacer un examen o cuestionario.

3.4 Los ciclos de la materia

Objetivos de la lección

- Describir cómo la materia circula por las partes vivas y no vivas de un ecosistema.
- Explicar cómo el agua circula por la biósfera.
- Explicar la importancia de los nutrientes para los sistemas vivos.
- Describir cómo afectan los nutrientes la productividad de los ecosistemas.

Resumen de la lección

Reciclaje en la biósfera A diferencia de la energía, la materia se recicla dentro y entre ecosistemas. Los elementos pasan de un organismo a otro y de una parte de la biósfera a otra por **ciclos biogeoquímicos**, circuitos cerrados impelidos por el flujo de energía.

El ciclo del agua El agua circula entre el océano, la atmósfera y el suelo.

- La evaporación ocurre cuando el agua cambia de líquido a gas.
- La transpiración ocurre cuando el agua se evapora en las hojas de las plantas.

Los ciclos de los nutrientes Las sustancias químicas que necesita un organismo para sobrevivir se llaman **nutrientes**. Como el agua, pasan por los organismos y el ambiente.

- El **ciclo del carbono**: El carbono es el elemento clave de todos los compuestos orgánicos. Los procesos de este ciclo son: la fotosíntesis y la combustión.
- El **ciclo del nitrógeno**: Todos los organismos requieren nitrógeno para producir proteínas. Los procesos de este ciclo son: fijación del nitrógeno y desnitrificación.
  - En la **fijación del nitrógeno**, ciertas bacterias convierten el gas nitrógeno en amoníaco.
  - En la **desnitrificación**, otras bacterias del suelo convierten los compuestos de nitrógeno llamados nitratos en gas nitrógeno.
- El **ciclo del fósforo**: El fósforo es esencial para las moléculas como el ADN y el ARN. La mayoría del fósforo de la biósfera se almacena en rocas y sedimentos oceánicos. El fósforo almacenado se libera gradualmente al agua y el suelo, para uso de los organismos.

Luego del resumen de la lección hallarás diferentes actividades diseñadas para ayudarte a comprender y recordar lo que leíste en el libro de texto. Completar estas hojas de trabajo te ayudará a dominar los conceptos y vocabulario clave de cada lección. Las preguntas se presentan en una variedad de formatos.

Resumen de los principios de Mendel

Para las preguntas 16 a 20, completa cada oración con la palabra correcta.

16. Las unidades que determinan la herencia de las características biológicas son los _____.

17. Una forma de un gen es un _____.

18. Si existen dos o más formas de un gen, algunos pueden ser dominantes y otros pueden ser _____.

19. La descendencia de la mayoría de los organismos de reproducción sexual tienen dos copias de cada gen. Uno proviene de cada _____.

20. Los alelos de diferentes genes normalmente se _____ de manera independiente de cada uno cuando se forman los gametos.

Para las preguntas 21 a 25, relaciona el término con su descripción.

_____ 21. Determina los rasgos

_____ 22. Puede haber dos de ellos en un gen

_____ 23. Alelo que se expresa

_____ 24. De donde provienen los genes

_____ 25. Lo que hacen los genes durante la formación de los gametos

A. padres
B. alelos
C. dominante
D. segregar
E. genes

Vistazo a la fotosíntesis

Para las preguntas 11 a 13, escribe la letra de la respuesta correcta.

_____ 11. ¿Cuáles son los reactantes de la reacción de fotosíntesis?

    A. clorofila y luz   C. carbohidratos y oxígeno

    B. dióxido de carbono y agua   D. electrones de alta energía y aire

_____ 12. ¿Cuáles son los productos de las reacciones dependientes de la luz?

    A. cloroplastos y luz   C. oxígeno y ATP

    B. proteínas y lípidos   D. agua y azúcares

_____ 13. ¿Dónde ocurren las reacciones independientes de la luz?

    A. estroma   C. clorofila

    B. tilacoides   D. mitocondrias

Organiza tus pensamientos

Además de los diferentes tipos de preguntas, también hallarás organizadores gráficos para estructurar tus pensamientos.

Aumentar la variación

7. Completa este mapa de conceptos sobre la biotecnología.

> Biotecnología
>
> es
>
> [ ]
>
> que puede aumentar la variación genética al
>
> [ ] [ ]
>
> un ejemplo de esto sería / un ejemplo de esto sería
>
> La radiación y las sustancias...
> [ ]

12. Completa el diagrama de flujo que resume el movimiento de los azúcares en las plantas.

La fotosíntesis produce una alta concentración de azúcares en las células llamadas _____

Los azúcares se mueven de la célula fuente al floema y el agua se mueve hacia el floema por el proceso de _____.

El agua que pasa al floema produce un aumento en la _____ interna de los tubos cribosos.

La presión ocasiona que los fluidos atraviesen el floema hacia las células _____, donde los azúcares están menos concentrados.

Razonamiento visual

También trabajarás con diversos materiales visuales para reforzar los conceptos de la lección.

5. **ANALOGÍA VISUAL** En la analogía visual de la ciudad en crecimiento, ¿qué representa la biblioteca? Identifica dos características por las que es una buena elección para este razonamiento.

_____
_____
_____
_____

17. **RAZONAMIENTO VISUAL** Los siguientes cuatro círculos representan el núcleo de una célula durante la mitosis. Dibuja cuatro cromosomas mientras pasan por cada fase. Nombra cada fase y describe lo que le ocurre al ADN.

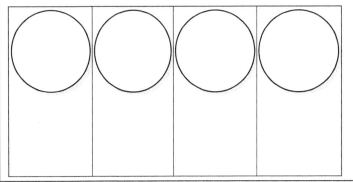

Relaciónalo Cada lección termina con una pregunta que te lleva de regreso a La gran idea y te da la oportunidad de aplicar lo que has aprendido.

Aplica la gran idea

39. Algunos gatos domésticos tienen pelaje anaranjado con rayas de un naranja más obscuro. Por lo general, los rasgos de estos gatos atigrados se ven en los machos. Los gatos pardos tienen manchas de muchos colores diferentes en el pelaje. Los gatos "torties" o "carey", como normalmente se llaman, casi siempre son hembras. ¿Qué te dice ésto acerca de la manera en la que la información celular sobre el color y el sexo se transmite en los gatos?

_____

_____

_____

_____

Aplica la gran idea

8. El lado izquierdo del corazón es más grande y musculoso que el lado derecho. Asimismo, las paredes de las arterias son más gruesas que las de las venas. Explica por qué estas diferencias en la estructura son importantes para su funcionamiento.

_____

_____

_____

Repaso del vocabulario Al final de la lección, tendrás la oportunidad de repasar el vocabulario del capítulo.

Repaso del vocabulario del capítulo

Crucigrama *Escribe el término que corresponda a cada una de las descripciones numeradas para completar el crucigrama.*

Horizontal

6. una característica específica

8. rasgos físicos

9. contiene dos alelos idénticos para un rasgo

10. la separación de los alelos durante la formación de las células sexuales

11. la unión de células sexuales masculinas y femeninas

12. estudio científico de la herencia

13. la posibilidad de que ocurra un suceso

Vertical

1. la descendencia de un cruce entre progenitores con rasgos diferentes de una raza pura

2. una forma de un gen

3. célula reproductora, óvulo o espermatozoide

4. palabra que describe un rasgo controlado por dos o más genes

5. composición genética

7. un fenotipo en donde se expresan ambos alelos

9. contiene dos alelos diferentes para un rasgo

El Misterio del capítulo de tu libro de texto te introduce a una aplicación de la biología en la vida real. Al final de cada capítulo del cuaderno, tendrás la oportunidad de considerar el misterio desde otra perspectiva. Mira adónde conduce el misterio mientras practicas las destrezas para el siglo XXI, como reunir materiales para una presentación, preparar un plan de negocios e incluso preparar un currículo.

MISTERIO DEL CAPÍTULO

CUENTACUENTOS DE LA EDAD DE PIEDRA

Aprendizaje en el siglo XXI

En el Misterio del capítulo, aprendiste acerca del Hombre de hielo, que murió hace 5300 años. Su cuerpo es la momia preservada de manera natural más antigua que se conoce. Muchos restos de plantas se preservaron junto a él. Es muy poco común que restos de plantas hayan logrado sobrevivir durante tanto tiempo.

¿Hombre de hielo del futuro?

Las condiciones ambientales en las que el Hombre de hielo murió fueron únicas. El hielo glacial ayudó a preservarlo a él y a muchas de sus pertenencias durante miles de años antes de que escaladores lo descubrieran en 1991. Considera lo que le habría sucedido hoy a un escalador que muriera en la cima de una montaña y cuyo cuerpo quedara atrapado en el hielo. El siguiente artículo es un informe periodístico ficticio del descubrimiento del Hombre de hielo II en el año 3008.

> **Transmisión mental vespertina, 8 de junio de 3008**—Los escaladores del glaciar Pike literalmente tropezaron con un importante descubrimiento antropológico esta mañana. Cuando Klendon Deel, de 85 años, tropezó con algo, su compañero de escalada y su madre, Mender Yayv Akong, de 122 años, le ayudaron a levantarse y buscaron el obstáculo parcialmente oculto que resultó ser un dispositivo electrónico llamado "Aip-od", usado antiguamente para escuchar música. Pero lo más sorprendente fue la esquelética mano que aún se aferraba al aparato.
>
> Akong y Deel llamaron a las autoridades, y en menos de una hora los científicos habían exhumado los restos de un adulto. Pruebas preliminares indican que el hombre murió en febrero o marzo de 2016. Entonces el glaciar aún no cubría el área llamada en aquel entonces "Colorado".
>
> Los científicos afirman que, por desgracia, la mayoría del tejido suave del hombre se desintegró durante la ola de calor de todo el siglo XXII, los choques corticales del siglo XXIV y la era glaciar Kelvin del siglo XXIX. Pero según el vocero Nkavrjdn*w, el esqueleto, uñas, cabello y muchas de las pertenencias están muy bien conservadas. "La jefa de investigación del hallazgo esta fascinada, en especial con los objetos de la mochila del hombre", dice Nkavrjdn*w. "Cree que ha encontrado los restos de una manzana. Aunque la fruta real ya no está, en la mochila quedaban restos del tallo y de varias semillas".
>
> Además, ahi se encontró una botella transparente. Los científicos planean hacer pruebas para determinar qué contenía. La única marca que encontraron fue un pequeño triángulo de tres flechas. No están seguros del significado de este misterioso símbolo.

Destrezas para el siglo XXI Consideraciones sobre los productos vegetales

Las destrezas que se emplean en esta actividad suponen **conocimientos sobre medios de comunicación e información, destrezas de comunicación, creatividad y curiosidad intelectual** y **responsabilidad social**.

Los materiales sintéticos, como el nylon y el plástico, tienden a durar más que los materiales basados en vegetales u orgánicos, como el algodón y el papel. Por esta razón, muchos productos modernos están hechos a base de materiales sintéticos. Sin embargo, las materias primas de la mayoría de los materiales sintéticos, son recursos no renovables. Acude a la biblioteca y usa recursos en Internet para comparar los materiales vegetales con los sintéticos. Por ejemplo, visita sitios Web de empresas que fabrican plástico, nylon, papel o tela de algodón. Considera las siguientes preguntas.

- ¿Cómo se comparan los costos de los productos vegetales con los de los sintéticos?
- ¿Qué tipo de oportunidades de negocio supone la fabricación de productos a base de materiales vegetales y no de materiales sintéticos?

En grupo, ideen un nuevo producto hecho a base de materiales orgánicos o vegetales. Identifiquen los clientes potenciales para el producto y analicen cómo lo comercializarían.

1 Las ciencias biológicas

La ciencia como fuente de conocimientos

P: ¿Qué papel desempeña la biología en el estudio de la vida?

LO QUE SÉ	LO QUE APRENDÍ
1.1 ¿Cómo hallamos explicaciones de los sucesos del mundo natural?	
1.2 ¿Cómo influyen la comunidad científica y la sociedad en el proceso científico?	
1.3 ¿Qué es la biología?	

1.1 ¿Qué es la ciencia?

Objetivos de la lección

- Indicar los objetivos de la ciencia
- Describir los pasos del método científico

Resumen de la lección

Qué es y qué no es la ciencia La **ciencia** es un método organizado para reunir y analizar evidencia sobre el mundo natural. Los objetivos de la ciencia son aportar explicaciones naturales de sucesos del mundo natural y usarlas para hacer predicciones útiles. La ciencia se diferencia de otras actividades humanas porque:

- La ciencia sólo se ocupa del mundo natural.
- Los científicos reúnen y ordenan información acerca del mundo natural de una manera organizada.
- Los científicos proponen explicaciones basadas en evidencia y no en creencias.
- Los científicos ponen a prueba estas explicaciones con más evidencia.

Método científico: el corazón de la ciencia La metodología de la investigación científica consiste en:

- Hacer **observaciones**. Observar implica notar y describir sucesos o procesos cuidadosa y ordenadamente. Los científicos usan observaciones para hacer inferencias. Una **inferencia** es una interpretación lógica basada en conocimientos previos de los científicos.
- Proponer hipótesis. Una **hipótesis** es una explicación científica de una serie de observaciones que se puede poner a prueba para confirmar o refutarla.
- Probar la hipótesis. Para probar la hipótesis muchas veces hay que diseñar un experimento. Si es posible, una hipótesis debe probarse por medio de un **experimento controlado**, en el que se modifica sólo una variable: la **variable independiente**. La variable que se observa y cambia en respuesta a la variable independiente se llama **variable dependiente**. El **grupo de control** se expone a las mismas condiciones del grupo experimental menos a una variable independiente.
- Reunir, registrar y analizar datos, o información que se junta durante el experimento.
- Sacar conclusiones basadas en los datos.

Qué es y qué no es la ciencia

1. ¿Qué es la ciencia?

_____

_____

2. ¿Cuáles son los objetivos de la ciencia?

_____

_____

_____

Metodo científico: el corazón de la ciencia

Las preguntas 3 a 10 se refieren a la generación espontánea: la idea de que la vida puede surgir de la materia inerte. Hasta mediados del siglo XIX, muchos científicos apoyaban la idea de la generación espontánea. A través de una serie de experimentos sencillos se puso a prueba la validez de esa idea.

3. La evidencia para apoyar la idea de la generación espontánea fue la observación de que con el tiempo en la comida salían larvas o brotes de hongos y bacterias. La inferencia detrás de la generación espontánea es que no existe un organismo "madre". Escribe esta inferencia en forma de hipótesis usando una oración del tipo "si . . . , entonces . . ." que sugiera una forma de probarla.

_____

_____

4. En 1668, Francisco Redi propuso una hipótesis distinta para explicar el ejemplo específico de las larvas que aparecen en la comida podrida. Había observado que las larvas aparecían en la carne unos días después de que se veían moscas en la comida. Redi infirió que las moscas habían puesto huevos demasiado pequeños para verlos. Abajo se muestra el experimento de Redi. ¿Qué conclusión puedes sacar del experimento de Redi?

_____

_____

Frascos destapados — Transcurren varios días. — Aparecen larvas.

Frascos tapados — Transcurren varios días. — No aparecen larvas.

5. A finales del siglo XVI, Lazzaro Spallanzani diseñó otro experimento para demostrar que la vida no surgía espontáneamente de la comida. Infirió que algunas comidas se descomponían debido al crecimiento de microorganismos. Completa la información que se pide abajo:

Variable independiente:

_____

Variable dependiente:

_____

Variables controladas (identifica tres):

_____

_____

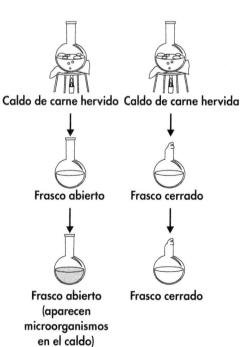

Caldo de carne hervido / Caldo de carne hervida

Frasco abierto / Frasco cerrado

Frasco abierto (aparecen microorganismos en el caldo) / Frasco cerrado

6. **RAZONAMIENTO VISUAL** Los críticos de Spallanzani dijeron que él sólo había demostrado que los organismos no pueden vivir sin aire. En 1859 Louis Pasteur diseñó un experimento para responder a esa crítica; ese experimento duplicó los resultados de Spallanzani.

Dibuja el tercer y el último paso del experimento. Usa una flecha para mostrar el camino de los microorganismos. Sombrea el Caldo del frasco en el que crecieron microorganismos.

Caldo de carne hervido

Caldo de carne hervido

7. ¿Cómo resolvió Pasteur el problema de Spallanzani de limitar la entrada de aire?

_____

_____

8. En los experimentos de Spallanzani y de Pasteur, ¿para qué servía hervir el Caldo de carne?

_____

_____

9. ¿Cómo refutan los experimentos de Redi, Spallanzani y Pasteur la hipótesis que escribiste en la pregunta 3?

_____

_____

10. Hoy en día, usamos un proceso de calentamiento de los líquidos para prevenir la descomposición por bacterias y otros microorganismos, inventado por uno de los tres científicos que se mencionan arriba. ¿Cómo se llama el proceso y para qué alimentos se usa?

_____

Aplica la gran idea

11. ¿Qué hechos demostraron los experimentos de Spallanzani, Redi y Pasteur? ¿Qué entendimiento científico más amplio exploraron los experimentos? ¿Cómo demuestra el ejemplo de estos experimentos que la ciencia es una fuente de conocimientos?

_____

_____

_____

_____

1.2 La ciencia en contexto

Objetivos de la lección

- Explicar cómo las actitudes científicas generan nuevas ideas.
- Describir la importancia de los comentarios de otros científicos.
- Explicar qué es una teoría científica.
- Explicar la relación entre la ciencia y la sociedad.

Resumen de la lección

Exploración y descubrimiento: ¿de dónde vienen las ideas? El método científico se relaciona estrechamente con la exploración y el descubrimiento. Los buenos científicos comparten actitudes científicas, o hábitos mentales, que los lleva a la exploración y el descubrimiento. Las nuevas ideas surgen de la curiosidad, el escepticismo, la creatividad y el hecho de tener la mente abierta.

- Las ideas para la exploración pueden surgir de problemas prácticos.
- Los descubrimientos en un campo de la ciencia pueden llevar al desarrollo de tecnologías nuevas; las tecnologías nuevas conducen a preguntas nuevas para explorar.

Comunicar resultados: repasar y compartir ideas Comunicar y compartir ideas es esencial en la ciencia moderna. Los científicos comparten sus hallazgos con la comunidad científica al publicar artículos que otros científicos revisan. En esta revisión, expertos anónimos e independientes evalúan los estudios científicos. De esta manera

- comparten ideas.
- ponen a prueba y evalúan el trabajo de otros científicos.

Cuando se publica una investigación, entra en el mercado dinámico de ideas científicas. Las ideas nuevas pasan a formar parte del conocimiento científico y conducen a hipótesis nuevas que deben confirmarse independientemente a través de experimentos controlados.

Teorías científicas En la ciencia, la palabra **teoría** se refiere a una explicación sometida a prueba que unifica una amplia gama de observaciones e hipótesis y que permite que los científicos hagan predicciones precisas de situaciones nuevas.

- Ninguna teoría se considera la absoluta verdad.
- La ciencia está en constante cambio: mientras se va descubriendo evidencia nueva, las teorías se pueden repasar o sustituir con explicaciones más útiles.

La ciencia y la sociedad Usar la ciencia implica entender su contexto en la sociedad y también sus limitaciones. Entender la ciencia

- ayuda a las personas a tomar decisiones que también se relacionan con costumbres, valores y normas de conducta.
- puede ayudar a las personas a predecir las consecuencias de sus acciones y a planificar para el futuro.

Los científicos intentan ser objetivos, pero cuando la ciencia se aplica en la sociedad, puede influir el prejuicio, o un punto de vista que es personal y no científico.

Exploración y descubrimiento: ¿de dónde vienen las ideas?

1. Describe cómo se generan ideas nuevas.

_____

2. ¿Qué relación tienen la ciencia y la tecnología?

_____

_____

3. Tuvieron que pasar cientos de años de discusiones y los experimentos de Pasteur en el siglo XIX para que la comunidad científica general aceptara que la generación espontánea de vida no era un concepto científico válido. Haciendo referencia al diagrama, describe cómo los métodos modernos de comunicación han cambiado el proceso científico.

_____

_____

_____

_____

_____

_____

_____

_____

_____

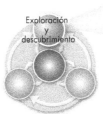

Adaptado de *Understanding Science,* UC Berkeley, Museo de Paleontología

Comunicar resultados: repasar y compartir ideas

4. **RAZONAMIENTO VISUAL** Usa los conceptos de la lección para mostrar el resultado de la comunicación entre los científicos. ¿Por qué se colocan las "ideas nuevas" en el centro del diagrama?

_____

_____

5. De los cuatro tipos de comunicación que indicaste, identifica el que es esencial para que haya comunicación entre la comunidad científica.

_____

Adaptado de *Understanding Science,* UC Berkeley, Museo de Paleontología

Teorías científicas

6. Un diccionario común indica distintas definiciones de la palabra *teoría*. Debe incluir una definición que describe cómo usan el término los científicos, pero también debe definir *teoría* como especulación, suposición o creencia. Estas definiciones comunes de *teoría*, ¿son sinónimos (palabras con el mismo significado) o antónimos (palabras con significados opuestos) de la definición de una teoría científica? Explica tu respuesta.

_____

_____

_____

_____

Para las preguntas 7 a 11, identifica cada oración como hipótesis o teoría. Para hipótesis, escribe "H" en la línea. Para teoría, escribe "T".

_____ **7.** La tasa de crecimiento del césped se relaciona con la cantidad de luz que recibe.

_____ **8.** Toda forma de vida está relacionada y proviene de un antepasado común.

_____ **9.** El universo comenzó hace aproximadamente 15 mil millones de años.

_____ **10.** Las pelotas de tenis nuevas rebotan más que las pelotas de tenis viejas.

_____ **11.** La cafeína sube la presión sanguínea.

La ciencia y la sociedad

12. ¿Cómo pueden afectar los prejuicios a la aplicación de la ciencia en la sociedad? ¿Qué función tiene un buen conocimiento de la ciencia en este fenómeno?

_____

_____

_____

_____

Aplica la gran idea

13. ¿Qué tiene la ciencia, como fuente de conocimientos, que hace que sea autocorrectora?

_____

_____

_____

_____

1.3 Estudio de la vida

Objetivos de la lección

- Indicar las características de los seres vivos.
- Identificar los temas centrales de la biología.
- Explicar cómo se estudia la vida en diferentes niveles.
- Discutir la importancia de un sistema universal de medidas.

Resumen de la lección

Características de los seres vivos La **Biología** es el estudio de la vida. Los seres vivos comparten estas características: están formados por células y tienen un código genético universal; obtienen y usan sustancias y energía para crecer y desarrollarse; se reproducen; responden a señales de su medio ambiente (**estímulos**) y mantienen un ambiente interno estable; cambian a lo largo del tiempo.

Grandes ideas de la biología El estudio de la biología gira en torno a varias grandes ideas relacionadas:

- **La base celular de la vida.** Los seres vivos están formados por células.
- **Información y herencia.** Los seres vivos se basan en un código genético universal escrito en una molécula llamada **ADN**.
- **Sustancias y energía.** La vida necesita sustancias que suministran materia prima, nutrientes y energía. La combinación de reacciones químicas a través de las cuales un organismo acumula o descompone sustancias se llama **metabolismo**.
- **Crecimiento, desarrollo y reproducción.** Todos los seres vivos se reproducen. En la **reproducción sexual**, se unen las células de dos progenitores para producir la primera célula del nuevo organismo. En la **reproducción asexual**, un solo organismo produce nuevos organismos idénticos a sí mismo. Los organismos crecen y se desarrollan mientras maduran.
- **Homeostasis.** Los seres vivos mantienen un equilibrio interno relativamente estable.
- **Evolución.** Los seres vivos comparten rasgos básicos heredados y evolucionan como grupo.
- **Estructura y función.** Cada grupo importante de organismos tiene estructuras evolucionadas que hacen posibles ciertas funciones.
- **Unidad y diversidad de la vida.** Todos los seres vivos se parecen a nivel molecular.
- **Interdependencia en la naturaleza.** Todas las formas de vida en la Tierra forman la **biósfera**: un planeta de seres vivos.
- **La ciencia como fuente de conocimientos.** La ciencia no es una lista de hechos sino "una fuente de conocimientos".

Campos de la biología La biología comprende muchos campos que cubren las mismas áreas, pero que usan herramientas distintas para estudiar la vida. Entre ellos se encuentran la biotecnología, la ecología global y la biología molecular.

Desarrollo de investigaciones biológicas La mayoría de los científicos usan el sistema métrico para compartir datos cuantitativos. Ellos conocen procedimientos de seguridad que aplican en el laboratorio. Para estar siempre seguro cuando haces investigaciones, la regla más importante es seguir las instrucciones del maestro.

Características de los seres vivos

1. Completa el organizador gráfico para mostrar las características que comparten los seres vivos.

están compuestos de unidades básicas llamadas _____

se basan en un _____ genético universal

crecen, se desarrollan y _____

Seres vivos

responden a su _____ mientras maduran

mantienen un _____ interno estable

obtienen y usan sustancias y _____

2. El _____ es la molécula genética común que tienen todos los seres vivos.

3. El proceso interno de _____ les permite a todos los seres vivos sobrevivir ante condiciones cambiantes.

4. Los seres vivos son capaces de responder a diferentes tipos de _____.

5. Los seres vivos tienen una historia larga de cambio _____.

6. La continuación de la vida depende de la _____ y la _____.

7. La combinación de reacciones químicas que regulan el _____ de un organismo ayudan a transformar la materia prima en materia viva.

Grandes ideas de la biología

8. Completa la tabla de grandes ideas de la biología. La primera fila ya se completó.

Gran idea	Descripción
Base celular de la vida	Los seres vivos están formados por células.
Información y herencia	
	La vida requiere de sustancias que proveen materia prima, nutrientes y energía.
Crecimiento, desarrollo y reproducción	
	Los seres vivos mantienen un ambiente interno relativamente estable.
Evolución	
	Cada grupo importante de organismos tiene estructuras evolucionadas que hacen posibles ciertas funciones.
	Todos los seres vivos se parecen a nivel molecular.
	Todas las formas de vida en la Tierra forman la biósfera: un planeta de seres vivos.
La ciencia como fuente de conocimientos	

9. Escoge dos de las grandes ideas de la tabla y describe cómo se relacionan.

_____

_____

_____

_____

Ramas de la biología

10. La biología abarca muchos campos relacionados y que usan herramientas distintas para estudiar los seres vivos. Completa la siguiente tabla con información sobre dos ramas de la biología, una que te interese y una que no te interese. Incluye una descripción de cada rama, las herramientas que usan los científicos de esa rama y lo que piensas de cada una.

Rama de la biología	Descripción de la rama	Por qué me interesa o no me interesa

Desarrollo de investigaciones biológicas

11. Describe el sistema de medidas que usan la mayoría de los científicos cuando reúnen datos y hacen experimentos.

_____

_____

12. ¿Por qué los científicos necesitan un sistema común de medidas?

_____

_____

_____

13. ¿Cuál es la regla de seguridad más importante que debes seguir en el laboratorio?

_____

_____

Aplica la gran idea

14. Tu maestro está haciendo un experimento a largo plazo en el que tú y tus compañeros de clase cultivan plantas en casa. Pondrán a prueba la hipótesis de que el crecimiento de las plantas está relacionado con la cantidad de agua que reciben. Todos los datos se reunirán en tres semanas. ¿Por qué no es buena idea usar la taza de medir de 8 onzas que tienes en la cocina o la regla de 12 pulgadas que está en tu escritorio?

_____

_____

_____

_____

Repaso del vocabulario del capítulo

Para las preguntas 1 a 8, escribe la palabra correcta para completar cada oración.

1. El hecho de notar y describir sucesos o procesos de una manera cuidadosa y ordenada se llama _____.

2. La información reunida durante un experimento se llama _____.

3. Una _____ es una interpretación lógica de lo que los científicos ya saben.

4. Una _____ es una explicación científica de un conjunto de observaciones que se pueden poner a prueba para confirmarla o rechazarla.

5. Una _____ es una explicación comprobada que unifica una amplia gama de observaciones e hipótesis.

6. En la reproducción _____, el nuevo organismo tiene un solo progenitor.

7. Un _____ es la señal a la que responde un organismo.

8. La _____ es una manera organizada de reunir y analizar pruebas sobre el mundo natural.

Para las preguntas 9 a 17, escribe la letra de la definición más apropiada de cada término en la línea.

Término

_____ 9. biología
_____ 10. prejuicio
_____ 11. homeostasis
_____ 12. metabolismo
_____ 13. ADN
_____ 14. grupo de control
_____ 15. variable independiente
_____ 16. variable dependiente
_____ 17. biósfera

Definición

A. en un experimento, el grupo expuesto a las mismas condiciones que el grupo experimental menos una variable independiente.

B. estudio de la vida

C. seres vivos que mantienen un ambiente interno relativamente estable

D. molécula que contiene el código genético universal

E. punto de vista que es personal y no científico

F. planeta de seres vivos

G. combinación de reacciones químicas a través de las cuales un organismo acumula o descompone sustancias.

H. en un experimento, la variable que se manipula

I. en un experimento, la variable que responde al cambio

MISTERIO DEL CAPÍTULO

ALTURA POR RECETA MÉDICA

Aprendizaje en el siglo XXI

En el Misterio del capítulo, leíste sobre los padres que le inyectaron a su hijo sano hormona de crecimiento humano (HCH) con la esperanza de que el tratamiento aumentara su altura. También leíste que no hay pruebas de que este tratamiento haga que un niño crezca más.

¿Se deben anunciar farmacéuticos en la televisión?

Hoy en día, es común que los consumidores de medicamentos determinen su tratamiento o el de sus hijos. No siempre fue así. No hace mucho, los pacientes aceptaban mucho más los tratamientos que el médico les recetara. Escuchaban los consejos del médico y no exigían ningún tratamiento en particular. ¿Por qué han cambiado los papeles del médico y el paciente? Una razón son los anuncios de farmacéuticos en la televisión y las revistas, que van dirigidos a los consumidores y no a los médicos. ¿Es buena idea que se anuncien medicamentos controlados en televisión? A continuación se presentan dos puntos de vista.

¿Qué más le puedo ofrecer?

Por: Alguien con opinión

Anoche estaba viendo televisión y conté 14 comerciales de medicamentos. Sí, ¡14! Creo que las cosas están fuera de control. Me encanta la idea del consumidor informado, pero esto va mucho más allá.

Esta mañana investigué un poco. De todas las personas que van al médico y dicen "Por favor, deme una receta para tal medicamento", ¡el 80% la reciben! Parece que el médico sigue las órdenes del paciente.

Éste es el problema: todas las drogas, los medicamentos inclusive, pueden ser peligrosas bajo ciertas circunstancias. Los médicos saben si un paciente puede tomar un medicamento, y cuánto debe tomar. Los médicos, no los pacientes, deben tomar las decisiones sobre el tratamiento y el medicamento para un paciente.

Respuestas a "¿Qué más le puedo ofrecer?"

Publicado a las 9:17 por Dragonfly

Aunque no lo crea, este *blogger* aún lee los periódicos. Leí un editorial esta mañana sobre el peligro de los anuncios televisivos de medicamentos. Aquí incluyo el enlace. No estoy de acuerdo con el editorial. ¿Qué tiene de malo informar a la gente de lo que hay en el mercado? Nada. Los médicos aún son los porteros. Ellos escriben las recetas médicas. Si un medicamento es peligroso para los riñones, y tú tienes problemas renales, tu médico no te va a recetar eso. Tal vez ni si quiera lo pedirías, porque escuchaste la vocecita al final del anuncio que dice "No tome tal medicamento si tiene problemas de los riñones". Es imposible que los médicos lean todas las revistas médicas y otras cosas que reciben. Los anuncios de televisión también informan a los médicos sobre los medicamentos nuevos. En cuanto a los anuncios de medicamentos, yo digo ¡Bienvenidos sean!

Continúa en la próxima página ▶

Asuntos del siglo XXI · Conocimientos de ciencia y cívica

Responde las siguientes preguntas.

1. ¿Cuál es la idea principal del primer *blogger*?

_____

_____

2. ¿Cómo responde el segundo *blogger* al punto de vista del primero?

_____

_____

3. ¿Qué argumento usa el segundo *blogger* para apoyar su argumento?

_____

4. ¿Con cuál de los bloggers estás de acuerdo? Explica por qué.

_____

_____

_____

5. Más de 200 profesores de escuelas de medicina y 39 grupos de médicos y personas de la tercera edad han apoyado la suspensión de los anuncios de medicamentos dirigidos a los consumidores. Quieren prohibir estos anuncios en la televisión, la radio, los periódicos, las revistas y la Internet. ¿Esta información hace que cambies la opinión que expresaste en la respuesta anterior? ¿Por qué?

_____

_____

_____

_____

Destrezas para el siglo XXI · Evaluar fuentes de información

Entre las destrezas para esta actividad están **responsabilidad social, razonamiento crítico y comprensión de sistemas, conocimientos sobre medios de comunicación e información, y destrezas de comunicación.**

Busca en la Internet más argumentos a favor y en contra de los anuncios de farmacéuticos. La publicidad directa al consumidor (DTCA, por sus siglas en inglés) puede ser una frase clave en tu investigación. Haz dos listas, una con argumentos a favor de la DTCA de medicamentos y otra con argumentos en contra. Luego, evalúa la veracidad de la página de Internet y la utilidad de la información. Sugerencia: las direcciones de Internet que terminan en ".gov" o ".edu" suelen ser confiables. Las páginas de organizaciones o individuos con algún interés económico en el asunto pueden ser fuentes parciales.

2 La química de la vida

la gran idea

Materia y energía

P: ¿Cuáles son los principios químicos básicos que afectan a los seres vivos?

LO QUE SÉ	LO QUE APRENDÍ
2.1 ¿De qué está hecha la materia de los organismos?	
2.2 ¿Por qué las propiedades del agua son importantes para los organismos?	
2.3 ¿Cómo usan los organismos los diferentes tipos de compuestos de carbono?	
2.4 ¿Cómo se combinan y descomponen las sustancias químicas dentro de los organismos?	

2.1 Naturaleza de la materia

Objetivos de la lección

- Identificar las tres partículas subatómicas de los átomos.
- Explicar en qué se parecen y en qué se diferencian todos los isótopos de un elemento.
- Explicar en qué se diferencian los compuestos de sus componentes.
- Describir los dos tipos principales de enlaces químicos.

Resumen de la lección

Átomos   El **átomo** es la unidad más básica de la materia, y está formado por tres partículas subatómicas.

- Los protones tienen carga positiva y los neutrones no tienen carga. Existen fuerzas muy grandes que unen los protones y neutrones en el **núcleo**.
- Un **electrón** es una partícula con carga negativa que sólo pesa 1/1840 de la masa de un protón. Los electrones se mueven constantemente alrededor del núcleo del átomo.
- Como los átomos tienen la misma cantidad de protones y electrones, tienen una carga eléctrica neutra.

Elementos e isótopos   Un **elemento** químico es una sustancia pura formada por un sólo tipo de átomo.

- Los átomos que son del mismo elemento pero que tienen distinto número de neutrones se denominan **isótopos**. Los isótopos se identifican por la masa y el número total de protones y neutrones del núcleo. Como tienen el mismo número de electrones en cada átomo, todos los isótopos de un elemento tienen las mismas propiedades químicas.
- Los isótopos radiactivos tienen núcleos inestables y se descomponen a un ritmo constante.

Compuestos químicos   Un **compuesto** químico es una sustancia formada por la combinación química de dos o más elementos en proporciones definidas. Las propiedades físicas y químicas de un compuesto generalmente son muy diferentes de las de los elementos que lo componen. Los científicos usan fórmulas para mostrar la razón de elementos que forman un compuesto.

Enlaces químicos   Los átomos de los compuestos están unidos por **enlaces químicos**. Los electrones que pueden formar enlaces se llaman electrones de valencia.

- Un **enlace iónico** se forma cuando uno o más electrones pasan de un átomo a otro, formando así **iones**. Un átomo que pierde electrones adquiere carga positiva. Un átomo que gana electrones adquiere carga negativa.
- Un **enlace covalente** se forma cuando los electrones se comparten, en vez de ser transferidos. La estructura formada por átomos unidos por medio de enlaces covalentes se llama **molécula**. La molécula es la unidad más pequeña de la mayoría de los compuestos.
- Cuando las moléculas están cerca, se puede formar una atracción leve entre porciones de moléculas cercanas que tienen cargas opuestas. Estas fuerzas de atracción intermoleculares se denominan **fuerzas de van der Waals**.

Los átomos

1. **RAZONAMIENTO VISUAL** El diagrama muestra el modelo de un átomo de carbono, con un número atómico de 6. Completa el diagrama dibujando el resto de las partículas atómicas e incluye sus cargas. Rotula todas las partículas y el núcleo.

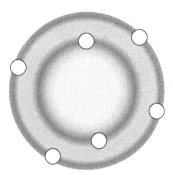

Elementos e isótopos

2. **RAZONAMIENTO VISUAL** Los diagramas muestran modelos de isótopos de carbono. Complétalos dibujando el resto de las partículas atómicas, incluyendo sus cargas.

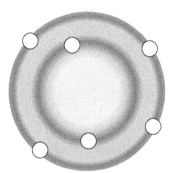

Carbono 13
no radiactivo

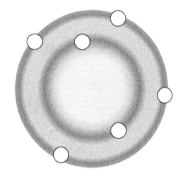

Carbono 14
radiactivo

Usa los diagramas que hiciste para responder las preguntas 3 y 4.

3. Identifica dos diferencias entre el carbono 12 y el carbono 14.

_____

_____

4. Identifica dos semejanzas entre el carbono 12, el carbono 13 y el carbono 14.

_____

_____

Para las preguntas 5 a 7, completa cada enunciado con la palabra correcta.

5. Un elemento químico es una sustancia pura formada por un solo tipo de _____.

6. Los átomos del mismo elemento que tienen diferente número de neutrones se llaman

_____.

7. Un átomo está formado por protones, neutrones y _____.

Compuestos químicos

8. ¿Qué es un compuesto químico?

_____

_____

9. ¿Qué indican las fórmulas de la sal común, NaCl, y del agua, H_2O, sobre estos compuestos?

_____

_____

Enlaces químicos

10. La sal marina contiene cloruro de calcio ($CaCl_2$), un compuesto iónico parecido a la sal común. Un átomo de calcio (número atómico 20) enlaza dos átomos de cloro (número atómico 17). Escribe el número de protones y electrones de cada ión.

Ión de cloro

Protones _____

Electrones _____

Ión de calcio

Protones _____

Electrones _____

11. ¿Cuál es la diferencia entre un enlace iónico y un enlace covalente?

_____

_____

Aplica la **gran** idea

12. ¿Por qué los enlaces químicos son importantes para el metabolismo?

_____

_____

_____

2.2 Propiedades del agua

Objetivos de la lección

- Comentar sobre las propiedades exclusivas del agua.
- Diferenciar soluciones y suspensiones.
- Explicar qué son soluciones ácidas y soluciones básicas.

Resumen de la lección

Moléculas del agua Las moléculas del agua (H_2O) son polares debido a la distribución desigual de sus electrones, lo que produce una pequeña carga negativa (–) en el átomo de oxígeno y una pequeña carga positiva (+) en cada átomo de hidrógeno. La atracción entre un átomo de hidrógeno de una molécula de agua y el átomo de oxígeno de otra molécula de agua se llama **enlace de hidrógeno**.

- La **cohesión** es la atracción entre moléculas de la misma sustancia. La cohesión hace que las moléculas del agua se acerquen, lo que produce tensión en la superficie.
- La **adhesión** es la atracción entre moléculas de sustancias diferentes. Provoca la acción capilar, un efecto que hace que el agua suba en un tubo delgado contra la fuerza de gravedad.

Soluciones y suspensiones Una **mezcla** es un material compuesto por dos o más elementos o compuestos que están mezclados físicamente pero no están combinados químicamente. Una **solución** es una mezcla en la cual todos los componentes están distribuidos de manera uniforme: la sustancia disuelta es el **soluto**; la sustancia que disuelve es el **solvente**. Las mezclas de agua y materiales no disueltos son **suspensiones**.

Ácidos, bases y el pH Una molécula de agua (H_2O) se puede dividir y formar un ión de hidrógeno (H^+) y un ión de hidróxido (OH^-).

- La **escala del pH** mide la concentración de iones de hidrógeno de una solución. La escala va desde 0 hasta 14. El agua pura tiene un pH de 7.
- Un **ácido** es un compuesto que forma iones H^+ en una solución. El pH de las soluciones ácidas está por debajo de 7. Una **base** es un compuesto que forma iones OH^- en una solución. El pH de las bases, o soluciones alcalinas, es superior a 7.
- Las **soluciones amortiguadoras** son ácidos o bases débiles que pueden reaccionar ante ácidos o bases fuertes para evitar cambios repentinos del pH.

Moléculas del agua

Para responder las preguntas 1 a 4, escribe Cierto o Falso *en la línea.*

_____ 1. El agua es una molécula polar.

_____ 2. Los enlaces de hidrógeno son un ejemplo de adhesión.

_____ 3. Los enlaces covalentes le dan al agua una capacidad de calentamiento baja.

_____ 4. Un enlace de hidrógeno es más fuerte que un enlace covalente.

Soluciones y suspensiones

5. Completa la tabla.

Sustancia	Definición	Ejemplo(s)
	Combinación física de dos o más sustancias	Azúcar con canela
Soluto		Sal en agua salada
	Mezcla de agua y una sustancia no disuelta	Sangre
Solución		

Ácidos, bases y el pH

6. ¿Qué hace que el agua pura sea neutra?

_____

_____

7. ¿Qué mide la escala del pH?

_____

8. En la escala del pH, indica qué dirección es progresivamente ácida y qué dirección es progresivamente básica.

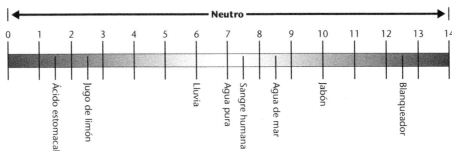

9. Identifica dos soluciones que tengan más iones H^+ que iones OH^-.

_____

10. Identifica dos soluciones que tengan más iones OH^- que iones H^+.

_____

11. ¿Cómo amortiguarías una solución que tiene un pH de 12?

_____

Aplica la **gran** idea

12. ¿Por qué son importantes para los seres vivos las soluciones amortiguadoras?

_____

_____

2.3 Compuestos de carbono

Objetivos de la lección

- Describir las características únicas del carbono.
- Describir las estructuras y funciones de cada uno de los cuatro grupos de macromoléculas.

Resumen de la lección

Química del carbono La química orgánica es el estudio de compuestos con enlaces entre átomos de carbono. Los átomos de carbono tienen cuatro electrones de valencia, lo que les permite formar enlaces covalentes fuertes con muchos otros elementos, incluyendo el hidrógeno, el oxígeno, el fósforo, el azufre y el nitrógeno. Los organismos vivos están formados por moléculas de carbono y esos otros elementos.

▶ Un átomo de carbono puede enlazar a otro para formar cadenas y anillos.

▶ El carbono puede formar millones de estructuras diferentes largas y complejas.

Macromoléculas Muchas de las moléculas de carbono de los seres vivos son tan largas que se llaman macromoléculas. Provienen de la polimerización, un proceso en el que unidades pequeñas llamadas **monómeros** se unen y forman **polímeros**. Los bioquímicos clasifican las macromoléculas según su composición química.

▶ Los **hidratos de carbono** (almidones y azúcares) están formados por carbono, hidrógeno y oxígeno. Son la fuente principal de energía de los seres vivos. Las plantas y algunos animales también los usan con fines estructurales. Las moléculas con un monómero de azúcar se llaman **monosacáridos**. Los disacáridos están formados por dos monosacáridos.

▶ Los **lípidos** (grasas, aceites y ceras) están formados principalmente por átomos de carbono e hidrógeno. Se pueden usar para almacenar energía y forman parte de membranas biológicas y cubiertas impermeables. Los esteroides que el cuerpo produce también son lípidos.

▶ Los **ácidos nucleicos** contienen hidrógeno, oxígeno, nitrógeno, carbono y fósforo. Son polímeros con **nucleótidos**. Un nucleótido tiene tres partes: una azúcar de 5 carbonos, un grupo fosfato ($-PO_4$) y una base nitrogenada. Los ácidos nucleicos almacenan y transmiten información hereditaria (genética). Hay dos tipos de ácidos nucleicos: ADN (ácido desoxirribonucleico) y ARN (ácido ribonucleico).

▶ Las **proteínas** están formadas por nitrógeno, carbono, hidrógeno y oxígeno. Son polímeros de **aminoácidos**. Una molécula de aminoácido tiene un grupo amino ($-NH_2$) en un extremo y un grupo carboxilo ($-COOH$) en el otro extremo. Las proteínas controlan el ritmo de las reacciones, regulan los procesos celulares, forman estructuras celulares, llevan sustancias hacia y desde las células, y ayudan a combatir enfermedades.

- En la naturaleza hay más de 20 aminoácidos. Cualquier aminoácido se puede enlazar con otro.

- Los enlaces covalentes, o peptídicos, unen a los aminoácidos y forman un polipéptido.

- Los aminoácidos se distribuyen en cadenas de polipéptidos según el código del ADN.

La química del carbono

1. ¿Cuántos electrones de valencia tiene cada átomo de carbono?

_____

2. ¿Qué le da al carbono la capacidad de formar cadenas de longitud casi ilimitada?

_____

Macromoléculas

Para responder las preguntas 3 a 5, completa cada enunciado con la palabra correcta.

3. Muchas de las moléculas de las células vivas son tan largas que se llaman _____.

4. _____ es el proceso mediante el cual se forman moléculas orgánicas grandes.

5. Cuando dos o más _____ se unen, se forma un polímero.

6. Haz una tabla para comparar los componentes y las funciones de las siguientes macromoléculas: carbohidratos, lípidos, ácidos nucleicos y proteínas.

Macromolécula	Componentes	Funciones

Aplica la gran idea

7. ¿De dónde viene el nombre de los compuestos orgánicos? ¿Cómo se relaciona la palabra "orgánico" con su significado?

_____

_____

_____

2.4 Reacciones químicas y enzimas

Objetivos de la lección

- Explicar cómo afectan las reacciones químicas a los enlaces químicos.
- Describir cómo los cambios de energía podrían producir una reacción química.
- Explicar por qué las enzimas son importantes para los seres vivos.

Resumen de la lección

Reacciones químicas Todo lo que le ocurre a un organismo se basa en **reacciones químicas**, procesos por los que una sustancia química se convierte en otra sustancia química.

- ▶ Los elementos o compuestos que reaccionan son los **reactantes**.
- ▶ Los elementos o compuestos producidos por la reacción son los **productos**.
- ▶ En las reacciones químicas hay cambios en los enlaces que unen los átomos de los compuestos.

La energía de las reacciones Unas reacciones químicas liberan energía; otras la absorben.

- ▶ Por lo general, las reacciones químicas que liberan energía ocurren por sí mismas.
- ▶ Las reacciones químicas que absorben energía requieren de una fuente de energía. La energía que se necesita para iniciar una reacción es la **energía de activación**.

Las enzimas Una **enzima** es una proteína que actúa como catalizador biológico. Un **catalizador** es una sustancia que acelera el ritmo de una reacción. Los catalizadores disminuyen la energía de activación de una reacción.

- ▶ En una reacción donde el catalizador es una enzima, los reactantes se conocen como **sustratos**. Éstos se unen a una parte de la enzima llamada sitio activo y permanecen unidos a la enzima hasta que la reacción se completa, cuando el producto se libera.
- ▶ La temperatura, el pH y las moléculas reguladoras pueden afectar la acción de las enzimas.

Reacciones químicas

1. ¿Qué es una reacción química?

_____

2. Completa la tabla sobre los químicos de una reacción química.

Químicos de una reacción química	
Químico	**Definición**
Reactantes	
Productos	

Energía de las reacciones

3. RAZONAMIENTO VISUAL Las gráficas que se muestran indican la cantidad de energía presente durante dos reacciones químicas. Una de las reacciones es una reacción en la que se absorbe energía; la otra es una reacción en la que se libera energía. Rotula cada tipo de reacción, rotula el nivel de energía de los reactantes y los productos, y luego traza una flecha en cada gráfica para mostrar la energía de activación.

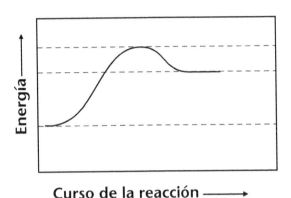

Tipo de reacción: _____   Tipo de reacción: _____

4. ¿Qué se libera o absorbe cuando los enlaces químicos se forman o se rompen?

_____

5. ¿Qué es energía de activación?

_____

6. De las dos reacciones anteriores, ¿cuál es más probable que se inicie espontáneamente y por qué?

_____

_____

Enzimas

7. ¿Cómo afecta a la energía de activación de una reacción química la suma de un catalizador?

_____

_____

8. ¿Qué tipo de catalizador afecta las reacciones bioquímicas?

_____

9. ¿Qué hace que las proteínas sean el tipo ideal de compuesto que actúa como enzima?

_____

_____

_____

Usa el diagrama para responder las preguntas 10 y 11.

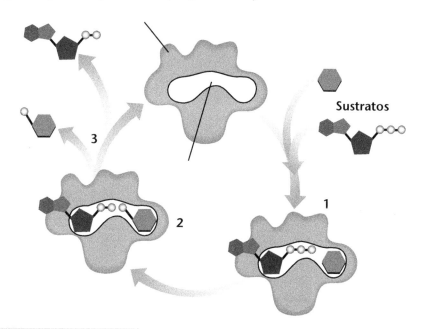

Sustratos

10. RAZONAMIENTO VISUAL Rotula la enzima, el sitio activo y los productos.

11. Escribe qué está pasando en cada parte numerada del diagrama.

(1) _____

(2) _____

(3) _____

Para responder las preguntas 12 y 13, fíjate en la Analogía visual que compara la acción de las enzimas con un candado y una llave.

12. ANALOGÍA VISUAL ¿En qué se parecen el sustrato y su enzima a una llave y un candado?

_____

_____

_____

_____

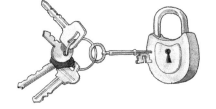

13. ¿Qué se está abriendo en esta analogía?

_____

Aplica la gran idea

14. En lo que se refiere a un organismo y cómo interactúa con su medio ambiente, ¿cuál es el beneficio de que ese organismo controle las reacciones químicas de su cuerpo?

_____

_____

_____

Repaso del vocabulario del capítulo

Crucigrama *Usa las pistas de abajo para completar el crucigrama con las palabras correctas.*

Horizontal

1. compuesto de carbono que almacena y transmite información genética

4. elemento o compuesto que entra en una reacción química

7. proceso que convierte un grupo de químicos en otros

9. partícula subatómica de carga positiva

10. centro de un átomo

12. unidad básica de la materia

13. átomo de un elemento que tiene diferente número de neutrones en comparación con otros átomos del mismo elemento

16. enlace formado cuando los átomos comparten electrones

Vertical

2. átomo con carga positiva o negativa

3. enlace que se forma cuando dos o más electrones pasan de un átomo a otro

5. partícula subatómica de carga negativa

6. monómero de proteína

8. monómero de ácido nucleico

11. sustancia formada por la combinación química de elementos

12. compuesto que forma iones de hidrógeno en una solución

14. macromolécula formada cuando se unen monómeros

15. compuesto que forma iones hidróxido en una solución

MISTERIO DEL CAPÍTULO

EL PEZ ESPECTRO

En el Misterio del capítulo, aprendiste sobre un pez cuyo cuerpo produce una proteína "anticongelante". Otras especies de peces, así como algunas especies de insectos y plantas, producen proteínas semejantes. La estructura y composición química de las proteínas son diferentes, pero todas funcionan como un "anticongelante" efectivo.

Aprendizaje en el siglo XXI

Promoción de un "anticongelante" natural

Una proteína capaz de prevenir el congelamiento de la materia orgánica tendría un valor comercial enorme. Como otros inventos e ideas innovadoras, la compañía que desarrolle o descubra un método único para producir esa proteína tendrá derecho a patentarlo. Una patente es una orden del gobierno que le otorga a un inventor los derechos exclusivos sobre el uso de esa invención. En otras palabras, una patente impide que alguien que no sea el inventor se beneficie de la invención. Como la solicitud de una patente puede tener cientos de páginas, debe comenzar con una descripción breve de la invención. Esa descripción se llama "resumen". El siguiente es un resumen que se podría usar en la solicitud de patente de un proceso de producción de anticongelante.

Resumen

Descripción de la invención: Método para sintetizar una proteína que disminuye el punto de congelación del agua. Esas proteínas se encuentran comúnmente en la naturaleza. Se denominan "proteínas anticongelantes" (o AFP por sus siglas en inglés) o "proteínas de estructuración del hielo" (o ISP por sus siglas en inglés) y son producidas por algunas especies de peces, plantas e insectos. Ya existe un AFP producido de manera natural por peces y producido de manera comercial a partir de levadura cuya genética se ha modificado. Este AFP se utiliza en productos congelados como los helados y el sorbete.

El método aquí descrito produce un tipo de AFP derivado de insectos. Los AFP derivados de peces reducen el punto de congelación del agua hasta en 1.5 °C. El AFP derivado de insectos reduce el punto de congelación del agua a −10 °C. El proceso utiliza algas con alteraciones genéticas para producir una proteína 9 kDa rica en treonina y cisteína, producida en forma natural por los gusanos de la yema del abeto (*Choristoneura fumiferana*).

Continúa en la próxima página ▶

Asuntos del siglo XXI Conocimientos de ciencias y economía

1. ¿Qué está tratando de patentar el inventor?

_____

_____

2. ¿Qué aplicación comercial ya tiene el AFP? ¿Cómo se produce con fines comerciales ese AFP?

_____

_____

3. ¿Por qué crees que el solicitante de la patente quiere usar un AFP derivado de insectos en vez del AFP derivado de peces?

_____

_____

4. ¿Por qué puede requerir de algas ese proceso?

_____

_____

5. ¿Por qué el solicitante de la patente investigó el gusano de la yema del abeto?

_____

_____

Destrezas para el siglo XXI Campaña publicitaria para el AFP

Entre las destrezas utilizadas en esta actividad están **conocimientos sobre medios de comunicación e información**, **razonamiento crítico y comprensión de sistemas**, y **creatividad y curiosidad intelectual**.

Trabaja con un compañero para usar la Internet o recursos de la biblioteca e investigar los efectos del frío extremo en el cuerpo humano. Piensa cómo esas reacciones cambiarían si el cuerpo tuviera el AFP descrito en la solicitud de patente. ¿Qué asuntos de seguridad tendrían que cubrirse si una persona tuviera que ingerir AFP? ¿Cuáles son los usos comerciales de un tratamiento con AFP si las personas tuvieran que ingerirlo? ¿Quién lo querría usar? Escoge un tipo o grupo de usuarios posibles del tratamiento.

Haz una campaña publicitaria dirigida exclusivamente a ese grupo de personas y diseñada para convencerlo de que reciban el tratamiento de AFP.

La biósfera

Energía e interdependencia en la naturaleza

P: ¿Cómo interactúan las partes vivas y las partes inertes de la Tierra y cómo afectan la supervivencia de los organismos?

LO QUE SÉ	LO QUE APRENDÍ
3.1 ¿Cómo estudiamos la vida?	
3.2 ¿Cómo obtienen diferentes organismos la energía que necesitan para sobrevivir?	
3.3 ¿Cómo se mueve la energía en un ecosistema?	
3.4 ¿Por qué el ciclo de la materia es importante para la vida en la Tierra?	

3.1 ¿Qué es la ecología?

Objetivos de la lección

- Describir el estudio de la ecología.
- Explicar cómo afectan los factores bióticos y abióticos a un ecosistema.
- Describir los métodos usados para estudiar ecología.

Resumen de la lección

Estudio de los seres vivos de nuestro planeta La ecología es el estudio científico de las interacciones de los organismos y de ellos con su ambiente.

- Los organismos de la Tierra viven en la biósfera. La biósfera está formada por las partes del planeta en las cuales existen seres vivos.
- Los ecólogos pueden estudiar diferentes niveles de organización ecológica:
  - Organismos individuales
  - Un conjunto de individuos que pertenecen a la misma especie y viven en la misma área se llama **población**.
  - Un conjunto de poblaciones diferentes que viven juntas en una misma área se llama **comunidad**.
  - Un **ecosistema** está integrado por todos los organismos que viven en un lugar en particular, y su medio ambiente físico.
  - Un grupo de ecosistemas con climas y organismos similares se llama **bioma**.

Factores bióticos y abióticos En los ecosistemas hay factores bióticos y abióticos.

- Los **factores bióticos** son cualquier parte viva del ambiente.
- Los **factores abióticos** son cualquier parte sin vida del ambiente.

Métodos de investigación ecológica Los ecólogos usan tres métodos básicos de investigación: observación, experimentación y desarrollo de un modelo:

- Por lo general, la observación lleva a la formulación de preguntas e hipótesis.
- Los experimentos pueden ser usados para poner a prueba las hipótesis.
- Desarrollar un modelo ayuda a los ecólogos a comprender procesos complejos.

Estudio de los seres vivos de nuestro planeta

1. ¿Qué es ecología?

_____

_____

_____

2. ¿Qué contiene la biósfera?

_____

_____

3. ¿Cómo se relacionan la economía y la ecología?

_____

_____

_____

_____

Usa el diagrama para responder las preguntas 4 y 5.

4. Rotula cada nivel de organización del diagrama.

5. Explica la relación entre los ecosistemas y los biomas.

_____

_____

_____

Factores bióticos y abióticos

6. Usa las palabras del recuadro para completar el diagrama de Venn. Escribe las partes del ambiente formadas por factores bióticos, abióticos y los que contienen ambos.

aire	calor	precipitación
animales	hongos	suelo
bacterias	plantas	luz solar

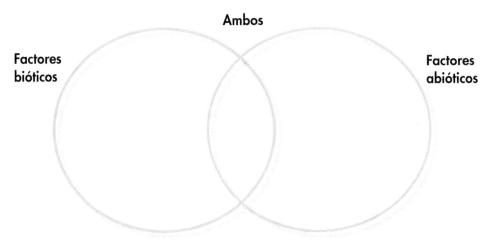

Ambos

Factores bióticos

Factores abióticos

Métodos de investigación ecológica

7. ¿Por qué puede un ecólogo crear un medio ambiente artificial en un laboratorio?

_____

_____

8. ¿Por qué es difícil estudiar algunos fenómenos ecológicos?

_____

_____

9. ¿Por qué los ecólogos hacen modelos?

_____

_____

Aplica la gran idea

10. ¿Qué hace que un planeta sea un planeta "vivo"? Explica tu respuesta comparando a Marte con la Tierra.

_____

_____

_____

_____

_____

3.2 Energía, productores y consumidores

Objetivos de la lección

- Definir los **productores primarios**.
- Describir cómo los consumidores obtienen energía y nutrientes.

Resumen de la lección

Productores primarios La luz solar es la principal fuente de energía de los seres vivos que habitan la Tierra. Los organismos que captan la energía de la luz solar o energía química y la usan para producir alimento se llaman **autótrofos**, o **productores primarios**.

- El proceso mediante el cual los autótrofos captan la energía luminosa y la usan para convertir el dióxido de carbono y el agua en oxígeno y azúcares se llama **fotosíntesis**.
- El proceso mediante el cual los autótrofos usan energía química para producir carbohidratos se llama **quimiosíntesis**.

Consumidores Los organismos que dependen de otros organismos para obtener energía y alimento se llaman **heterótrofos**. A los heterótrofos también se les conoce como consumidores. Hay muchos tipos diferentes de heterótrofos:

- Los **herbívoros**, como las vacas, obtienen energía al alimentarse solamente de plantas.
- Los **carnívoros**, como las serpientes, sólo comen animales.
- Los **omnívoros**, como los seres humanos, se alimentan de plantas y animales.
- Los **detritívoros**, como las lombrices de tierra, se alimentan de materia muerta.
- Los **descomponedores**, como los hongos, descomponen la materia orgánica.
- Los **carroñeros**, como los buitres, se alimentan de los restos de otros animales.

Productores primarios

1. ¿Qué hacen los autótrofos durante la fotosíntesis?

_____

_____

2. ¿Pueden sobrevivir sin la energía solar algunos organismos? Explica tu respuesta.

_____

_____

_____

_____

3. ¿Los organismos pueden generar su propia energía? Explica tu respuesta. _____

_____

_____

_____

Consumidores

4. Completa la tabla con los tipos de heterótrofos.

Tipos de heterótrofos		
Tipo	**Definición**	**Ejemplos**
Herbívoro		vacas, conejos
	Heterótrofo que se alimenta de animales	
Omnívoro		seres humanos, osos, cerdos
Detritívoro		
Descomponedor		
	Heterótrofo que se alimenta de los restos de animales muertos pero generalmente no los mata él mismo	

5. ¿Qué es un consumidor?

_____

6. ¿Cómo clasificarías a un consumidor que generalmente caza y se come a su presa, pero que también se alimenta de los restos de animales? _____

_____

Aplica la gran idea

7. ¿Qué función tienen los productores en la Tierra como planeta vivo? _____

_____

_____

_____

_____

_____

_____

3.3 Flujo de energía en los ecosistemas

Objetivos de la lección

- Trazar el flujo de energía a través de los sistemas vivientes.
- Identificar los tres tipos de pirámides ecológicas.

Resumen de la lección

Cadenas y redes alimentarias La energía fluye por un ecosistema en un sentido, de los productores primarios a varios consumidores.

- La **cadena alimentaria** es una serie de etapas en las que los organismos transfieren energía al comer y ser comidos. Los productores, como las algas flotantes llamadas **fitoplancton**, son la base de cada cadena alimentaria.

- La **red alimentaria** es una red de todas las cadenas alimentarias de un ecosistema y son muy complejas. Las alteraciones en una población pueden afectar a todas las poblaciones de una red alimentaria. Los cambios en las poblaciones de **zooplancton**, pequeños animales marinos que se alimentan de las algas, pueden afectar a todos los animales de la red alimentaria marina.

Niveles tróficos y pirámides ecológicas Cada etapa de una cadena o red alimentaria se llama **nivel trófico**. Los productores componen el primer nivel trófico. Los consumidores forman los niveles tróficos superiores. Cada consumidor depende del nivel trófico inferior para obtener energía.

La **pirámide ecológica** es un diagrama que muestra las cantidades relativas de energía o materia contenidas en cada nivel trófico de una cadena o red alimentaria. Los tipos de pirámides ecológicas son: de energía, de biomasa y de números:

- Las pirámides de energía muestran las cantidades relativas de energía disponibles en distintos niveles tróficos.

- Las pirámides de **biomasa** muestran la cantidad total de tejido vivo en cada nivel trófico.

- Una pirámide de números muestra la cantidad relativa de organismos en distintos niveles tróficos.

Cadenas y redes alimentarias

1. Completa la tabla con las relaciones alimentarias.

Relaciones alimentarias	
Relación	**Descripción**
Cadena alimentaria	
Red alimentaria	

Usa la cadena alimentaria para responder las preguntas 2 a 4.

2. Dibuja flechas entre los organismos para mostrar el flujo de energía por esta cadena alimentaria. Escribe *productor*, *herbívoro* o *carnívoro* debajo de cada organismo.

3. Explica cómo fluye la energía por esta cadena alimentaria. _____

_____

_____

_____

4. ¿Qué le pasaría a esta cadena alimentaria si una alteración disminuyera gravemente la población de tiburones? _____

_____

_____

5. ANALOGÍA VISUAL ¿Qué función tiene la energía en el diagrama, y cómo se representa?

_____

_____

_____

_____

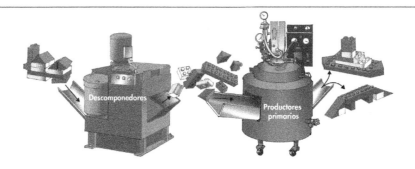

Niveles tróficos y pirámides ecológicas

Escribe Cierto o Falso.

_____ **6.** Los consumidores primarios componen siempre el primer nivel trófico de una red alimentaria.

_____ **7.** Las pirámides ecológicas muestran la cantidad relativa de energía o materia dentro de cada nivel trófico de una red alimentaria.

_____ **8.** En promedio, 50% de la energía disponible en un nivel trófico se transfiere al siguiente.

_____ **9.** Cuantos más niveles hay entre un productor y cierto consumidor, mayor es el porcentaje disponible de energía original de los productores para el consumidor.

Usa el diagrama para responder las preguntas 10 a 17.

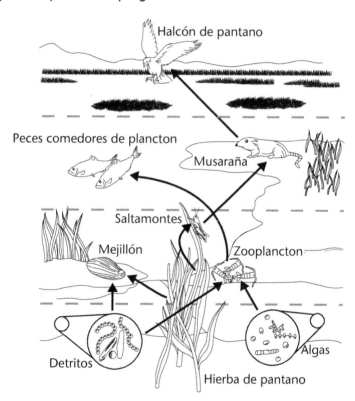

Relaciona el organismo con su nivel trófico. Un nivel trófico puede usarse más de una vez.

Organismo

_____ **10.** algas

_____ **11.** saltamontes

_____ **12.** hierba de pantano

_____ **13.** halcón de pantano

_____ **14.** peces comedores de plancton

_____ **15.** mejillón

_____ **16.** musaraña

_____ **17.** zooplancton

Nivel trófico

A. productor primario

B. consumidor de primer nivel

C. consumidor de segundo nivel

D. consumidor de tercer nivel

18. Completa la pirámide de energía con la fuente de energía de la red alimentaria y cuánta energía está disponible a los consumidores de primer, segundo y tercer nivel.

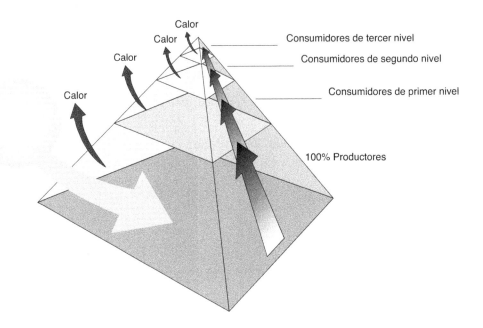

Calor

Calor

Calor

Calor

_____ Consumidores de tercer nivel

_____ Consumidores de segundo nivel

_____ Consumidores de primer nivel

100% Productores

Para las preguntas 19 a 21, completa cada oración con la(s) palabra(s) correcta(s).

19. La pirámide de _____ ilustra la cantidad relativa de materia viva orgánica disponible en cada nivel trófico de un ecosistema.

20. La pirámide de _____ muestra las cantidades relativas de organismos individuales en los niveles tróficos de un ecosistema.

21. La pirámide de _____ muestra las cantidades relativas de energía disponible en los niveles tróficos de una cadena alimentaria o red alimentaria.

Aplica la gran idea

22. Identifica qué tipo de pirámide ecológica es mejor para trazar el flujo de materia por un ecosistema. Explica tu respuesta.

_____

_____

_____

_____

_____

_____

3.4 Los ciclos de la materia

Objetivos de la lección

- Describir cómo la materia circula por las partes vivas y no vivas de un ecosistema.
- Explicar cómo el agua circula por la biósfera.
- Explicar la importancia de los nutrientes para los sistemas vivos.
- Describir cómo afectan los nutrientes la productividad de los ecosistemas.

Resumen de la lección

Reciclaje en la biósfera A diferencia de la energía, la materia se recicla dentro y entre ecosistemas. Los elementos pasan de un organismo a otro y de una parte de la biósfera a otra por **ciclos biogeoquímicos**, circuitos cerrados impelidos por el flujo de energía.

El ciclo del agua El agua circula entre el océano, la atmósfera y el suelo.

- La evaporación ocurre cuando el agua cambia de líquido a gas.
- La transpiración ocurre cuando el agua se evapora en las hojas de las plantas.

Los ciclos de los nutrientes Las sustancias químicas que necesita un organismo para sobrevivir se llaman **nutrientes**. Como el agua, pasan por los organismos y el ambiente.

- El **ciclo del carbono**: El carbono es el elemento clave de todos los compuestos orgánicos. Los procesos de este ciclo son: la fotosíntesis y la combustión.

- El **ciclo del nitrógeno**: Todos los organismos requieren nitrógeno para producir proteínas. Los procesos de este ciclo son: fijación del nitrógeno y desnitrificación.
  - En la **fijación del nitrógeno**, ciertas bacterias convierten el gas nitrógeno en amoníaco.
  - En la **desnitrificación**, otras bacterias del suelo convierten los compuestos de nitrógeno llamados nitratos en gas nitrógeno.

- El **ciclo del fósforo:** El fósforo es esencial para las moléculas como el ADN y el ARN. La mayoría del fósforo de la biósfera se almacena en rocas y sedimentos oceánicos. El fósforo almacenado se libera gradualmente al agua y el suelo, para uso de los organismos.

Limitación de nutrientes Un **nutriente limitante** es el que por su escasez limita la productividad de un ecosistema.

Reciclaje en la biósfera

Para las preguntas 1 a 3, escribe Cierto *si la oración es cierta. Si la oración es falsa, cambia la(s) palabra(s) subrayada(s) para que la oración sea cierta*

_____ **1.** Los elementos que componen más del 95% del cuerpo de la mayoría de los organismos son oxígeno, azufre, nitrógeno e hidrógeno.

_____ **2.** La materia se desplaza por un ecosistema en ciclos.

_____ **3.** Los procesos químicos y físicos incluyen la formación de nubes y la precipitación, la "quema" de los alimentos y el flujo del agua corriente.

4. **ANALOGÍA VISUAL** La ilustración hace analogía a la manera en que la energía impulsa a la materia a circular por un ecosistema y la manera en que el agua impulsa el movimiento de una rueda hidráulica. Da otro ejemplo de una analogía que muestre la relación entre la energía y los ciclos de la materia.

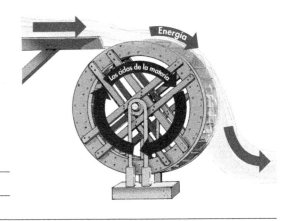

_____

_____

_____

5. Explica por qué la Tierra se considera un sistema cerrado.

_____

_____

6. ¿De qué manera construir una carretera nueva podría afectar los ciclos de la materia?

_____

_____

_____

_____

El ciclo del agua

7. ¿Qué función tienen las plantas en el ciclo del agua?

_____

_____

_____

8. **RAZONAMIENTO VISUAL** Dibuja un diagrama que explique el ciclo del agua. Rotula los procesos que forman parte como biológico o físico/químico.

Los ciclos de los nutrientes

9. Completa la tabla del ciclo del carbono.

Procesos que causan que el carbono entre en la atmósfera		Procesos que causan que el carbono salga de la atmósfera	
Proceso	**Descripción**	**Proceso**	**Descripción**
Respiración		Fotosíntesis	
	la liberación del CO_2 y otros gases a la atmósfera por aberturas en la corteza de la Tierra		

Para las preguntas 10 a 12, escribe la letra de la respuesta correcta.

_____ **10.** El carbono en el carbón, petróleo y gas natural es producto de

    A. la combustión de combustible fósil.

    B. los restos de organismos muertos.

    C. la fijación del carbono por bacterias de pantanos.

    D. el dióxido de carbono disuelto en agua marina.

_____ **11.** ¿Cómo regresa al medio ambiente la mayoría del carbono de los restos de un organismo?

    A. Los descomponedores transforman el cuerpo en compuestos más simples.

    B. El calor del Sol hace que el carbono del cuerpo se evapore.

    C. Los procesos geológicos convierten el cuerpo en combustible fósil.

    D. El agua de lluvia disuelve el carbono del cuerpo y lo lleva al mar.

_____ **12.** Los procesos humanos contribuyen principalmente a

    A. la liberación del dióxido de carbono a la atmósfera.

    B. la disminución de la cantidad total del carbono en la Tierra.

    C. el agotamiento de las reservas de dióxido de carbono en la atmósfera.

    D. el aumento de la cantidad de carbono almacenado en las rocas.

Escribe Cierto *si la oración es cierta. Si la oración es falsa, cambia la(s) palabra(s) subrayada(s) para que la oración sea cierta.*

_____ **13.** El nitrógeno, en forma de amoníaco, <u>nitrato</u> y nitrito, se encuentra en el suelo.

_____ **14.** La fijación del nitrógeno ocurre cuando ciertas bacterias convierten el gas nitrógeno en <u>nitratos</u>.

_____ **15.** La <u>desnitrificación</u> ocurre cuando algunas bacterias del suelo convierten los nitratos en gas nitrógeno.

_____ **16.** Todos los organismos requieren el nitrógeno para producir aminoácidos, que a su vez sirven para hacer <u>hidratos de carbono</u>.

_____ **17.** El fosfato se libera a medida de que se descomponen las <u>rocas y sedimentos</u>.

_____ **18.** Las plantas absorben el fosfato del <u>suelo</u> o el agua.

_____ **19.** El <u>fósforo</u> es el gas más abundante de la atmósfera.

_____ **20.** El <u>fosfato orgánico</u> es capturado por los productores durante la fotosíntesis y liberado por la respiración celular.

_____ **21.** El <u>fósforo</u> forma parte de las moléculas importantes que sostienen la vida como el ADN y ARN.

_____ **22.** Las plantas absorben el fósforo de <u>la atmósfera</u> o el agua.

23. Identifica y describe las etapas biológicas del ciclo del nitrógeno.

_____

_____

_____

_____

_____

_____

_____

24. ¿Qué es la fijación atmosférica del nitrógeno y qué efecto tiene en los organismos?

_____

_____

_____

25. ¿Cómo los humanos desplazan nitrógeno a la atmósfera?

_____

_____

26. ¿Qué partes del ciclo del fósforo son procesos geológicos?

_____

_____

_____

_____

Limitación de nutrientes

Use el diagrama de los nutrientes engranados para responder la pregunta 27.

27. **ANALOGÍA VISUAL** La Analogía visual compara las ruedas de engranaje con los nutrientes principales: el potasio, el fósforo y el nitrógeno. ¿Qué otras "ruedas de engranaje" se afectarían si estas piezas dejaran de trabajar integradas?

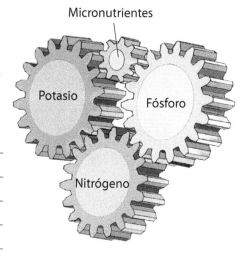

Micronutrientes

Potasio

Fósforo

Nitrógeno

_____
_____
_____
_____
_____
_____

28. Si un nutriente escaseara en un ecosistema, ¿cómo podría afectar a un organismo?

_____

29. ¿Cuándo es una sustancia un nutriente limitante?

_____
_____

Aplica la gran idea

30. Compara y contrasta el flujo de energía por un medio ambiente con el flujo de materia por el mismo medio ambiente.

_____
_____
_____
_____
_____
_____
_____
_____
_____
_____

Repaso del vocabulario del capítulo

Relaciona el término con la definición.

Término

_____ 1. nutriente

_____ 2. quimiosíntesis

_____ 3. consumidor

_____ 4. ecosistema

_____ 5. fotosíntesis

_____ 6. ecología

_____ 7. productor primario

_____ 8. biósfera

Definición

A. todos los organismos en un área y su ambiente físico

B. proceso en que los productores usan energía química para producir hidratos de carbono

C. organismo que se alimenta de otros

D. sustancia química que requiere un organismo para sobrevivir

E. organismo que usa energía química o de luz para producir sus propios alimentos

F. estudio de la biósfera

G. porción de la Tierra y su atmósfera que contiene organismos

H. proceso en que los productores usan energía de luz para producir hidratos de carbono

Para las preguntas 9 a 12, completa las analogías.

9. omnívoro : humano :: carnívoro : _____

10. detritívoro : gusano :: herbívoro : _____

11. autótrofo : heterótrofo :: fitoplancton : _____

12. factor biótico : elefante :: factor abiótico : _____

13. ¿Cuál es la diferencia entre la cadena alimentaria y la red alimentaria?

_____

_____

_____

Completa cada oración con la(s) palabra(s) correcta(s).

14. Cientos de ardillas viven en un bosque. Las ardillas forman _____.

15. Los hongos y algunas bacterias son _____ que obtienen nutrientes al descomponer químicamente la materia orgánica.

16. Los ecólogos miden _____ en gramos de materia orgánica por área de la unidad.

17. En un proceso conocido como _____, algunos tipos de bacterias del suelo obtienen energía al convertir los nitratos en gas nitrógeno.

MISTERIO DEL CAPÍTULO

CAMBIOS EN LA BAHÍA

Aprendizaje en el siglo XXI

La bahía Narragansett de Rhode Island no es el único ecosistema afectado por los cambios abióticos como la temperatura. Esto está ocurriendo en muchos biomas y ecosistemas alrededor del mundo.

Aumento de temperaturas de un lago

El bosque conífero del Noroeste es un bioma pequeño de la costa noroeste de Estados Unidos. La temperatura y la precipitación varían con la temporada. El lago Washington que se encuentra cerca de Seattle, Washington, es un ecosistema de agua dulce que está en peligro por la descarga de aguas residuales y el aumento de temperaturas en el agua durante décadas. Este resumen proviene de un reporte ambiental del lago Washington.

REPORTE AMBIENTAL: Estatus del lago Washington

PREPARADO POR: Subcomité ambiental

RESUMEN: Aunque hace 40 años que no se descargan aguas residuales al lago Washington, siguen los problemas de este ecosistema de agua dulce. La temperatura promedio del lago ha aumentado 0.5 °C en los últimos 40 años. La capa superior, con 9 metros de profundidad, ha aumentado 1.25 °C de temperatura. Este aumento de temperaturas perjudica la cadena alimentaria del ecosistema. La cantidad de zooplancton está disminuyendo. Estos organismos microscópicos comen algas, que forman la base de la cadena alimentaria. El zooplancton es también presa del salmón. Las temperaturas altas generan una mayor proliferación de algas y éstas comienzan a crear condiciones eutróficas en el lago. La eutrofización ocurre cuando un cuerpo de agua es alto en nutrientes, pero bajo en oxígeno. Las poblaciones de salmón están disminuyendo también por estas condiciones. El movimiento primaveral del lago, que ocurre cuando el agua más cálida de la superficie baja y se mezcla con el agua fría profunda, está ocurriendo un mes más tarde que en el pasado. En consecuencia, algunos peces que prefieren el agua fría están migrando a las aguas más profundas, donde encuentran especies más depredadoras que en las aguas menos profundas. Algunos estudios indican que el calentamiento global es la causa más importante de este aumento de temperaturas.

Continúa en la próxima página ▶

Asuntos del siglo XXI Conciencia científica y global, conocimientos de ciencia y cívica

1. ¿Qué factor abiótico está cambiando el ecosistema del lago Washington, y cómo ha cambiado este factor con el tiempo?

_____

_____

2. Explica cómo este cambio ha afectado la mezcla del agua cálida y fría del lago. ¿Cómo esto a su vez afecta a los peces?

_____

_____

_____

3. Este reporte sugiere que el calentamiento global es la causa principal del aumento de temperaturas del lago. ¿Qué implica esto con respecto a otros ecosistemas de lagos en el bosque conífero del Noroeste?

_____

_____

_____

4. Describe brevemente una cadena alimentaria del lago Washington.

_____

_____

5. Si la población de zooplancton del lago Washington está disminuyendo, ¿qué piensas que ocurre con la población de salmón? Explica tu respuesta.

_____

Destrezas para el siglo XXI Presentación sobre el lago

Entre las destrezas utilizadas en esta actividad están **razonamiento crítico y comprensión de sistemas; identificación, formulación y resolución de problemas; comunicación; conocimientos sobre información; y liderazgo y responsabilidad.**

Con un grupo pequeño, busca información sobre los problemas pasados de descarga de aguas residuales y las tendencias actuales de aumento de temperaturas del lago Washington. Alternativamente puedes investigar una masa de agua de tu comunidad o estado. Las páginas de Internet de las agencias ambientales federales y estatales pueden ser el punto de partida de la investigación. También puedes encontrar información valiosa en la biblioteca pública local y las oficinas del gobierno. Busca pruebas de la relación entre el calentamiento global y el aumento de temperaturas. Prepara una presentación que describa la información que encuentres. En la presentación, ofrece al menos un ejemplo y muestra los efectos en este ecosistema de las condiciones cambiantes. Presenta los hallazgos a la clase en un reporte oral, utilizando ilustraciones y tablas.

4 Ecosistemas y comunidades

la gran idea

Interdependencia en la naturaleza

P: ¿Cómo afectan los factores abióticos y bióticos a los ecosistemas?

LO QUE SÉ	LO QUE APRENDÍ
4.1 ¿Qué factores afectan el clima global?	
4.2 ¿Cómo se relaciona un organismo con otro?	
4.3 ¿Cómo cambian los ecosistemas a través del tiempo?	
4.4 ¿Cuáles son las características de los biomas principales?	
4.5 ¿Cuáles son las características de los ecosistemas acuáticos?	

4.1 Clima

Objetivos de la lección

- Identificar la diferencia entre el tiempo y el clima.
- Identificar los factores que afectan el clima.

Resumen de la lección

Tiempo y clima El **tiempo** es la condición de la atmósfera terrestre en un momento y lugar concreto. El **clima** es la media de las condiciones de temperatura y precipitación año tras año en una región particular.

- El clima puede variar a lo largo de distancias cortas.
- Estas variaciones producen **microclimas**.

Factores que afectan el clima La energía solar atrapada en la biósfera, la latitud y el calor que transportan los vientos y las corrientes oceánicas afectan el clima.

- La temperatura de la Tierra se mantiene a un nivel adecuado para la vida gracias al efecto invernadero. El **efecto invernadero** es el calor atrapado por los gases de la atmósfera.
- La curvatura de la Tierra hace que distintas latitudes reciban energía solar con mayor o menor intensidad. La distribución desigual del calor solar sobre la superficie terrestre genera tres zonas climáticas principales: polar, templada y tropical.
- El calentamiento desigual de la superficie terrestre también genera vientos y corrientes oceánicas. Los vientos y las corrientes transportan calor y humedad hacia toda la biósfera.

Tiempo y clima

1. ¿En qué se diferencian el tiempo y el clima?

_____

_____

_____

_____

_____

2. ¿Qué hace que se produzcan los microclimas?

_____

_____

_____

3. En el hemisferio norte, ¿por qué son más calidos y secos los lados de un edificio orientados hacia el sur que los orientados hacia el norte?

_____

_____

_____

Factores que afectan el clima

ANALOGÍA VISUAL *Para las preguntas 4 y 5, consulta la Analogía visual que compara la atmósfera de la Tierra con un invernadero.*

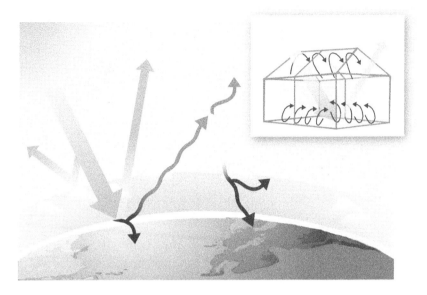

4. ¿Cuál es la fuente de radiación para la atmósfera de la Tierra y para el invernadero?

_____

5. ¿Qué sucede con la luz del Sol cuando llega a la superficie terrestre?

_____

_____

_____

_____

_____

Para las preguntas 6 a 9, escribe la letra de la respuesta correcta.

_____ **6.** ¿Cómo afectan el dióxido de carbono y el metano la temperatura de la Tierra?

    A. Atrapan el calor en la atmósfera.

    B. Liberan el calor de la atmósfera.

    C. Impiden que el calor entre en el océano.

    D. Impiden que el calor llegue a la superficie de la Tierra.

_____ **7.** ¿Cómo cambiaría la temperatura de la Tierra sin el efecto invernadero?

    A. La temperatura en el ecuador sería más cálida.

    B. La temperatura se mantendría igual.

    C. Subiría 30 grados centígrados.

    D. Bajaría 30 grados centígrados.

_____ 8. ¿Qué hace que la radiación solar llegue a distintas partes de la superficie terrestre desde un ángulo que varía conforme transcurre el año?

   A. el eje inclinado de la Tierra

   B. la órbita errática de la Tierra

   C. la órbita lunar alrededor de la Tierra

   D. las erupciones solares de la superficie del Sol

_____ 9. Al mediodía, ¿en qué lugar está el Sol casi directamente encima durante todo el año?

   A. en el ecuador

   B. en el polo Sur

   C. en el polo Norte

   D. en Norteamérica

10. Completa la tabla con las tres zonas climáticas principales de la Tierra.

Zonas climáticas principales		
Zona climática	**Lugar**	**Características climáticas**
	Áreas que rodean los polos Norte y Sur	
	Entre las zonas polares y los trópicos	
	Cerca del ecuador	

Para las preguntas 11 a 14, escribe Cierto, *si la oración es cierta. Si la oración es falsa, cambia la(s) palabra(s) subrayada(s) para que la oración sea cierta.*

_____ **11.** Los patrones de calentamiento y enfriamiento generan corrientes oceánicas.

_____ **12.** El aire caliente es menos denso que el aire frío.

_____ **13.** El movimiento del agua superficial causado por los vientos genera corrientes oceánicas.

_____ **14.** Las corrientes oceánicas profundas son causadas por el hundimiento de agua caliente cerca de los polos.

Aplica la gran idea

15. Describe cómo un cambio en la temperatura de una corriente oceánica puede afectar el clima de un área costera cercana.

_____

_____

_____

_____

_____

4.2 Nichos e interacciones comunitarias

Objetivos de la lección

- Definir nicho.
- Describir el papel de la competencia en el desarrollo de las comunidades.
- Describir el papel de la depredación y el herbivorismo en el desarrollo de las comunidades.
- Identificar los tres tipos de relaciones simbióticas en la naturaleza.

Resumen de la lección

El nicho Cada especie tiene una **tolerancia** o cierto nivel de condiciones en las que puede crecer y reproducirse; también determina su hábitat, o el lugar donde vive.

- El **nicho** es toda la gama de condiciones físicas y biológicas en que vive el organismo y la forma en que la especie obtiene lo que necesita para sobrevivir y reproducirse.
- El nicho debe contener todos los recursos que un organismo necesita para sobrevivir. Un **recurso** es aquello necesario para vivir, como agua, nutrientes, luz, comida o espacio.

Competencia Ocurre cuando los organismos tratan de usar los mismos recursos limitados.

- La competencia directa entre las especies generalmente causa la desaparición de una de ellas. Esto constituye la base del **principio de exclusión competitiva**, según el cual dos especies no pueden ocupar el mismo nicho en el mismo hábitat al mismo tiempo.
- La competencia ayuda a determinar el número y tipo de especies de una comunidad.

Depredación, herbivorismo y especie clave Las interacciones predador-presa y herbívoro-planta ayudan a la formación de comunidades.

- **Depredación** ocurre cuando un organismo (predador) captura y se come a otro (presa).
- **Herbivorismo** es cuando un animal (herbívoro) se alimenta de productores (plantas).
- En ocasiones los cambios en la población de una especie, a menudo llamada **especie clave**, pueden provocar cambios dramáticos en la estructura de una comunidad.

Simbiosis Ocurre cuando dos especies viven en una de estas relaciones estrechas.

- En el **mutualismo**, las dos especies se benefician de la relación.
- En el **parasitismo**, una especie se beneficia al vivir sobre o dentro de otra y le causa daño.
- En el **comensalismo**, una especie se beneficia y la otra ni se beneficia ni se perjudica.

El nicho

1. ¿Qué es un nicho?

_____

_____

2. Da un ejemplo de recursos que una ardilla podría necesitar.

_____

_____

3. Tres especies distintas de currucas viven en el mismo árbol. La primera se alimenta de la parte superior del árbol, la segunda, de la parte media y la tercera especie, de la parte inferior. ¿Ocupan todas las especies el mismo nicho?

_____

_____

_____

Competencia

Para las preguntas 4 a 8, escribe Cierto *si la oración es cierta. Si la oración es falsa, cambia la(s) palabra(s) subrayada(s) para que la oración sea cierta.*

_____ **4.** La competencia ocurre cuando los organismos tratan de utilizar los mismos <u>recursos</u>.

_____ **5.** La competencia entre miembros de la misma especie se denomina competencia <u>interespecífica</u>.

_____ **6.** El principio de exclusión competitiva sostiene que dos <u>organismos</u> no pueden ocupar el mismo nicho en el mismo hábitat al mismo tiempo.

_____ **7.** Si dos especies de bacterias crecen en el mismo cultivo, una especie siempre <u>vencerá</u> a la otra.

_____ **8.** Los miembros de la misma especie tienden a <u>dividirse</u> los recursos en vez de competir por ellos.

Depredación, herbivorismo y especie clave

Escribe la letra de la respuesta correcta.

_____ **9.** Un león que se come a cebra es un ejemplo de
   A. herbivorismo.   **C.** depredación.
   B. destrucción del hábitat. **D.** especie clave.

_____ **10.** Una vaca que come pasto es un ejemplo de
   A. herbivorismo.   **C.** destrucción del hábitat.
   B. depredación.   **D.** especie clave.

_____ **11.** Una especie clave es aquella que
   A. come una mezcla de plantas y animales.
   B. se introduce en una comunidad después de una gran alteración.
   C. disminuye la diversidad de una comunidad.
   D. ayuda a estabilizar las poblaciones de otras especies de la comunidad.

Simbiosis

12. Completa la tabla acerca de los principales tipos de relaciones simbióticas.

Tipos de relaciones simbióticas principales	
Tipo	**Descripción de la relación**
Mutualismo	
Comensalismo	
Parasitismo	

Empareja el ejemplo con el tipo de relación. Las opciones pueden usarse más de una vez.

Ejemplo

_____ **13.** una garrapata que vive en el cuerpo de un venado

_____ **14.** una abeja que chupa el néctar y recoge el polen de una flor

_____ **15.** un percebe que vive en la piel de una ballena

_____ **16.** una lombriz solitaria que vive en los intestinos de una persona

_____ **17.** un áfido que provee alimento a una hormiga a cambio de protección

Tipo de relación

A. mutualismo

B. comensalismo

C. parasitismo

Aplica la **gran** idea

18. ¿Cómo ilustran las especies clave la interdependencia de los organismos que viven en una comunidad? Da un ejemplo.

_____

_____

_____

_____

_____

_____

_____

4.3 Sucesión

Objetivos de la lección

- Describir cómo un ecosistema se recupera de una alteración.
- Comparar la sucesión posterior a una alteración natural con la sucesión posterior a una alteración provocada por la actividad humana.

Resumen de la lección

Sucesiones primaria y secundaria La serie de cambios predecibles que ocurre en una comunidad a través del tiempo se llama **sucesión ecológica**. En el transcurso de la sucesión, el número de especies distintas generalmente aumenta.

- La **sucesión primaria** empieza en las áreas donde no existen restos de una comunidad anterior. Ocurre en superficies rocosas limpias donde no hay tierra. La primera especie que puebla el área de sucesión primaria se denomina **especie pionera**.

- La **sucesión secundaria** ocurre cuando una alteración cambia una comunidad sin destruirla completamente.

Comunidades de clímax Una comunidad de clímax es un ecosistema maduro y relativamente estable.

- La sucesión secundaria de un ecosistema saludable, tras haber sufrido alteraciones naturales, suele reproducir la comunidad de clímax original.

- Los ecosistemas pueden o no recuperarse de las grandes alteraciones provocadas por la actividad humana.

Sucesión primaria y sucesión secundaria

1. ¿Qué es selección ecológica?

_____

_____

2. ¿Qué es la sucesión primaria?

_____

_____

3. Cuando una alteración cambia una comunidad sin remover la tierra, ¿qué tipo de sucesión ocurre?

_____

4. Describe el proceso de sucesión de un ecosistema.

_____

_____

5. ¿Por qué la sucesión secundaria suele proceder con mayor rapidez que la sucesión primaria?

_____

6. Utiliza el diagrama de Venn para comparar los dos tipos de sucesión ecológica.

Sucesión   **Ambas**   Sucesión
primaria   secundaria

7. Los paneles muestran los cambios que ocurren en un ecosistema tras la erupción de un volcán que cubrió el área con rocas y cenizas. Numera cada panel en el orden en que ocurrieron los cambios. Luego, debajo de cada uno, describe el cambio que ocurrió.

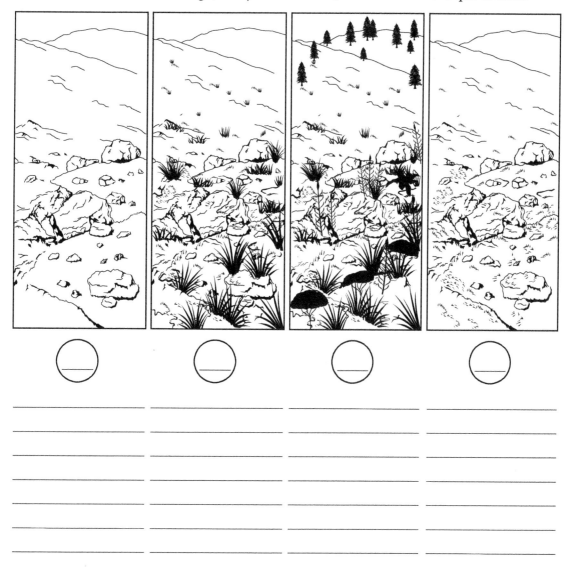

Comunidades de clímax

Para las preguntas 8 a 10, completa cada oración con la(s) palabra(s) correcta(s).

8. Después que ocurre un desastre natural en un ecosistema, la sucesión secundaria hará que el ecosistema vuelva a su _____ original.

9. La tala de un bosque es un ejemplo de _____ tan drásticas que evitan que la comunidad de clímax original se forme nuevamente.

10. Durante la sucesión primaria, _____ desempeña un papel fundamental para determinar qué especies pioneras llegan al área primero.

11. ¿Cuáles son los dos tipos de alteraciones que cambian un ecosistema? Da un ejemplo de cada una.

   _____

   _____

   _____

   _____

Aplica la gran idea

12. Muchos factores abióticos y bióticos determinan cuán rápido la sucesión ecológica hace que se desarrolle una comunidad de clímax en un área. Completa la gráfica añadiendo dos factores que contribuyan al desarrollo de una comunidad de clímax.

No ocurren grandes alteraciones

Desarrollo de una comunidad de clímax

4.4 Biomas

Objetivos de la lección

☐ Describir y comparar las características de los principales biomas.

☐ Identificar las áreas que no se clasifican dentro de los principales biomas.

Resumen de la lección

Los principales biomas Un bioma es un complejo de comunidades terrestres que cubre una gran área y tiene suelos, climas, plantas y animales característicos.

▶ En los bosques tropicales lluviosos, las cimas de los árboles altos forman una capa densa llamada **dosel forestal**. Los árboles y enredaderas más cortos forman otra capa llamada **sotobosque**. El calor y la humedad son intensos todo el año.

▶ Los bosques tropicales secos crecen donde se alternan las estaciones secas y las lluviosas. En ellos, hay árboles **caducifolios** (pierden sus hojas en una estación determinada).

▶ Las sabanas tropicales tienen áreas cubiertas de hierba y algunos árboles.

▶ En los desiertos cae menos de 25 centímetros de precipitación al año.

▶ Los pastizales templados tienen veranos más cálidos, inviernos fríos y suelos profundos.

▶ Los bosques y montes bajos templados contienen grandes áreas de hierba y flores silvestres, como las amapolas, intercaladas con árboles o arbustos.

▶ Los bosques templados están compuestos por árboles **coníferos** y caducifolios. Los coníferos producen piñas de semillas y la mayoría tiene hojas en forma de agujas. La tierra de estos bosques es rica en **humus**, materia formada con hojas y otra materia en descomposición y que fertiliza el suelo.

▶ Los bosques coníferos del Noroeste tienen temperaturas templadas, veranos relativamente frescos y secos y precipitación abundante durante el otoño, el invierno y la primavera.

▶ Los bosques boreales o **taigas** son bosques densos de coníferas perennes.

▶ La tundra se distingue por el **permagélido**, capa del subsuelo que está siempre congelada.

Otras regiones terrestres Algunas áreas, como las cordilleras y los casquetes polares, no se ubican fácilmente dentro de los principales biomas.

Los principales biomas

Para las preguntas 1 a 4, completa la oración con la(s) palabra(s) correcta(s).

1. El lado de una montaña orientado hacia el flujo del viento recibe más _____ que el lado opuesto.

2. _____ es un complejo de comunidades terrestres que cubre una gran área; se caracteriza por cierto tipo de suelo, _____, plantas y animales.

3. Los organismos de cada bioma exhiben ciertas _____ que les permiten sobrevivir y reproducirse en su medio ambiente.

4. En un bosque tropical lluvioso, la capa formada por las cimas de los árboles altos se llama _____ y la capa de árboles y enredaderas cortas se llama _____.

5. RAZONAMIENTO VISUAL En el recuadro siguiente, dibuja y rotula un diagrama que muestre cómo una cadena montañosa puede afectar el clima de una región.

Usa la gráfica para responder las preguntas 6 a 9.

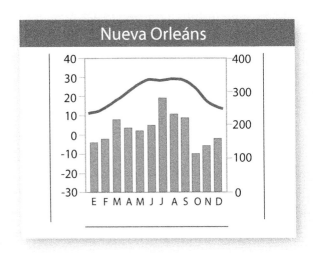

6. Completa el diagrama climático rotulando las variables al pie y a cada lado de la gráfica.

7. Describe lo que un diagrama climático resume.

_____

_____

8. Explica qué muestra la gráfica lineal de un diagrama climático.

_____

_____

9. Explica qué muestran las barras verticales de un diagrama climático.

_____

_____

10. Completa la tabla acerca de algunos de los principales biomas de la Tierra.

Algunos de los principales biomas		
Bioma	**Clima y suelo**	**Plantas y animales**
	cálido todo el año, con estaciones secas y lluviosas; suelo fértil	plantas: árboles altos y caducifolios; plantas carnosas animales: asociados con la estivación o la migración
Bosque tropical lluvioso		
	inviernos fríos y oscuros, veranos cortos y húmedos; permagélido	plantas: plantas muy próximas al suelo animales: aves y mamíferos que pueden tolerar condiciones duras
Pastizal templado		
	poca precipitación, con temperaturas variantes	plantas con ciclos de crecimiento corto, cactos animales: adaptados a disminuir rápidamente el calor del cuerpo para regular la temperatura corporal
Bosque boreal		

Otras regiones terrestres

11. ¿Cuál es la causa principal de la variación de las condiciones abióticas y bióticas de una montaña?

_____

12. Describe las condiciones probables que se observarían yendo desde la base hasta la cumbre de una montaña de las Montañas Rocosas.

_____

_____

_____

_____

_____

_____

_____

13. ¿Qué productores se hallan en las heladas regiones polares?

_____

_____

14. ¿Qué animales se hallan en la región polar norte?

_____

_____

Aplica la **gran** idea

15. ¿Cómo se relacionan las plantas y los animales de un bioma con el clima de éste? Da por lo menos dos ejemplos que apoyen tu respuesta.

_____

_____

_____

_____

_____

_____

_____

_____

_____

_____

4.5 Los ecosistemas acuáticos

Objetivos de la lección

- Analizar los factores que afectan los ecosistemas acuáticos.
- Identificar las categorías principales de ecosistemas de agua dulce.
- Describir la importancia de los estuarios.
- Describir y comparar las zonas oceánicas que componen los ecosistemas marinos.

Resumen de la lección

Las condiciones submarinas Los ecosistemas acuáticos están determinados principalmente por la profundidad, el flujo, la temperatura y la química de su agua.

- La zona **fótica** es la capa superficial del agua iluminada por el sol y donde puede ocurrir la fotosíntesis.
- La zona **afótica** es la capa inferior oscura donde no puede ocurrir la fotosíntesis.
- La zona bentónica está en el fondo de lagos, corrientes y océanos. Los organismos que viven en el suelo de un cuerpo marino se llaman **bentos**.

Ecosistemas de agua dulce Incluyen a ecosistemas de agua corriente y de aguas estancadas, y los **humedales** de agua dulce. Contienen **plancton**, que forma la base de muchas redes alimentarias.

Estuarios Los **estuarios** son humedales formados donde un río se une con el mar. Contienen una mezcla de agua dulce y salada. La mayoría de los alimentos producidos ahí entran en la cadena alimenticia como minúsculos trozos de materia orgánica, o detrito.

Ecosistemas marinos Los ecosistemas marinos se hallan en el océano.

- La zona intermareal es la menos profunda y la más cercana a la tierra. Está expuesta diariamente a la subida y descenso de la marea.
- El océano continental es el borde de agua relativamente superficial que rodea los continentes.
- El mar abierto empieza en el borde de la plataforma continental y se extiende hacia fuera. Se puede dividir en la zona fótica y la zona afótica.

Condiciones submarinas

1. ¿Cuáles son los cuatro factores principales que afectan los ecosistemas acuáticos?

   _____

   _____

2. ¿Qué determina la profundidad del agua?

   _____

3. En un ecosistema acuático, ¿qué distingue la zona fótica de la afótica?

   _____

   _____

Ecosistemas de agua dulce

Para las preguntas 4 a 10, completa cada oración con la(s) palabra(s) correcta(s).

4. Las tres categorías principales de ecosistemas de agua dulce son _____,

_____ y _____.

5. Los ecosistemas de agua corriente provienen de fuentes de agua subterránea en

_____.

6. El agua que corre por lagos y lagunas distribuye _____, _____ y

_____ por el sistema.

7. Plancton es un término general que incluye _____ y _____.

8. Un ecosistema donde el agua cubre el suelo o está cerca de o en la superficie de la tierra se

llama _____.

9. Los humedales de agua dulce purifican el agua _____ los contaminantes.

10. Los tres tipos de humedales de agua dulce son _____, _____

y _____.

Estuarios

Escribe la letra de la respuesta correcta.

_____ **11.** Los estuarios se forman donde

    A. un lago se evapora.

    B. un río se une con el mar.

    C. un río se contiene con una represa.

    D. un humedal se llena.

_____ **12.** La salinidad del agua de un estuario es

    A. igual a la salinidad del agua de un río.

    B. menor que la salinidad del agua de un río.

    C. menor que la salinidad del agua de un océano.

    D. mayor que la salinidad del agua de un océano.

_____ **13.** Los estuarios poco profundos permiten que

    A. los humedales de agua dulce se unan al estuario.

    B. los grandes mamíferos acuáticos hibernen en el estuario.

    C. la luz del sol llegue a los bentos para iniciar la fotosíntesis.

    D. la sal se hunda en el fondo del estuario.

_____ **14.** Los estuarios templados caracterizados por hierbas que toleran la sal y crecen
por encima del límite de bajamar, y por algas bajo el agua se llaman

    A. turberas.   **C.** manglares.

    B. marismas de agua salada.   **D.** humedales de agua dulce.

Ecosistemas marinos

15. Rotula cada zona marina. Luego, sombrea la zona afótica.

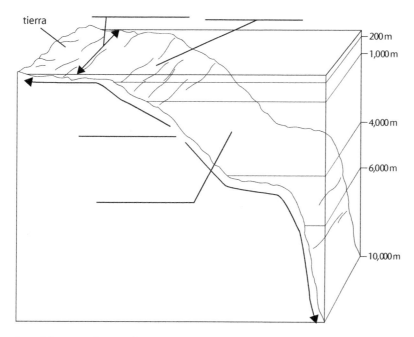

16. Completa la tabla con el tipo de organismo que vive en cada zona oceánica.

Organismos marinos por zona oceánica	
Zona	**Organismos**
	bosques de algas marinas, arrecifes de coral
	percebes, algas, estrellas de mar
	grandes mamíferos marinos como las ballenas, bacterias quimiosintéticas

Aplica la gran idea

17. ¿Qué tipo de ecosistema marino es menos adecuado para la vida? Explica tu respuesta.

_____
_____
_____
_____
_____
_____

Repaso del vocabulario del capítulo

Relaciona el término con su definición.

Término

_____ 1. tiempo

_____ 2. efecto invernadero

_____ 3. nicho

_____ 4. depredación

_____ 5. clima

_____ 6. herviborismo

_____ 7. humus

_____ 8. permagélido

Definición

A. promedio anual de las condiciones de temperatura y precipitación en un área

B. toda la variedad de condiciones biológicas y físicas en las que vive un organismo y la manera en la que utiliza esas condiciones

C. proceso natural mediante el cual ciertos gases atrapan la energía de la luz solar en la atmósfera terrestre en forma de calor

D. capa de subsuelo congelado en forma permanente

E. interacción en la que un organismo captura y se come a otro

F. condiciones diarias de la atmósfera en un área y momento determinado

G. material formado a partir de hojas y otros materiales orgánicos en descomposición

H. interacción en la que un organismo se alimenta de productores primarios

Completa cada oración con la(s) palabra(s) correcta(s).

9. Los tres tipos de relaciones simbióticas principales son _____,

_____ y _____.

10. El desarrollo de una comunidad después de una alteración se llama _____.

11. La primera especie que vive en un área de sucesión primaria se llama _____.

12. El área donde vive un organismo es su _____.

13. La capacidad de los organismos para sobrevivir y reproducirse en una gama de condiciones ambientales se llama _____.

14. _____ tienen coníferas densas de hojas perennes.

15. La capa superficial del agua que está iluminada por el sol se llama _____.

16. Los pequeños organismos y algas que flotan en ambientes de agua dulce y agua salada se llaman _____.

17. Los organismos que viven en el lecho marino se llaman _____.

MISTERIO DEL
CAPÍTULO
EL EFECTO LOBO

En marzo de 1995, los biólogos del Proyecto Lobo de Yellowstone (*Yellowstone Wolf Project*) ayudaron a reintroducir el lobo gris en el Parque Nacional Yellowstone. El lobo gris se había extinguido en ese lugar setenta años antes.

Aprendizaje en el siglo XXI

Ventajas y desventajas de la reintroducción del lobo

Los periódicos, revistas y programas de noticias publicaron editoriales a favor y en contra de la reintroducción del lobo en el Parque Yellowstone. Quienes estaban en contra de esta reintroducción podrían haber presentado argumentos como los de los párrafos que siguen.

El mundo a diario

¿Por qué no deberíamos permitir la reintroducción del lobo en el Parque Nacional Yellowstone?

Opinión de un ganadero preocupado

El Rancho Crazy P ha pertenecido a mi familia por tres generaciones. He trabajado con mis padres y abuelos, y he escuchado acerca de las experiencias de mis tatarabuelos criando ganado en el rancho. La vida de un ganadero es bastante difícil, pero es nuestro trabajo.

Nuestro rancho en Wyoming tiene una gran vista de la cadena montañosa Absaroka, donde habita una gran cantidad de alces y otros animales que, mi familia y yo, hemos cazado por varios años. Sentimos que la reintroducción del lobo pone en peligro nuestro sustento. El lobo gris es un depredador con destrezas de caza muy avanzadas; caza en manadas y acosa a las presas más débiles.

¿Cómo pueden sobrevivir 500 cabezas de ganado a los ataques de estos depredadores? Las crías enfermas están a su merced, especialmente después de un largo invierno. No sólo está en peligro mi ganado, sino también los alces que cazamos con mi padre y mi hermano cada otoño. Durante el invierno, nos alimentamos de carne de alce. Si perdemos el ganado, enfrentaremos una gran pérdida económica. Este ganadero se opone a los lobos.

Asuntos del siglo XXI Conocimientos de ciencias y cívica

1. Explica el punto de vista del ganadero en cuanto a la reintroducción del lobo en el Parque Nacional Yellowstone.

_____

_____

_____

Continúa en la próxima página ▶

2. ¿Durante qué época del año crees que los ganaderos se preocupan más por su ganado? ¿Por qué?

_____

_____

_____

3. ¿Qué pruebas específicas da el ganadero para sustentar su argumento acerca del peligro que corren sus 500 cabezas de ganado?

_____

_____

4. Los argumentos del ganadero se enfocan únicamente en su familia. ¿Por qué ésta es una técnica eficaz? ¿Se beneficiarían sus argumentos de información adicional? De ser así, ¿qué tipo de información debe dar?

_____

_____

_____

_____

5. En el capítulo de tu libro, ¿qué aprendiste que pudiera apoyar la opinión de que fue una buena idea reintroducir al lobo en 1995?

_____

_____

_____

6. ¿Estás de acuerdo con la opinión que presenta el ganadero en este editorial? ¿Por qué?

_____

_____

_____

_____

Destrezas para el siglo XXI Argumentos a favor y en contra

Entre las destrezas para esta actividad están: **conocimientos sobre medios de comunicación e información, destrezas de comunicación** y **creatividad y curiosidad intelectual.**

Realiza una investigación independiente para hallar hechos que apoyen la reintroducción del lobo gris en el Parque Nacional Yellowstone. Podrías comenzar tu búsqueda en los sitios de Internet del Servicio Nacional de Parques (*National Park Service*), del Servicio de Pesca y Vida Silvestre (*Fish and Wildlife Service*) y de grupos privados de conservadores del medio ambiente. Luego, busca editoriales que presenten argumentos a favor y en contra de la reintroducción del lobo. Escribe un editorial donde apoyes la reintroducción del lobo gris en el parque. Si prefieres, puedes hacer un debate con tus compañeros de clase acerca de si se debería permitir la reintroducción del lobo en el Parque Nacional Yellowstone.

5 Poblaciones

Interdependencia en la naturaleza

P: ¿Qué factores contribuyen a los cambios de las poblaciones?

LO QUE SÉ	LO QUE APRENDÍ
5.1 ¿Cómo crecen las poblaciones?	
5.2 ¿Qué factores limitan el crecimiento de una población?	
5.3 ¿Cómo está creciendo la población humana?	

5.1 Cómo crecen las poblaciones

Objetivos de la lección

- Hacer una lista de las características de una población.
- Identificar los factores que afectan el crecimiento de una población.
- Describir crecimiento exponencial.
- Describir crecimiento logístico.

Resumen de la lección

Describir poblaciones Se estudian cinco características principales de una población.

- El rango geográfico es el área donde habita una población.
- La **densidad de población** es el número de individuos que viven por unidad de superficie.
- La distribución de la población indica la dispersión de individuos en su rango geográfico.
- La tasa de crecimiento determina si una población crece, disminuye o permanece igual.
- **Estructura etaria**: número de personas de sexo femenino y masculino de cada edad.

Crecimiento de la población Las poblaciones pueden crecer, disminuir o permanecer igual.

- Algunos factores que contribuyen al crecimiento de una población son los nacimientos y la **inmigración,** es decir, el desplazamiento de individuos a un área.
- Algunos factores que contribuyen a la disminución de la población son las muertes y la **emigración,** es decir, el desplazamiento de individuos fuera de un área.

Crecimiento exponencial Bajo condiciones ideales, las poblaciones crecen a un ritmo más rápido. El crecimiento con cada generación se llama **crecimiento exponencial**. Los recursos ilimitados y la ausencia de depredación y enfermedades son condiciones ideales.

Crecimiento logístico Con el crecimiento de una población se van agotando los recursos.

- El **crecimiento logístico** ocurre cuando el desarrollo de una población se reduce y luego se detiene después de un período de crecimiento exponencial.
- El tamaño de una población se estabiliza cuando llega a su **capacidad de carga,** la mayor cantidad de individuos de una especie que un medio ambiente puede mantener.

Describir poblaciones

Para las preguntas 1 a 5, completa cada oración con la(s) palabra(s) correcta(s).

1. El _____ es el área en donde habita una población.

2. Densidad de población es _____ de individuos por unidad de superficie.

3. La dispersión de los individuos en su rango geográfico es su _____.

4. La tasa de crecimiento incide en lo rápido que una población _____ su tamaño.

5. Para hallar la _____ de una población, calcula el número de personas de sexo femenino y de sexo masculino de cada edad.

Crecimiento de la población

Para las preguntas 6 a 10, escribe Cierto si la oración es cierta. Si la oración es falsa, cambia la(s) palabra(s) subrayada(s) para que la oración sea cierta.

_____ 6. Si el índice de mortalidad es <u>menor</u> que el índice de natalidad, es probable que la población disminuya.

_____ 7. La <u>inmigración</u> aumenta el tamaño de una población.

_____ 8. Las crías de animales pueden <u>inmigrar</u> del lugar donde nacieron para establecer nuevos territorios.

_____ 9. Un alto índice de natalidad y de inmigración causa una <u>reducción</u> del tamaño de una población.

_____ 10. Las poblaciones crecen si nacen <u>más</u> individuos de los que mueren en un período de tiempo.

11. **RAZONAMIENTO VISUAL** Los puntos dentro del cuadro representan los individuos en una población con un patrón aleatorio de distribución. Usa flechas y puntos para representar lo que ocurriría en esta población si la emigración fuera mayor que la inmigración. (Asume que el índice de natalidad y el índice de mortalidad son iguales). Explica tu dibujo en las líneas de abajo.

_____

_____

_____

Crecimiento exponencial

12. Describe las condiciones de vida en las que ocurre un crecimiento exponencial.

_____

_____

13. ¿Puede ocurrir un crecimiento exponencial de una población de organismos que tarda en reproducirse? Explica por qué.

_____

_____

14. Completa la gráfica dibujando la forma característica del crecimiento exponencial de una población.

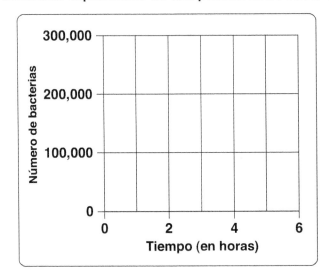

Crecimiento exponencial de una población de bacterias

15. ¿Qué letra representa la forma característica de una curva de crecimiento exponencial?

_____

Crecimiento logístico

16. Completa la gráfica dibujando la forma característica del crecimiento logístico de una población.

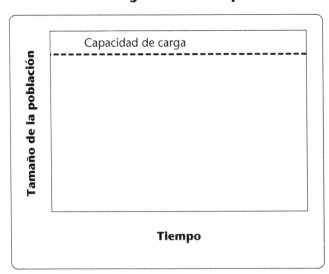

Crecimiento logístico de una población

17. ¿Qué letra representa la forma característica de una curva de crecimiento logístico?

_____

18. Cuando se hacen análisis de poblaciones de plantas y animales del mundo real, ¿por qué se representan frecuentemente con curvas de crecimiento logístico?

_____

_____

_____

19. ¿A qué se refiere el término capacidad de carga?

_____

_____

20. Nombra y explica tres etapas del crecimiento logístico para completar la tabla. Usa los términos *tasa de crecimiento, tamaño de la población y capacidad de carga* en tu explicación.

Etapas del crecimiento logístico		
Etapa	Nombre de la etapa	Explicación
1		
2		
3		

Aplica la gran idea

21. ¿Cuál es un ejemplo de un factor limitante que utilizan los seres humanos para controlar la capacidad de carga de un organismo en particular en un medio ambiente? Explica tu respuesta.

_____

_____

_____

_____

5.2 Límites al crecimiento

Objetivos de la lección

- Identificar los factores que determinan la capacidad de carga
- Identificar los factores limitantes que dependen de la densidad de población
- Identificar los factores limitantes que no dependen de la densidad de población

Resumen de la lección

Factores limitantes Un **factor limitante** controla el crecimiento de una población.

▷ Algunos factores dependen de la densidad de población, mientras que otros no.

▷ Actuando por separado o en conjunto, los factores limitantes determinan la capacidad de carga del medio ambiente.

▷ Los factores limitantes crean las presiones que afectan la selección natural.

Factores limitantes dependientes de la densidad

▷ Los **factor limitantes dependientes de la densidad** ejercen una acción considerable cuando el número de individuos por unidad de superficie llega a cierto punto.

▷ Algunos ejemplos son:

- competencia
- depredación y herbivorismo
- parasitismo y enfermedad
- tensión causada por la sobrepoblación

Factores limitantes independientes de la densidad Algunos factores limitantes no necesariamente dependen del tamaño de una población.

▷ Los **factores limitantes independientes de la densidad** dependen de la densidad de población o del número de organismos por unidad de superficie.

▷ El tiempo inclemente, los desastres naturales y las actividades humanas son ejemplos.

▷ Algunos factores tienen efectos más graves cuando la densidad de población es alta.

Factores limitantes

Para las preguntas 1 a 6, escribe Cierto si la oración es cierta. Si la oración es falsa, cambia la(s) palabra(s) subrayada(s) para que la oración sea cierta.

_____ 1. Los factores limitantes determinan la capacidad de <u>inmigración</u> de una población.

_____ 2. Un factor limitante controla el crecimiento de una <u>población</u>.

_____ 3. Los factores limitantes entran en acción cuando el crecimiento es exponencial.

_____ 4. Las poblaciones crecen demasiado en <u>ausencia</u> de factores limitantes.

_____ 5. La <u>competencia</u> es un ejemplo de un factor limitante.

_____ 6. Los factores como la depredación pueden limitar el <u>tamaño</u> de una población.

Factores limitantes dependientes de la densidad

7. ¿Cuál es un factor limitante dependiente de la densidad?

_____

8. ¿Cuándo entran en mayor acción los factores limitantes dependientes de la densidad?

_____

9. Nombra cuatro factores limitantes dependientes.

_____

_____

Usa la gráfica para responder las preguntas 10 a 13.

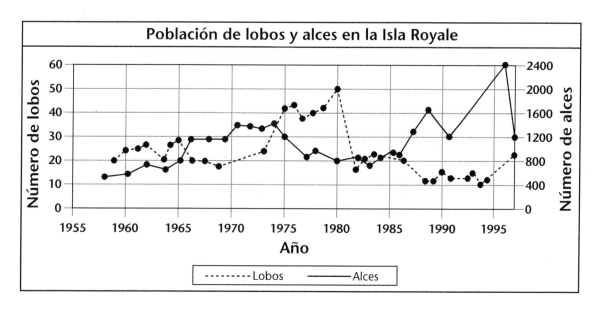

Población de lobos y alces en la Isla Royale

10. ¿Cómo se vio afectado el número de lobos en la Isla Royale entre los años 1975 y 1985?

_____

11. ¿Qué le ocurrió a la población de alces cuando el número de lobo alcanzó un nivel bajo?

_____

12. ¿Qué relación hay entre los alces y los lobos en la Isla Royale?

_____

13. Para el lobo, ¿el número de alces en la isla es un factor limitante dependiente o independiente de la densidad? Explica tu respuesta.

_____

_____

_____

Factores limitantes independientes de la densidad

14. ¿Qué término describe un factor limitante que afecta a toda la población de manera semejante sin considerar el tamaño de la población?

_____

15. Generalmente, ¿cómo afecta un factor limitante independiente de la densidad al tamaño de la población de varias especies?

_____

16. Completa el diagrama con ejemplos de factores limitantes independientes de la densidad.

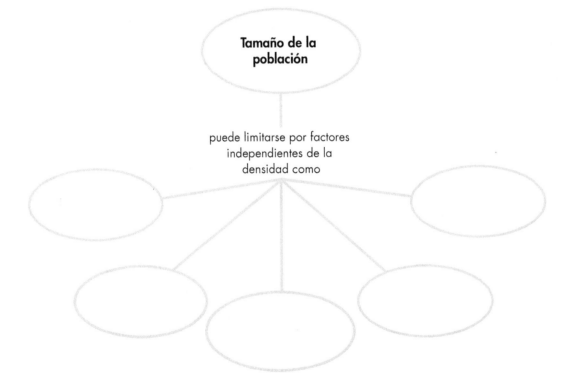

Tamaño de la población

puede limitarse por factores independientes de la densidad como

Aplica la **gran** idea

17. El tamaño de una población se mantiene estable por varios años. De repente, durante una estación, la población disminuye a la mitad. ¿Es más probable que la causa sea dependiente de la densidad, independiente de la densidad o ambas? Explica tu respuesta.

_____

_____

_____

_____

_____

5.3 Crecimiento de la población humana

Objetivos de la lección

- Discutir la tendencia del crecimiento de la población humana.
- Explicar por qué la tasa de crecimiento de la población es distinta en diferentes países.

Resumen de la lección

Vistazo a la historia El tamaño de la población humana ha aumentado con el tiempo.

▷ Durante la mayor parte de la existencia humana, los factores limitantes como la escasez de comida han mantenido alto el índice de mortalidad.

▷ A medida que progresa la civilización, los avances en las áreas de agricultura, industria, nutrición, sanidad pública y medicina reducen el índice de mortalidad.

▷ Hoy en día, la población humana continúa creciendo exponencialmente, aunque el tiempo de duplicación ha disminuido.

Patrones del crecimiento de la población humana La **demografía** es el estudio científico de las poblaciones humanas. Los demógrafos intentan predecir el cambio de las poblaciones humanas a través del tiempo.

▷ En el último siglo, el ritmo de crecimiento de la población de los países desarrollados ha disminuido. Al bajar los índices de mortalidad también han bajado los índices de natalidad. Los demógrafos llaman este cambio **transición demográfica.** La mayoría de la gente vive en países que no han sufrido una transición demográfica.

▷ Una gráfica de estructura etaria muestra cuántas mujeres y cuántos hombres pertenecen a cada grupo etario de una población. Los demógrafos usan estas gráficas para predecir los cambios de una población. Generalmente, si hay más personas en edad reproductiva, significa que la población crecerá más rápidamente.

▷ Muchos factores como las enfermedades afectarán el crecimiento de la población humana en el siglo XXI. Datos actuales sugieren que el crecimiento de la población humana será más lento durante los próximos 50 años que en los últimos 50 años.

Vistazo a la historia

Para las preguntas 1 a 5, escribe Cierto si la oración es cierta. Si la oración es falsa, cambia la(s) palabra(s) subrayada(s) para que la oración sea cierta.

_____ **1.** En los últimos 1000 años, la población humana ha <u>disminuido</u>.

_____ **2.** Desde el siglo XIX, el crecimiento de la población humana ha sido de carácter <u>logístico</u>.

_____ **3.** La población humana ha aumentado porque el <u>índice de natalidad</u> ha bajado.

_____ **4.** La combinación de un índice de mortalidad bajo y un <u>índice de natalidad</u> alto causó un crecimiento exponencial.

_____ **5.** <u>Charles Darwin</u> propuso que las poblaciones humanas se regulan debido a las guerras, hambrunas y enfermedades.

6. Completa la tabla de abajo para explicar cómo cada factor ha afectado el tamaño de la población humana y su tasa de crecimiento a lo largo de los últimos 10,000 años.

Factores que han afectado el crecimiento de la población humana	
Causa	**Efecto**
Agricultura	
Mejor asistencia médica y medicinas	
Mejores condiciones sanitarias	
Peste bubónica	
Revolución industrial	

Patrones del crecimiento de la población humana

7. **RAZONAMIENTO VISUAL** Completa las etapas II y III de la transición demográfica. Dibuja barras para los índices de natalidad y mortalidad. Describe las etapas.

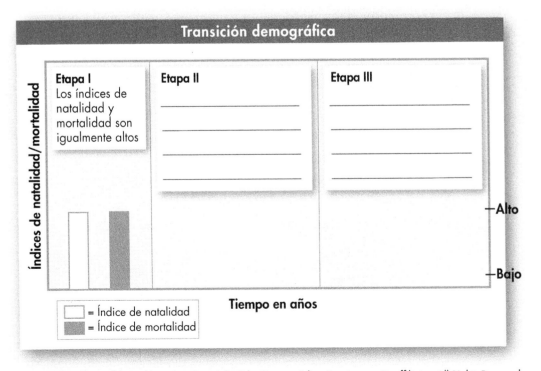

Usa los siguientes diagramas de estructura etaria para responder las preguntas 8 a 11.

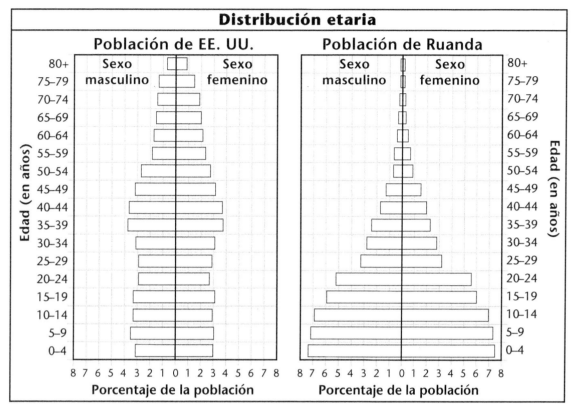

Distribución etaria

8. ¿Qué país pasó por una transición demográfica? ¿Cómo lo sabes?

   _____

   _____

9. ¿Cuál de los dos países crees que tendrá una tasa de crecimiento gradual y constante en el futuro próximo? ¿Por qué? _____

   _____

10. ¿Qué país es más probable que crezca exponencialmente en el futuro cercano? ¿Por qué?

   _____

11. Nombra tres factores que puedan disminuir el ritmo de crecimiento de la población de Ruanda.

   _____

   _____

Aplica la gran idea

12. Explica porqué es probable que la población humana aumente en el siglo XXI, pero no tan rápidamente como en el siglo XX.

   _____

   _____

   _____

Repaso del vocabulario del capítulo

Crucigrama *Haz el crucigrama con el término que corresponde a la descripción numerada.*

Horizontal

2. factor limitante que no afecta considerablemente a las poblaciones pequeñas y dispersas

6. desplazamiento de individuos fuera de un área

10. cantidad máxima de individuos de una especie que un medio ambiente puede mantener

11. número de individuos que viven por unidad de superficie

12. factor limitante que afecta a una población sin importar su tamaño

Vertical

1. tipo de crecimiento en el que entre más crece una población, más aumenta su ritmo de crecimiento

3. cambio de una población desde índices altos a bajos de natalidad y mortalidad

4. desplazamiento de individuos a un área ocupada por una población ya existente

5. estudio científico de las poblaciones humanas

7. patrón de crecimiento en el cual el desarrollo de una población se reduce y luego se detiene después de un período de crecimiento exponencial

8. número de machos y de hembras de cada edad en una población

9. factor que controla el crecimiento de una población

MISTERIO DEL
CAPÍTULO

UNA PLAGA DE CONEJOS

Aprendizaje en el siglo XXI

En el Misterio del capítulo aprendiste sobre los efectos de la liberación intencional del conejo europeo por parte de un granjero australiano. Con pocos depredadores y una abundancia de comida, la población del conejo se disparó. Las poblaciones de animales aumentan y disminuyen aún en los ecosistemas más sanos.

Ciervos, ciervos, por doquier

Hace un poco más de 100 años, los ciervos de cola blanca se cazaron casi hasta el punto de extinción. Hoy en día, grandes poblaciones de esta especie habitan en varias regiones de los Estados Unidos. Este aumento es el resultado de la desaparición de predadores, el uso de prácticas de conservación y la capacidad natural del ciervo para adaptarse a diferentes hábitats.

Como todas las especies, los ciervos de cola blanca tienen características que los diferencian de otras especies. Las guías sobre la naturaleza describen las características de los organismos, haciendo posible que las personas las puedan identificar. El texto a continuación es una descripción que podría aparecer en una guía sobre la naturaleza.

Ciervo de cola blanca, *Odocoileus virginianus*

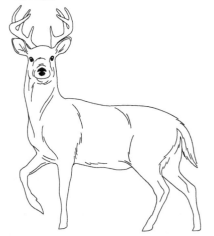

TAMAÑO: El tamaño puede variar. El peso varía entre 50 y 300 libras.

IDENTIFICACIÓN: Su color cambia con las estaciones. En los meses cálidos, la parte superior del cuerpo toma un tono rojizo o amarillento y en los meses fríos de invierno, toma un color grisoso. La parte inferior y el costado interno de las patas es blanco. La cola es larga y peluda. Es de color marrón con franjas blancas en los bordes de la cola. Los machos tienen cuernos que pierden al terminar la época de apareamiento.

HÁBITAT: El hábitat varía. Éste incluye bosques, terrenos de pastos y jardines.

ALIMENTO: Pasto, arbustos, hojas de árboles, capullos y otras plantas también son alimento.

DEPREDADORES: Los depredadores primarios son lobos y pumas, pero las poblaciones de estas especies han sido erradicadas en muchas zonas de los Estados Unidos.

CRÍAS: A comienzos de la primavera, nacen camadas de 1 a 3 crías. Los cervatos nacen con puntos blancos en su pelaje y son activos pocos días después de nacer. En lugares donde abundan los recursos naturales, las poblaciones pueden duplicarse cada par de años.

ÁREA: Mayor parte del territorio de Norte América.

Continúa en la próxima página ▶

Responde las siguientes preguntas.

1. Según el pasaje de la guía sobre la naturaleza, ¿qué animales cazan ciervos?

   _____

   _____

   _____

2. ¿Cómo podrían afectar al crecimiento de la población de ciervos las condiciones de un hábitat donde éstos se desarrollan sin complicaciones?

   _____

   _____

3. ¿Cuántas crías tienen los ciervos de cola blanca anualmente? ¿Cómo podrían estos números afectar su población?

   _____

   _____

   _____

4. ¿Qué pasaría si el desarrollo humano progresivo causara una disminución considerable en la cantidad de comida disponible para el ciervo de cola blanca?

   _____

   _____

   _____

   _____

Control de las poblaciones de ciervos

Aprendizaje en el siglo XXI

Entre las destrezas para esta actividad están **conocimientos sobre medios e información; razonamiento crítico y comprensión de sistemas; identificación, formulación y solución de problemas, y aprendizaje autónomo.**

Trabaja en grupo para determinar por qué las poblaciones de ciervos de cola blanca están creciendo e investiga las diferentes técnicas para controlar estas poblaciones. Consulta páginas de Internet oficiales de estados y del gobierno, artículos científicos y artículos de periódico. Presenta tus conclusiones en un informe donde describas las ventajas y desventajas del uso de diferentes métodos de control. También puedes presentar puntos de vista contrarios a tus conclusiones. Usa mapas, cuadros y diagramas en tu presentación.

6 Los seres humanos en la biósfera

la gran idea

Interdependencia en la naturaleza

P: ¿Cómo afectan las actividades humanas a la ecología local y global?

LO QUE SÉ	LO QUE APRENDÍ
6.1 ¿Cómo afecta el ambiente la actividad humana?	
6.2 ¿Cómo podemos usar nuestros recursos naturales sabiamente?	
6.3 ¿Por qué es importante proteger y conservar la biodiversidad?	
6.4 ¿Cómo podemos cambiar nuestras actividades para ayudar a proteger nuestro planeta?	

6.1 Un paisaje cambiante

Objetivos de la lección

- Describir las actividades humanas que afectan la biósfera.
- Describir la relación entre el uso de recursos y el desarrollo sostenible.

Resumen de la lección

Efecto de la actividad humana Los seres humanos y otros organismos cambian el medio ambiente al obtener alimento, eliminar desechos y establecer lugares donde vivir.

- La Tierra es como una isla, así que la vida se limita a los recursos que aquí existen.
- Los seres humanos afectan el medio ambiente regional y global mediante tres actividades principales:
  - la agricultura, en particular el **monocultivo**, que es la siembra de un único cultivo
  - el desarrollo de ciudades y suburbios, que implica alterar tierras de cultivo y destruir hábitats de otros organismos
  - el crecimiento industrial, que consume energía y emite contaminantes

Desarrollo sostenible En términos económicos, los ecosistemas son fuentes de bienes y servicios (recursos naturales).

- Los ecosistemas saludables producen o reponen **recursos renovables.**.
- Los seres humanos deben usar con prudencia los **recursos no renovables**, como los combustibles fósiles, que no se pueden recuperar una vez que se agotan.
- El **desarrollo sostenible** satisface las necesidades humanas y preserva los ecosistemas que producen recursos renovables.

Efecto de la actividad humana

1. ¿Cuáles son las tres actividades humanas que transforman la biósfera?
_____

2. ¿Qué es el monocultivo?
_____
_____

3. Indica tres recursos que se usen en la agricultura.
_____

4. ¿Cómo afecta el desarrollo urbano y suburbano al medio ambiente y los hábitats?
_____
_____

5. ¿Qué fuente produce la mayoría de la energía para la producción industrial?
_____

6. Completa la tabla con algunas consecuencias de las actividades humanas en la ecología global.

Consecuencias de las actividades humanas		
Actividad	**Consecuencias positivas**	**Consecuencias negativas**
Agricultura		
Desarrollo		
Crecimiento industrial		

Desarrollo sostenible

7. Completa el diagrama de Venn para comparar los recursos renovables y no renovables.

Recursos renovables

Materia prima para construcción, manufactura, combustibles y comida

Recursos no renovables

8. ¿Cómo puede ser sostenible el desarrollo?

_____

_____

Aplica la gran idea

9. La población humana (actualmente alrededor de 7 mil millones de personas) podría alcanzar los 9 mil millones para el año 2100. La mayoría de estas personas vivirá en ciudades. Predice el impacto del crecimiento urbano en los ecosistemas y tierras de cultivo. ¿Qué ocurrirá si no se logra un desarrollo sostenible?

_____

_____

6.2 Uso sabio de los recursos

Objetivos de la lección

- Describir cómo las actividades humanas afectan el suelo y la tierra.
- Describir cómo las actividades humanas afectan los recursos del agua.
- Describir cómo las actividades humanas afectan los recursos del aire.

Resumen de la lección

Recursos del suelo El suelo es un recurso renovable, pero hay que saber administrarlo.

- La **erosión del suelo** es el desgaste de la tierra superficial causado por el agua y el viento.
- En los climas secos, el cultivo y el pastoreo excesivo convierten las tierras fértiles en desiertos, un proceso llamado **desertificación**.
- La **deforestación** es la destrucción de bosques. Como los bosques saludables ayudan a mantener el suelo en su lugar, la deforestación aumenta la erosión.
- Usos sostenibles: dejar en el suelo tallos y raíces de cultivos anteriores, rotar los cultivos, cultivar en contorno o en terrazas, tala selectiva de árboles maduros y granjas de árboles.

Recursos de agua dulce La cantidad de agua dulce es limitada, y algunas reservas no se pueden renovar.

- Un **contaminante** es un material nocivo que ingresa en la biósfera. Los químicos industriales y las aguas negras residenciales, son contaminantes del agua.
- Muchos contaminantes químicos se concentran en organismos de los niveles tróficos más elevados a través de la **bioacumulación**.
- Usos sostenibles: conservación, control de la contaminación y protección de cuencas.

Recursos atmosféricos El aire puro es importante para la salud humana y el clima terrestre. La contaminación reduce la pureza del aire.

- El **esmog** es una mezcla de compuestos químicos provenientes de los gases emitidos por los autos e industrias.
- La quema de combustibles fósiles produce compuestos que unidos al agua en el aire, forman la **lluvia ácida**.
- Los gases invernadero (dióxido de carbono y metano) causan el calentamiento global.
- Las partículas microscópicas causan problemas de salud.
- Una forma de mantener la calidad del aire es controlar las emisiones de los autos.

Recursos del suelo

1. ¿Qué es el mantillo?

_____

2. ¿Cómo se forma el mantillo?

_____

_____

3. ¿Qué es la erosión del suelo?

_____

4. ¿Cómo incrementa la tasa de erosión del suelo el arado de la tierra?

_____

5. ¿Qué le sucede a las tierras de cultivo durante la desertificación?

_____

_____

6. ¿Son los bosques maduros un recurso renovable? ¿Por qué?

_____

7. ¿Qué le sucede al suelo cuando se tala el bosque tropical?

_____

8. Completa el diagrama con ejemplos de los usos sostenibles del suelo.

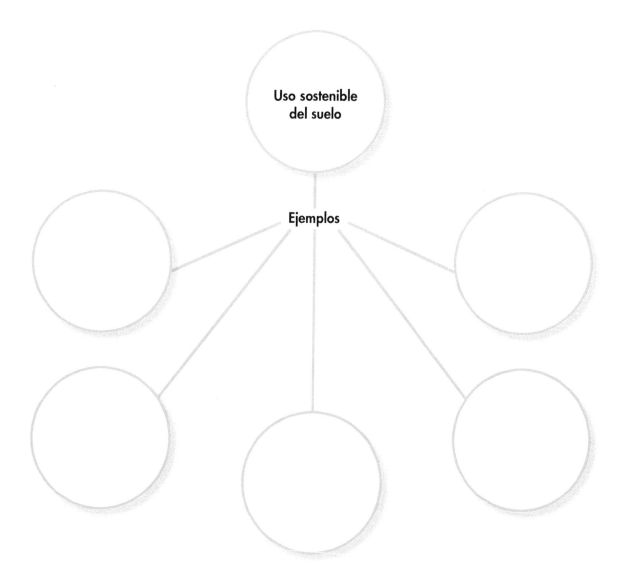

Recursos de agua dulce

Usa este diagrama para responder las preguntas 9 a 11.

9. RAZONAMIENTO VISUAL El diagrama muestra el impacto normal de un contaminante químico en un ecosistema acuático.

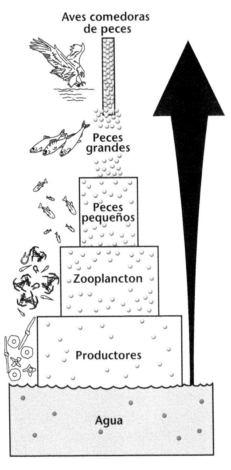

Aves comedoras de peces
Peces grandes
Peces pequeños
Zooplancton
Productores
Agua

10. Identifica y describe el proceso que ilustra este diagrama.

_____

_____

_____

11. Describe un ejemplo de bioacumulación.

_____

_____

_____

12. ¿Qué es una "zona muerta" y qué la causa?

_____

_____

_____

13. ¿Por qué es importante administrar las cuencas para mantener la calidad del agua en un río o lago grande?

_____

_____

_____

Recursos atmosféricos

Para las preguntas 14 a 17, escribe la letra de la respuesta correcta.

_____ **14.** ¿Cómo se llama la mezcla de sustancias químicas que forma una neblina marrón grisácea en la atmósfera?

    A. polvo   **C.** ozono

    B. esmog   **D.** radiación

_____ **15.** ¿Qué componente de la lluvia ácida mata a las plantas y daña el suelo?

    A. dióxido de carbono y agua   **C.** ácidos nítricos y sulfúricos

    B. CFC y combustibles fósiles   **D.** ozono y partículas

_____ **16.** ¿Cómo se llaman los fragmentos de ceniza y polvo que ciertos tipos de motores diesel dispersan al aire?

    A. partículas   **C.** capa de ozono

    B. precipitación   **D.** gases invernadero

_____ **17.** ¿Qué contaminante del suelo y el agua está disminuyendo constantemente debido a leyes que se han impuesto en la industria automovilística?

    A. carbono   **C.** nitrógeno

    B. plomo   **D.** ozono

Aplica la gran idea

18. Los residentes de Ecovilla quieren proteger la calidad del suelo, el agua dulce y el aire. Recomienda un plan para Ecovilla que incluya los pasos para alcanzar el uso sostenible de cada una de estas tres categorías de recursos.

_____

_____

_____

_____

_____

6.3 Biodiversidad

Objetivos de la lección

- Definir biodiversidad y explicar su valor.
- Identificar las amenazas actuales a la biodiversidad.
- Describir cómo se puede preservar la biodiversidad.

Resumen de la lección

El valor de la biodiversidad La totalidad de la diversidad genética entre los organismos de la biósfera se llama **biodiversidad** y hay tres tipos:

- **Diversidad de ecosistemas** es la variedad de hábitats, comunidades y procesos ecológicos de la biósfera.
- **Diversidad de especies** es la cantidad de especies distintas en un área o en la biósfera.
- **Diversidad genética** es toda la información genética portadas por los seres vivos.

La biodiversidad es muy valiosa para la humanidad porque contribuye a la medicina y agricultura, y proporciona bienes y servicios ecológicos.

Amenazas a la biodiversidad La actividad humana afecta la biodiversidad.

- El desarrollo divide los ecosistemas y causa la **fragmentación del hábitat**. Cuanto más pequeños son los fragmentos, menos especies del hábitat pueden sobrevivir.
- Otras amenazas a la biodiversidad incluyen la caza, la introducción de especies, la contaminación y el cambio climático.

Conservar la biodiversidad Los esfuerzos para preservar la biodiversidad son:

- Proteger especies individuales es la meta de grupos como la Asociación de Zoológicos y Acuarios (AZA), que supervisa planes de supervivencia de especies (SSP por sus siglas en inglés).
- Proteger hábitats y ecosistemas es el principal objetivo de los esfuerzos globales. Los biólogos se preocupan particularmente por las **zonas de conflicto ecológico**, que son áreas donde cantidades importantes de hábitats y especies se encuentran en peligro inmediato de extinción.
- Tomar en cuenta los intereses locales forma parte de los planes para reemplazar actividades dañinas por las que conserven el medio ambiente y la biodiversidad.

El valor de la biodiversidad

1. ¿Qué es la biodiversidad?

_____

2. ¿Por qué es la biodiversidad uno de los mayores recursos naturales de la Tierra?

_____

_____

_____

3. Completa la tabla para definir los tipos de biodiversidad.

Diversidad en la biósfera	
Tipo de diversidad	**Definición**
Diversidad de ecosistemas	
Diversidad de especies	
Diversidad genética	

Amenazas a la biodiversidad

Para las preguntas 4 a 8, escribe Cierto *si la oración es cierta. Si la oración es falsa, cambia la(s) palabra(s) subrayada(s) para que la oración sea cierta.*

_____ **4.** La tasa actual de extinción de especies es <u>10</u> veces mayor que la tasa típica de extinción.

_____ **5.** Cuanto más pequeña sea la "isla" de hábitat, <u>mayor</u> será la cantidad de especies que puedan vivir en ella.

_____ **6.** La fragmentación del hábitat <u>aumenta</u> el impacto de la caza en las especies en peligro de extinción.

_____ **7.** Las especies <u>en peligro de extinción</u> pueden volverse invasoras y amenazar la biodiversidad.

_____ **8.** El aumento en la concentración del dióxido de carbono en el aire hace los océanos <u>más ácidos</u> y causa problemas en los arrecifes de coral.

9. ¿Cuáles son cinco formas en que la actividad humana reduce la biodiversidad?

_____

_____

_____

10. Identifica tres razones de que las especies en peligro de extinción sean cazadas.

_____

_____

11. ¿Cómo pueden generar pérdidas económicas las especies nuevas introducidas?

_____

_____

_____

12. ¿Cómo amenaza el cambio climático a la biodiversidad?

_____

_____

_____

Conservar la biodiversidad

13. ¿Cuál es el propósito principal de la conservación de la biodiversidad actualmente?

_____

_____

_____

14. ¿Por qué los ecólogos han identificado zonas de conflicto ecológico?

_____

_____

15. ¿Cuáles son algunos desafíos que enfrentan los conservacionistas?

_____

_____

16. ¿Cuáles son algunas estrategias que fomentan la conservación? Da un ejemplo de una de estas estrategias.

_____

_____

_____

Aplica la gran idea

17. ¿Por qué es mejor proteger ecosistemas completos que impedir la extinción de una especie individual?

_____

_____

_____

_____

6.4 Enfrentar los desafíos ecológicos

Objetivos de la lección

- Explicar el concepto de la huella ecológica.
- Identificar la función de la ecología en el futuro sostenible.

Resumen de la lección

Huellas ecológicas La **huella ecológica** de un individuo o una población se refiere a la cantidad de tierra y agua que usa para producir recursos y absorber residuos.

Ecología en acción Tres estudios de caso ilustran los tres pasos de la ecología en acción: (1) reconocer un cambio en el medio ambiente, (2) determinar la causa del cambio y (3) modificar el comportamiento para tener un impacto positivo.

- **Estudio de caso 1: Ozono atmosférico** Este gas bloquea la radiación ultravioleta (UV).
  - El gas ozono bloquea la radiación ultravioleta (UV).
  - La capa de ozono tiene una concentración de ozono elevada, entre 20 y 50 kilómetros sobre la superficie terrestre. En la década de 1970, se observó un agujero en ella.
  - Los reglamentos redujeron el uso de CFC y el agujero está desapareciendo gradualmente.
- **Estudio de caso 2: Pesca en el Atlántico Norte**
  - La pesca comercial ha disminuido en años recientes.
  - La causa es la pesca excesiva.
  - Los reglamentos cerraron algunas áreas de pesca para permitir su renovación. La **acuicultura**, o cría de organismos acuáticos, provee de alimento a las personas.
- **Estudio de caso 3: Cambio climático**
  - Ha ocurrido un **calentamiento global**, o el aumento en la temperatura promedio de la biósfera, y un cambio climático, o alteración del clima terrestre a escala global.
  - Las pruebas físicas indican niveles marinos elevados por el derretimiento del hielo; las biológicas indican efectos de la temperatura en el comportamiento de los organismos.
  - Usar menos combustible fósil reducirá los gases invernadero en la atmósfera.

Huellas ecológicas

Para las preguntas 1 y 2, consulta la Analogía visual que muestra algunos factores que contribuyen a la huella ecológica de una población.

1. **ANALOGÍA VISUAL** ¿Por qué que los ecólogos usan *huella* para describir la suma de recursos que usas y los residuos que se deben absorber?

_____
_____
_____

2. Explica este enunciado: La huella ecológica del estadounidense promedio es más de cuatro veces el promedio global.

_____

_____

Ecología en acción

3. Nombra tres factores que afectarán el futuro de la biósfera.

_____

_____

4. Completa la tabla para resumir cómo los principios básicos de la ecología pueden llevar a un impacto positivo en el medio ambiente.

Ejemplos de la ecología en acción		
Cambio en el medio ambiente	**Causa**	**Cambio de comportamiento necesario**
Agujero en la capa de ozono		
Reducción de la cantidad de peces en los océanos		
Calentamiento global y cambio climático		

Estudio de caso 1: Ozono atmosférico

Para las preguntas 5 a 7, completa cada oración con la palabra correcta.

5. La capa de ozono es una concentración elevada de ozono aproximadamente a _____ sobre la superficie terrestre.

6. La capa de ozono es importante para la humanidad porque nos protege de la exposición a _____ del sol.

7. La radiación UV causa _____, daña los ojos y disminuye la resistencia a las enfermedades.

Estudio de caso 2: Pesca en el Atlántico Norte

Para las preguntas 8 a 10, completa cada oración con la palabra correcta.

8. Las tecnologías que han generado un gran aumento en la captura de peces incluyen los barcos grandes y el equipo _____ de alta tecnología.

9. _____ causó la reducción en la captura de peces desde 1997.

10. Una alternativa a la pesca comercial es _____, que produce abundante alimento con un daño ambiental mínimo, si se administra debidamente.

Estudio de caso 3: Cambio climático

Usa la gráfica para responder las preguntas 11 y 12.

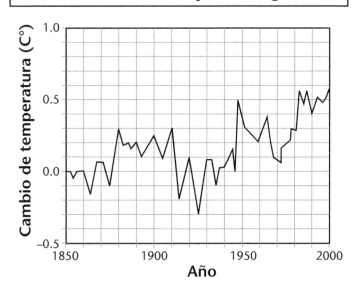

Cambios en la temperatura global

11. ¿Cómo se compara el cambio en la temperatura global entre 1850 y 2000 con el cambio entre 1850 y 1880?

_____

_____

_____

12. Nombra tres factores que pueden haber contribuido a la tendencia que muestra la gráfica.

_____

_____

13. Sugiere tres consecuencias posibles del calentamiento global para el futuro de la biósfera.

_____

_____

Aplica la gran idea

14. Explica por qué las poblaciones con la huella ecológica mayor son las que más cambian la biósfera.

_____

_____

_____

_____

Repaso del vocabulario del capítulo

Para las preguntas 1 a 10, escribe la letra de la definición de cada término.

Definición

Término

_____ 1. Sembrar un único cultivo altamente productivo en áreas extensas

_____ 2. Desgaste del suelo por el agua o el viento

_____ 3. Pérdida de tierra fértil causada por la sequía, el pastoreo excesivo y la agricultura

_____ 4. Proceso que concentra más contaminantes en los organismos a niveles tróficos más altos

_____ 5. Suma de la variedad genética de todos los organismos en la biósfera

_____ 6. Área donde los ecosistemas y las especies se encuentran en peligro grave de destrucción o extinción

_____ 7. Cantidad de tierra y agua que un individuo o una nación necesitan para producir recursos y absorber residuos

_____ 8. Área de la atmósfera que impide que los rayos UV del sol lleguen a la superficie terrestre

_____ 9. Cría de peces y otros organismos acuáticos para producir alimento

_____ 10. Aumento de la temperatura promedio de la Tierra

A. acuicultura

B. capa de ozono

C. huella ecológica

D. monocultivo

E. bioacumulación

F. zona de conflicto ecológico

G. calentamiento global

H. desertificación

I. biodiversidad

J. erosión

Para las preguntas 11 a 17, completa cada oración con la palabra correcta.

11. Un recurso que se puede producir o reponer por un ecosistema saludable es un recurso

_____.

12. Los combustibles fósiles son ejemplos de recursos _____.

13. _____ puede conducir a la grave erosión del suelo, sobre todo en las laderas de montañas.

14. Cualquier material dañino que ingresa en la biósfera se considera _____.

15. La mezcla de compuestos químicos que forma una neblina marrón grisácea en el aire de las ciudades se llama _____.

16. La variedad de hábitats, comunidades y procesos ecológicos de la biósfera se llama

_____.

17. La cantidad de especies distintas en una área se llama _____.

MISTERIO DEL
CAPÍTULO

TRASLADO DE LOS MOÁI

Las lecciones de la Isla de Pascua pueden servir de guía para que los habitantes del mundo vivan como administradores del medio ambiente. Aún después del desastre que ocurrió en la Isla de Pascua, muchos pueblos y culturas alrededor del mundo seguían devastando su medio ambiente, aunque no siempre tan drásticamente.

Crear un refugio para las mariposas

Actualmente, hay personas que luchan para mejorar el medio ambiente y ayudar a los animales. Por ejemplo, las mariposas y sus larvas dependen de las plantas para sobrevivir. Cuando se destruyen esas plantas para construir los suburbios, las mariposas están en peligro. Algunas personas han diseñado y sembrado jardines para atraer mariposas y apoyar su supervivencia. Abajo hay una guía con los pasos para crear un jardín de mariposas.

Cómo comenzar un jardín comunitario
para mariposas

PASO 1: Investiga las especies de mariposas que viven en tu área.

PASO 2: Usa los resultados de la investigación del Paso 1 para investigar qué tipos de plantas atraen y les sirven de ambiente a estas mariposas y sus larvas. Debes variar las especies de plantas y escogerlos según el color, néctar y época en que florecen. Recuerda que las mariposas maduras y sus larvas pueden preferir plantas distintas.

PASO 3: Determina qué otros factores serían apropiados para atraer a las mariposas locales.

PASO 4: Escoge el lugar ideal con base en tu investigación.

PASO 5: Traza el lugar en un plano. El plano debe incluir la distribución de las plantas y otros elementos del jardín.

PASO 6: Ahora, ¡construye el jardín! Siembra plantas para las mariposas según el plano que hiciste.

Continúa en la próxima página ▶

Asuntos del siglo XXI Conocimientos de ciencias, cívica y economía

1. ¿Qué variables se deben estudiar al desarrollar un jardín para mariposas?

   _____

   _____

2. ¿Por qué varían las especies de mariposas de un lugar a otro?

   _____

   _____

3. Después de elegir las plantas del jardín para mariposas, ¿hay otros factores que hay que tomar en cuenta para la supervivencia de las plantas o arbustos? ¿Cuáles son?

   _____

   _____

4. ¿Faltan algunos pasos que habría que añadir a la lista de arriba?

   _____

   _____

5. ¿Qué podría pasar si no ubicas cuidadosamente el jardín para mariposas?

   _____

   _____

Destrezas para el siglo XXI Colaborar para construir un jardín

Entre las destrezas utilizadas en esta actividad están la **comunicación; razonamiento crítico y comprensión de sistemas; identificación, formulación y solución de problemas; destrezas interpersonales y de colaboración;** y **responsabilidad y adaptabilidad.**

Toda la clase debe trabajar en conjunto siguiendo los pasos descritos para diseñar, implementar y construir un jardín comunitario de mariposas. Planifica tu trabajo asignando tareas específicas a los estudiantes de manera individual o a grupos pequeños. Comienza investigando otras comunidades que lo han logrado exitosamente. Algunas fuentes de información pueden ser los clubes de jardinería, sociedades Audubon y organizaciones conservacionistas. Asegúrate de pedir permiso al director de tu escuela o a los funcionarios del gobierno local. Después de completar los pasos descritos, escribe una lista de los materiales y la cantidad que necesitarás para el jardín. Haz comparaciones de precios. Según los resultados, haz un presupuesto. Piensa en cómo recaudar dinero para pagar el costo del jardín. Presenta toda esta información en forma de propuesta a la junta escolar. Cuando la propuesta se acepte, comienza a recaudar fondos y a construir el jardín.

7 Estructura y función celular

la gran idea

Base celular de la vida, homeostasis

P: ¿Cómo se adaptan las estructuras celulares a sus funciones?

LO QUE SÉ	LO QUE APRENDÍ
7.1 ¿Por qué es importante estudiar las células?		
7.2 ¿Cómo hace posible la estructura celular llevar a cabo los procesos básicos de la vida?		
7.3 ¿Cómo transporta una célula materiales a través de la membrana celular?		
7.4 ¿Cómo mantiene una célula la homeostasis internamente y como parte de un organismo multicelular?		

7.1 La vida es celular

Objetivos de la lección

- Definir la teoría celular.
- Describir cómo funcionan los diferentes tipos de microscopios.
- Distinguir entre procariotas y eucariotas.

Resumen de la lección

Descubrimiento de la célula El invento del microscopio en el siglo XVII permitió a los investigadores observar las células por primera vez.

▷ Robert Hooke llamó a los espacios vacíos que observó en el corcho, "células".

▷ Anton van Leeuwenhoek fue el primero en observar microorganismos vivos.

▷ Las **células** son la unidad básica de los seres vivos.

▷ Los descubrimientos de los científicos alemanes Schleiden, Schwann y Virchow llevaron al desarrollo de la **teoría celular**, que establece lo siguiente:

  • Todos los seres vivos están compuestos por células.

  • Las células son las unidades básicas de estructura y función de los seres vivos.

  • Las nuevas células se producen a partir de células existentes.

Exploración de la célula Los científicos usan microscopios ópticos y microscopios electrónicos para explorar la estructura de las células.

▷ Los ópticos compuestos usan lentes que enfocan la luz y que amplifican los objetos hasta 1000 veces. Los tintes químicos y fluorescentes ayudan a ver las estructuras celulares.

▷ Los electrónicos usan proyecciones de electrones concentradas por campos magnéticos. Ofrecen una resolución mucho más alta. Hay dos tipos de microscopios electrónicos: de transmisión y de exploración. Se usan computadoras para colorear las micrografías electrónicas, que son fotografías de objetos vistos bajo un microscopio.

Procariotas y eucariotas Las células tienen una gran variedad de formas y tamaños, pero todas contienen ADN y están rodeadas por una barrera flexible y delgada llamada **membrana celular**. Hay dos categorías básicas de células según tengan o no **núcleo**, que es la estructura rodeada por una membrana y que contiene el material genético de la célula en forma de ADN.

▷ Las **eucariotas** son células que rodean su ADN en núcleos.

▷ Las **procariotas** son células que no rodean su ADN en núcleos.

Descubrimiento de la célula

Para las preguntas 1 a 6, completa cada enunciado escribiendo la(s) palabra(s) correcta(s).

1. El invento de _____ hizo posible el descubrimiento de la célula.

2. Robert Hooke usó el nombre _____ para referirse a los espacios vacíos diminutos que vio en su observación de corcho amplificado.

3. El botánico alemán Matthias Schleiden concluyó que _____ están formadas por células.

4. El botánico alemán Theodore Schwann concluyó que _____ están formados por células.

5. Rudolph Virchow concluyó que las nuevas células se forman a partir de _____.

6. _____ combina las conclusiones de Schleiden, Schwann y Virchow.

Exploración de la célula

Para las preguntas 7 a 10, escribe Cierto *si la oración es cierta. Si la oración es falsa, cambia la(s) palabra(s) subrayada(s) para que la oración sea cierta.*

_____ **7.** El tamaño de la imagen bajo un microscopio óptico es <u>ilimitado</u> porque la luz que atraviesa la materia está difractada.

_____ **8.** Los tintes fluorescentes ayudan a los científicos a ver el movimiento de <u>compuestos y estructuras</u> de las células vivas.

_____ **9.** Los microscopios <u>de transmisión</u> de electrones crean imágenes tridimensionales de la superficie de un espécimen.

10. RAZONAMIENTO VISUAL En la segunda fila de la tabla haz dibujos que ilustren cómo una muestra de tres células de levadura se vería en el tipo de micrografía descrita en la primera fila. En la tercera fila, describe cómo se formó cada imagen.

Comparación del detalle en micrografías básicas		
Micrografía óptica (amplificación: 500x)	**Micrografía de transmisión de electrones** (amplificación: 4375x)	**Micrografía electrónica de exploración** (amplificación: 3750x)
La imagen de un microscopio óptico se forma por _____ _____ _____.	La imagen de un microscopio de transmisión de electrones se forma por _____ _____ _____.	La imagen de un microscopio electrónico de exploración se forma por _____ _____ _____.

11. Para estudiar células con un microscopio óptico, se dispone de diferentes tipos de tinturas. En general, ¿por qué es más útil teñir las células eucariotas que las procariotas?

_____

_____

_____

Procariotas y eucariotas

12. Completa la tabla de las dos categorías de células.

Dos categorías de células			
Categoría	Definición	Tamaños	Ejemplos
Células procariotas			
Células eucariotas			

13. ¿Qué categoría de célula constituye tu cuerpo, procariota o eucariota?

_____

Aplica la gran idea

14. Recuerda que en ciencias, una teoría es una explicación probada que unifica muchas observaciones e hipótesis y permite hacer predicciones exactas. ¿Cómo demuestra la teoría celular esta definición de teoría?

_____

_____

_____

_____

_____

_____

_____

_____

_____

_____

7.2 Estructura celular

Objetivos de la lección

- Describir la estructura y función del núcleo de la célula.
- Describir el papel de las vacuolas, los lisosomas y el citoesqueleto.
- Identificar el papel de los ribosomas, el retículo endoplasmático y el aparato de Golgi en la producción de proteínas.
- Describir la función de los cloroplastos y las mitocondrias en la célula.
- Describir la función de la membrana celular.

Resumen de la lección

Organización celular Las células eucariotas tienen núcleo y estructuras especializadas.

▷ El **citoplasma** es la porción líquida de la célula.

▷ Los **orgánulos** son estructuras con funciones especializadas en una célula eucariota.

▷ El núcleo contiene el ADN y controla la actividad de la célula.

Orgánulos que almacenan, limpian y sostienen la célula Algunas estructuras son:

▷ **vacuolas:** estructuras bursiformes rodeadas por una membrana que almacena sustancias como agua, sales y moléculas orgánicas

▷ **lisosomas:** pequeños orgánulos rellenos de enzimas que descomponen grandes moléculas y orgánulos que no se pueden usar

▷ **citoesqueleto:** red de filamentos proteínicos que le da a la célula su forma, su organización interna y participa en el movimiento

▷ **centríolos:** orgánulos de tubulina; ayudan en la división celular de células animales

Orgánulos que crean proteínas Tres tipos de orgánulos colaboran con el núcleo para crear y distribuir proteínas:

▷ **ribosomas:** pequeñas partículas de ARN y proteína que se hallan en el citoplasma de una célula; sintetizan proteínas siguiendo instrucciones codificadas del ADN

▷ **retículo endoplasmático:** sistema de membranas internas que reúne componentes lipídicos de la membrana celular, proteínas y otros materiales

▷ **aparato de Golgi:** orgánulo que parece un grupo de membranas aplanadas; modifica, clasifica y agrupa las proteínas y otras sustancias provenientes del retículo endoplasmático para almacenarlas en la célula o enviarlas fuera de la célula

Orgánulos que capturan y liberan energía Hay dos tipos de orgánulos que actúan como plantas de energía en las células. Ambos tipos están rodeados por dos membranas.

▷ Los **cloroplastos** capturan la energía de la luz solar y la convierten en alimento que contiene energía química en un proceso llamado fotosíntesis. Las células vegetales y de otros organismos contienen cloroplastos y clorofila.

▷ Las **mitocondrias** están en la mayoría de las células eucariotas; convierten la energía química almacenada en los alimentos en compuestos que pueda usar la célula.

Barreras celulares Todas las células están rodeadas por una membrana celular. Muchas células también tienen una pared celular. Las membranas celulares y las paredes celulares separan a las células del ambiente y sirven de sostén.

- Las **paredes celulares** mantienen, dan forma y protegen la célula. La mayoría de los procariotas y muchos eucariotas tienen paredes celulares. Las células animales no tienen paredes celulares. Éstas están situadas alrededor de la membrana celular. La mayoría permite que pasen materiales a través de ellas.

- La membrana celular tiene una **bicapa lipídica**, que es una barrera fuerte y flexible entre la célula y su entorno. Las membranas celulares regulan lo que entra y sale de la célula y también la protegen y la mantienen. La mayoría de las membranas biológicas son de **permeabilidad selectiva** lo que permite que algunas sustancias pasen a través de ellas.

Organización celular

1. Describe la relación entre el citoplasma y el núcleo de una célula.

_____

_____

_____

2. ¿Cuál es el significado literal del término *orgánulo*?

_____

Para las preguntas 3 a 5, observa la Analogía visual que compara una célula con una fábrica.

3. ANALOGÍA VISUAL En la Analogía visual de la célula como una fábrica, ¿qué dos funciones se representan? ¿Cómo se ilustran estas funciones?

_____

_____

_____

_____

_____

_____

4. ¿Qué característica del núcleo *no se* representa claramente en la Analogía visual?

_____

5. ¿Qué otra analogía podría compararse con la estructura y función de una célula?

_____

_____

_____

Orgánulos que almacenan, limpian y sostienen la célula

6. ¿Qué son las vacuolas?

_____

_____

7. ¿Cuáles son las dos funciones de la vacuola central en una célula vegetal?

_____

8. ¿Cómo se diferencian las vacuolas contráctiles de otro tipo de vacuolas?

_____

_____

9. En los dibujos siguientes, rotula las estructuras de la célula animal y de la célula vegetal indicadas por las líneas.

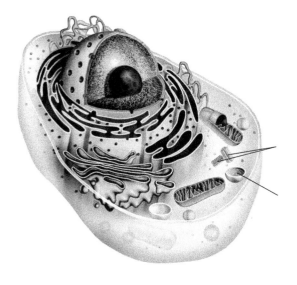 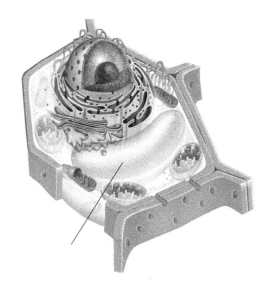

10. ¿Cuál es el papel de los lisosomas en la célula? ¿Por qué es un papel vital?

_____

_____

_____

11. ¿Qué estructuras del citoesqueleto se encuentran en las células animales y no en las células vegetales?

_____

12. ¿Qué otras estructuras del citoesqueleto tendrían el mismo patrón de microtúbulos que un flagelo?

_____

Orgánulos que crean proteínas

13. ¿Qué son los ribosomas? ¿Qué función tienen?

_____

_____

14. ¿En qué orgánulo se reúnen los componentes lipídicos de la membrana celular?

_____

15. ¿Cuál es la diferencia entre el retículo endoplasmático áspero y el liso?

_____

_____

16. Según la analogía de la célula como una fábrica, describe el papel del aparato de Golgi.

_____

_____

_____

17. Supón que el aparato de Golgi no funciona apropiadamente. ¿Cómo podría afectar esto a las otras células?

_____

_____

_____

Orgánulos que capturan y liberan energía

18. Completa el diagrama de Venn para comparar y contrastar cloroplastos y mitocondrias.

Cloroplastos   Mitocondrias

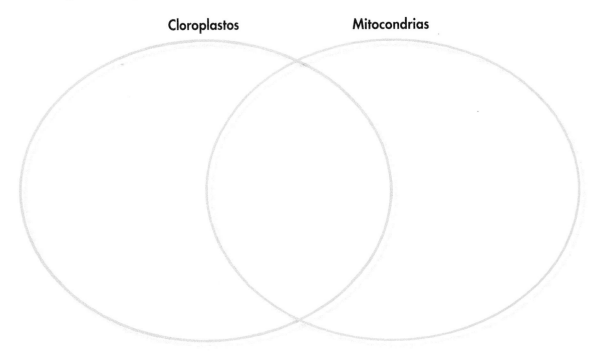

Para las preguntas 19 a 22, escribe Cierto *si la oración es cierta. Si la oración es falsa, cambia la(s) palabra(s) subrayada(s) para que la oración sea cierta.*

_____ **19.** Los cloroplastos <u>nunca</u> se encuentran en células animales.

_____ **20.** <u>A diferencia de</u> los cloroplastos, las mitocondrias están rodeadas por una membrana doble.

_____ **21.** Casi todas las <u>mitocondrias</u> en tus células las heredaste de tu madre.

_____ **22.** Los cloroplastos y las mitocondrias <u>carecen</u> de información genética en forma de ADN.

Barreras celulares

Para las preguntas 23 a 25, completa cada enunciado con la(s) palabra(s) correcta(s).

23. La mayoría de _____ celulares son porosas al agua y otros materiales pero lo bastante fuertes para soportar y proteger las células.

24. Casi todo el tejido celular llamado _____ está compuesto por paredes celulares.

25. Además de soportar y proteger las células, la membrana celular _____ lo que entra y sale de la célula.

26. Completa el diagrama de una sección de membrana celular y escribe el nombre del modelo que describe la estructura de la membrana celular.

Cola hidrofóbica

Aplica la gran idea

27. ¿Cuál es la función de las vesículas en la síntesis y liberación celular de las proteínas?

_____

_____

_____

_____

7.3 Transporte celular

Objetivos de la lección

- Describir el transporte pasivo.
- Describir el transporte activo.

Resumen de la lección

Transporte pasivo El movimiento de materiales a través de la membrana celular sin usar energía celular se llama transporte pasivo.

- La **difusión** es el proceso por el que las partículas tienden a desplazarse desde un área donde están más concentradas hacia un área donde están menos concentradas.
- La **difusión facilitada** es el proceso en el que las moléculas que no pueden atravesar la membrana directamente por medio de la difusión, atraviesan la membrana a través de canales especiales de proteínas.
- La **ósmosis** es la difusión facilitada de agua a través de una membrana con permeabilidad selectiva.
  - Las **acuaporinas** son proteínas que canalizan el agua en una célula que permiten que agua atraviese la membrana celular.
  - Dos soluciones adyacentes son **isotónicas** si su concentración de los solutos es la misma.
  - Las soluciones **hipertónicas** tienen la mayor concentración de solutos en comparación con otra solución.
  - Las soluciones **hipotónicas** tienen una menor concentración de solutos en comparación con otra solución.
- La **presión osmótica** es la fuerza creada por el movimiento neto del agua en osmosis.

Transporte activo El movimiento de materiales contra una diferencia de concentración se llama transporte activo. El transporte activo requiere energía.

- Las proteínas transportadoras que actúan como bombas usan energía para mover moléculas pequeñas e iones a través de las membranas celulares.
- El transporte masivo de grandes moléculas y materiales al interior y exterior de las células ocurre gracias a movimientos de la membrana celular, que requieren energía.

Transporte pasivo

Para las preguntas 1 a 4, escribe la letra de la respuesta correcta.

_____ 1. ¿Cuál de los siguientes enunciados debe ser cierto para que ocurra la difusión?
- **A.** Las moléculas o partículas deben tener diferentes tamaños.
- **B.** Los canales especiales de proteínas deben estar siempre disponibles.
- **C.** Debe haber áreas de diferentes niveles de concentración.
- **D.** Debe haber energía disponible.

_____ **2.** ¿Qué término se refiere a la condición que existe cuando *no* ocurre un cambio neto de concentración en el proceso de difusión?

    A. concentración   **C.** ósmosis

    B. equilibrio   **D.** de carácter aleatorio

_____ **3.** El aire tiene una concentración más alta de moléculas de oxígeno que el citoplasma de las células de tus pulmones. ¿En qué parte de tus pulmones habrá un aumento neto de oxígeno?

    A. en el aire que respiro   **C.** fuera de las células pulmonares

    B. en el aire que exhalo   **D.** dentro de las células pulmonares

_____ **4.** ¿Cuál oración describe la diferencia entre las difusiones facilitada y simple?

    A. Las partículas pasan por las membranas celulares sin usar energía de las células.

    B. Las partículas tienden a pasar de un área de mayor concentración a un área de menor concentración.

    C. Las partículas se desplazan dentro de proteínas canalizadoras que atraviesan las membranas celulares.

    D. Las partículas tienden a desplazarse más lentamente de lo esperado.

Para las preguntas 5 a 7, relaciona la situación con su resultado.

Situación   **Resultado**

_____ **5.** Las células están en una solución isotónica.   **A.** Las células pierden agua.

_____ **6.** Las células están en una solución hipertónica.   **B.** Las células ganan agua.

_____ **7.** Las células están en una solución hipotónica.   **C.** Las células no cambian.

8. RAZONAMIENTO VISUAL En la tabla siguiente, dibuja cómo se vería cada célula después de colocarse en una solución hipertónica.

Apariencia de las células en una solución hipertónica	
Células animales	**Células vegetales**

Transporte activo

9. ¿Cuál es la función del transporte activo para mover pequeñas moléculas e iones a través de la membrana celular? Da un ejemplo.

_____

_____

_____

_____

10. ¿Cómo ayuda el ATP a las proteínas transportadoras mover iones por la membrana celular?

_____

_____

11. ¿Cómo se llaman las proteínas usadas en el transporte activo? _____

12. Completa la tabla para resumir los tipos de transporte masivo.

Tipos de transporte masivo	
Tipo	**Descripción**
Endocitosis	
Fagocitosis	
Exocitosis	

Aplica la gran idea

13. Comparadas con los fluidos corporales, la mayoría de las bebidas deportivas son isotónicas. Explica por qué, cuando los atletas hacen ejercicio deben tomar soluciones isotónicas para los fluidos corporales en vez de hipotónicas (con mayor proporción de agua en comparación con los fluidos dentro y alrededor de las células humanas.)

_____

_____

_____

_____

7.4 Homeostasis y células

Objetivos de la lección

- [ ] Explicar cómo los organismos unicelulares mantienen la homeostasis.
- [ ] Explicar cómo los organismos multicelulares mantienen la homeostasis.

Resumen de la lección

La célula como organismo A veces un sola célula es un organismo que debe realizar todas las funciones necesarias para vivir.

▶ Los organismos unicelulares mantienen la **homeostasis**, o condiciones internas relativamente constantes, creciendo, respondiendo al ambiente, transformando energía y reproduciéndose.

▶ Los organismos unicelulares incluyen los procariotas y los eucariotas y desempeñan varias funciones importantes en su medio ambiente.

Vida multicelular Las células de los multicelulares son interdependientes y especializadas.

▶ Las células de organismos multicelulares se especializan en funciones particulares y se comunican entre sí para mantener la homeostasis.

▶ Las células especializadas de organismos multicelulares están organizadas en grupos.
  - **Tejido**: grupo de células similares que realizan una función en particular.
  - **Órgano**: grupo de tejidos que trabajan juntos en una tarea esencial.
  - **Sistema de órganos**: es un grupo de órganos que trabajan juntos en una función específica.

▶ Las células de organismos multicelulares se comunican entre sí por medio de señales químicas que pasan de una célula a otra.
  - Ciertas células crean conexiones, o uniones celulares, con células vecinas. Algunas uniones sujetan a las células firmemente.
  - Otras células permiten que moléculas pequeñas portadoras de señales químicas pasen de una célula a otra directamente.
  - Para responder a una señal química, una célula debe tener un **receptor** al cual se le puede adherir la molécula portadora de señales.

La célula como organismo

Para las preguntas 1 a 5, completa cada oración con la(s) palabra(s) correcta(s).

1. El término _____ se refiere al estado de una célula viva en que las condiciones internas se mantienen relativamente constantes.

2. Los procariotas unicelulares, llamados _____, se adaptan a lugares diferentes.

3. Algunos eucariotas unicelulares, llamados _____, contienen cloroplastos.

4. Las levaduras son _____ unicelulares eucariotas.

5. Entre otros eucariotas unicelulares están _____ y algas.

6. ¿Cómo mantienen la homeostasis los organismos unicelulares?

_____

_____

7. ¿Por qué mantener la homeostasis es muy importante para los organismos unicelulares?

_____

_____

_____

Vida multicelular

8. ¿En qué se parece un organismo multicelular a un equipo de béisbol?

_____

_____

_____

_____

_____

9. ¿Cómo mantiene la homeostasis un organismo multicelular?

_____

_____

_____

_____

_____

10. Completa la tabla con las funciones de las células especializadas.

Ejemplos de células especializadas		
Tipo de célula	Parte de la célula especializada	Función de la parte de la célula especializada
células que cubren las vías respiratorias superiores de los humanos	cilios	
granos de polen de pino	alas	

11. El diagrama de Venn siguiente tiene cuatro círculos concéntricos. Completa el diagrama para mostrar la relación entre cuatro niveles de la organización de vida. Usa los términos *células, órgano, sistema de órganos* y *tejido*.

12. Comienza con el círculo al extremo exterior, explica cómo se relaciona cada nivel con el próximo nivel del círculo interior.

_____
_____
_____

13. ¿Cuál es el nombre de las áreas que sujetan las células adyacentes y permiten que éstas se comuniquen?

_____

Aplica la **gran** idea

14. En el diagrama de Venn de arriba, ¿dónde agregarías un círculo que represente el nivel de organismos de la vida? ¿Dónde agregarías un círculo que represente otro órgano del mismo sistema de órganos?

_____
_____
_____
_____
_____

Repaso del vocabulario del capítulo

Para las preguntas 1 a 4, escribe Cierto *si la oración es cierta. Si la oración es falsa, cambia la(s) palabra(s) subrayada(s) para que la oración sea verdadera.*

_____ 1. Todas las células están rodeadas por una <u>pared</u> celular.

_____ 2. Las <u>proteínas canalizadoras</u> le dan su naturaleza flexible a la membrana celular.

_____ 3. Las membranas de <u>permeabilidad selectiva</u> permiten que sólo algunas sustancias pasen a través de ellas.

_____ 4. Los centríolos se encuentran en células <u>animales</u>.

Para las preguntas 5 a 11, relaciona el orgánulo con su descripción.

Orgánulo

_____ 5. Ribosomas

_____ 6. Retículo endoplasmático

_____ 7. Aparato de Golgi

_____ 8. Lisososmas

_____ 9. Vacuolas

_____ 10. Cloroplastos

_____ 11. Mitocondrias

Descripción

A. Captura la energía de la luz solar y la convierte en energía química que se almacena en comida.

B. Grupo de membranas agrupadas que modifica, clasifica y agrupa las proteínas y otras sustancias para almacenarlas en la célula o liberarlas de ella.

C. Convierte la energía química almacenada en los alimentos en compuestos más apropiados para que la célula los use

D. Sistema interno de membranas donde se producen los componentes lipídicos de la membrana celular

E. Estructuras bursiformes que almacenan sustancias

F. Pequeñas partículas de ARN y proteína que sintetizan las proteínas con instrucciones del ADN

G. Orgánulo lleno de enzimas que descomponen hidratos de carbono en moléculas más pequeñas

Para las preguntas 12 a 15, completa cada oración con la(s) palabra(s) correcta(s).

12. La ósmosis ocurre por medio de proteínas canalizadoras de agua y que se llaman

_____.

13. La fuerza creada por el movimiento neto del agua a través de una membrana celular se llama presión _____.

14. Los glóbulos rojos pueden mantener la homeostasis porque están sumergidos en sangre, que es _____ al fluido en las mismas células.

15. Para responder a una señal química, una célula debe tener _____ al que se pueda adherir la molécula portadora de señales.

MISTERIO DEL CAPÍTULO

MUERTE POR . . . ¿AGUA?

En el Misterio del capítulo aprendiste cómo el equilibrio de sal en el cuerpo puede alterarse durante períodos de esfuerzo, en este caso una maratón. Correr en una maratón puede alterar otros aspectos de la homeostasis corporal.

Aprendizaje en el siglo XXI

Cómo prepararse para una carrera, terminarla y recuperarse

Correr en una maratón presenta algunos retos para la homeostasis celular. Puede haber deshidratación a causa de la sudoración. Ejercitar los músculos requiere más oxígeno y produce calor excesivo. Pero si los participantes toman las precauciones necesarias, suele ser una actividad segura. El siguiente plan ofrece sugerencias a los participantes.

Seis semanas antes de la carrera
No practiques técnicas nuevas. Limita tu entrenamiento de resistencia a ejercicios que requieran la mínima resistencia externa (es decir, no levantes pesas).

Tres semanas antes de la carrera
Reduce el entrenamiento de carreras de larga distancia un 25%.

Dos semanas antes de la carrera
Reduce el entrenamiento de carreras de larga distancia otro 25%.

Una semana antes de la carrera
Suspende el entrenamiento de carreras de larga distancia y sigue con carreras cortas. Suspende los ejercicios de resistencia. No pruebes comidas que no conoces, como comidas corrientes y de entrenamiento. Si planeas usar bebidas con electrolitos, barras nutritivas, suplementos en gel, entre otros, durante la carrera, empieza a consumirlos desde ahora. Duerme más horas cada noche.

Un día antes de la carrera
Tómalo con calma, procura sentarte lo más posible. Come muchos hidratos de carbono complejos y no mucha fibra. Toma mucha agua pero no bebidas con cafeína. No comas tarde en la noche.

El día de la carrera
Levántate temprano. Desayuna ligero. Toma bastante agua dos horas antes de la carrera y no tomes nada hasta que hayas comenzado la carrera.

Durante la carrera
Comienza despacio, puedes acelerar el paso más adelante. Toma en cada puesto de agua. Toma bebidas con electrolitos además de agua.

Durante las dos horas después de haber terminado la carrera
Toma agua o bebidas con electrolitos. De los 120 minutos, camina 60 minutos (no necesariamente de manera continua). Merienda hidratos de carbono y un poco de proteína. No comas nada alto en grasa ni azúcar.

Después
Ponte hielo en los músculos adoloridos. Duerme las horas completas de sueño. No corras durante la semana siguiente ni hagas ejercicios de resistencia durante las dos semanas siguientes.

Continúa en la próxima página ►

Asuntos del siglo XXI Conocimientos de ciencias y salud

1. ¿Cuándo debería un atleta suspender su entrenamiento de carreras de larga distancia?

   _____

2. ¿Qué debería hacer un atleta después de correr una maratón?

   _____

   _____

3. ¿Qué debería hacer un atleta seis semanas antes de una carrera? ¿Por qué es aconsejable?

   _____

   _____

   _____

4. ¿Qué debería comer un atleta antes de una carrera: nada, una comida ligera o una comida pesada? ¿Por qué crees que se ofrece esta sugerencia?

   _____

   _____

   _____

5. ¿Qué sugerencia ofrece el artículo acerca de la comida una semana antes de la carrera? ¿Por qué es aconsejable?

   _____

   _____

   _____

   _____

Destrezas para el siglo XXI Correr por una causa

En esta actividad se usan las siguientes destrezas: **identificación, formulación y solución de problemas; destrezas colaborativas e interpersonales; responsabilidad y adaptabilidad,** y **responsabilidad social.**

Con recursos de la biblioteca e Internet, investiga diferentes consejos sobre lo que debería hacer un atleta una semana antes, el día de la carrera y el día siguiente. Combina los consejos que investigues con los del artículo para crear un calendario u horario para posibles atletas.

En grupo, escoge una obra de caridad u organización sin fines de lucro de tu comunidad. Planifica, organiza y haz una carrera para apoyarla.

Pídele a una médico especializado en deportes y a tu maestro de gimnasia que revisen tu calendario de entrenamiento. Haz los cambios que sugieran y envía una copia del calendario por correo a cada participante.

También deberás hacer lo siguiente: determinar la distancia de la carrera, planear el trayecto, sacar los permisos necesarios y conseguir patrocinadores. Promueve la carrera dos veces, primero para atraer participantes y luego para atraer espectadores.

También debes verificar que los participantes no tengan algún padecimiento físico que pueda descartar su participación en la carrera.

8 La fotosíntesis

La vida es celular

P: ¿Cómo capturan las plantas y otros organismos la energía del sol?

LO QUE SÉ	LO QUE APRENDÍ
8.1 ¿Cómo almacenan la energía los organismos?	
8.2 ¿Qué estructuras celulares y moléculas intervienen en la fotosíntesis?	
8.3 ¿Cómo convierten los organismos fotosintéticos la energía del sol en energía química?	

8.1 La energía y la vida

Objetivos de la lección

▢ Describir la función del ATP en las actividades celulares.

▢ Explicar de dónde obtienen las plantas la energía necesaria para producir alimento.

Resumen de la lección

Energía química y ATP Energía es la capacidad para realizar un trabajo. Los organismos necesitan energía para vivir.

➤ **Trifosfato de adenosina (ATP por sus siglas en inglés)** es un compuesto químico que usan las células para almacenar y liberar energía.

  • Una molécula de ATP consta de adenina, azúcar ribosa y tres grupos fosfato.

  • Las células almacenan energía añadiendo un grupo fosfato a las moléculas de difosfato de adenosina (ADP, por sus siglas en inglés).

  • Las células liberan energía de las moléculas de ATP al sustraer un grupo fosfato.

➤ La energía que produce el ATP se usa para el transporte activo, la contracción muscular, la síntesis de proteínas y muchas otras cosas.

➤ Las células contienen sólo una pequeña cantidad de ATP en cualquier momento. Lo regeneran del ADP según sus necesidades, utilizando la energía almacenada en los alimentos.

Heterótrofos y autótrofos La energía para fabricar ATP a partir del ADP proviene de los alimentos. Los organismos consiguen los alimentos de dos maneras.

➤ Los **heterótrofos** obtienen alimentos consumiendo (comiendo) otros organismos.

➤ Los **autótrofos** usan la energía del sol para producir sus propios alimentos.

➤ La **fotosíntesis** es el proceso por el que se usa la energía luminosa para producir moléculas de alimento.

Energía química y ATP

Para las preguntas 1 a 6, completa cada enunciado con la palabra(s) correcta(s).

1. _____ es la capacidad para realizar un trabajo.

2. El compuesto químico principal que usan las células para obtener energía es _____ (ATP).

3. La molécula _____ es un azúcar de 5 carbonos que es parte de la molécula de ATP.

4. _____ de ATP son la clave de su capacidad de almacenar y dar energía.

5. El ATP libera energía cuando _____ enlaces entre sus grupos fosfato.

6. La mayoría de las células almacenan sólo la cantidad de ATP necesaria para _____ de actividad.

7. RAZONAMIENTO VISUAL Nombra cada parte del diagrama de una molécula de ATP.

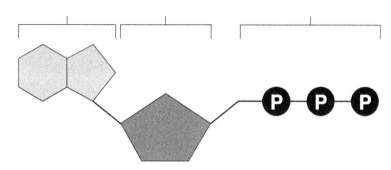

Para las preguntas 8 a 10, consulta la Analogía visual en la que se compara el ATP con una batería cargada.

8. ANALOGÍA VISUAL En la Analogía visual, ¿qué compuesto químico representa la batería baja?

_____

_____

9. ¿En qué dos formas muestra el diagrama un aumento de energía?

_____

_____

10. Describe los conceptos que muestra este diagrama.

_____

_____

_____

_____

_____

_____

_____

_____

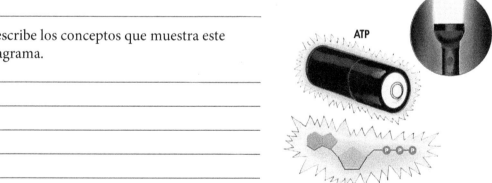

11. Menciona dos formas en que las células usan la energía almacenada temporalmente en el ATP.

_____

_____

12. Se necesita energía para añadir un tercer grupo fosfato al ADP para producir ATP. ¿De dónde obtiene la célula esa energía?

_____

_____

Heterótrofos y autótrofos

Para las preguntas 13 a 17, escribe Cierto si la oración es cierta. Si la oración es falsa, cambia la(s) palabra(s) subrayada(s) para que la oración sea cierta.

_____ **13.** Todos los heterótrofos deben <u>consumir alimentos</u> para obtener energía.

_____ **14.** Los <u>autótrofos</u> no necesitan consumir alimentos porque producen alimentos.

_____ **15.** La energía de los alimentos se obtiene originalmente del <u>ATP</u>.

_____ **16.** El termino fotosíntesis significa "usar luz para <u>desarmar</u> algo" en griego.

_____ **17.** La energía de la luz solar se almacena en los enlaces químicos de los <u>carbohidratos</u>.

18. Completa la tabla que compara dos tipos de organismos.

Autótrofos y heterótrofos		
Tipo	**Descripción**	**Ejemplos**
Autótrofos		
Heterótrofos		

Aplica la **gran** idea

19. Imagina que almorzaste una hamburguesa en un pan con lechuga, tomate y cebolla. Mientras comías, absorbiste moléculas de alimento de plantas y animales. Explica por qué el origen de toda la energía de las moléculas de alimento en esta hamburguesa se pueden encontrar en el sol.

_____

_____

_____

_____

_____

_____

8.2 Vistazo a la fotosíntesis

Objetivos de la lección

- Explicar el papel de la luz y los pigmentos en la fotosíntesis.
- Explicar el papel de las moléculas transportadoras en la fotosíntesis.
- Enunciar la ecuación general de la fotosíntesis.

Resumen de la lección

Clorofila y cloroplastos En las células eucariotas, la fotosíntesis ocurre en orgánulos llamados cloroplastos que contienen compuestos químicos que absorben la luz.

▷ La luz es un tipo de energía. La luz solar es una combinación de todos los colores del espectro visible.

▷ Las moléculas que absorben luz, llamadas **pigmentos**, capturan la energía del sol.

▷ El pigmento principal de los organismos fotosintéticos es la **clorofila**. La clorofila absorbe la luz azul-violeta y roja pero refleja la luz verde.

▷ Los cloroplastos tienen una estructura interna compleja que incluye:

  - **tilacoides**: membranas fotosintéticas en forma de sacos que contienen clorofila y otros pigmentos, organizadas en pilas llamadas granos.

  - **estroma**: región fluida en el exterior de los tilacoides.

Electrones de alta energía La energía de la luz eleva los niveles de energía de algunos electrones de la clorofila. Esos electrones de alta energía se usan en la fotosíntesis.

▷ Los electrones transportadores llevan los electrones de la clorofila a otras moléculas durante la fotosíntesis.

▷ El **NADP⁺** es un compuesto que puede aceptar y retener dos electrones de alta energía y un ión hidrógeno. Este proceso convierte el $NADP^+$ en NADPH.

Vistazo a la fotosíntesis Normalmente resumida en una reacción química sencilla, la fotosíntesis es un proceso complejo dividido en dos conjuntos de reacciones interdependientes.

▷ Las **reacciones dependientes de la luz** necesitan luz, pigmentos que absorben la luz y agua para formar NADPH, ATP y oxígeno.

▷ Las **reacciones independientes de la luz** no usan energía luminosa, sino dióxido de carbono atmosférico, NADPH y ATP para fabricar compuestos ricos en energía.

Clorofila y cloroplastos

Para las preguntas 1 a 6, completa cada oración con la(s) palabra(s) correcta(s).

1. El color de la luz depende de su _____.

2. Los compuestos químicos que absorben la luz se llaman _____.

3. Las plantas se ven verdes porque la clorofila _____ la luz verde.

4. Los cloroplastos tienen una gran cantidad de membranas fotosintéticas en forma de bolsas llamadas _____.

5. La región fluida del cloroplasto, en el exterior de los tilacoides se llama _____.

6. El espectro visible que absorbe la clorofila _____ el nivel de energía de los electrones de la clorofila.

7. RAZONAMIENTO VISUAL Escribe las partes internas del cloroplasto.

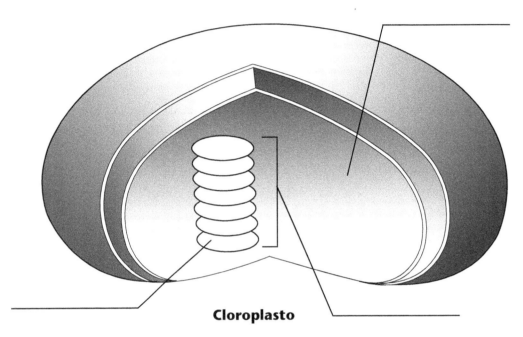

Cloroplasto

Electrones de alta energía

Para las preguntas 8 y 9, consulta la Analogía visual donde se comparan los electrones transportadores con unos guantes de cocina.

8. ANALOGÍA VISUAL En la Analogía visual de los transportadores de electrones, ¿qué representan los electrones de alta energía?

_____

_____

9. Escribe otra analogía que describa el proceso de los transportadores de electrones.

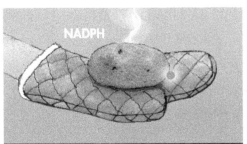

_____

_____

_____

_____

10. ¿De dónde provienen los electrones de alta energía transportados por el NADPH?

_____

_____

Vistazo a la fotosíntesis

Para las preguntas 11 a 13, escribe la letra de la respuesta correcta.

_____ 11. ¿Cuáles son los reactantes de la reacción de fotosíntesis?

    A. clorofila y luz   **C.** carbohidratos y oxígeno

    B. dióxido de carbono y agua   **D.** electrones de alta energía y aire

_____ 12. ¿Cuáles son los productos de las reacciones dependientes de la luz?

    A. cloroplastos y luz   **C.** oxígeno y ATP

    B. proteínas y lípidos   **D.** agua y azúcares

_____ 13. ¿Dónde ocurren las reacciones independientes de la luz?

    A. estroma   **C.** clorofila

    B. tilacoides   **D.** mitocondrias

14. Completa la ilustración con los reactantes y productos de las reacciones dependientes e independientes de la luz. Añade también la fuente de energía que estimula los electrones.

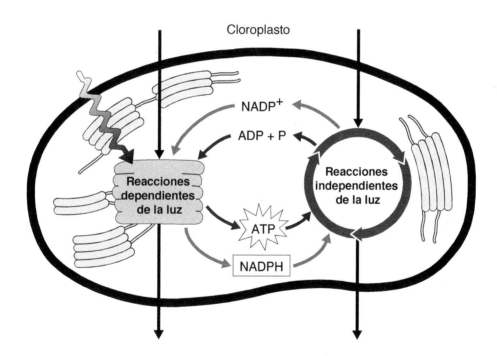

Aplica la **gran** idea

15. La energía solar usa celdas o paneles para absorber la energía del sol. La energía se usa luego para generar electricidad. ¿Cómo se compara esto con las reacciones fotosintéticas dependientes de la luz?

_____

_____

_____

_____

8.3 El proceso de la fotosíntesis

Objetivos de la lección

☐ Describir qué ocurre en las reacciones dependientes de la luz.

☐ Describir qué ocurre en las reacciones independientes de la luz.

☐ Identificar los factores que afectan la velocidad de la fotosíntesis.

Resumen de la lección

Reacciones dependientes de la luz: Generación de ATP y NADPH La fotosíntesis comienza con estas reacciones que ocurren en las membranas tilacoides.

▶ Los **fotosistemas** son los conjuntos de clorofila y proteínas en las membranas tilacoides.

▶ Se forman electrones de alta energía cuando los pigmentos del fotosistema II absorben luz. Pasan por **cadenas de transporte de electrones**, proteínas transportadoras de electrones.

- El desplazamiento de electrones por una cadena de transporte de electrones causa que un tilacoide se cargue de iones hidrógeno y genere ATP y NADPH.

- El **ATP sintasa** es una proteína unida a la membrana celular que permite que el exceso de iones hidrógeno escape de un tilacoide y produzca ATP.

Reacciones independientes de la luz: Producción de azúcares Ocurren en el estroma de los tilacoides y se conocen como **ciclo de Calvin**.

▶ Al ciclo de Calvin entran 6 moléculas de dióxido de carbono atmosférico y se combinan con los compuestos de 5 carbonos presentes. Producen 12 moléculas de 3 carbonos.

▶ Dos moléculas de 3 carbonos salen del ciclo. La planta las usa para producir azúcares, lípidos, aminoácidos y otros compuestos.

▶ Las diez moléculas de 3 carbonos restantes se vuelven a convertir en moléculas de 5 carbonos para comenzar un ciclo nuevo.

Factores que afectan la fotosíntesis Factores que afectan la velocidad de la fotosíntesis: La temperatura, intensidad de la luz y disponibilidad del agua afectan a la fotosíntesis.

▶ Las plantas C4 y CAM tienen fotosíntesis modificada que conservan agua en climas secos.

Reacciones dependientes de la luz: Generación de ATP y NADPH

Para las preguntas 1 a 5, escribe Cierto si la oración es cierta. Si el oración es falsa, cambia la(s) palabra(s) subrayada(s) para que la oración sea cierta.

_____ **1.** Los fotosistemas son conjuntos de clorofila y <u>proteínas</u>.

_____ **2.** Las reacciones dependientes de la luz inician cuando el <u>fotosistema I</u> absorbe luz.

_____ **3.** Los electrones de las moléculas de <u>agua</u> reemplazan los perdidos en el fotosistema II.

_____ **4.** El <u>ATP</u> es producto del fotosistema I.

_____ **5.** El ATP y NADPH son dos tipos de portadores de <u>proteínas</u>.

6. ¿Cómo produce ATP el ATP sintasa? _____
_____
_____

7. ¿Cómo cambian los electrones cuando la luz solar los altera en la clorofila?
_____
_____

8. ¿Dónde ocurren las reacciones dependientes de la luz? _____
_____

9. Completa la tabla con un resumen de qué ocurre en cada fase de las reacciones dependientes de la luz de la fotosíntesis.

Reacciones dependientes de la luz	Resumen
Fotosistema II	
Cadena de transporte de electrones	
Fotosistema I	
Movimiento de iones hidrógeno y formación de ATP	

Reacciones independientes de la luz: Producción de azúcares

10. ¿Qué utiliza el ciclo de Calvin para producir azúcares de alta energía?

_____

_____

11. ¿Por qué las reacciones del ciclo de Calvin se llaman reacciones independientes de la luz?

_____

_____

12. ¿Por qué el ciclo de Calvin es un ciclo?

_____

_____

13. Completa el diagrama del ciclo de Calvin llenando los espacios en blanco.

Ciclo de Calvin

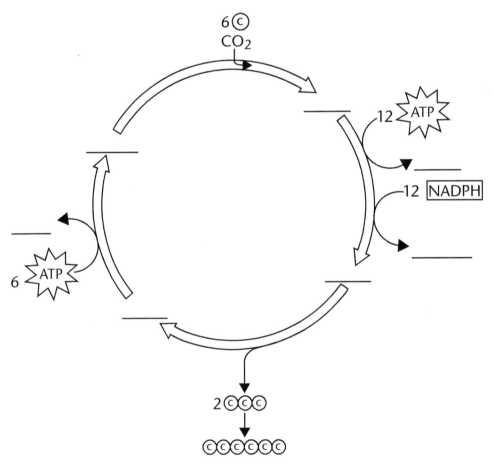

Azúcares y otros compuestos

Factores que afectan la fotosíntesis

14. ¿Cuáles son tres factores que afectan la velocidad de la fotosíntesis?

_____

_____

_____

15. ¿Es posible que una planta pueda llevar a cabo la fotosíntesis bajo una atmósfera de oxígeno puro? Explica tu respuesta.

_____

_____

_____

16. Completa la tabla de variaciones de la fotosíntesis.

Tipo	Descripción	Ejemplos
	Ocurre en las plantas que tienen canales químicos especializados que les permiten capturar niveles muy bajos de dióxido de carbono y pasarlos por el ciclo de Calvin.	
		plantas de piña, varios cactus del desierto y "plantas de hielo"

Aplica la gran idea

17. La fotosíntesis desempeña un papel importante al proveer energía a los seres vivos. Considerando los productos de la fotosíntesis, ¿de qué otra manera es la fotosíntesis esencial para la vida?

_____

_____

_____

_____

_____

_____

_____

Repaso del vocabulario del capítulo

Crucigrama *Completa el crucigrama con el término que corresponde a cada descripción.*

Horizontal

2. membrana fotosintética con forma de bolsa en los cloroplastos

3. energía que usan las moléculas transportadoras de electrones para transferir electrones de alta energía

7. conjunto de pigmentos y proteínas que absorben la luz

9. proceso que usa la energía luminosa para convertirla en alimento

10. descubridor de los detalles de las reacciones independientes de la luz

Vertical

1. químico que absorbe la luz

4. organismo que elabora su propio alimento

5. parte fluida del cloroplasto

6. químico que absorbe la luz en la fotosíntesis

8. transportador de energía producto del fotosistema II

Para las preguntas 11 a 16, completa cada oración con la palabra correcta.

11. Las reacciones _____ de la luz se llevan a cabo en las membranas tilacoides.

12. El dióxido de carbono es necesario para la producción de azúcares en las reacciones _____ de la luz.

13. Las reacciones independientes de la luz también se conocen como _____.

14. _____ gira para proporcionar la energía necesaria para añadir un grupo de fosfato a las moléculas de ADP.

15. _____ de electrones transportan electrones de alta energía entre fotosistemas.

16. Un animal que obtiene energía de otros organismos es _____.

MISTERIO DEL CAPÍTULO

¿DE LA NADA?

En el Misterio del capítulo aprendiste sobre el experimento que realizó Jan van Helmont y que tardó cinco años en completarse a mediados del siglo XVII. Este experimento es un hito en la historia de la ciencia y es parte del plan de estudio en colegios y universidades de todo el mundo.

Aprendizaje en el siglo XXI

Explora y demuestra el experimento de van Helmont

Pero, el experimento de van Helmont, siendo tan famoso como es, lo llevó a una conclusión errónea. Al finalizar el experimento, no supo de dónde provenía la masa del árbol. Supuso que venía del agua que le había agregado. Pero estaba equivocado.

El problema estuvo en la manera en que diseñó su experimento. Él diseñó su experimento para probar que la masa adicional del árbol provenía del suelo y no consideró otras posibilidades para explicar de dónde podría provenir esta masa adicional. Por lo tanto, en la manera en que realizó el experimento, no podía probar de dónde provenía la masa adicional del árbol. En el siglo XVII, las ciencias y el método científico estaban en sus comienzos. Hoy en día sabemos que un experimento debe tomar en cuenta todas las variables y que se deben considerar todos los resultados. Un experimento se debe realizar para saber por qué ocurre algo, o por lo menos para saber si algo ocurre, no para "probar" que la noción preconcebida del científico es correcta.

Si fueras a realizar el experimento de van Helmont hoy en día, piensa en cómo lo modificarías. Comienza con la hipótesis original de van Helmont: La masa de un árbol proviene de la absorción de masa del suelo. ¿Qué variable(s) se debe(n) controlar en este experimento?

_____

_____

¿Qué procedimiento seguirías en este experimento?

_____

_____

_____

_____

_____

¿Qué materiales y herramientas necesitarías para tu experimento?

_____

_____

Continúa en la próxima página ▶

Asuntos del siglo XXI Conocimientos de ciencias

1. ¿Cómo se asegura tu procedimiento experimental de que nada haga contacto con el árbol sin que estés al tanto?

_____

_____

2. ¿Cómo puedes explicar la masa del agua que entra en contacto con el árbol durante los cinco años del experimento?

_____

_____

3. ¿Cómo puedes explicar la masa de aire que entra en contacto con el árbol durante los cinco años del experimento?

_____

_____

4. ¿Cómo puedes explicar los gases que expulsó el árbol durante los cinco años del experimento?

_____

_____

5. ¿Existen variables que no se podrán tomar en cuenta? De ser así, ¿cuáles son?

_____

_____

_____

Destrezas para el siglo XXI Comunicar resultados

Entre las destrezas utilizadas en esta actividad están **destrezas de comunicación, razonamiento crítico y comprensión de sistemas, identificación, formulación y resolución de problemas,** y **creatividad y curiosidad intelectual.**

¿Cómo cambiarías tu experimento para mejorarlo? Escribe los cambios que harías para asegurarte de que los resultados sean más válidos. Luego, prepara un plan de la lección que podrías usar para enseñarle el experimento de van Helmont a otro estudiante. El plan de la lección debe incluir un esquema de lo que dirías además de los diagramas o ilustraciones que le mostrarías al estudiante.

Pregúntale a tu maestro si puede coordinar una hora para reunirte con un estudiante de escuela intermedia y enseñarle la lección.

9 Respiración y fermentación celular

la gran idea La base celular de la vida

P: ¿Cómo obtienen energía los organismos?

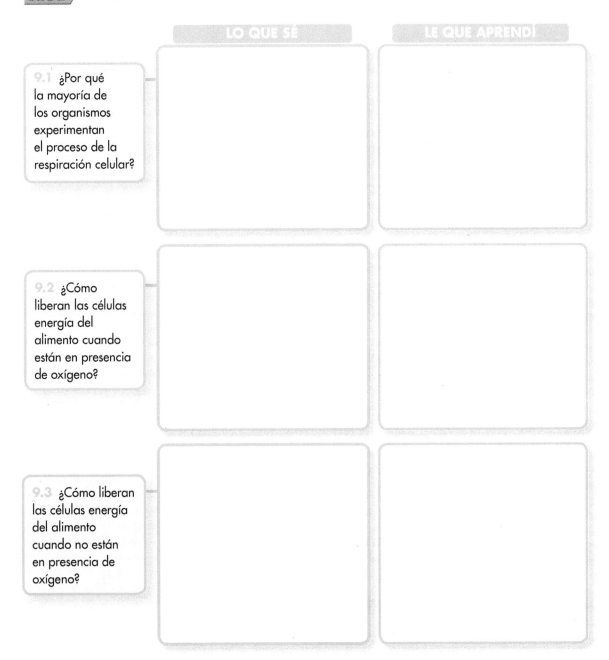

	LO QUE SÉ	LE QUE APRENDÍ
9.1 ¿Por qué la mayoría de los organismos experimentan el proceso de la respiración celular?		
9.2 ¿Cómo liberan las células energía del alimento cuando están en presencia de oxígeno?		
9.3 ¿Cómo liberan las células energía del alimento cuando no están en presencia de oxígeno?		

9.1 Vistazo a la respiración celular

Objetivos de la lección

- Explicar de dónde obtienen los organismos la energía que necesitan para vivir.
- Definir la respiración celular.
- Comparar la fotosíntesis y la respiración celular.

Resumen de la lección

Energía química y alimento La energía química se almacena en las moléculas del alimento.

- La energía se libera cuando se rompen los enlaces químicos de las moléculas del alimento.
- La energía se mide en una unidad llamada **caloría**, que es la cantidad de energía necesaria para elevar la temperatura de 1 gramo de agua en 1 grado Celsius.
- Las grasas almacenan más energía por gramo que los carbohidratos y las proteínas.

Vistazo a la respiración celular La **respiración celular** es el proceso que libera energía del alimento en presencia de oxígeno.

- La respiración celular captura la energía del alimento en tres etapas principales:
  - glicólisis
  - el ciclo de Krebs
  - la cadena de transporte de electrones
- La glicólisis no requiere oxígeno. El ciclo de Krebs y la cadena de transporte de electrones sí lo requieren.
  - Las vías **aeróbicas** son procesos que requieren oxígeno.
  - Las vías **anaeróbicas** son procesos que ocurren sin oxígeno.

Comparación de la fotosíntesis y la respiración celular La energía de la fotosíntesis y la respiración celular fluye en direcciones opuestas. Los dos procesos se representan por ecuaciones inversas.

- La fotosíntesis elimina dióxido de carbono de la atmósfera; la respiración celular lo regresa.
- La fotosíntesis libera oxígeno a la atmósfera; la respiración celular usa oxígeno para liberar energía del alimento.

Energía química y alimento

Para las preguntas 1 a 4, completa cada oración con la(s) palabra(s) correcta(s).

1. Una caloría es una unidad de _____.

2. La caloría que aparece en las etiquetas de los alimentos es igual a _____ calorías.

3. Una caloría también se denomina _____.

4. Las células usan la energía almacenada en los enlaces químicos de los alimentos para producir compuestos necesarios para funcionar, como _____.

Vistazo a la respiración celular

Para las preguntas 5 a 10, completa cada oración con la(s) palabra(s) correcta(s).

5. La ecuación que resume la respiración celular, usando fórmulas químicas, es

_____.

6. Si la respiración celular ocurriera en un solo paso, la mayor parte de _____ se perdería en forma de luz y _____.

7. La respiración celular comienza con una vía llamada _____, que tiene lugar en _____ de la célula.

8. Al final de la glicólisis, alrededor de _____ por ciento de la energía química queda encerrada en los enlaces de la molécula de _____.

9. La respiración celular continúa en _____ de la célula con _____ y la cadena de transporte de electrones.

10. Se dice que las vías de la respiración celular que requieren oxígeno son _____. Se dice que las vías que no requieren oxígeno son _____.

11. RAZONAMIENTO VISUAL Completa la ilustración con el nombre de cada una de las tres etapas principales de la respiración celular.

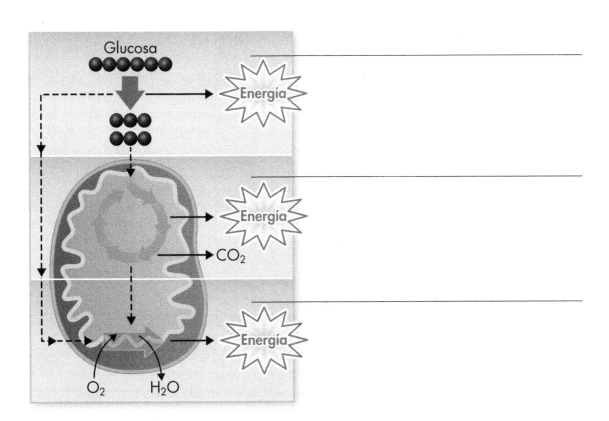

Comparación de la fotosíntesis y la respiración celular

Para las preguntas 12 a 15, escribe Cierto *si la oración es cierta. Si la oración es falsa, cambia la(s) palabra(s) subrayada(s) para que la oración sea cierta.*

_____ **12.** El flujo de energía en la fotosíntesis y la respiración celular ocurre en la <u>misma</u> dirección.

_____ **13.** La fotosíntesis <u>deposita</u> energía en la "cuenta de ahorros" de la Tierra para los organismos vivos.

_____ **14.** La respiración celular elimina el <u>dióxido de carbono</u> del aire.

_____ **15.** La <u>fotosíntesis</u> ocurre en casi toda forma de vida.

16. Completa la tabla de comparación de la fotosíntesis y la respiración celular.

Comparación de la fotosíntesis y la respiración celular		
Aspecto	**Fotosíntesis**	**Respiración celular**
Función	captura de energía	
Ubicación de las reacciones	cloroplastos	
Reactantes		
Productos		

Aplica la gran idea

17. ¿Cómo entender el proceso de respiración celular apoya la teoría de que la célula es la unidad funcional básica de la vida?

_____
_____
_____
_____
_____

9.2 El proceso de respiración celular

Objetivos de la lección

- Describir lo que sucede durante la glicólisis y el ciclo de Krebs.
- Explicar cómo la cadena de transporte de electrones usa electrones de alta energía.
- Identificar cuánto ATP genera la respiración celular.

Resumen de la lección

Glicólisis **Glicólisis** significa literalmente "romper el azúcar". El resultado son 2 moléculas, cada una formada por una molécula de 3 carbonos llamada ácido pirúvico.

▶ Para iniciar el proceso de la glicólisis, se usan 2 moléculas de ATP.

▶ Los electrones de alta energía se transfieren al transportador de electrones NAD^+ y forman dos moléculas de NADH.

▶ Durante la glicólisis se sintetizan 4 ATP, para obtener una ganancia neta de 2 ATP.

El ciclo de Krebs La segunda etapa de la respiración celular es el **ciclo de Krebs**, que ocurre cuando hay oxígeno disponible. Mediante el ciclo de Krebs se extrae energía.

▶ El ácido pirúvico producido por la glicólisis entra en la mitocondria. En el compartimento más interno de una mitocondria, o **matriz**, las moléculas de ácido pirúvico se descomponen en dióxido de carbono y moléculas de acetil-CoA.

▶ El acetil-CoA se combina con un compuesto de 4 carbonos, lo que produce una molécula de 6 carbonos: ácido cítrico. La energía liberada por la descomposición y la redistribución de los enlaces de carbono es capturada en ATP, NADH y FADH2.

▶ El ciclo de Krebs produce cuatro tipos de productos:
  • transportadores de electrones de alta energía (NADH y FADH2)
  • dióxido de carbono
  • 2 moléculas de ATP (por molécula de glucosa)
  • la molécula de 4 carbonos necesaria para empezar el ciclo de nuevo

Transporte de electrones y síntesis de ATP La cadena de transporte de electrones usa electrones de alta energía de la glicólisis y del ciclo de Krebs para convertir ADP en ATP.

▶ Los transportadores de electrones producidos durante la glicólisis y el ciclo de Krebs aportan electrones de alta energía a la cadena de transporte de electrones. El oxígeno es el aceptor final de electrones.

▶ El paso de los electrones por la cadena de transporte de electrones causa que se acumulen iones H+ entre las membranas, y que se cargue positivamente con relación a la matriz.

▶ La diferencia de carga a través de la membrana conduce a los iones H+ por canales en las enzimas ATP sintasas. Conforme giran las ATP sintasas, se agrega un grupo fosfato al ADP y se produce ATP.

Totales Juntos, la glicólisis, el ciclo de Krebs y la cadena de transporte de electrones generan alrededor de 36 moléculas de ATP por molécula de glucosa.

Glicólisis

1. **RAZONAMIENTO VISUAL** Escribe en las líneas los nombres y números de moléculas usadas y producidas durante la glicólisis para completar el diagrama.

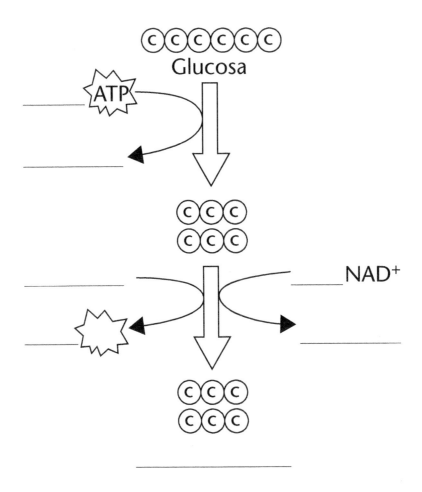

2. ¿Por qué es una inversión para la célula usar dos ATP al comienzo de la glicólisis?

_____

_____

_____

3. ¿Cuáles son dos ventajas de la glicólisis?

_____

_____

_____

El ciclo de Krebs

Para las preguntas 4 a 7, escribe Cierto *si la oración es cierta. Si la oración es falsa, cambia la(s) palabra(s) subrayada(s) para que la oración sea cierta.*

_____ **4.** El ácido pirúvico producido en la glicólisis entra en los <u>cloroplastos</u> si hay oxígeno en una célula.

_____ **5.** En la matriz, el ácido pirúvico se convierte en ácido <u>láctico</u> antes de que comience el ciclo de Krebs.

_____ **6.** El compuesto que se une con una molécula de 4 carbonos en el ciclo de Krebs se llama <u>acetil-CoA</u>.

_____ **7.** El <u>dióxido de carbono</u> es el único producto del ciclo de Krebs que no se usa de nuevo ni se usa en otras etapas de la respiración celular.

8. Completa el diagrama de flujo para mostrar cuáles de los muchos productos del ciclo de Krebs entran en la tercera etapa de la respiración celular.

Transporte de electrones y síntesis de ATP

Para las preguntas 9 a 14, completa cada oración con la palabra correcta.

9. En los eucariotas, la cadena de transporte de electrones está compuesta por una serie de transportadores de electrones localizados en _____ de la mitocondria.

10. En los procariotas, la cadena de transporte de electrones está en _____.

11. El _____ sirve como el aceptor de electrones final de la cadena de transporte de electrones.

12. El _____ y el _____ pasan electrones de alta energía a la cadena de transporte de electrones.

13. La transferencia de electrones de alta energía por la cadena de transporte de electrones causa que _____ se transporten a través de la membrana mitocondrial.

14. Las ATP sintasas producen la fuerza necesaria para agregar _____ a cada molécula de ADP haciéndola girar cuando los iones hidrógeno fluyen a través de ella.

Totales

15. ¿Cuántas moléculas de ATP por molécula de glucosa gana una célula en cada una de las tres etapas de la respiración celular?

_____

_____

_____

16. Además de la glucosa, ¿qué otros tipos de moléculas se pueden usar para producir ATP en la respiración celular?

_____

_____

17. ¿Por qué la respiración celular es considerada un proceso eficiente?

_____

_____

_____

Aplica la gran idea

18. ¿De dónde proviene el calor que calienta tu cuerpo? Explica tu respuesta.

_____

_____

_____

_____

_____

9.3 Fermentación

Objetivos de la lección

- Explicar cómo obtienen energía los organismos en ausencia de oxígeno.
- Identificar las vías que usa el cuerpo para liberar energía durante el ejercicio.

Resumen de la lección

Fermentación La **fermentación** libera energía de las moléculas de alimento al producir ATP sin oxígeno. Las células transforman el NADH en el transportador de electrones NAD+. Esto permite que la glicólisis produzca un flujo constante de ATP. Hay dos formas de fermentación. Ambas comienzan con los reactantes ácido pirúvico y NADH.

- la fermentación alcohólica produce alcohol etílico y dióxido de carbono
  - ocurre en la levadura y en otros cuantos microorganismos
  - produce bebidas alcohólicas y hace que la masa del pan se esponje
- la fermentación del ácido láctico produce ácido láctico
  - ocurre en la mayoría de los organismos, incluyendo a los humanos
  - se usa para producir bebidas como suero de leche, y alimentos como queso, yogurt y encurtidos

Energía y ejercicio El cuerpo usa diferentes vías para liberar energía.

- Para períodos cortos y rápidos de energía, el cuerpo usa el ATP que ya está en los músculos al igual que ATP producido por la fermentación de ácido láctico.
- Para ejercicios que superan los 90 segundos, la respiración celular es la única forma de continuar generando un suministro de ATP.

Fermentación

Para las preguntas 1 a 6, escribe Cierto si la oración es cierta. Si la oración es falsa, cambia la(s) palabra(s) subrayada(s) para que la oración sea cierta.

_____ **1.** La <u>glicólisis</u> proporciona las moléculas de ácido pirúvico usadas en la fermentación.

_____ **2.** La fermentación permite que la glicólisis continúe proporcionando el <u>NADPH</u> necesario para aceptar electrones de alta energía.

_____ **3.** La fermentación es un proceso <u>aeróbico</u>.

_____ **4.** La fermentación ocurre en la <u>mitocondria</u> de las células.

_____ **5.** La fermentación <u>alcohólica</u> emite dióxido de carbono y se usa para hacer pan.

_____ **6.** La mayoría de los organismos realizan la fermentación por medio de una reacción química que convierte el ácido pirúvico en <u>ácido láctico</u>.

7. Completa la tabla para comparar y contrastar la fermentación y la respiración celular. Escribe tus respuestas en las celdas vacías de la tabla.

Aspecto	Fermentación	Respiración celular
Función		
Reactantes		
Productos		

8. Completa la tabla para comparar y contrastar la fermentación alcohólica y la fermentación del ácido láctico. Escribe tus respuestas en las celdas vacías de la tabla.

Tipo de fermentación	Ecuación de resumen	Uso en la industria
Alcohólica		
Ácido láctico		

9. ¿Qué causa que los humanos fermenten el ácido láctico?

_____

_____

_____

Energía y ejercicio

10. ¿Cuáles son las tres fuentes principales de ATP disponibles para las células musculares humanas?

_____

_____

_____

11. En una carrera, ¿cómo producen ATP tus células musculares después de que se usa la reserva de ATP que hay en los músculos?

_____

_____

12. ¿Por qué un velocista tiene que pagar una deuda de oxígeno después de terminar la carrera?

_____

_____

_____

13. Un corredor necesita más energía para una carrera más larga. ¿Cómo genera el cuerpo el ATP necesario?

_____

_____

14. ¿Por qué las formas de ejercicio aeróbico son tan buenas para el control de peso?

_____

_____

_____

Aplica la gran idea

15. Compara y contrasta la función de la fermentación y de la respiración celular en la producción real de ATP. En tu respuesta, considera qué proceso produce ATP y cuál contribuye a su producción.

_____

_____

_____

_____

_____

Repaso del vocabulario del capítulo

Para las preguntas 1 a 7, escribe la letra de la definición más apropiada de cada término.

Término

_____ 1. anaeróbico

_____ 2. glicólisis

_____ 3. ciclo de Krebs

_____ 4. caloría

_____ 5. matriz

_____ 6. aeróbico

_____ 7. fermentación

Definición

A. Compartimento más interno de una mitocondria

B. Proceso que forma ácido láctico o alcohol etílico cuando no hay oxígeno

C. Etapa de la respiración celular que comienza con ácido pirúvico y produce dióxido de carbono

D. Proceso que descompone la glucosa en dos moléculas de ácido pirúvico

E. "En aire"

F. "Sin aire"

G. Cantidad de energía necesaria para elevar la temperatura de 1 gramo de agua en 1 °C

Para las preguntas 8 a 10, escribe la letra de la respuesta correcta en la línea de la izquierda.

_____ 8. ¿Cuál es el proceso que libera energía al descomponer moléculas de alimento en presencia de oxígeno?

    A. respiración celular   **C.** glicólisis

    B. transporte de electrones   **D.** fotosíntesis

_____ 9. ¿Cuál es el transportador de electrones que acepta electrones durante la glicólisis?

    A. ADP   **C.** NAD^+

    B. ATP   **D.** $NADP^+$

_____ 10. La mejor forma de describir la respiración celular y la fotosíntesis es como

    A. procesos liberadores de energía.   **C.** procesos opuestos.

    B. procesos almacenadores de energía.   **D.** procesos semejantes.

11. Escribe "aeróbico" o "anaeróbico" en las líneas para completar la ilustración.

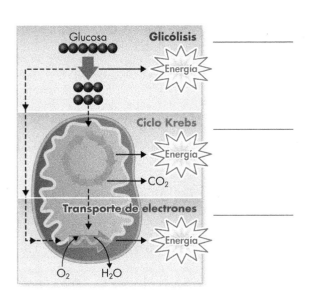

MISTERIO DEL CAPÍTULO

BUCEAR SIN RESPIRAR

En el Misterio del capítulo, leíste sobre la capacidad de una ballena de permanecer bajo el agua durante 45 minutos. El cuerpo humano no tiene esa capacidad; mientras nadamos, debemos estar cerca de la superficie donde tenemos acceso al oxígeno.

Aprendizaje en el siglo XXI

¿El carbono se hunde?

Aprendiste las diferencias entre la fotosíntesis y la respiración celular. En resumen, durante la respiración, los animales y las plantas absorben oxígeno y liberan dióxido de carbono y agua; durante la fotosíntesis, las plantas absorben dióxido de carbono y liberan oxígeno.

Como tal vez ya sepas, muchas máquinas creadas por el hombre queman combustibles fósiles (como carbón y petróleo) que liberan grandes cantidades de dióxido de carbono al aire. Las personas comenzaron a construir máquinas emisoras de carbono a mediados del siglo XVIII cuando empezó la Revolución industrial. Desde entonces se han construido cada vez más de esas máquinas, entre ellas fábricas y autos. Como resultado, se libera mucho más dióxido de carbono a la atmósfera que en el pasado. El dióxido de carbono absorbe y retiene calor cerca de la superficie de la Tierra, y el dióxido de carbono adicional que hay en la atmósfera contribuye al calentamiento global.

Los científicos y gobiernos mundiales buscan formas de reducir y finalmente revertir el calentamiento global. Este artículo presenta un método posible para reducir las emisiones de dióxido de carbono.

Intentaremos todo, incluso hacer que el nuevo carbono se hunda

Hoy en día, todos hablan sobre reducir las emisiones de dióxido de carbono. Es importante hacerlo. Pero también podríamos usar una forma confiable de disponer del CO_2 que creamos. La naturaleza lo hace todos los días a través de reservas de carbono, también conocidos como sumideros de carbono. "Sumidero" se puede definir como "algo que almacena o dispone de algo más".

De hecho, la Tierra tiene dos tipos importantes de sumideros de carbono: los océanos y los árboles. Los océanos del mundo absorben y almacenan CO_2 del aire. Todas las plantas absorben dióxido de carbono y liberan el oxígeno que respiramos. El inconveniente es que estos sumideros de carbono naturales quizá no duren. Algunos estudios indican que los océanos están alcanzando el límite del dióxido de carbono que pueden contener. ¿Y los árboles? Bueno, es probable que hayas escuchado lo rápido que estamos talando los bosques tropicales.

Quizá las personas puedan hacer nuevos sumideros de carbono. Hemos estado extrayendo petróleo y gas natural del suelo por más de 150 años. ¿Qué pasaría si pudiéramos inyectar CO_2 en el suelo para que ocupara su lugar? Tenemos la tecnología para convertir los viejos pozos de petróleo y gas en almacenes del CO_2 que les inyectemos. Sería costoso modernizar las plantas de energía existentes, o construir ductos para transportar el gas. Pero si encontramos áreas subterráneas de almacenamiento cerca de las plantas que queman combustibles fósiles, el transporte no sería un problema. Además, construir plantas nuevas para la disposición del carbono cerca de las plantas de energía sería una forma económica de almacenar las emisiones de carbono cerca de su fuente.

Continúa en la próxima página ▶

Asuntos del siglo XXI Ciencia y conciencia global

1. Menciona dos sumideros naturales de carbono.

   _____

   _____

2. ¿Qué tipo de sumidero de carbono propone el autor que usen las personas?

   _____

   _____

3. La mayor parte de las plantas que producen energía no están cerca de los sitios donde se han extraído combustibles fósiles. ¿Cómo crees que afectaría esto la viabilidad de esta propuesta?

   _____

   _____

4. Según este artículo, los costos pueden mantenerse bajos si se construyen plantas nuevas "en los lugares correctos". ¿Cuáles son los lugares correctos?

   _____

   _____

5. ¿Piensas que lo que propone el autor es una buena solución a largo plazo? ¿Por qué?

   _____

   _____

   _____

   _____

Destrezas para el siglo XXI Planear un sumidero de carbono

Entre las destrezas utilizadas en esta actividad están **destrezas de comunicación, creatividad y curiosidad intelectual, destrezas interpersonales y de colaboración, responsabilidad y adaptabilidad, y responsabilidad social.**

   ¿Qué tipos de sumideros de carbono o almacenamiento de dióxido de carbono pueden usarse para disponer del CO_2 en tu comunidad? Investiga quién está a cargo en tu gobierno local de los árboles en las propiedades de la ciudad. Entrevista a esa persona para identificar lugares donde podrían plantarse árboles. ¿Se pueden sembrar todos los árboles nuevos en un lugar o deben dispersarse por toda la ciudad? Obtén una estimación del número de árboles que podrían plantarse en toda tu comunidad. Trata de obtener tantos como puedas, ya sea pidiendo a viveros que los donen o solicitando a recaudadores de fondos que obtengan el dinero para comprarlos. Luego reúne un grupo de voluntarios para pasar un "Día del sumidero de carbono" plantando los árboles. Asegúrate de obtener los permisos necesarios y la supervisión del gobierno de tu comunidad antes de comenzar a plantar. También podrías tener que preparar un plan para cuidar de los árboles pequeños mientras crecen.

10 Crecimiento y división celular

Crecimiento, desarrollo y reproducción

P: ¿Cómo puede una célula producir una célula nueva?

LO QUE SÉ	LO QUE APRENDÍ
10.1 ¿Por qué se dividen las células?	
10.2 ¿Cómo se dividen las células?	
10.3 ¿Cómo controla una célula el proceso de la división celular?	
10.4 ¿Cómo una sola célula no diferenciada da lugar a un complejo organismo multicelular?	

10.1 Crecimiento, desarrollo y reproducción celular

Objetivos de la lección

- Explicar los problemas que el crecimiento produce a las células.
- Comparar la reproducción sexual y asexual.

Resumen de la lección

Límites en el tamaño Hay dos principales razones para la división celular:

▶ La "sobrecarga" de información: Cuanto más crece una célula, más exigencias le impone a su ADN. Al final, el ADN de la célula no puede satisfacer las necesidades de la célula.

▶ El intercambio de materiales: Las células absorben los nutrientes y eliminan los desechos a través de la membrana celular.

- Cuanto mayor sea el volumen de la célula, más materiales necesitará para funcionar y más desechos producirá.
- El volumen de una célula aumenta a una tasa más rápida que el de su superficie. Cuando la célula crece, la proporción de superficie/volumen disminuye.
- Cuanto más crece una célula, es más difícil que los materiales suficientes atraviesen su membrana celular.

▶ La **división celular** acomoda la sobrecarga de información y el intercambio de materiales.

División y reproducción celular La división celular es parte de la reproducción:

▶ **Reproducción asexual:**
- produce organismos genéticamente idénticos.
- ocurre en muchos organismos unicelulares y en algunos organismos multicelulares.
- permite la rápida reproducción de los organismos en ambientes favorables.

▶ **Reproducción sexual:**
- produce organismos con información genética de ambos progenitores.
- ocurre en la mayoría de los animales y las plantas y en muchos organismos unicelulares.
- aumenta la diversidad genética.

Límites en el tamaño de la célula

Para las preguntas 1 a 4, escribe Cierto si la oración es cierta. Si la oración es falsa, cambia la(s) palabra(s) subrayada(s) para que la oración sea cierta.

_____ 1. Si el tamaño de la aumenta, su ADN <u>también aumenta</u>.

_____ 2. La actividad de una célula está relacionada a su <u>volumen</u>.

_____ 3. Cuanto más pequeña es la célula, <u>más pequeña</u> es su proporción de superficie a volumen.

_____ 4. La <u>crisis de información</u> de una célula se resuelve con la replicación del ADN antes de la división celular.

5. **ANALOGÍA VISUAL** En la analogía visual de la ciudad en crecimiento, ¿qué representa la biblioteca? Identifica dos características por las que es una buena elección para este razonamiento.

_____

_____

_____

_____

División y reproducción celular

Para las preguntas 6 a 8, completa cada oración con la palabra correcta.

6. La _____ es la formación de nuevos individuos.

7. Para los organismos unicelulares, la división celular es una forma de reproducción _____ .

8. La mayoría de los organismos multicelulares se reproducen mediante la reproducción _____ .

9. Usa la tabla para comparar y contrastar la reproducción sexual y la asexual.

Reproducción sexual y asexual	
Semejanzas	**Diferencias**

Aplica la gran idea

10. El tejido vascular ayuda a las plantas a transportar el agua en contra de la fuerza de gravedad. Debido a esto, las plantas que carecen de tejido vascular no crecen mucho. ¿En qué se parece esta situación a la información que acabas de aprender en esta lección? Explica tu respuesta.

_____

_____

_____

_____

10.2 El proceso de la división celular

Objetivos de la lección

- Describir el papel de los cromosomas en la división celular.
- Mencionar los sucesos principales del ciclo celular.
- Describir lo que ocurre durante las cuatro fases de la mitosis.
- Describir el proceso de la citocinesis.

Resumen de la lección

Cromosomas Los paquetes de ADN llamados **cromosomas** contienen la información genética de la célula.

▶ Los cromosomas procariotas consisten en una hebra única circular de ADN.

▶ Los cromosomas eucariotas son estructuras altamente organizadas.

  • El ADN se enrolla alrededor de las proteínas histonas para formar la **cromatina**.

  • Los cromosomas hacen posible la separación exacta del ADN durante la división celular.

El ciclo celular El **ciclo celular** es la secuencia de acontecimientos que ocurren en el crecimiento y la división de una célula.

▶ En el ciclo celular procariota, la célula crece, duplica su ADN y se divide al pellizcar la membrana celular.

▶ El ciclo celular eucariota consta de cuatro etapas (las tres primeras se conocen como **interfase**):

  • En la fase G1, la célula crece.

  • En la fase S, la célula replica su ADN.

  • En la fase G2, la célula produce organelos y materiales para la división.

  • En la fase M, la célula se divide en dos etapas: la **mitosis**, que es la división del núcleo y la **citocinesis**, que es la división del citoplasma.

Mitosis La división del núcleo o mitosis, ocurre en cuatro etapas:

▶ **Profase**: el material genético de la célula se condensa, se comienza a formar un huso y la membrana nuclear desaparece.

▶ **Metafase**: los cromosomas duplicados se alinean y las fibras del huso se conectan a los **centrómeros**.

▶ **Anafase**: las cromátidas hermanas se separan y se mueven hacia los **centríolos**.

▶ **Telofase**: los cromosomas comienzan a desenrollarse y se reforma la membrana nuclear.

Citocinesis La división del citoplasma es diferente en las células vegetales y animales.

▶ En las células animales, la membrana celular se retrae y se estrangula.

▶ En las células vegetales, se forma una placa celular, seguida por una nueva membrana celular y por último se forma una nueva pared celular.

Cromosomas

Para las preguntas 1 a 5, completa cada oración con la palabra correcta.

1. Las células transportan información genética en paquetes de ADN llamados _____.

2. La mayoría de los (las) _____ sólo tienen una hebra circular de ADN.

3. En las células eucariotas, la estructura genética consiste en el ADN y una proteína muy enrollada y juntos forman una sustancia llamada _____.

4. Las estructuras parecidas a una cuenta compuestas por ADN enrollado alrededor de las moléculas _____ se llaman nucleosomas.

5. _____ facilitan la separación exacta del ADN en la división celular.

El ciclo celular

6. ¿Cuál es el nombre del tipo de división celular que ocurre en el ciclo celular procariota?

_____

7. ¿Qué ocurre durante la interfase?

_____

_____

8. Completa el diagrama del ciclo celular con el nombre correcto de la fase en cada línea.

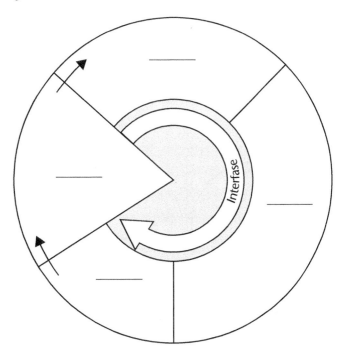

9. En las células eucariotas, ¿qué ocurre en la fase G_1 que difiere de la fase G_2?

_____

10. En las células eucariotas, ¿cuáles son las dos etapas principales de la división celular?

_____

Mitosis

11. Durante la profase, cuando los cromosomas celulares se hacen visibles, ¿cómo se llaman las hebras duplicadas de ADN? ¿Cuál es el nombre del área en la que se unen estas hebras duplicadas?

_____

_____

12. ¿A qué estructuras están sujetas a las fibras del huso para ayudar a separar al par de cromosomas?

_____

_____

Para las preguntas 13 a 16, relaciona la descripción del acontecimiento con la fase de la mitosis en la que ocurre. Cada fase se puede usar más de una vez

Acontecimiento

Fase de la mitosis

_____ 13. Los cromosomas se separan y comienzan a moverse hacia lados opuestos de la célula.

A. Telofase

B. Profase

_____ 14. Los cromosomas se hacen visibles. Los centriolos se ubican en lados opuestos del núcleo.

C. Metafase

D. Anafase

_____ 15. Una membrana nuclear se reforma alrededor de cada grupo de cromosomas. El núcleo se hace visible en cada núcleo hijo.

_____ 16. Los cromosomas se alinean en el centro de la célula.

17. **RAZONAMIENTO VISUAL** Los siguientes cuatro círculos representan el núcleo de una célula durante la mitosis. Dibuja cuatro cromosomas mientras pasan por cada fase. Nombra cada fase y describe lo que le ocurre al ADN.

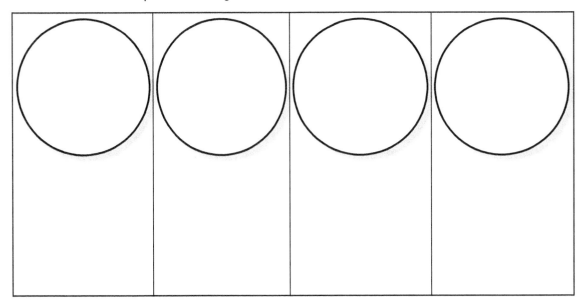

Citocinesis

18. ¿Qué es la citocinesis?

_____

_____

_____

19. Usa el diagrama de Venn para comparar y contrastar la citocinesis de las células animales con la citocinesis de las células vegetales.

Citocinesis

Célula vegetal   Ambas   Célula animal

Aplica la **gran** idea

20. Durante ciertas etapas de su ciclo de vida, algunas células se someten repetidamente a la mitosis, pero no a la citocinesis. ¿Qué crees que verías si observaras bajo un microscopio a dichas células, o a un tejido compuesto por dichas células? Explica tu respuesta.

_____

_____

_____

_____

10.3 Regulación del ciclo celular

Objetivos de la lección

- Describir cómo está regulado el ciclo celular.
- Explicar en qué difieren las células cancerosas de otras células.

Resumen de la lección

Controles de la división celular Docenas de proteínas regulan el ciclo celular.

▷ Las **ciclinas** son proteínas que regulan la sincronización del ciclo celular de las células eucariotas.

▷ Las proteínas reguladoras trabajan tanto dentro como fuera de la célula.

- Los reguladores internos permiten que el ciclo celular continúe cuando han ocurrido ciertos acontecimientos dentro de la célula.

- Los reguladores externos, llamados **factores de crecimiento**, estimulan el ciclo celular. Otros reguladores externos hacen que el ciclo celular se desacelere o se detenga.

▷ La **apoptosis** es la muerte celular programada que desempeña un papel clave en el desarrollo de los tejidos y órganos.

Cáncer: Crecimiento celular descontrolado El **cáncer** es una afección en la que las células se dividen descontroladamente, formando una masa de células llamada **tumor**.

▷ El cáncer es causado por defectos en los genes que regulan el crecimiento celular.

▷ Los tratamientos contra el cáncer incluyen:

- la extirpación de los tumores cancerosos.

- la radiación, que interfiere con la copia del ADN y las células cancerosas.

- la quimioterapia, que es el uso de sustancias químicas para matar las células cancerosas.

Controles en la división celular

Para las preguntas 1 a 6, escribe Cierto *si la oración es cierta. Si la oración es falsa, cambia la(s) palabra(s) subrayada(s) para que la oración sea cierta.*

_____ 1. Las células tienden a seguir dividiéndose cuando entran en contacto con otras células.

_____ 2. La división celular se acelera al fin del proceso curativo.

_____ 3. Las proteínas llamadas factores de crecimiento regulan la sincronización del ciclo celular de las células eucariotas.

_____ 4. Si los cromosomas no se han sujetado a las fibras del huso durante la metafase, una proteína reguladora interna evitará que la célula entre en la anafase.

_____ 5. Los factores de crecimiento son proteínas reguladoras externas que desaceleran el ciclo celular.

_____ 6. Durante la apoptosis, la célula procede a autodestruirse.

7. Completa la tabla de causa y efecto dando un ejemplo de un efecto causado por cada tipo de proteína reguladora.

Factores que afectan el ciclo celular	
Causa	**Efecto**
Ciclinas	
Proteínas reguladoras internas	
Proteínas reguladoras externas	

Cáncer: Crecimiento celular descontrolado

8. ¿Qué es el cáncer?

_____

_____

9. ¿Cuáles son los dos tipos básicos de tumores? Explica en qué se diferencian.

_____

_____

_____

_____

_____

10. ¿Por qué el cáncer puede amenazar la vida?

_____

_____

_____

_____

11. ¿Cuál es la causa del cáncer?

_____

12. Cómo afectan la radiación y la quimioterapia a las células cancerosas?

_____

_____

13. Completa el diagrama de flujo escribiendo en cada enunciado la palabra correcta.

> Las células cancerosas no responden a las señales que regulan el _____ celular.

↓

> Las células cancerosas forman una masa de células llamada _____.

↓

> Las células cancerosas pueden liberarse y _____ por todo el cuerpo.

↓

> Las células cancerosas forman tumores en otros tejidos por medio de la _____.

Aplica la gran idea

14. El cabello crece de folículos pilosos, que son bolsas de células que se dividen constantemente en la capa externa de la piel. Nuevas células se agregan a la base del tallo piloso, dentro de cada folículo. Usa lo que has aprendido en esta lección para explicar por qué los pacientes con cáncer a menudo pierden el cabello cuando comienzan la quimioterapia y lo recuperan cuando la terminan.

_____

_____

_____

_____

_____

_____

10.4 Diferenciación celular

Objetivos de la lección

- Describir el proceso de diferenciación.
- Definir las células troncales y explicar su importancia.
- Identificar las cuestiones relacionadas con la investigación de las células troncales.

Resumen de la lección

De una célula a muchas Los organismos multicelulares producidos mediante la reproducción sexual comienzan su vida como una célula única.

▶ Las primeras divisiones celulares producen la formación de un **embrión**.

▶ Luego, las células individuales se convierten en especializadas tanto en forma como en función mediante el proceso de **diferenciación**.

▶ Una vez que se han formado células de cierto tipo, como las neuronas o las células musculares, ya no se pueden desarrollar en otro tipo diferente de célula.

Las células troncales y el desarrollo Durante el desarrollo de un organismo, algunas células se diferencian para convertirse en una amplia variedad de células corporales.

▶ Un óvulo fecundado y las primeras células de un embrión son capaces de formar cualquier tipo de célula y tejido. Estas células se llaman **totipotentes**.

▶ Un **blastocisto** es la etapa embrionaria o una esfera hueca de células. Estas células **pluripotentes** se convierten en cualquier tipo de célula corporal.

▶ Las células no especializadas que se pueden desarrollar en células diferenciadas se llaman **células troncales**. Las células troncales se hallan en los embriones y en los adultos.

- Las células troncales embrionarias son las células pluripotentes de un embrión en etapa temprana.
- Las células troncales adultas son **multipotentes**, lo que significa que pueden producir muchos, pero no todos, los tipos de células diferenciadas.

Fronteras en la investigación de las células troncales Los científicos quieren aprender sobre las señales que indican a una célula que se convierta ya sea en especializada o en multipotente.

▶ Los beneficios potenciales de la investigación de las células troncales incluyen la reparación o el reemplazo de las células y los tejidos dañados.

▶ La investigación con células troncales humanas es controvertida porque implica cuestiones éticas sobre la vida y la muerte.

De una célula a muchas

Para las preguntas 1 a 4, completa cada oración con la palabra correcta.

1. Los seres humanos, las mascotas y las petunias pasan por una etapa temprana de desarrollo llamada _____.

2. Las células se convierten en _____ mediante el proceso de diferenciación.

3. Los científicos han trazado el mapa de los resultados de todas las _____ que dan lugar a la diferenciación en el desarrollo del gusano microscópico *C. elegans*.

4. La mayoría de las células del cuerpo adulto ya no son capaces de producir

la la _____.

Las células madre y el desarrollo

Para las preguntas 5 a 7, escribe la letra de la respuesta correcta en la línea de la izquierda.

_____ **5.** ¿Cuál de los siguientes es un ejemplo de una célula totipotente?

    A. blastocisto

    B. célula ósea

    C. óvulo fecundado

    D. linfocito

_____ **6.** Las células pluripotentes son incapaces de desarrollarse en el tejido que

    A. forma la piel.

    B. recubre el tracto digestivo.

    C. produce los glóbulos rojos.

    D. rodea al embrión.

_____ **7.** Las células troncales adultas se describen mejor como

    A. multipotentes.

    B. pluripotentes.

    C. totipotentes.

    D. incapaces de diferenciarse.

8. Completa el mapa de conceptos identificando algunos de los tipos de células a las que dan origen las células troncales embrionarias. Luego explica en qué se parecen las células troncales al tallo de una planta.

_____

_____

_____

Células troncales embrionarias

se pueden convertir en

Fronteras en la investigación de las células troncales

Para las preguntas 9 a 11, escribe la letra de la respuesta correcta en la línea de la izquierda.

_____ 9. ¿Cuál no es un nuevo beneficio potencial de la investigación de las células troncales?

  A. cultivar nuevas células cutáneas para reparar un corte

  B. reemplazar las células cardíacas dañadas por infartos

  C. reparar las rupturas entre las neuronas en las lesiones de la columna vertebral

  D. evitar el sufrimiento y la muerte provocados por el daño celular

_____ 10. ¿Cuál es la principal razón por la que la investigación de las células troncales embrionarias se considera éticamente controvertida?

  A. Los embriones contienen células totipotentes.

  B. Los embriones son el resultado de la reproducción sexual.

  C. Se deben usar embriones de muchos organismos diferentes.

  D. Los embriones se destruyen durante el proceso.

_____ 11. ¿Qué nueva tecnología podría hacer que la investigación de las células troncales fuera menos controvertida?

  A. implantar células cutáneas en lugar de células troncales en el tejido dañado

  B. desarrollar la capacidad de intercambiar los genes que hacen pluripotente a una célula adulta

  C. reemplazar las células troncales con células cancerosas

  D. usar la Internet para hacer que más personas acepten la investigación de las células troncales

Aplica la **gran** idea

12. Muchas plantas como las orquídeas se cultivan usando una técnica llamada cultivo. Se colocan pequeños pedazos del tejido vegetal de la hoja, tallo o raíz de una planta madura en un medio que contiene los nutrientes adecuados. Las células primero forman una masa de células no diferenciadas, de las cuales finalmente nacen diminutas raíces, tallos y hojas. ¿Cómo cambian las células vegetales colocadas en un medio para el cultivo del tejido en lo que se refiere a su grado de especialización? ¿Qué tipos de células animales son más semejantes a las células vegetales no diferenciadas de un cultivo de tejido? Explica tu respuesta.

_____

_____

_____

_____

_____

Repaso del vocabulario del capítulo

1. Describe cómo se relacionan entre sí los siguientes términos.

reproducción sexual, reproducción asexual: _____

_____

_____

cromosoma, centríolos: _____

_____

_____

centrómero, cromátida: _____

_____

fisión binaria, mitosis: _____

_____

_____

Para las preguntas 2 a 9, relaciona el acontecimiento con la fase del ciclo celular en la que ocurre. Cada fase se puede usar más de una vez.

Acontecimiento

Fase del ciclo celular

_____ **2.** Se forma una membrana nuclear alrededor de los cromosomas.

_____ **3.** La célula crece y replica su ADN.

_____ **4.** Se forma un huso.

_____ **5.** Los cromosomas se alinean en el centro de la célula.

_____ **6.** El material genético se condensa y los cromosomas se hacen visibles.

_____ **7.** Los cromosomas se mueven a lados opuestos de las células.

_____ **8.** El citoplasma se divide.

_____ **9.** Las cromátidas hermanas se separan.

A. anafase
B. citocinesis
C. interfase
D. metafase
E. profase
F. telofase

Para las preguntas 10 a 13, completa cada oración con la palabra correcta.

10. Las _____ y los factores de crecimiento son ejemplos de proteínas reguladoras que controlan el ciclo celular.

11. La _____ es la sucesión controlada de pasos que producen la muerte celular.

12. Se dice que las primeras células que forman un(a) _____ son _____ porque se pueden convertir en cualquier tipo de célula.

13. La esfera hueca de células que se forma en el desarrollo embrionario temprano se llama _____.

MISTERIO DEL
CAPÍTULO

ACCIDENTE EN LA TIENDA DE MASCOTAS

Aprendizaje en el siglo XXI

En el Misterio del capítulo, aprendiste que las células troncales permiten que las salamandras regeneren sus miembros. La investigación de las células troncales suele conmocionar a los medios de comunicación, sobre todo si se consigue un remedio para problemas de salud humana.

Las células troncales en los medios de comunicación

Si lees un artículo sobre células troncales o cualquier otro tema científico, debes considerar la fuente y si el periodista recuenta hechos. Debes determinar si el artículo muestra parcialidad. La parcialidad es la preferencia por un punto de vista y a veces distorsiona los hechos.

Lee los dos siguientes artículos. Determina hasta qué grado cada artículo usa hechos para apoyar sus conclusiones. También busca pruebas de parcialidad o hechos distorsionados.

Noticias mundiales diarias

Las células troncales mejoran la memoria de ratones con daños cerebrales

DE LA SECCIÓN CIENTÍFICA:—Un equipo de investigación de la Universidad Watson anunció hoy que las células troncales pueden mejorar la memoria de ratones con lesiones cerebrales.

Trabajando con 100 ratones, los científicos inyectaron en 50 ratones células troncales que se sabe producen las neuronas de los ratones. Los otros 50 ratones no recibieron ningún tratamiento. Después de tres meses, los científicos probaron la memoria de ambos grupos de ratones para ver si reconocían algunos objetos. El grupo que no recibió las células troncales recordó los objetos aproximadamente 40 por ciento del tiempo. En contraste, el grupo que recibió las células troncales recordó los objetos aproximadamente 70 por ciento del tiempo.

Los científicos esperan que su investigación produzca algún día un tratamiento para enfermedades humanas como la enfermedad de Alzheimer, en la que las personas sufren de importantes pérdidas de memoria. "Estamos muy emocionados con nuestros resultados", dijo Diane Brandon, la líder del equipo de investigación. "Pero no estamos listos para probar este tratamiento en seres humanos".

VIENDO HACIA EL FUTURO

Guía semanal para personas actualizadas

Enfermedad de Alzheimer: ¿La CURA para la pérdida de memoria está muy cerca?

Los ratones que odia ver corriendo de aquí para allá en su cocina podrían proporcionar la cura para las miles de personas que sufren la enfermedad de Alzheimer. Científicos de la Universidad Watson informan que células troncales inyectadas en ratones con daños cerebrales podrían curar la pérdida de memoria. Los investigadores sospechaban que las células madre podrían producir nuevas neuronas en los ratones. De hecho, se descubrió que los ratones que recibieron las células troncales habían mejorado notablemente su memoria. "Estamos muy emocionados con nuestros resultados", dijo Diane Brandon, la líder del equipo de investigación. Los científicos confían en que, ya que las células troncales pueden tratar la pérdida de memoria en los ratones, también se pueden usar para curar la enfermedad de Alzheimer en los seres humanos.

Continúa en la próxima página ▶

Asuntos del siglo XXI   Conocimientos de ciencias y salud

1. ¿Qué artículo proporciona al lector mayores hechos que describen el procedimiento del equipo de investigación y el resultado del experimento? Proporciona ejemplos.

_____

_____

_____

2. Observa cuidadosamente las palabras que usa cada artículo para describir los resultados de la investigación. Según el primer artículo, ¿cómo afectaron las células troncales a la pérdida de memoria de los ratones?

_____

Según el segundo artículo, ¿cómo afectaron las células troncales a la pérdida de memoria de los ratones?

_____

3. Compara los títulos de ambos artículos. ¿Cuál de los dos títulos describe con mayor exactitud los resultados de la investigación? Explica tu respuesta.

_____

_____

_____

4. Ambos artículos usan citas de uno de los científicos. Compara el uso de las citas en los dos artículos. ¿Cuál de los dos artículos omite algo importante que dijo el científico? ¿Cómo afecta esta omisión la impresión del lector sobre las implicaciones de esta investigación en los seres humanos? _____

_____

_____

5. ¿Cuál de los dos artículos te parece más confiable? ¿Cuál podría atraer más atención? Explica tus respuestas. _____

_____

_____

Destrezas para el siglo XXI   Comparar artículos

Entre las destrezas usadas en esta actividad están **conocimientos sobre medios de comunicación e información y razonamiento crítico y comprensión de sistemas.**

Usa recursos de la Internet o de la biblioteca para hallar dos artículos que evalúen los tratamientos de un tipo específico de cáncer, como la leucemia o el cáncer de próstata. Compara los artículos respondiendo las siguientes preguntas: ¿Qué tan fácil es comprender el artículo? ¿Están las opiniones apoyadas con hechos? ¿Existen pruebas de parcialidad? ¿Omite el artículo información importante? Basándote en tu análisis, escribe un ensayo que compare la eficacia de los dos artículos.

11 Introducción a la genética

Información y herencia

P: ¿Cómo se transmite la información celular de una generación a otra?

	LO QUE SÉ	LE QUE APRENDÍ
11.1 ¿Cómo transmite un organismo sus características a su descendencia?		
11.2 ¿Cómo puedes predecir el resultado de un cruce genético?		
11.3 ¿Cómo pueden las interacciones entre alelos, genes y medio ambiente afectar los rasgos de un organismo?		
11.4 ¿Cómo se divide una célula para crear células con exactamente la mitad de la información genética de la célula original?		

11.1 El trabajo de Gregor Mendel

Objetivos de la lección

▭ Describir los estudios y conclusiones de Mendel acerca de la herencia.

▭ Describir qué sucede durante la segregación.

Resumen de la lección

Los experimentos de Gregor Mendel La transmisión de características de los progenitores a la descendencia es la herencia. El estudio científico de la herencia es la genética. Gregor Mendel fundó la **genética** moderna con sus experimentos sobre un sistema modelo conveniente, las plantas de guisantes.

▸ La **fecundación** es el proceso por el cual las células reproductoras (óvulo femenino y espermatozoide masculino) se unen para formar una célula nueva.

▸ Un **rasgo** es una característica específica, como el color de la semilla o la altura de la planta (en los guisantes).

▸ Mendel impidió la autopolinización en los guisantes. Controló la fecundación para poder estudiar cómo se transmiten los rasgos de una generación a la siguiente.

▸ Creó **híbridos**, que son cruces entre progenitores de raza pura (la generación P) con rasgos diferentes.

• Estos híbridos fueron la generación F_1 (primera generación filial).

• Cada uno de ellos mostró la característica de un único progenitor.

▸ Mendel postuló que los factores llamados **genes** controlan los rasgos que se transmiten del progenitor a la descendencia. Las diferentes formas de un gen son los **alelos**.

▸ El **principio de dominancia** de Mendel establece que algunos alelos son dominantes y otros recesivos. El alelo recesivo sólo se exhibe cuando el alelo dominante no está presente.

Segregación Mendel permitió que los miembros de la generación filial F_1 se autopoliniza-ran. El rasgo controlado por el alelo recesivo apareció en la siguiente generación (F_2) en aproximadamente un cuarto de la descendencia, aun cuando no apareció en la generación F_1.

▸ La **segregación** es la separación de los alelos.

▸ Cuando se forman los **gametos** (células sexuales), los alelos se segregan de tal forma que cada gameto lleva sólo un alelo para cada gen.

▸ La generación F_2 tiene una nueva combinación de alelos: uno de cada progenitor.

Los experimentos de Gregor Mendel

Relaciona el término con su definición.

Término		Definición
_____ 1.	genes	**A.** Características específicas que varían entre individuos.
_____ 2.	híbridos	**B.** Descendencia de los progenitores de raza pura con diferentes rasgos.
_____ 3.	rasgos	**C.** Factores que determinan los rasgos.
_____ 4.	alelos	**D.** Células sexuales, óvulos o espermatozoides.
_____ 5.	gametos	**E.** Las diferentes formas de un gen.

6. ¿Por qué los guisantes son un buen sistema modelo para el estudio de la herencia?

_____

_____

7. ¿Cómo polinizó Mendel las flores de forma cruzada?

_____

_____

8. ¿Cuál es la diferencia entre un gen y un alelo?

_____

_____

9. Explica el principio de dominancia.

_____

_____

La tabla muestra algunos cruces entre progenitores de raza pura que tienen pares de alelos dominantes (como SS) o pares de alelos recesivos (como ss). Completa la tabla para mostrar la combinación de alelos de la descendencia. Después usa la tabla para responder a las preguntas 10 y 11.

Formas dominantes y recesivas de los rasgos de una planta de guisantes		
Rasgo	**Plantas progenitoras (Generación P)**	**Descendencia (Generación F$_1$)**
Color de la semilla	Amarillo *YY* X Verde *yy*	Amarillo *Yy*
Color de la cubierta de la semilla	Blanco *gg* X Gris *GG*	Gris _____
Forma de la vaina	Estrecha *ss* X Lisa *SS*	Lisa _____
Color de la vaina	Verde *CC* X Amarillo *cc*	Verde _____

10. ¿Cuál es la forma dominante de la vaina del guisante? ¿Cómo lo sabes?

_____

11. ¿Qué símbolo representa al alelo recesivo para el color de la vaina?

_____

Nombre _____ Clase _____ Fecha _____

Segregación

12. ¿Qué es segregación? ¿Cuál es el resultado de la segregación?

_____

_____

13. **RAZONAMIENTO VISUAL** La letra G mayúscula representa el alelo que causa el rasgo dominante de los guisantes, esto es, la cubierta gris de la semilla. La letra g minúscula, representa el alelo recesivo que causa el rasgo recesivo, es decir, la cubierta blanca de la semilla.

En los círculos, muestra los alelos de los gametos de la generación progenitora. Muestra cómo los alelos se recombinan en las plantas F_1.

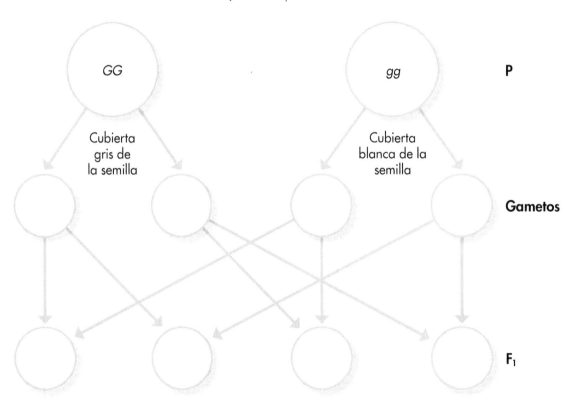

14. Un gato negro y uno blanco tienen cuatro crías negras en la generación F1. En la generación F_2, hay tres crías negras y una blanca. Explica cómo la generación F2 demuestra que la información genética se transmite sin cambios de una generación a la siguiente, aun cuando no se exhiba un rasgo específico.

_____

_____

_____

11.2 Aplicación de los principios de Mendel

Objetivos de la lección

- Explicar cómo se usan los principios de probabilidad para hacer cuadros de Punnett.
- Explicar el principio de la distribución independiente.
- Explicar cómo los principios de Mendel se aplican a todos los organismos.

Resumen de la lección

Probabilidad y cuadros de Punnett La **probabilidad** es la posibilidad de que ocurra un suceso dado. La probabilidad predice la recombinación de los alelos:

- De un par de alelos, la probabilidad de cada alelo en un gameto es de ½, o 50 por ciento.
- Cuando se cruzan individuos híbridos F_1, la probabilidad de
  - dos alelos recesivos es de ¼.
  - dos alelos dominantes es de ¼.
  - un alelo dominante y un alelo recesivo es de ½ (¼ + ¼).
- Los organismos que tienen dos alelos idénticos para un gen son **homocigotos** para ese rasgo. Si tienen alelos diferentes para el mismo gen, entonces son **heterocigotos** para ese rasgo.
- Los rasgos físicos son el **fenotipo** de un organismo. Su genotipo es su composición genética.
- Un **cuadro de Punnett** es una herramienta matemática que ayuda a predecir combinaciones en los cruces genéticos.

Distribución independiente El principio de la **distribución independiente** establece que los genes para rasgos diferentes se segregan de manera independiente durante la formación de los gametos. En cruces de dos factores, los fenotipos de la descendencia F_2 ocurren en una proporción de 9:3:3:1, donde 9 tienen ambos rasgos dominantes, 3 con el primer rasgo dominante y el segundo rasgo recesivo, 3 con el primer rasgo recesivo y el segundo rasgo dominante y 1 con ambos rasgos recesivos.

Resumen de los principios de Mendel

- Los genes los transmiten los progenitores y determinan los rasgos.
- Donde hay dos o más alelos para un gen, algunos pueden ser dominantes y otros recesivos.
- En organismos de reproducción sexual, la descendencia recibe una copia de cada gen de cada uno de los progenitores. Los alelos se segregan cuando se forman los gametos.
- Los alelos para diferentes genes normalmente se segregan de manera independiente.

Probabilidad y cuadros de Punnett

1. ¿Qué es probabilidad? _____

_____

2. En una planta de guisante progenitora con el par de alelos *Gg*, ¿cuál es la probabilidad de que un gameto contenga el alelo *G*? _____

_____

3. Completa el organizador gráfico para definir las características de los genotipos y fenotipos homocigotos y heterocigotos.

	Homocigoto	Heterocigoto
Genotipo		
Fenotipo		

4. El alelo dominante para la forma lisa de la vaina de los guisantes es S. El alelo recesivo para la forma estrecha de la vaina es s. En el cuadro de Punnett muestra el resultado del cruce de dos progenitores heterocigotos *(Ss)*. Escribe el genotipo y el fenotipo de cada tipo de descendencia en el espacio en blanco.

	S	**s**
S	Genotipo: _____ Fenotipo: _____	Genotipo: _____ Fenotipo: _____
s	Genotipo: _____ Fenotipo: _____	Genotipo: _____ Fenotipo: _____

Para las preguntas 5 a 9, consulta el cuadro de Punnett anterior.

5. ¿Cuál es la probabilidad de una descendencia heterocigota? Explica tu respuesta.

_____

_____

6. ¿Cuál es la probabilidad de una descendencia homocigota? Explica.

_____

7. ¿Cuál es la probabilidad de una descendencia recesiva homocigota?

_____

8. ¿Cuál es la probabilidad de un fenotipo liso?

_____

9. ¿Cuál es la probabilidad de que un individuo recesivo homocigoto *(ss)* produzca un gameto con un alelo dominante *(S)*? Explica.

_____

_____

Distribución independiente

10. Enuncia a continuación el principio de distribución independiente.

_____

11. Usando el principio de la distribución independiente, completa el cuadro de Punnett para mostrar los resultados de un cruce F_1 entre dos individuos heterocigotos tanto para el color de la vaina (C = verde y c = amarillo) como para la forma de la vaina (S = lisa y s = estrecha). Se dan los gametos y algunos de los genotipos de la descendencia F_2.

	CS	**cS**	**Cs**	**cs**
CS	CCSS			
cS				ccSs
Cs			CCss	
cs		ccSs		

Para las preguntas 12 a 15, consulta el cuadro de Punnett anterior.

12. ¿Qué genotipo pertenece a una descendencia que es recesiva homocigota para ambos rasgos? ¿Cuál es la probabilidad de ese genotipo?

_____

13. ¿Cuál es el fenotipo de un individuo heterocigoto para ambos rasgos?

_____

14. ¿Cuál es la probabilidad de que haya una descendencia F_2 con vaina verde y lisa? Explica. (Nota: Recuerda que más de un genotipo puede producir este fenotipo).

_____

_____

15. El cuadro de Punnett predice una proporción de 9:3:3:1 para fenotipos. Explica qué significa esa proporción.

_____

_____

_____

_____

_____

_____

Resumen de los principios de Mendel

Para las preguntas 16 a 20, completa cada oración con la palabra correcta.

16. Las unidades que determinan la herencia de las características biológicas son los

_____.

17. Una forma de un gen es un _____.

18. Si existen dos o más formas de un gen, algunos pueden ser dominantes y otros pueden ser

_____.

19. La descendencia de la mayoría de los organismos de reproducción sexual tienen dos

copias de cada gen. Uno proviene de cada _____.

20. Los alelos de diferentes genes normalmente se _____ de manera independiente
de cada uno cuando se forman los gametos.

Para las preguntas 21 a 25, relaciona el término con su descripción.

_____ 21. Determina los rasgos	**A.** padres
_____ 22. Puede haber dos de ellos en un gen	**B.** alelos
_____ 23. Alelo que se expresa	**C.** dominante
_____ 24. De donde provienen los genes	**D.** segregar
_____ 25. Lo que hacen los genes durante la formación de los gametos	**E.** genes

26. Explica la importancia de los experimentos de Thomas Hunt Morgan con las moscas de la
fruta. ¿Por qué su trabajo fue una contribución importante a la investigación de Mendel?

_____

_____

Aplica la gran idea

27. Cuatro hermanas empiezan a asistir a tu misma escuela. Una tiene cabello y ojos de color
café. Otra tiene cabello café y ojos azules. La tercera también tiene ojos azules, pero su
cabello es rubio. La cuarta de las hermanas también tiene cabello rubio, pero sus ojos son
de color café. Explica cómo funciona el principio de segregación independiente en estas
hermanas que tienen cuatro tipos diferentes de fenotipos para dos rasgos.

_____

_____

_____

_____

11.3 Otros patrones de herencia

Objetivos de la lección

- Describir otros patrones de herencia.
- Explicar la relación entre los genes y el medio ambiente.

Resumen de la lección

Más allá de los alelos dominantes y recesivos Algunos alelos no son dominantes ni recesivos:

▶ En los casos de **dominancia incompleta**, ningún alelo es completamente dominante sobre el otro. El fenotipo es una mezcla de los dos fenotipos homocigotos.

▶ En los casos de **codominancia**, ambos alelos en el genotipo heterocigoto se expresan en el fenotipo.

▶ Los genes con **alelos múltiples** tienen más de dos formas del mismo gen. Es posible que haya más de una forma dominante y varios fenotipos diferentes.

▶ Los **rasgos poligénicos** son controlados por la interacción de dos o más genes y exhiben un amplio rango de fenotipos.

Los genes y el medio ambiente El fenotipo de un organismo resulta sólo parcialmente de su genotipo. Las condiciones ambientales pueden afectar cómo que se expresan los genes.

Más allá de los alelos dominantes y recesivos

1. Completa el organizador gráfico para resumir las excepciones de los principios de Mendel.

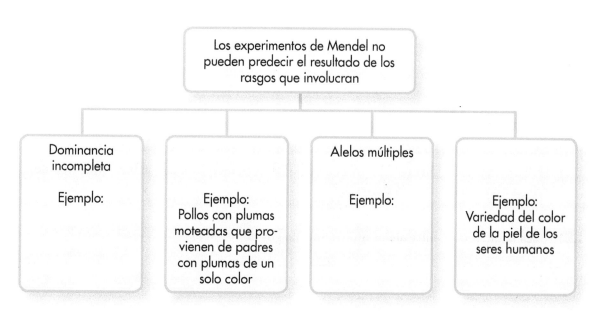

Los experimentos de Mendel no pueden predecir el resultado de los rasgos que involucran

Dominancia incompleta

Ejemplo:

Ejemplo:
Pollos con plumas moteadas que provienen de padres con plumas de un solo color

Alelos múltiples

Ejemplo:

Ejemplo:
Variedad del color de la piel de los seres humanos

Para las preguntas 2 a 8, escribe Cierto *si la oración es cierta. Si la oración es falsa, cambia la(s) palabra(s) subrayada(s) para que la oración sea cierta.*

_____ **2.** Cuando la descendencia muestra una mezcla de los rasgos de los progenitores, <u>un</u> alelo es dominante sobre el otro.

_____ **3.** En la dominancia <u>completa</u>, el fenotipo heterocigoto se queda en algún punto entre los dos fenotipos homocigotos.

_____ **4.** Un individuo heterocigoto que exhibe los rasgos de ambos progenitores es un ejemplo de <u>codominancia</u>.

_____ **5.** Muchos genes existen de distintas maneras y se dice que tienen alelos <u>codominantes</u>.

_____ **6.** Aunque pueden existir alelos múltiples en una población, un individuo normalmente porta sólo dos alelos para cada <u>gen</u>.

_____ **7.** Los rasgos producidos por dos o más genes son <u>codominantes</u>.

_____ **8.** Los rasgos poligénicos a menudo muestran una gran variedad de <u>fenotipos</u>.

9. Un horticultor produjo una flor morada al cruzar un progenitor rojo con un progenitor azul. Usando *RR* como el genotipo para el progenitor rojo y *AA* para el azul, completa el cuadro de Punnett para mostrar los genotipos y fenotipos resultantes de la descendencia.

	Alelo de gameto: _____	**Alelo de gameto:** _____
Alelo de gameto: _____	Genotipo: _____ Fenotipo: _____	Genotipo: _____ Fenotipo: _____
Alelo de gameto: _____	Genotipo: _____ Fenotipo: _____	Genotipo: _____ Fenotipo: _____

Para las preguntas 10 y 11, consulta el cuadro de Punnett anterior.

10. ¿Qué tipo de herencia es el ejemplo de la pregunta 9?

_____

11. Si la descendencia hubiera sido flores con pétalos de manchas rojas y azules, ¿qué tipo de herencia hubiera sido la más probable?

_____

12. Explica la diferencia entre alelos múltiples y rasgos poligénicos.

_____

_____

_____

Los genes y el medio ambiente

Para las preguntas 13 a 16, completa cada oración con la palabra correcta.

13. El _____ de un organismo es el resultado de su genotipo y de su medio ambiente.

14. Algunos _____ producen rasgos variables dependiendo de las condiciones del medio ambiente.

15. El color de las alas de las mariposas blancas occidentales varían porque su _____ varía según el momento en el que salieron de su capullo.

16. La _____ es una variable del medio ambiente que afecta el color de las alas en las mariposas blancas occidentales.

Para cada uno de los siguientes ejemplos, escribe G si el rasgo es determinado por el genotipo y M si es determinado por el medio ambiente.

17. _____ Los huevos de tortuga que se incuban a mayores temperaturas tienden a ser hembras.

18. _____ Una niña de ojos azules nace así porque ambos progenitores tienen ojos azules.

19. _____ A las abejas de una colonia se les asignan diferentes tareas. Conforme se desarrollan, las abejas obreras comienzan a cambiar de apariencia.

20. _____ Un par de gemelos son separados desde su nacimiento. Crecen en países diferentes y hablan idiomas diferentes.

21. _____ Nace una camada de perros. Todos son grises excepto uno, que es de color café.

22. _____ Se siembran plantas altas de guisantes en diferentes lugares de un jardín. Producen plantas de diferentes alturas.

23. _____ Un gatito nace con seis dedos.

24. _____ Un conejo nace débil y hambriento.

Aplica la gran idea

25. Una perra tuvo cuatro cachorros. El padre tiene los ojos de color café y la madre los tiene verdes. Dos de los cachorros tienen ojos de color café, uno tiene ojos verdes y el último los tiene azules. ¿Qué te dice ésto acerca de la manera en la que se transmitió la información celular referente al color de ojos? Explica.

_____

_____

_____

_____

_____

11.4 Meiosis

Objetivos de la lección

- Contrastar el número de cromosomas en las células del cuerpo y en los gametos.
- Resumir los pasos de la meiosis.
- Contrastar la meiosis y la mitosis.
- Describir cómo los alelos de genes diferentes pueden heredarse juntos.

Resumen de la lección

Número de cromosomas Los cromosomas **homólogos** son pares de cromosomas que corresponden a las células del cuerpo. Uno de cada par proviene de cada progenitor.

- Una célula que contiene ambos juegos de cromosomas homólogos tiene un número **diploide** de cromosomas (que significa "dos juegos").
- Las células **haploides** contienen sólo un juego de cromosomas. Los gametos son haploides.

Fases de la meiosis La **meiosis** es el proceso que separa los pares homólogos de cromosomas de una célula diploide y forma un gameto haploide. Las fases son las siguientes:

- Meiosis I, que es precedida por una replicación de los cromosomas. Sus etapas son:
  - Profase I: Cada cromosoma replicado se empareja con su cromosoma homólogo correspondiente y forma una **tétrada**. En este paso los alelos pueden ser intercambiados entre las cromátidas; el proceso se llama **entrecruzamiento**.
  - Metafase I: Los cromosomas homólogos emparejados se alinean en el centro de la célula.
  - Anafase I: Las fibras del huso jalan cada par homólogo a los extremos de la célula.
  - Telofase I: Se forma una membrana nuclear alrededor de cada grupo de cromosomas. Entonces ocurre la citocinesis, que da origen a dos células nuevas. Las células hijas tienen juegos de cromosomas que son diferentes de la célula progenitora y entre sí.
- Meiosis II: Los cromosomas no se replican.
  - Profase II: Los cromosomas, cada uno con dos cromátidas, se vuelven visibles.
  - Metafase II, anafase II, telofase II y citocinesis: estas fases son parecidas a la meiosis I. Se forman cuatro células haploides. Son los gametos. Durante la fecundación, se unen dos gametos y forman un **cigoto**.

Comparar la meiosis y la mitosis

- Mitosis: división celular. Produce 2 células diploides genéticamente idénticas.
- Meiosis: Proceso de 2 divisiones celulares. Produce 4 células haploides genéticamente diferentes.

Vínculo genético y mapas genéticos

- Los alelos tienden a ser heredados juntos si están en el mismo cromosoma.
- Los cromosomas, no los genes, se segregan de manera independiente.
- Entre más apartados estén los genes, más probable será el entrecruzamiento.
- La información referente al vínculo y a la frecuencia del entrecruzamiento permite que los genetistas construyan mapas de las ubicaciones de los genes en los cromosomas.

Número de cromosomas

Para las preguntas 1 a 8, escribe Cierto si la oración es cierta. Si la oración es falsa, cambia la(s) palabra(s) subrayada(s) para que la oración sea cierta.

_____ 1. La descendencia de dos progenitores obtiene una copia única de todos los <u>genes</u> de cada progenitor.

_____ 2. Un <u>gameto</u> debe contener un juego completo de genes.

_____ 3. Los genes se localizan en posiciones específicas en los <u>husos</u>.

_____ 4. Un par de cromosomas correspondientes es <u>homocigoto</u>.

_____ 5. Un miembro de cada par de cromosomas homólogos proviene de cada <u>gen</u>.

_____ 6. Una célula que contiene dos series de cromosomas homólogos es <u>haploide</u>.

_____ 7. Los gametos de los organismos que se reproducen sexualmente son <u>haploides</u>.

_____ 8. Si el número haploide de un organismo es 6, su número diploide es <u>3</u>.

Fases de la meiosis

En las siguientes líneas, identifica la etapa de la meiosis I o meiosis II donde ocurre el paso descrito.

_____ 9. Cada par de cromosomas replicados con su cromosoma homólogo correspondiente.

_____ 10. El entrecruzamiento ocurre entre tétradas.

_____ 11. Los cromosomas homólogos emparejados se alinean en el centro de la célula.

_____ 12. Las fibras del huso jalan cada par de cromosomas homólogos hacia un extremo opuesto de la célula.

_____ 13. Se forma una membrana nuclear alrededor de cada grupo de cromosomas y continúa la citocinesis; se forman dos células nuevas.

_____ 14. Los cromosomas constan de dos cromátidas, pero no se emparejan para formar tétradas.

_____ 15. Se forma una membrana nuclear alrededor de cada grupo de cromosomas y continúa la citocinesis; se forman cuatro células nuevas.

16. RAZONAMIENTO VISUAL En los siguientes diagramas dibuja dos pares de cromosomas homólogos (si puedes en colores diferentes) para ilustrar lo que sucede durante estas tres fases de la meiosis.

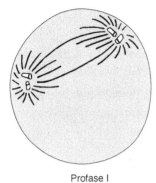

Profase I

Metafase I

Anafase II

17. Identifica qué fase de la meiosis se muestra en los siguientes diagramas.

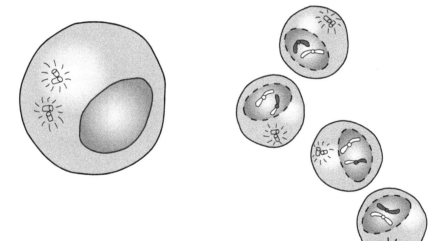

_____   _____

Usa este diagrama para responder a las preguntas 18 a 20.

18. ¿Qué muestra el diagrama?

_____

_____

19. ¿Durante qué fase de la meiosis ocurre este proceso?

_____

_____

20. ¿Cuál es el resultado de este proceso?

_____

_____

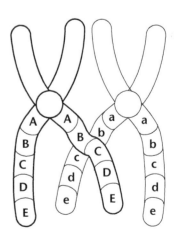

Comparar la mitosis y la meiosis

21. Completa la tabla para comparar la mitosis y la meiosis.

	Mitosis	Meiosis
Forma de reproducción		
Cantidad de células hijas		
Cambio de la cantidad de cromosomas		
Cantidad de divisiones de la célula		
Diferencia en los alelos entre la célula progenitora y las células hijas		

Para las preguntas 22 a 27, completa cada oración con la palabra correcta.

22. Una célula diploide que entra en mitosis con 16 cromosomas se dividirá para producir

_____ células hijas. Cada una de estas células hijas tendrá _____

cromosomas.

23. Si el número diploide de cromosomas para un organismo es 16, cada célula hija después

de la mitosis tendrá _____ cromosomas.

24. Una célula diploide que entra en meiosis con 16 cromosomas sufrirá _____

divisiones de células, que producen _____ células hijas, cada una con

_____ cromosomas.

25. Los gametos tienen un número _____ de cromosomas.

26. Si el número haploide de un organismo es 5, su número diploide es _____.

27. Aunque un número haploide de cromosomas puede ser par o non, un número diploide

siempre será _____.

Vínculo genético y mapas genéticos

28. ¿Qué descubrió Thomas Hunt Morgan que parecía violar los principios de Mendel?

_____

_____

29. ¿Cómo explicó Morgan su hallazgo?

_____

_____

30. ¿Cómo utilizó Alfred Sturtevant el vínculo genético para crear mapas genéticos?

_____

_____

Usa este diagrama para responder a las preguntas 31 a 34.

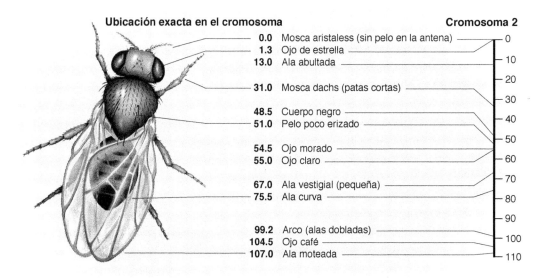

31. ¿Qué muestra el diagrama?

_____

32. ¿Cómo se reunió la información de este diagrama?

_____

33. ¿Qué par de características tienen mayor posibilidad de un entrecruzamiento: el ala curva y el ala abultada; o el ala curva y el ala vestigial (pequeña)? ¿Por qué?

_____

_____

34. ¿Qué par de genes mostrado tiene la menor probabilidad de un entrecruzamiento? ¿Cómo lo sabes?

_____

_____

Usa este diagrama para responder a las preguntas 35 a 38.

A   A 5 B   12   C 8 D
     ├──┼──────────────┼──┤

B   A   8   B   20   C 5 D
     ├────┼───────────────────┼──┤

C   A   8   B   17   C   12   D
     ├────┼─────────────┼──────────────┤

D   C 5 B   12   A 8 D
     ├──┼─────────────┼──┤

35. ¿En qué mapa genético es mayor la probabilidad de entrecruzamiento entre A y D?

_____

36. ¿En qué mapa genético es menor la probabilidad de entrecruzamiento entre A y D?

_____

37. ¿En qué mapa los genes C y D están relacionados de manera más cercana? _____

38. En el mapa D, ¿qué genes tienen la menor posibilidad de entrecruzarse? _____

Aplica la gran idea

39. Algunos gatos domésticos tienen pelaje anaranjado con rayas de un naranja más obscuro. Por lo general, los rasgos de estos gatos atigrados se ven en los machos. Los gatos pardos tienen manchas de muchos colores diferentes en el pelaje. Los gatos "torties" o "carey", como normalmente se llaman, casi siempre son hembras. ¿Qué te dice ésto acerca de la manera en la que la información celular sobre el color y el sexo se transmite en los gatos?

_____

_____

_____

_____

Repaso del vocabulario del capítulo

Crucigrama *Escribe el término que corresponda a cada una de las descripciones numeradas para completar el crucigrama.*

Horizontal

6. una característica específica

8. rasgos físicos

9. contiene dos alelos idénticos para un rasgo

10. la separación de los alelos durante la formación de las células sexuales

11. la unión de células sexuales masculinas y femeninas

12. estudio científico de la herencia

13. la posibilidad de que ocurra un suceso

Vertical

1. la descendencia de un cruce entre progenitores con rasgos diferentes de una raza pura

2. una forma de un gen

3. célula reproductora, óvulo o espermatozoide

4. palabra que describe un rasgo controlado por dos o más genes

5. composición genética

7. un fenotipo en donde se expresan ambos alelos

9. contiene dos alelos diferentes para un rasgo

MISTERIO DEL CAPÍTULO

PERIQUITOS VERDES

En el Misterio del capítulo, leíste sobre una nidada de periquitos que dieron resultados que sus dueños no esperaban. ¿Crees que Gregor Mendel alguna vez obtuvo resultados que no esperaba?

Aprendizaje en el siglo XXI

¿Pueden los resultados ser demasiado buenos?

Aunque suene extraño, si llevas a cabo muchos experimentos, podrías obtener resultados que no esperabas. La posibilidad aleatoria hará que algunos de los experimentos tengan resultados diferentes al resto de los experimentos. Los científicos tienen una fórmula matemática para expresar la desviación de un experimento, es decir, para notar qué tanto variaron los resultados reales de los resultados esperados. Si un experimento tiene una desviación de 0, eso quiere decir que los resultados fueron exactamente los que se esperaban. Si tiene una desviación de 2 ó -2, quiere decir que los resultados fueron un poco diferentes a los esperados. Una desviación negativa indica que las observaciones reales fueron menores al promedio. Una desviación positiva indica que las observaciones reales fueron mayores al promedio.

La siguiente tabla se creó para el número y tipo de experimentos que realizó Mendel. Cada número de la segunda columna representa el número de experimentos que esperaríamos que Mendel hubiera tenido con la desviación que aparece en la primera columna. Por ejemplo, esperaríamos que Mendel hubiera tenido 13 experimentos en los cuales la desviación fuera entre 0 y 0.5, y dos experimentos con desviaciones entre -2.0 y -2.5. Cada número de la tercera columna representa el número real de experimentos con la desviación que aparece en la primera columna. Por ejemplo, Mendel registró 16 experimentos en los que la desviación fue entre 0 y 0.5.

Un análisis de los datos de Mendel		
Desviación entre	**Número esperado de experimentos con esta desviación**	**Número real de experimentos con esta desviación**
-2 y -2.5	2	0
-1.5 y -2	3	0
-1 y -1.5	6	4
-0.5 y -1	10	12
-0 y -0.5	13	14
0 y 0.5	13	16
0.5 y 1	10	20
1 y 1.5	6	2
1.5 y 2	3	1
2 y 2.5	2	0

Continúa en la próxima página ▶

1. ¿Cuántos experimentos con desviaciones entre 1.5 y 2.0 esperabas que Mendel hubiera tenido? ¿Cuántos tuvo? _____

2. Observa las desviaciones ente -1.0 y 1.0 ¿Tuvo Mendel más o menos experimentos con desviaciones en este rango de lo que se esperaba? _____

3. Observa las desviaciones más allá de -1.0 y 1.0 ¿Tuvo Mendel más o menos experimentos con desviaciones en este rango de lo que se esperaba? _____

4. ¿Crees que algunas veces los científicos arrojan resultados que fueron algo diferentes a lo esperado? ¿Por qué crees que un científico esté tentado a hacer algo así? _____
_____

5. Mendel trabajó con un ayudante, un jardinero y otros dos monjes, quienes le ayudaban a contar y registrar los resultados, y ninguno de ellos era científico. Estos no científicos dedicaron años a contar decenas de miles de guisantes. No les tomaría mucho tiempo descubrir cuáles eran los resultados habituales. ¿Cómo podría uno o más de los ayudantes de Mendel haber provocado el escaso número de resultados con desviaciones altas?
_____
_____

6. ¿Crees que lo que describiste en tu respuesta a la pregunta 4 es excusable? ¿Y lo que describiste en la pregunta 5? ¿Por qué? _____
_____
_____

7. ¿Cambiarías tu respuesta de la pregunta 5 si consideraras un caso en el que un científico alteró los datos recopilados mientras comprobaba un medicamento nuevo? Explica tu respuesta.
_____
_____
_____

Las destrezas usadas en esta actividad incluyen **creatividad y curiosidad intelectual, auto-dirección y responsabilidad y adaptabilidad.**

Describiste lo que uno o más de los ayudantes de Mendel podría haber hecho para alterar los resultados de los experimentos y cómo te sentiste respecto a estas acciones. Ahora es momento de ponerse creativo. Escribe una obra de teatro de un acto sobre el jardinero de Mendel y lo que pudiera o no haber hecho. El jardinero puede ser el personaje principal, u otros personajes principales pueden afectar lo que hace el jardinero. La obra de teatro puede ser una comedia, un drama o una tragedia.

Cuando termines la obra de teatro, asigna el papel de los personajes a tus compañeros de clase y léanla, ya sea en clase o fuera de la escuela.

12 El ADN

la gran idea

Información y herencia, base celular de la vida

P: ¿Cuál es la estructura del ADN y cómo funciona en la herencia genética?

	LO QUE SÉ	LO QUE APRENDÍ
12.1 ¿Cómo determinaron los científicos que el ADN es el responsable de almacenar, copiar y transmitir la información genética?		
12.2 ¿Cómo se descubrió la estructura básica del ADN?		
12.3 ¿Cómo copian las células su ADN?		

12.1 Identificar la sustancia de los genes

Objetivos de la lección

Resumir el proceso de la transformación bacteriana.

Describir el papel de los bacteriófagos en la identificación del material genético.

Identificar el papel del ADN en la herencia.

Resumen de la lección

Transformación bacteriana En 1928, Frederick Griffith descubrió que algunos factores químicos de bacterias que habían muerto por calor de una cepa podían cambiar las características heredadas de otra cepa.

▶ Llamó al proceso **transformación** porque un tipo de bacteria (una forma inocua) había cambiado a otro tipo de manera permanente (una forma que portaba la enfermedad).

▶ Debido a que la capacidad de causar enfermedades era heredada por la descendencia de la bacteria transformada, concluyó que el factor de transformación tenía que ser un gen.

En 1944, Oswald Avery probó la capacidad de transformación de muchas sustancias. Sólo el ADN provocaba la transformación. Al observar la transformación bacteriana, Avery y otros científicos descubrieron que el ácido nucleico ADN almacena y transmite información genética de una generación de bacterias a la siguiente.

Virus bacterianos Un **bacteriófago** es una clase de virus que infecta a las bacterias. Cuando un bacteriófago entra en una bacteria, se sujeta a la superficie de la célula bacteriana y le inyecta su material genético.

▶ En 1952, Alfred Hershey y Martha Chase usaron trazadores radiactivos para marcar las proteínas y el ADN de los bacteriófagos.

▶ Sólo el ADN del bacteriófago apareció en la célula bacteriana infectada.

▶ Hershey y Chase concluyeron que el material genético del bacteriófago era ADN.

▶ Su trabajo confirmó los resultados de Avery y convenció a muchos científicos que el ADN era el material genético que se encontraba en los genes, no sólo de los virus y de las bacterias, sino de todas las células vivas.

El papel del ADN El ADN que compone los genes debe ser capaz de almacenar, copiar y transmitir la información genética de una célula.

Transformación bacteriana

1. ¿Qué ocurrió cuando Griffith inyectó en ratones la cepa de la bacteria que causa la neumonía que había muerto por calor?

_____

2. ¿Qué ocurrió cuando Griffith inyectó en ratones una mezcla de la cepa de la bacteria que causa la neumonía que había muerto por calor y bacterias vivas de tipo inocuo?

_____

3. ¿Cuál era el propósito de los experimentos de Oswald Avery?

_____

_____

4. ¿Qué experimentos realizó Avery?

_____

_____

_____

5. ¿A qué conclusión llegó Avery?

_____

Virus bacterianos

6. Completa los espacios en blanco para resumir los experimentos de Hershey y Chase. (Nota: Los círculos representan marcas radiactivas.)

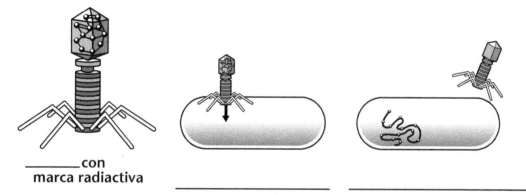

_____con
marca radiactiva   _____   _____

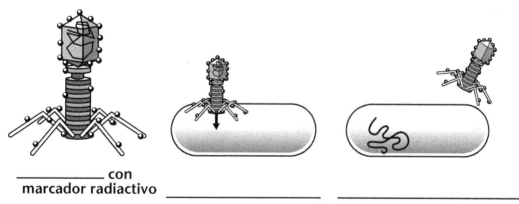

_____ con
marcador radiactivo _____   _____

7. ¿A qué conclusión llegaron Hershey y Chase? ¿Por qué?

_____

_____

8. ¿Cómo confirmaron Hershey y Chase los resultados de Avery?

_____

_____

_____

El papel del ADN

9. Completa este organizador gráfico para resumir las suposiciones que guiaron la investigación del ADN a mediados del siglo XX. Usa un árbol de roble para dar un ejemplo de cada función.

El ADN debe realizar tres funciones:

Función:	**Función:** Copiar información	**Función:**
Esta función es importante porque:	**Esta función es importante porque:**	**Esta función es importante porque:**
Ejemplo:	**Ejemplo:**	**Ejemplo:**

ANALOGÍA VISUAL

10. El ADN es como un libro titulado *Cómo ser una célula*. Explica por qué este título es adecuado para cada una de las tres funciones del ADN.

a. _____

_____

_____

_____

_____

b. _____

_____

_____

_____

c. _____

_____

_____

_____

_____

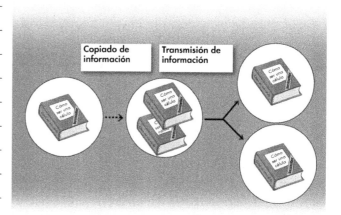

Aplica la gran idea

11. Para 1952, muchos científicos estaban convencidos de que los genes estaban compuestos por ADN, pero aún no sabían cómo funcionaba. ¿Por qué era importante determinar la estructura del ADN para comprender cómo almacenaba, copiaba y transmitía la información?

_____

_____

_____

_____

12. ¿Por qué la transformación era tan importante para el estudio del papel del ADN? ¿Qué demostró la transformación?

_____

_____

_____

12.2 La estructura del ADN

Objetivos de la lección

- Identificar los componentes químicos del ADN.
- Analizar los experimentos que dieron lugar a la identificación del ADN como la molécula que porta el código genético.
- Describir los pasos que llevaron al desarrollo del modelo de doble hélice del ADN.

Resumen de la lección

Los componentes del ADN El ADN es un ácido nucleico compuesto por nucleótidos unidos, en cualquier orden, en largas hebras o cadenas mediante enlaces covalentes.

- Un nucleótido de ADN es una unidad compuesta por una base nitrogenada, un azúcar de 5 carbonos llamada desoxirribosa y un grupo fosfato.
- El ADN tiene cuatro tipos de bases nitrogenadas: adenina, guanina, citosina y timina.

Resolver la estructura del ADN

- Erwin Chargaff mostró que los porcentajes de adenina y timina son casi siempre iguales en el ADN. Los porcentajes de guanina y citosina también son casi iguales.
- Los estudios de difracción de rayos X de Rosalind Franklin revelaron la estructura de doble hélice del ADN.
- James Watson y Francis Crick construyeron un modelo de la estructura del ADN.

El modelo de doble hélice El modelo de doble hélice explica la regla de Chargaff del apareamiento de bases y cómo se mantienen unidas las dos hebras de ADN. Mostró:

- Las dos hebras de la doble hélice corren en direcciones opuestas, con las bases nitrogenadas en el centro. Cada hebra porta una secuencia de nucleótidos, ordenados casi como las letras de un alfabeto de cuatro letras para registrar información genética.
- Las hebras están unidas por enlaces de hidrógeno. Los enlaces se rompen fácilmente y permiten que las hebras se separen.
- Los enlaces de hidrógeno sólo se forman entre ciertos pares de bases: adenina con timina y citosina con guanina. Esto se llama **apareamiento de bases.**

Los componentes del ADN

Para las preguntas 1 a 5, completa cada oración con la(s) palabra(s) correcta(s).

1. La base del ADN son _____.

2. Los nucleótidos del ADN están compuestos por tres componentes básicos: un azúcar llamada _____, un _____ y una _____ nitrogenada.

3. El ADN contiene cuatro tipos de bases nitrogenadas: _____, _____, _____ y _____.

4. En el ADN, los _____ pueden unirse en cualquier orden.

5. Los nucleótidos del ADN están unidos por enlaces _____.

Resolver la estructura del ADN

6. Completa la tabla para describir la contribución de cada científico en la resolución de la estructura del ADN.

Científico	Contribución
Erwin Chargaff	
Rosalind Franklin	
James Watson y Francis Crick	

7. Completa la tabla con los porcentajes correctos según las reglas de Chargaff.

Muestra de ADN	Porcentaje de adenina	Porcentaje de timina	Porcentaje de guanina	Porcentaje de citosina
1	31.5			
2		30	20	
3				17

El modelo de doble hélice

Para las preguntas 8 a 13, escribe en las líneas las partes de la molécula de ADN correspondientes a los números del diagrama.

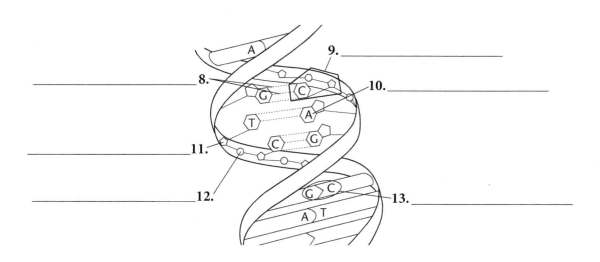

14. **RAZONAMIENTO VISUAL** El siguiente dibujo muestra la mitad de una molécula de ADN. Completa las letras adecuadas de la otra mitad. Explica por qué dibujaste tu esbozo de esa manera.

C	G
A	T
G	
G	
C	
C	
T	
A	
C	

Clave
A = Adenina
C = Citosina
G = Guanina
T = Timina

_____

_____

Aplica la gran idea

15. Completa esta tabla para que muestre cómo la estructura de la molécula de ADN le permite realizar cada función esencial.

Función	Estructura de la molécula
Almacenar información	
Copiar información	
Transmitir información	

12.3 Replicación del ADN

Objetivos de la lección

◻ Resumir los acontecimientos en la replicación del ADN.

◻ Comparar la replicación del ADN de los procariotas con la de los eucariotas.

Resumen de la lección

Copiar el código Cada hebra de la doble hélice tiene toda la información necesaria para reconstruir la otra mitad mediante el mecanismo de apareamiento de bases. Debido a que cada hebra se puede usar para formar la otra hebra, se dice que las hebras son complementarias. El ADN se copia a sí mismo por medio del proceso de **replicación:**

▷ Las dos hebras de la doble hélice se descomprimen, formando horquillas de replicación.

▷ Se agregan nuevas bases, siguiendo las reglas del apareamiento de bases (A con T y G con C).

▷ Cada nueva molécula de ADN tiene una hebra original y una nueva.

▷ La **ADN polimerasa** es una enzima que une los nucleótidos individuales para producir una nueva hebra de ADN.

▷ Durante la replicación, el ADN se puede perder de los extremos de los cromosomas, llamados **telómeros.**

Replicación en células vivas Las células de la mayoría de los procariotas tienen una única molécula circular de ADN en el citoplasma. Las células eucariotas tienen mucho más ADN. Casi todo está contenido en los cromosomas, los cuales están en el núcleo.

▷ La replicación en la mayoría de las células procariotas comienza en un solo punto y procede en dos direcciones hasta que todo el cromosoma se ha copiado.

▷ En las células eucariotas, la replicación puede comenzar en docenas o incluso centenas de lugares en la molécula de ADN, procediendo en ambas direcciones hasta que cada cromosoma se ha copiado completamente.

Copiar el código

1. ¿Por qué se dice que las hebras de la molécula de ADN son complementarias?

_____

2. ¿Cuál es el primer paso en la replicación eucariota del ADN?

_____

_____

3. Si la secuencia de bases de una hebra de ADN separada es CGTAGG, ¿cuál es la secuencia de bases de su hebra complementaria?

_____

4. ¿Qué enzima se une a nucleótidos individuales para producir una nueva hebra de ADN?

_____

5. ¿Qué enzima reduce las probabilidades de que se pierda el ADN de los telómeros durante la replicación?

_____

6. ¿Cómo funciona esta enzima?

_____

_____

7. ¿Qué es una horquilla de replicación?

_____

_____

_____

8. ¿La replicación del ADN se realiza en la misma dirección a lo largo de las dos hebras de la molécula de ADN que se está replicando? Explica tu respuesta. (*Pista:* Observa la ilustración de la replicación del ADN en tu libro de texto.)

_____

_____

9. RAZONAMIENTO VISUAL Haz un esbozo de la doble hélice de ADN. Muestra cómo se descomprime para la replicación y cómo se forman las hebras complementarias. Rotula las bases nitrogenadas, la horquilla de replicación, la ADN polimerasa, la hebra original y la hebra nueva.

Replicación en células vivas

10. Completa la tabla para comparar y contrastar la replicación del ADN en los procariotas y eucariotas.

	Procariotas	**Eucariotas**
Ubicación del ADN		
Cantidad de ADN		
Punto(s) de inicio para la replicación		

11. ¿Es la replicación del ADN siempre un proceso infalible? Explica tu respuesta.

_____

_____

_____

Aplica la gran idea

12. ¿Por qué el apareamiento de bases durante la replicación es esencial para la transmisión de rasgos hereditarios de los progenitores a la descendencia?

_____

_____

_____

_____

Nombre _____ Clase _____ Fecha _____

Repaso del vocabulario del capítulo

Para las preguntas 1 a 6, relaciona el término con su definición.

Definición

Término

_____ 1. En el ADN, la concordancia entre la timina y la adenina, y la concordancia entre la citosina y la guanina.

_____ 2. Una enzima que une a los nucleótidos individuales para producir una nueva hebra de ADN.

_____ 3. El proceso que puede convertir una cepa de bacterias inocua en una cepa que causa enfermedades

_____ 4. El extremo de un cromosoma

_____ 5. El proceso que copia una molécula de ADN

_____ 6. Un tipo de virus que infecta a las bacterias

A. transformación

B. bacteriófago

C. apareamiento de bases

D. replicación

E. ADN polimerasa

F. telómero

Para las preguntas 7 a 15, completa cada oración con la palabra correcta.

7. Cada vez que se replica un cromosoma, se puede perder un poco del ADN del extremo del cromosoma, o _____.

8. Los experimentos de Griffith mostraron que algunos compuestos químicos de las células debían ser los responsables de _____ bacteriana.

9. Hershey y Chase estudiaron un _____ que estaba compuesto por un núcleo de ADN y un recubrimiento de proteína.

10. El centro de la hebra de ADN muestra _____.

11. La enzima que "verifica" cada nueva hebra de ADN para que cada molécula sea una copia casi perfecta de la original es _____.

12. En las células eucariotas, _____ puede comenzar en docenas e incluso centenas de lugares en la molécula de ADN.

13. El modelo de doble hélice explica la regla de Chargaff del _____.

14. La molécula de ADN se separa en dos hebras durante _____.

15. La principal enzima implicada en la replicación del ADN es _____.

MISTERIO DEL CAPÍTULO

LUZ ULTRAVIOLETA

En el Misterio del capítulo, aprendiste sobre el complejo proceso por el que la radiación del sol provoca cáncer de piel. Pero todavía hay más que aprender sobre la relación entre la exposición solar y este tipo de cáncer. Pero no tienes que ser un genetista molecular para comprender cómo prevenir el cáncer de piel.

Aprendizaje en el siglo XXI

El sol y tu piel

Incluso las personas que no comprenden cómo la radiación solar provoca el cáncer de piel saben que deben protegerse. Sin embargo, sólo 40 por ciento de los estadounidenses usan bloqueador solar de manera consistente cuando se exponen al sol. Y 20 por ciento de los adultos estadounidenses toman baños de sol, es decir, exponen deliberadamente su piel a la radiación solar. Este cartel presenta información que todos debemos conocer.

¿Qué es la radiación ultravioleta?
- Los rayos ultravioleta (UV) son una forma invisible de radiación.
  - Forman una parte de la luz solar.
- Hay tres tipos de rayos UV: ultravioleta A (UVA), ultravioleta B (UVB) y ultravioleta C (UVC)

¿Cuáles son los resultados de la exposición a la radiación ultravioleta?
- varios tipos de cáncer de piel
- varias afecciones oculares, incluyendo las cataratas
- envejecimiento prematuro
- piel seca, flácida y arrugada
- pigmentación amarilla de la piel

¿Cómo provoca la radiación UV el cáncer de piel?
- Fase 1
  - La radiación UV interfiere con el mecanismo con el que las células reparan sus daños.
  - Estas células anormales son más vulnerables a las lesiones.
- Fase 2
  - Las células normales que son sobreexpuestas a la radiación UV mueren.
  - Las células anormales que son sobreexpuestas a la radiación UV no mueren.
  - Los daños genéticos se acumulan.

¿Cómo te puedes proteger de la radiación UV?
- Busca la sombra, sobre todo de las 10:00 a.m. a las 4:00 p.m., cuando los rayos UV son más fuertes.
- Cubre la piel con ropa.
- Usa un sombrero ancho que proteja tu rostro, cabeza, oídos y cuello.
- Usa lentes de sol. Los anteojos anchos son los mejores. Deben bloquear lo más cercano posible al 100% de rayos UVA y UVB.
- Usa bloqueador solar.
  - Usa uno con factor de protección solar (FPT) 15 ó mayor.
  - Usa uno que bloquee tanto la radiación UVA como la UVB
  - Aplícatelo cada dos horas y después de nadar o sudar.

Estos componentes de los bloqueadores solares bloquean la radiación UVA.
- benzofenona
- oxibenzona
- sulisobenzona
- dióxido de titanio
- óxido de zinc
- butil metoxidibenzoilmetano, también llamado avobenzona o Parsol 1789

Estos componentes de los bloqueadores solares bloquean la radiación UVB.
- Cinamatos, incluyendo el octil metoxinamato y el cinoxato
- Salicilatos, incluyendo el homomentil salicilato, el octil salicilato y el trietanolamino salicilato
- Octocrileno
- Ensulizole o PBSA

Algunos factores de riesgo te hacen más vulnerable a contraer cáncer de piel
- piel, ojos o cabellos naturales claros
- historia familiar o personal de cáncer de piel
- exposición al sol
- historia de quemaduras de sol a principios de la vida
- piel que se quema, mancha o enrojece fácilmente
- ciertos tipos de lunares
- un gran número de lunares

El cáncer de piel es una epidemia no declarada.
- Es el más común de todos los tipos de cáncer.
- Es casi tan común como todos los demás cánceres combinados.
- Este año, un millón de estadounidenses tendrán cáncer de piel.

Es hora de acabar con algunos mitos.
- La radiación UV, del sol o de un salón de bronceado, causa daños.
- El daño de hoy no se manifestará durante muchos años.
- Una exposición solar frecuente a edad temprana provoca mayor riesgo de daño en la piel; 80 por ciento de la exposición solar en la vida de una persona se adquiere antes de los 18 años de edad.
- El bronceado nunca es saludable.

Continúa en la próxima página ▶

Asuntos del siglo XXI Conocimientos de ciencias y salud

1. ¿Cuántos tipos de radiación ultravioleta hay? ¿Cuáles son?

_____

2. Una forma de radiación ultravioleta es absorbida por el ozono en la atmósfera y nunca llega a la superficie de la Tierra. ¿Cuál crees que sea? ¿Por qué?

_____

_____

3. ¿Cuándo es más fuerte la radiación UV del sol?

_____

4. Tu amiga te dice que va a ir a broncearse. Ella dice: "he tomado el sol durante todo el verano. Me he bronceado pero no me he quemado. Mi piel todavía está suave y para nada está seca. No tengo nada de qué preocuparme". ¿Tiene o no razón? ¿Por qué?

_____

_____

_____

5. ¿Crees que el cáncer de piel se puede heredar? ¿Por qué?

_____

_____

_____

Destrezas para el siglo XXI Señales de aviso de cáncer de piel

Entre las destrezas utilizadas en esta actividad están **creatividad y curiosidad intelectual, conocimientos sobre medios de comunicación e información** y **responsabilidad social**.

El cartel de la página anterior tenía el propósito de educar a las personas sobre cómo la radiación UV de la luz solar daña las células cutáneas y mostrarles cómo pueden evitar exponerse a ella. Sin embargo, para algunas personas, ya es demasiado tarde para estas advertencias. Usa recursos de la Internet o de la biblioteca para investigar las señales de cáncer de piel y lo que una persona debe hacer si detecta una o más de estas señales.

Recopilen esta información en un folleto que pueda distribuirse en consultorios médicos y farmacias.

13 El ARN y la síntesis de proteínas

la gran idea Información y herencia

P: ¿Cómo fluye información desde el núcleo celular para dirigir la síntesis de proteínas en el citoplasma?

	LO QUE SÉ	LO QUE APRENDÍ
13.1 ¿Qué es el ARN?		
13.2 ¿Cómo producen las células a las proteínas?		
13.3 ¿Qué ocurre cuando cambia el ADN de una célula?		
13.4 ¿Cómo regulan las células la expresión génica?		

13.1 ARN

Objetivos de la lección

- Comparar el ARN con el ADN.
- Explicar el proceso de transcripción.

Resumen de la lección

El papel del ARN El **ARN** (ácido ribonucleico) es un ácido nucleico como el ADN. Consiste en una larga cadena de nucleótidos. La secuencia de bases del ARN dirige la producción de proteínas. A la larga, las proteínas de las células se convierten en rasgos fenotípicos. Las principales diferencias entre el ARN y el ADN son:

- El azúcar en el ARN es ribosa en vez de desoxirribosa.

- El ARN por lo general es de una única hebra y no de dos como el ADN.

- El ARN contiene uracilo en vez de timina.

El ARN se puede considerar como una copia desechable de un segmento de ADN. Casi todas las moléculas del ARN participan en la síntesis de proteínas. Los tres tipos principales de ARN son:

- El **ARN mensajero** (ARNm) que transporta copias de las instrucciones para la síntesis de polipéptidos desde el núcleo hasta los ribosomas en el citoplasma.

- El **ARN ribosomal** (ARNr) que es una parte importante de ambas subunidades de los ribosomas, es decir, las estructuras celulares donde se ensamblan las proteínas.

- El **ARN de transferencia** (ARNt) que transporta los aminoácidos a los ribosomas y los incorpora al mensaje codificado del ARN mensajero.

Síntesis de ARN Casi toda la producción de ARN se lleva a cabo durante la transcripción. En la **transcripción,** segmentos de ADN sirven como patrones para producir moléculas complementarias de ARN. En los procariotas, la síntesis de ARN y la síntesis de proteínas se llevan a cabo en el citoplasma. En los eucariotas, el ARN se produce en el núcleo de la célula y después pasa al citoplasma para desempeñar su papel en la producción de proteínas. Los siguientes incisos se enfocan en la transcripción de células eucariotas.

- La enzima **ARN polimerasa** se une al ADN durante la transcripción y separa las hebras de ADN. Después, usa una hebra de ADN como patrón a partir del cual ensamblar los nucleótidos en una hebra complementaria de ARN.

- La ARN polimerasa sólo se une a los **promotores,** esto es, regiones de ADN que tienen secuencias de bases específicas. Los promotores son señales para la molécula del ADN que le muestran a la ARN polimerasa dónde debe comenzar exactamente a producir el ARN. Señales semejantes hacen que la transcripción se detenga cuando se completa una nueva molécula de ARN.

- El ARN puede ser "editado" antes de ser usado. Las porciones que se cortan y desechan se llaman **intrones.** Las partes sobrantes, conocidas como **exones,** se vuelven a empalmar para formar el ARN mensajero final.

El papel del ARN

1. Completa la tabla que compara las estructuras del ADN con las del ARN.

	Azúcar	Número de hebras	Bases
ADN			
ARN			

2. Identifica cada tipo de ARN en las líneas.

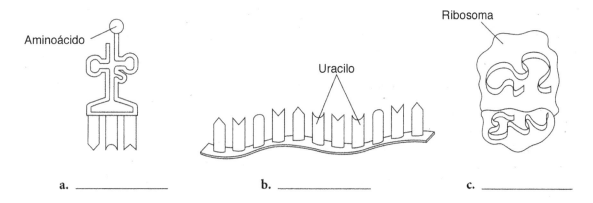

a. _____   b. _____   c. _____

3. ANALOGÍA VISUAL El plan maestro de un edificio muestra cómo construir y colocar sus partes importantes, como paredes, tuberías y tomas de corriente eléctrica. En el lugar de construcción, los obreros usan copias del plan maestro llamado plano para saber lo que tienen que hacer. El plan maestro se guarda en la oficina. Explica cómo el ARN mensajero funciona igual que un plano en la producción de proteínas.

_____

_____

_____

Síntesis del ARN

Para las preguntas 4 a 10, completa cada oración con la palabra correcta.

4. El proceso que usa al ADN para producir las moléculas complementarias del ARN se llama _____.

5. La secuencia de _____ del ARN mensajero complementa la secuencia en el patrón de ADN.

6. En los eucariotas, el ARN se forma en el _____ y después viaja al _____.

7. La enzima _____ se une al ADN durante la transcripción.

8. La ARN polimerasa se une a regiones del ADN llamadas _____, que son las señales de "inicio" de la transcripción.

9. Los _____ son porciones de ARN que se cortan y desechan.

10. Los _____ se empalman para formar el ARN mensajero final.

11. **RAZONAMIENTO VISUAL** Esboza la secuencia en la que el ARN mensajero precursor es "editado" después de que se forma en el patrón del ADN y antes de que esté listo para funcionar como ARN mensajero en el citoplasma. Muestra el ADN original, el ARN mensajero precursor y el ARN mensajero final. Asegúrate de rotular a los exones e intrones.

Aplica la **gran** idea

12. Usa la analogía del plan maestro y el plano usado por los obreros para identificar lo que representa el ARN mensajero, dónde está el "ribosoma" y quién realiza el mismo tipo de trabajo que el ARN mensajero.

Explica tu razonamiento.

_____

_____

_____

_____

_____

_____

_____

13.2 Ribosomas y síntesis de proteínas

Objetivos de la lección

- Identificar el código genético y explicar cómo se lee.
- Resumir el proceso de traducción (genética).
- Describir el "dogma central" de la biología molecular.

Resumen de la lección

El código genético Una secuencia específica de bases del ADN lleva las instrucciones para formar un **polipéptido,** es decir, una cadena de aminoácidos. Los tipos y el orden de los aminoácidos en el polipéptido determinan las propiedades de la proteína. La secuencia de bases en el ARN mensajero es el **código genético.** Las cuatro bases, A, C, G y U, actúan como "letras".

▶ El código se lee usando tres "letras" al mismo tiempo, de tal forma que cada "palabra" tenga tres bases de longitud y corresponda a un único aminoácido. Cada "palabra" de tres letras del ARN mensajero se conoce como **codón.**

▶ Algunos codones sirven como señales de "inicio" y de "parada" para la síntesis de proteínas.

Traducción (genética) Los ribosomas usan la secuencia de codones del ARN mensajero para ensamblar los aminoácidos en cadenas de polipéptidos. El proceso de decodificación de un mensaje del ARN mensajero en una proteína es la **traducción.**

▶ El ARN mensajero se transcribe en el núcleo y después entra en el citoplasma.

▶ En el ribosoma, la traducción comienza en el codón de inicio. Cada codón atrae a un **anticodón,** la secuencia complementaria de bases del ARN de transferencia.

▶ Cada ARN de transferencia transporta un tipo de aminoácido. La concordancia entre el codón y el anticodón asegura que se agregue el aminoácido correcto a la cadena en crecimiento.

▶ Los aminoácidos se unen, uno a la vez. El ribosoma se mueve a lo largo del ARN mensajero, exponiendo codones que atraen aún más ARN de transferencia con sus aminoácidos adheridos.

▶ El proceso concluye cuando se llega al "código de parada". El polipéotido recién formado y la molécula del ARN mensajero son liberados del ribosoma.

La base molecular de la herencia La biología molecular busca entender a los organismos vivos al estudiarlos a nivel molecular, usando moléculas como el ADN y el ARN.

▶ El dogma central de la biología molecular es que la información es transferida del ADN al ARN a la proteína.

▶ La **expresión génica** es la manera en la que el ADN, el ARN y las proteínas participan para poner en función la información genética en las células vivas.

▶ El código genético por lo general es el mismo en todos los organismos.

El código genético

Usa el diagrama para responder las preguntas 1 a 7.

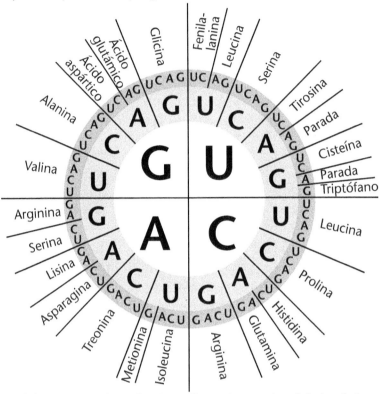

1. ¿Qué son las palabras que están en la circunferencia exterior del círculo?

_____

2. ¿Qué puedes hallar al leer este diagrama desde adentro hacia afuera?

_____

3. ¿Para qué aminoácido es un codón AAA?

_____

4. ¿Cuál es el codón para el triptófano?

_____

5. ¿Para qué aminoácido es el codón GGA?

_____

6. ¿Cuál es un codón para la alanina?

_____

7. ¿Cuáles son otros tres codones para la alanina?

_____

Traducción (genética)

Usa el diagrama para responder las preguntas 8 a 10.

fenilalanina   leucina   lisina   metionina

8. ¿Cuál es el anticodón para la leucina? _____

9. ¿Cuál es el codón para la leucina? _____

10. Haz una lista de los aminoácidos en el orden en el que aparecerían en el polipéptido codificado para este ARN mensajero.

_____

ARN mensajero

11. ¿Cuál es la diferencia entre la transcripción y la traducción?

_____
_____
_____

12. Completa la tabla que describe los pasos de la síntesis de proteínas.

Paso	Descripción
Iniciar la traducción (genética)	
Ensamblar los polipéptidos	
Completar el polipéptido	

13. Describe el papel que desempeña el ARN mensajero durante la traducción.

_____
_____
_____

La base molecular de la herencia

Para las preguntas 14 a 18, escribe la letra de la respuesta correcta en la línea de la izquierda

_____ **14.** Las instrucciones para el ensamblaje de las proteínas están contenidas en los

    A. genes.

    B. ribosomas.

    C. exones.

    D. intrones.

_____ **15.** El dogma central de la biología molecular es que la información es transferida

    A. del ARN a la proteína al ADN.

    B. del ADN a la proteína al ARN.

    C. de la proteína al ADN al ARN.

    D. del ADN al ARN a la proteína.

_____ **16.** Una excepción al dogma central es

    A. la infección de un virus por un bacteriófago.

    B. la capacidad de algunos virus para transferir información del ARN al ADN.

    C. la expresión de diferentes genes durante las diferentes etapas del desarrollo.

    D. la traducción del codón al anticodón del ARN de transferencia.

_____ **17.** La manera en la que el ADN, el ARN y las proteínas participan para poner en práctica la información genética en las células vivas se llama

    A. traducción.

    B. transcripción.

    C. expresión génica.

    D. transferencia viral.

_____ **18.** Todos los organismos son casi iguales en

    A. las proteínas que producen en sus ribosomas.

    B. la manera en que sus proteínas catalizan las reacciones químicas.

    C. el tamaño de sus genes.

    D. la biología molecular de sus genes.

Aplica la gran idea

19. Ya sea que el organismo sea una planta de guisantes o un ser humano, la información contenida en el ADN del núcleo de la célula dirige la síntesis de proteínas en el citoplasma. Entonces, ¿por qué las plantas de guisantes y los seres humanos son tan diferentes?

_____

_____

_____

_____

13.3 Mutaciones

Objetivos de la lección

- Definir las mutaciones y describir los diferentes tipos de mutaciones.
- Describir los efectos que las mutaciones pueden tener en los genes.

Resumen de la lección

Tipos de mutaciones Las **mutaciones** son cambios heredables en la información genética. Existen dos categorías de mutaciones: las mutaciones genéticas y las mutaciones cromosómicas.

▷ Las mutaciones genéticas producen cambios en un único gen. Las **mutaciones puntuales** implican a uno o a varios nucleótidos. Las sustituciones, inserciones y eliminaciones son tipos de mutaciones puntuales.

- En una sustitución, una base se cambia por otra base diferente, lo que puede afectar a un único aminoácido o no tener ningún efecto.

- En las inserciones y eliminaciones, una base se inserta o se elimina de la secuencia de ADN. Las inserciones y eliminaciones se llaman **mutaciones de corrimiento de estructura** porque cambian el "marco de lectura" del mensaje genético. Las mutaciones de corrimiento de estructura pueden cambiar todos los aminoácidos que siguen al punto de mutación y pueden producir efectos drásticos en el organismo.

▷ Las mutaciones cromosómicas producen cambios en el número o en la estructura de los cromosomas. Incluyen eliminaciones, duplicaciones, inversiones y translocaciones.

- La eliminación supone la pérdida de todo o parte de un cromosoma.

- La duplicación produce una copia adicional de todo o parte de un cromosoma.

- La inversión invierte la dirección de las partes de un cromosoma.

- La translocación ocurre cuando parte de un cromosoma se rompe y se adhiere a otro.

Efectos de las mutaciones El material genético puede ser alterado por eventos naturales o por medios artificiales. Se pueden cometer errores durante la replicación. Las condiciones ambientales pueden aumentar la tasa de mutación. Los **mutágenos** son agentes químicos o físicos del medio ambiente que causan mutaciones.

Los efectos de las mutaciones en los genes varían mucho:

▷ Algunas mutaciones tienen poco o ningún efecto.

▷ Algunas mutaciones producen variaciones beneficiosas. Un ejemplo es la **poliploidía** en las plantas, en la que un organismo tiene grupos adicionales de cromosomas. Las plantas poliploides a menudo son más grandes y fuertes que las plantas diploides. Las mutaciones también pueden producir proteínas con funciones nuevas o alteradas que pueden ser útiles para los organismos que viven en medio ambientes diferentes o cambiantes.

▷ Algunas mutaciones perturban negativamente la función de los genes o cambian drásticamente la estructura de las proteínas. Esto puede producir enfermedades genéticas, como la enfermedad de células falciformes.

Tipos de mutaciones

Para las preguntas 1 a 8, escribe la letra de la definición más apropiada de cada término.

Definición

_____ 1. El cambio de una base por otra en una secuencia de ADN

_____ 2. Un cambio en uno o varios nucleótidos que ocurre en un solo punto de la secuencia de ADN

_____ 3. Parte de un cromosoma se rompe y se adhiere a otro

_____ 4. Un cambio heredable en la información genética

_____ 5. Una mutación que produce una copia adicional de todo o parte de un cromosoma

_____ 6. Una mutación cromosómica que invierte la dirección de las partes de un cromosoma

_____ 7. Un tipo de mutación que puede cambiar todos los aminoácidos que siguen al punto de mutación

_____ 8. La adición de una base a la secuencia de ADN

Término

A. mutación

B. sustitución

C. mutación puntual

D. mutación de corrimiento de estructura

E. inserción

F. translocación

G. inversión

H. duplicación

9. Completa la tabla para describir los procesos y resultados de diferentes tipos de mutaciones genéticas (puntuales).

Tipo	Descripción	Resultado
Sustitución		
Inserción		
Eliminación		

10. La eliminación puede ocurrir como una mutación genética o cromosómica. ¿Cuál es la diferencia?

_____

_____

_____

Efectos de las mutaciones

Para las preguntas 10 a 17, escribe la letra de la respuesta correcta en la línea de la izquierda.

_____ **10.** El mecanismo celular que replica el ADN inserta una base incorrecta

    A. casi todo el tiempo.

    B. aproximadamente la mitad del tiempo.

    C. aproximadamente una vez por cada millón de bases.

    D. aproximadamente una vez por cada 10 millones de bases.

_____ **11.** Los cambios sutiles en los genes

    A. desaparecen rápidamente.

    B. se van acumulando poco a poco con el tiempo.

    C. impiden que la siguiente generación se desarrolle.

    D. no afectan a generaciones futuras.

_____ **12.** Un posible mutágeno es

    A. un anticodón.

    B. la translocación.

    C. la hemoglobina.

    D. la luz ultravioleta.

_____ **13.** ¿Qué pasa si una célula no puede reparar el daño causado por un mutágeno?

    A. La secuencia de bases del ADN cambia de manera permanente.

    B. La secuencia de bases del ADN no se ve afectada.

    C. El organismo no se ve afectado.

    D. El organismo se ve afectado temporalmente.

_____ **14.** ¿Qué afirmación resume mejor los efectos de las mutaciones?

    A. La mayoría de las mutaciones son dañinas, pero algunas tienen pocos efectos.

    B. Muchas mutaciones tienen poco o ningún efecto, pero algunas pueden ser dañinas o beneficiosas.

    C. La mayoría de las mutaciones son beneficiosas y pocas son dañinas.

    D. Aproximadamente la mitad de las mutaciones son beneficiosas y la otra mitad son dañinas.

_____ **15.** Las mutaciones son importantes para la evolución de una especie porque

    A. ocurren durante el largo período de tiempo que requiere la evolución.

    B. cortan y reemplazan a los genes dañados o inútiles.

    C. son una fuente de variabilidad genética.

    D. aceleran la tasa de transcripción del ADN.

_____ **16.** El cáncer es el producto de una mutación que

    A. produce el crecimiento descontrolado de las células.

    B. cambia la estructura de la hemoglobina en la sangre.

    C. ocasiona crecimiento atrofiado y dolores severos.

    D. provoca la translocación de un par de cromosomas.

_____ **17.** La poliploidía es la condición en la que

      A. una parte de un cromosoma se rompe y se adhiere a otro cromosoma.

      B. un organismo tiene un juego adicional de cromosomas.

      C. un mutágeno acelera la tasa de mutación.

      D. un insecto desarrolla la resistencia a un pesticida.

18. En el siguiente espacio, dibuja un ejemplo de un glóbulo rojo normal y un ejemplo de una célula falciforme.

Aplica la gran idea

19. Un gen que codifica a una de las cadenas de polipéptidos de la proteína sanguínea hemoglobina, se encuentra en el cromosoma 11 de los seres humanos. Una mutación de sustitución en ese gen hace que el aminoácido valina se incorpore a la hemoglobina en un lugar donde normalmente está el ácido glutámico. El resultado es la enfermedad de células falciformes. Explica cómo un cambio en una única base del ADN puede ocasionar una enfermedad tan grave.

_____

_____

_____

_____

_____

13.4 Expresión y regulación genética

Objetivos de la lección

- Describir la regulación genética en los procariotas.
- Explicar cómo están regulados la mayoría de los genes eucariotas.
- Relacionar la regulación genética con el desarrollo de los organismos multicelulares.

Resumen de la lección

Regulación genética procariota Los procariotas no necesitan transcribir todos sus genes al mismo tiempo. Pueden conservar energía y recursos al regular sus actividades, produciendo sólo los genes necesarios para que la célula funcione. En los procariotas, las proteínas de unión de ADN regulan los genes al controlar la transcripción. Un **operón** es un grupo de genes que se regulan juntos. Un ejemplo es el operón *lac* en la bacteria *E. coli*:

- Este grupo de tres genes debe ser activado justo antes de que la bacteria pueda usar la lactosa como alimento.
- Si la lactosa no está presente, la proteína de unión de ADN, llamada represor *lac*, se une a una región llamada **operador,** que desactiva al operón *lac*.
- Si la lactosa se une al represor, hace que se caiga del operador, activando así al operón.

Regulación genética eucariota Los factores de transcripción son proteínas de unión de ADN. Ellos controlan la expresión de los genes en los eucariotas al unir secuencias de ADN en las regiones reguladoras. Los promotores del gen tienen múltiples lugares de unión para los factores de transcripción, cada uno de los cuales puede influir en la transcripción.

- La compleja regulación genética de los eucariotas hace posible la especialización celular.
- El proceso que cesa la comunicación entre las moléculas de micro ARN y las del ARN mensajero para producir las proteínas es el **ARN de interferencia.**
- La tecnología del ARN de interferencia promete permitir a los científicos desactivar la expresión génica de células cancerosas y de los virus y podría proporcionar nuevas maneras de tratar e incluso curar las enfermedades.

Control genético del desarrollo La regulación de la expresión génica es muy importante para determinar la manera en que un organismo multicelular se desarrolla. La regulación genética ayuda a las células a someterse a la **diferenciación,** que es la especialización en estructura y función. Los genes de control maestro son como interruptores que desencadenan patrones específicos de desarrollo y diferenciación en las células y los tejidos.

- Los **genes homeóticos** son genes de control maestro que regulan órganos específicos.
- Los **genes homeobox** comparten una secuencia semejante de ADN de 130 pares de bases llamada homeobox. Codifican los factores de transcripción que activan a otros genes que son importantes en el desarrollo y diferenciación de las células en ciertas regiones del cuerpo.
- Los **genes Hox** son un grupo de genes homeobox que indican a las células del cuerpo cómo diferenciarse a medida que el cuerpo crece.

Los factores ambientales también pueden afectar la expresión génica.

Nombre _____ Clase _____ Fecha _____

Regulación genética procariota

1. ¿Cómo conservan su energía los procariotas?

_____

_____

2. ¿Cómo regulan a los genes las proteínas de unión de ADN de los procariotas?

_____

_____

3. ¿Qué es un operón?

_____

4. ¿Qué hay en el operón *lac* de la *E.coli*?

_____

5. ¿Cuál es la función de los genes en el operón *lac* de la *E. coli*?

_____

_____

6. ¿Qué hace que el operón *lac* se desactive?

_____

_____

7. ¿Cómo desactiva una proteína represora al operón *lac*?

_____

_____

8. ¿Cómo activa la lactosa al operón *lac*?

_____

_____

9. Completa la tabla para describir el papel que cada región reguladora o molécula desempeña en la operación del operón *lac*.

Región reguladora o molécula	Lo que hace
Proteína represora	
Operador	
ARN polimerasa	
Lactosa	

Regulación genética eucariota

10. ¿En qué dos formas se diferencia la regulación genética de los eucariotas de la regulación genética de los procariotas?

a. _____

b. _____

_____

11. ¿Qué es una caja TATA y qué hace?

_____

_____

_____

12. ¿Qué son los factores de transcripción y qué hacen?

_____

_____

13. Explica cómo la regulación genética hace posible la especialización celular.

_____

_____

14. ¿Qué es el micro ARN y cómo se relaciona con el ARN mensajero?

_____

_____

15. Explica cómo funciona el proceso del ARN de interferencia.

_____

_____

_____

_____

_____

Nombre _____ Clase _____ Fecha _____

Control genético del desarrollo

Para las preguntas 16 a 23, escribe la letra de la respuesta correcta en la línea de la izquierda.

_____ **16.** A medida que un embrión se desarrolla, diferentes juegos de genes son regulados por

    A. represores del ADN mensajero y de *lac*.

    B. operones y operadores.

    C. factores de transcripción y represores.

    D. promotores y operadores.

_____ **17.** El proceso por el que las células se especializan en estructura y función es

    A. la transcripción.

    B. la expresión génica.

    C. la diferenciación.

    D. el ARN de interferencia.

_____ **18.** Los genes homeóticos son

    A. los genes reguladores que se unen a los operones de los procariotas.

    B. los genes de control maestro que regulan los órganos que se desarrollan en partes específicas del cuerpo.

    C. las partes del complejo silenciador que regulan la acción de los genes por medio del ARN de interferencia.

    D. las secuencias de bases complementarias a las secuencias del micro ARN.

_____ **19.** ¿Qué papel desempeñan los genes homeobox en la diferenciación celular?

    A. Codifican los factores de transcripción que activan otros genes importantes en el desarrollo celular y la diferenciación.

    B. Obstaculizan cierta expresión génica.

    C. Cortan los nudos de doble hebra del micro ARN.

    D. Se adhieren a grupos de proteínas para formar un complejo silenciador, que se une a cierto ARN y lo destruye.

_____ **20.** En las moscas, el grupo de genes homeobox que determina las identidades de cada segmento del cuerpo de una mosca es el grupo conocido como

    A. complejos silenciadores.

    B. promotores.

    C. operadores.

    D. genes Hox.

_____ **21.** Los grupos de genes Hox se hallan

    A. sólo en las moscas.

    B. sólo en las moscas y las ranas.

    C. sólo en las plantas.

    D. casi en todos los animales.

_____ **22.** Los "interruptores" que desencadenan patrones específicos de desarrollo y diferenciación en las células y los tejidos son

    A. las moléculas de ARN mensajero.

    B. los genes de control maestro.

    C. los complejos silenciadores.

    D. las enzimas Dicer.

_____ **23.** La metamorfosis es

    A. un grupo de transformaciones de una etapa de la vida a otra.

    B. el interruptor maestro que desencadena el desarrollo y la diferenciación.

    C. el producto de las interacciones entre los genes homeóticos.

    D. el proceso por el que la información genética se transmite de una generación a la siguiente.

24. Los factores ambientales pueden influir en la expresión génica. Completa la tabla para mostrar cómo responden los organismos a las condiciones de su medio ambiente.

	Factor ambiental que influye en la expresión génica	Cómo responde el organismo
E. coli con suministro limitado de alimentos	disponibilidad de nutrientes	
Un renacuajo en un estanque que se está secando		

Aplica la gran idea

25. Muchos estudios de investigación han revelado que las diferentes especies podrían poseer algunos genes idénticos pero mostrar rasgos sumamente diferentes. ¿Cómo puede suceder esto?

_____

_____

_____

_____

_____

Repaso del vocabulario del capítulo

Para las preguntas 1 a 7, escribe Cierto *si la oración es cierta. Si la oración es falsa, cambia la(s) palabra(s) subrayada(s) para que la oración sea cierta.*

_____ **1.** El <u>ADN</u> contiene el azúcar ribosa.

_____ **2.** El <u>ARN mensajero</u> transporta copias de las instrucciones para producir proteínas desde el ADN hasta otras partes de la célula.

_____ **3.** La <u>ARN polimerasa</u> transfiere aminoácidos a los ribosomas

_____ **4.** El proceso de <u>transcripción</u> produce una hebra complementaria de ARN en un patrón de ADN.

_____ **5.** La enzima que ensambla una hebra complementaria de ARN en un patrón de ADN es la <u>ARN polimerasa</u>.

_____ **6.** La región del ADN donde comienza la producción de una hebra de ARN se llama <u>intrón</u>.

_____ **7.** Los <u>exones</u> se empalman para formar el ARN mensajero.

Para las preguntas 8 a 16, escribe la letra de la definición más apropiada de cada término.

Definición

_____ **8.** Secuencia de bases/"lenguaje" de la vida

_____ **9.** Una secuencia de tres bases en una molécula del ARN de transferencia que es complementaria a una secuencia de bases de una molécula del ARN mensajero

_____ **10.** La manera en que la información genética es puesta en práctica en una célula viva

_____ **11.** Tener grupos adicionales de cromosomas

_____ **12.** La decodificación de un mensaje del ARN mensajero a una proteína

_____ **13.** Cambio heredable en datos genéticos

_____ **14.** Una cadena de aminoácidos

_____ **15.** Las tres bases consecutivas que especifican que se agregue un único aminoácido a la cadena de polipéptidos

_____ **16.** Agente químico/físico que cambia un gen

Término

A. polipéptido

B. código genético

C. codón

D. traducción

E. anticodón

F. expresión génica

G. mutación

H. mutágeno

I. poliploidía

Para las preguntas 17 a 19, completa cada oración con la palabra correcta.

17. Un grupo de genes que se regulan juntos es _____.

18. Una región del ADN donde un represor se puede unir es _____.

19. Genes de control maestro, llamados genes _____, regulan a los órganos que se desarrollan en partes específicas del cuerpo.

MISTERIO DEL CAPÍTULO

LA MOSCA CON OJOS DE RATÓN

En el Misterio del capítulo, aprendiste sobre una mosca que fue manipulada genéticamente para que le crecieran ojos en diferentes partes del cuerpo. Los científicos siguen desarrollando técnicas para modificar una variedad de animales. Pero, ¿deben hacerlo?

Aprendizaje en el siglo XXI

¿Se deben realizar experimentos genéticos en animales?

Algunos creen que el tipo de investigación que produjo una mosca con ojos de ratón es aceptable. Otros piensan que eso es algo terrible. En las ciencias biológicas, las pruebas en animales siempre han sido controvertidas y quizá siempre lo serán.

Perspectiva: la genética y los animales

Los defensores de los derechos de los animales han avanzado mucho en los últimos años. Por ejemplo, las pruebas de cosméticos en animales se prohibieron en varios países y en Estados Unidos muchas compañías dejaron de hacerlas voluntariamente. La próxima frontera según Edward Avellone de Animal Rights Now!, son las pruebas genéticas. "¿Cuál es el propósito de crear un ratón con seis patas o una oveja con un ojo en la frente?" pregunta. "Los científicos sólo están jugando con una nueva tecnología. Están creando animales deformes sin un fin real".

Algunos no están de acuerdo con él. Ann Wilber de Científicos para el Trato Ético a los Animales dice: "Somos profesionales responsables, no monstruos". Wilber explica que la oveja de un ojo fue el resultado no planeado de investigar el desarrollo y la función del ojo. "También desarrollamos una oveja cuya leche tiene una proteína que podría curar el enfisema. Hay razones para lo que hacemos".

Pero para Avellone, el punto es también el proceso del experimento. "Sólo el 10 por ciento de los animales que crían tienen el gen que quieren estudiar, el resto es asesinado". Wilber admite que la situación es "triste, pero cierta. Trabajamos todos los días para mejorar nuestras técnicas y nuestra tasa de éxito". Aun si no superara el 10 por ciento, pregunta: "¿No es un pequeño precio por una cura para el cáncer, la esclerosis múltiple o la enfermedad de Parkinson?"

Continúa en la próxima página ▶

Asuntos del siglo XXI Conocimientos de ciencias y cívica

1. Edward Avellone plantea varios argumentos contra las pruebas en animales en los experimentos genéticos. ¿Por qué pienssa que el *proceso* de la experimentación genética en animales es deficiente?

   _____

   _____

2. Avellone argumenta que los experimentos genéticos son innecesarios. ¿Qué reclamación plantea sobre los motivos de los científicos para realizar tales experimentos?

   _____

   _____

3. ¿Cuál es el argumento principal de Ann Wilber a favor de las pruebas genéticas en animales?

   _____

   _____

4. ¿Cuál de los argumentos se podría resumir como: "Es un mal necesario"?

   _____

   _____

5. ¿Estás de acuerdo con Avellone, con Wilber o con ninguno? ¿Por qué?

   _____

   _____

   _____

   _____

   _____

   _____

   _____

Destrezas para el siglo XXI Evaluar una cuestión

Entre las destrezas utilizadas en esta actividad están **creatividad y curiosidad intelectual, destrezas de comunicación, destrezas interpersonales y de colaboración, conocimientos sobre medios de comunicación e información** y **responsabilidad social.**

La cuestión de los experimentos en animales, sobre todo la experimentación genética, es compleja; no se puede formar una opinión bien fundada después de leer sólo un artículo. Trabaja en grupo y usa recursos de Internet y de la biblioteca para recabar opiniones que estén a favor de cada lado de la cuestión. Analiza concienzudamente el material y después decide cómo te sientes con respecto a esta cuestión.

Si todos los miembros de tu grupo están de acuerdo, crea una presentación multimedia para tu clase en la que presentes tu punto de vista. Si no lo están, representen un debate frente a la clase, con el mismo número de estudiantes argumentando a favor de cada lado de la cuestión.

14 Herencia humana

P: ¿Cómo podemos usar la genética para estudiar la herencia humana?

LO QUE SÉ	LO QUE APRENDÍ
14.1 ¿Cómo nos ayuda el estudio del genoma humano a sacar conclusiones sobre la herencia de los rasgos?		
14.2 ¿Cuáles son las causas de algunos trastornos genéticos humanos?		
14.3 ¿Cómo estudiamos el genoma humano y qué hemos aprendido hasta ahora?		

14.1 Cromosomas humanos

Objetivos de la lección

- Identificar los tipos de cromosomas humanos de un cariotipo.
- Describir los patrones de herencia de los rasgos humanos.
- Explicar cómo se usan los árboles genealógicos para estudiar los rasgos humanos.

Resumen de la lección

Cariotipos Un **genoma** es el conjunto completo de toda la información genética que un organismo porta en su ADN. Los cromosomas son paquetes de ADN y proteína que se hallan en el núcleo de una célula eucariota. Un **cariotipo** es una imagen que muestra el conjunto diploide completo de cromosomas humanos, agrupados en pares y organizados en orden decreciente por tamaño. Una célula diploide humana típica contiene 46 cromosomas, o 23 pares:

- Dos de los 46 son los **cromosomas sexuales** que determinan el sexo del individuo: XX = femenino y XY = masculino. El cromosoma X porta casi 10 veces el número de genes que el cromosoma Y.
- Los otros 44 son **autosomas** o cromosomas autosómicos.

Transmisión de rasgos humanos Los genes humanos siguen los mismos patrones mendelianos de la herencia que los genes de otros organismos:

- Muchos rasgos humanos siguen un patrón de dominancia simple.
- Los alelos de muchos genes humanos muestran una herencia codominante.
- Muchos genes humanos, incluyendo los genes del grupo sanguíneo, tienen alelos múltiples.
- Un gen ubicado en un cromosoma sexual es un **gen ligado al sexo**. Los genes de los cromosomas sexuales muestran un patrón hereditario ligado al sexo, ya que las mujeres tienen dos copias de muchos genes (ubicados en los cromosomas X), en tanto que los hombres sólo tienen uno.
- En las mujeres, la mayoría de los genes de uno de los cromosomas X están inactivos en cada célula.

Árbol genealógico humano Un **árbol genealógico** es una gráfica usada para analizar el patrón de herencia que muestra las relaciones de una familia. Los árboles genealógicos se pueden usar para determinar la naturaleza de los genes y alelos asociados con los rasgos humanos heredados.

Cariotipos

1. **RAZONAMIENTO VISUAL** Haz un esbozo de un cariotipo humano. Numera los pares de cromosomas. Rotula los autosomas y los cromosomas sexuales.

Para las preguntas 2 a 8, escribe la letra de la respuesta correcta en la línea de la izquierda.

_____ 2. El conjunto completo de información genética que porta un organismo en su ADN es su

A. cariotipo.

B. genoma.

C. cromosomas.

D. autosomas.

_____ 3. ¿A partir de qué se forma un cariotipo?

A. de una fotografía de las células en mitosis

B. de un conjunto de imágenes de difracción de rayos X

C. de una preparación de gametos en el portaobjetos de un microscopio

D. de un cuadro de Punnett

_____ 4. ¿Cuántos cromosomas hay en un cariotipo humano normal?

A. 23

B. 46

C. 44

D. 2 (ya sean XX o XY)

_____ 5. ¿Cuál de las siguientes abreviaturas genéticas denota un humano del sexo masculino?

A. 23, XX

B. 23, XY

C. 46, XX

D. 46, XY

_____ 6. ¿Por qué la proporción de nacimientos mujer a hombre es de aproximadamente 50:50?

A. Todos los óvulos portan un cromosoma X.

B. La mitad de todos los óvulos portan un cromosoma Y.

C. Todos los espermatozoides portan un cromosoma X.

D. La mitad de todos los espermatozoides portan un cromosoma Y.

_____ 7. ¿En qué difiere el cromosoma X del Y?

A. Sólo uno es un autosoma.

B. El X es más pequeño que el Y.

C. El Y contiene menos genes que el X.

D. Sólo las mujeres tienen un Y.

_____ 8. Todas las células humanas portan

A. por lo menos un cromosoma X.

B. por lo menos un cromosoma Y.

C. un par de cromosomas X.

D. un cromosoma X y un cromosoma Y.

Transmisión de rasgos humanos

9. Completa el organizador gráfico para que proporcione una lista, describa y dé ejemplos de tres tipos de patrones hereditarios de los humanos:

Tres patrones hereditarios de los humanos incluyen:

Esto significa que:

Esto significa que:

Esto significa que:

Ejemplo:

Ejemplo:

Ejemplo:

10. El daltonismo es un rasgo ligado al sexo. La C representa un alelo para la visión a color normal. La c representa un alelo para el daltonismo. El genotipo de un hombre con visión a color normal es X^cY. El genotipo de una mujer heterocigota para la visión a color normal es X^CX^c.

Completa el cuadro de Punnett para que muestre los genotipos y fenotipos de sus posibles descendientes.

	Gameto masculino:	**Gameto masculino:**
Gameto femenino:	Genotipo: Fenotipo:	Genotipo: Fenotipo:
Gameto femenino:	Genotipo: Fenotipo:	Genotipo: Fenotipo:

11. Usa tu cuadro de Punnett para explicar por qué una mujer con un alelo c tiene visión a color normal, pero un hombre con un alelo c es daltónico.

_____

_____

12. ¿Cómo se "ajusta" la célula al cromosoma X adicional de las células femeninas?

_____

_____

13. ¿Qué es un cuerpo de Barr?

_____

_____

14. ¿Por qué los hombres no tienen cuerpos de Barr?

_____

_____

15. Un gato con manchas de tres colores, ¿tiene más probabilidades de ser macho o hembra?

_____

_____

_____

Árboles genealógicos humanos

Para las preguntas 16 a 21, relaciona los rótulos con las partes del árbol genealógico que se muestran en la siguiente gráfica. Algunos rótulos se pueden usar en más de una ocasión.

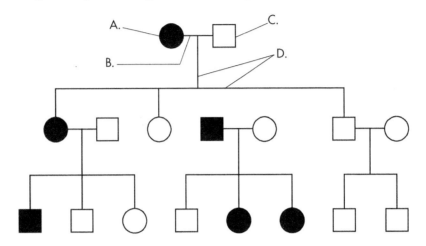

_____ **16.** Una persona que expresa el rasgo

_____ **17.** Un hombre

_____ **18.** Una persona que no expresa el rasgo

_____ **19.** Un matrimonio

_____ **20.** Una mujer

_____ **21.** Una relación entre los padres y la descendencia

Aplica la gran idea

22. Los hoyuelos en las mejillas se heredan como un rasgo dominante en un autosoma. Usando la forma y símbolos adecuados, dibuja un árbol genealógico, comenzando con un padre heterocigoto con hoyuelos (*Dd*) y una madre sin hoyuelos (*dd*). Muestra cuatro hijos de los tipos esperados: niños, niñas, con hoyuelos y sin hoyuelos. Rotula tu árbol genealógico con fenotipos y genotipos.

14.2 Trastornos genéticos humanos

Objetivos de la lección

- Explicar cómo pequeños cambios en el ADN provocan trastornos genéticos.
- Resumir los problemas causados por la no disyunción.

Resumen de la lección

De molécula a fenotipo Existe una razón molecular para los trastornos genéticos. Un cambio en el ADN puede alterar una secuencia de aminoácidos, lo cual puede modificar una proteína y, por consiguiente, al fenotipo. Algunos trastornos hereditarios comunes son el resultado de un cambio en el ADN e incluyen:

- la anemia de células falciformes, en la que el polipéptido defectuoso provoca que la hemoglobina de la sangre sea menos soluble;
- la fibrosis quística, en la que la eliminación de tres bases en un gen provoca que las membranas celulares pierdan su capacidad para transportar iones de cloruro;
- la enfermedad de Huntington, en la que un solo codón de cierto aminoácido se repite más de 40 veces, provocando deterioro mental y movimientos descontrolados.

Algunos alelos que causan enfermedades en el homocigoto pueden proporcionar una ventaja al heterocigoto. Las asociaciones geográficas entre la anemia de células falciformes y la malaria, y entre la fibrosis quística y la tifoidea demuestran cómo el estado del heterocigoto reduce el riesgo de infección.

Trastornos cromosómicos Algunas veces, durante la meiosis, los cromosomas homólogos no se pueden separar. Esta **no disyunción** (no separación) puede crear un gameto con un número anormal de cromosomas, lo que da lugar a descendencia con cromosomas adicionales o faltantes. Algunos ejemplos incluyen:

- el síndrome de Down, que ocurre con más frecuencia como resultado de tres copias del cromosoma 21;
- el síndrome de Turner: una mujer con un único cromosoma X;
- el síndrome de Klinefelter: un hombre con un cromosoma X adicional.

De molécula a fenotipo

1. Cada uno de los siguientes recuadros muestra un paso que explica cómo los trastornos genéticos tienen una base molecular. Numéralos para que aparezcan en el orden correcto.

Esto da como resultado un cambio en el fenotipo. _____	La secuencia de ADN de un gen cambia. _____	La secuencia de aminoácidos que altera a una proteína cambia. _____

Para las preguntas 2 a 7, escribe la letra de la respuesta correcta en la línea de la izquierda.

_____ **2.** ¿Cuántos trastornos genéticos humanos se conocen?

    A. tres

    B. aproximadamente 20

    C. aproximadamente 100

    D. miles

_____ **3.** La enfermedad hereditaria en la que las moléculas de hemoglobina se aglutinan en largas fibras, cambiando la forma de los glóbulos rojos es

    A. la fibrosis quística.

    B. la anemia de células falciformes.

    C. la enfermedad de Huntington.

    D. el síndrome de Klinefelter.

_____ **4.** ¿Qué le ocurre al gen CFTR de los individuos que padecen fibrosis quística?

    A. El gen entero es eliminado.

    B. El gen entero es duplicado.

    C. Se eliminan tres bases, provocando que falte un aminoácido.

    D. Se duplican tres bases, provocando que un aminoácido se presente alrededor de 40 veces.

_____ **5.** ¿Por qué los individuos que son heterocigotos para el alelo de la fibrosis quística no se ven afectados por esta enfermedad?

    A. Tienen una copia adicional del alelo en su cromosoma X.

    B. La fibrosis quística sólo se presenta en los hombres, así que las mujeres no se ven afectadas.

    C. Producen la cantidad suficiente de una proteína específica que permite a sus células funcionar adecuadamente.

    D. Sus células pueden transportar iones de cloruro a través de canales de difusión.

_____ **6.** ¿Cómo puede el alelo que provoca una enfermedad permanecer en la población si es fatal para quienes padecen la enfermedad?

    A. Está presente sólo en los heterocigotos.

    B. Hace que el heterocigoto sea resistente a una enfermedad fatal.

    C. Desaparece, pero es reemplazado continuamente debido a las mutaciones.

    D. Ocurre sólo en ciertas áreas geográficas.

_____ **7.** ¿Qué ventaja tienen los individuos que poseen un alelo de célula falciforme?

    A. una mayor resistencia a la malaria

    B. inmunidad a la fiebre tifoidea

    C. glóbulos rojos más rígidos

    D. ninguna ventaja

Trastornos cromosómicos

8. Completa este organizador gráfico para que explique el proceso y los resultados de la no disyunción.

Definición:	Esbozo del proceso:

NO DISYUNCIÓN

Ejemplo de resultado (en genotipo):	Ejemplo de resultado (en fenotipo):

9. ¿Qué es la trisomía?

_____

_____

10. ¿Qué ocurre cuando un hombre tiene cromosomas sexuales XXY?

_____

_____

Aplica la gran idea

11. La mayoría de los trastornos genéticos que has estudiado son el resultado de un cambio en la secuencia de ADN (como ocurre en la fibrosis quística) o la presencia de un cromosoma adicional (como en el síndrome de Down). La excepción es el síndrome de Turner. Las mujeres que padecen el síndrome de Turner sólo tienen 45 cromosomas. Les falta un cromosoma X. Este trastorno es el único caso en el que una persona puede sobrevivir con un cromosoma menos. ¿Qué te dice ésto sobre cómo se hereda la información genética en los humanos?

_____

_____

_____

14.3 Estudio del genoma humano

Objetivos de la lección

Resumir los métodos de análisis del ADN.

Establecer las metas del Proyecto Genoma Humano y explicar lo que hemos aprendido hasta ahora.

Resumen de la lección

Manipulación del ADN Desde la década de 1970, se han desarrollado técnicas que permiten a los científicos cortar, separar y replicar el ADN base por base. Usando estos instrumentos, los científicos pueden leer las secuencias de las bases del ADN de cualquier célula.

▶ Las **enzimas de restricción** cortan el ADN en piezas más pequeñas, llamadas fragmentos de restricción, que tienen una longitud de varios cientos de bases. Cada enzima de restricción corta el ADN a una secuencia de bases diferente.

▶ La **electroforesis en gel** separa los fragmentos de ADN en diferentes tamaños al colocarlos en un extremo de un gel poroso y luego aplicándoles voltaje eléctrico. La carga eléctrica mueve al ADN.

▶ Usando nucleótidos marcados con colorante, los científicos pueden detener la replicación en cualquier punto a lo largo de una hebra única de ADN. Los fragmentos entonces se pueden separar por tamaño usando la electroforesis en gel y "leerse" base por base.

El Proyecto Genoma Humano fue un esfuerzo internacional de 13 años para secuenciar los 3 mil millones de pares de bases del ADN humano e identificar todos los genes humanos. El proyecto se terminó en el 2003.

▶ Los investigadores identificaron marcadores en hebras de ADN muy separadas.

▶ Usaron la "secuencia de escopeta", que usa una computadora para relacionar las secuencias de bases del ADN.

▶ Para identificar los genes, hallaron promotores, exones y otros sitios en la molécula de ADN.

▶ Para ubicar e identificar tantos haplotipos (combinaciones de diferencias ligadas de base única) como fuera posible en la población humana, en el año 2002 se lanzó el Proyecto Internacional HapMap.

▶ El Proyecto Genoma Humano identificó genes asociados con muchas enfermedades y trastornos. Del proyecto surgió la nueva ciencia de la **bioinformática**, la creación y uso de bases de datos y otras herramientas de cómputo para administrar los datos. La bioinformática lanzó la **genómica, es decir,** el estudio de genomas completos.

▶ El Proyecto Genoma Humano localizó los genes y sus secuencias asociadas específicas en aquellos genes que tenían numerosas enfermedades y trastornos. También descubrió que el ADN de todos los humanos concuerda base por base en la mayoría de los sitios, pero puede variar en 3 millones de sitios.

▶ El Proyecto 1000 Genomas, lanzado en 2008, catalogará las variaciones entre 1000 personas.

Manipulación del ADN

Para las preguntas 1 a 4, escribe Cierto si la oración es cierta. Si la oración es falsa, cambia la(s) palabra(s) subrayada(s) para que la oración sea cierta.

_____ **1.** Las bacterias producen enzimas de restricción que cortan la molécula de <u>ADN</u> en piezas más pequeñas.

_____ **2.** Los fragmentos de restricción siempre se cortan a una secuencia específica de <u>proteínas</u>.

_____ **3.** La técnica que separa fragmentos de ADN de diferentes tamaños es la <u>electroforesis en gel</u>.

_____ **4.** La enzima que copia el ADN es la <u>restrictasa</u>.

5. Completa el organizador gráfico para que resuma los pasos usados para determinar las secuencias de bases de ADN.

Propósito	Instrumento o técnica usada	Resultado
Cortar el ADN		
Separar el ADN		
Leer el ADN		

Para las preguntas 6 a 10, completa cada oración con la palabra correcta.

6. Al usar instrumentos que cortan, separan y luego replican el ADN, los científicos ahora pueden leer la secuencia de _____ del ADN de cualquier célula.

7. Las enzimas de restricción cortan piezas de ADN a veces llamadas _____ de restricción.

8. Cada enzima de restricción corta el ADN a una secuencia diferente de _____.

9. Cuanto más pequeño es el ADN, más _____ y más lejos se mueve durante la electroforesis en gel.

10. Después de que las bases químicamente marcadas se han incorporado a una hebra de ADN, el orden de las _____ coloreadas en el gel revela la secuencia exacta de bases del ADN.

El Proyecto Genoma Humano

Para las preguntas 11 a 16, escribe la letra de la palabra correcta en la línea de la izquierda.

_____ **11.** ¿Qué tecnología hizo posible el Proyecto Genoma Humano?

    A. la secuenciación del ADN

    B. la replicación del ARN

    C. la síntesis de las proteínas

    D. la activación de las enzimas

_____ **12.** ¿Cuáles fueron los "marcadores" que usaron los investigadores del Proyecto Genoma Humano?

    A. las enzimas de restricción

    B. la electroforesis en gel

    C. las secuencias de bases

    D. los fragmentos de restricción

_____ **13.** ¿Qué hace la "secuencia de escopeta"?

    A. separa los fragmentos usando la electroforesis en gel

    B. halla las áreas traslapadas de fragmentos de ADN

    C. corta el ADN en millones de "piezas de rompecabezas"

    D. une los marcadores coloreados a las secuencias de base

_____ **14.** ¿Qué son los SNP?

    A. puntos donde una enzima de restricción corta una molécula de ADN

    B. una secuencia de pares de bases faltante en un fragmento de restricción

    C. proteínas que se forman por un gen mutado

    D. diferencias en una base entre dos individuos

_____ **15.** La bioinformática no hubiera sido posible sin

    A. los microscopios.

    B. los genes.

    C. las computadoras.

    D. la genómica.

_____ **16.** En los humanos, las diferencias en una única base

    A. ocurren en aproximadamente 3 millones de sitios.

    B. casi nunca ocurren en los cromosomas sexuales.

    C. rara vez ocurren en el ADN normal.

    D. no se pueden identificar con el análisis del ADN.

17. ¿Cuáles eran las metas del Proyecto Genoma Humano?

_____

_____

_____

18. RAZONAMIENTO VISUAL El campo de la bioinformática combina las ciencias de la vida y la tecnología moderna. Completa el diagrama de Venn para que muestre cómo lo hace.

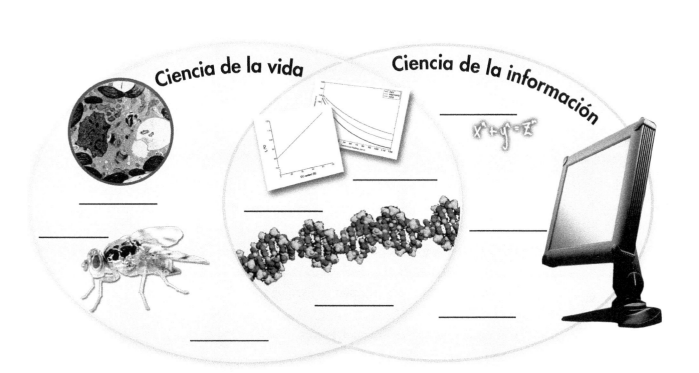

Aplíca la **gran** idea

19. Los islandeses siempre han dado gran importancia al conocimiento de sus ancestros. De hecho, 80% de todos los islandeses desde el principio de su historia se pueden incluir en un árbol familiar. Los registros médicos son igual de detallados. La población está bastante aislada, así que el banco genético se considera homogéneo. ¿Por qué estas condiciones hacen que el genoma de la población islandesa sea ideal para estudiar raros trastornos hereditarios asociados con errores en la secuenciación de los genes?

_____
_____
_____
_____
_____

Repaso del vocabulario del capítulo

Para las preguntas 1 a 11, relaciona el término con su definición.

Definición

_____ 1. El cromosoma X o el cromosoma Y

_____ 2. Un gen en el cromosoma X o en el cromosoma Y

_____ 3. El fracaso de los cromosomas homólogos para separarse durante la meiosis

_____ 4. Una tecnología que se usa para separar fragmentos de ADN

_____ 5. Una gráfica que muestra las relaciones familiares y la herencia de los rasgos

_____ 6. Un campo de estudio que incluye la operación de bases de datos

_____ 7. Una enzima que corta la molécula de ADN en piezas más pequeñas

_____ 8. El estudio de genomas completos, incluyendo los genes y sus funciones

_____ 9. Una imagen que muestra a los cromosomas organizados en pares

_____ 10. Cualquier cromosoma que no sea un cromosoma sexual

_____ 11. El juego completo de información genética del ADN de un organismo

Término

A. genoma

B. cariotipo

C. cromosoma sexual

D. autosoma

E. gen ligado al sexo

F. árbol genealógico

G. no disyunción

H. enzima de restricción

I. electroforesis en gel

J. bioinformática

K. genómica

Para las preguntas 12 a 19, completa cada oración con la palabra correcta.

12. Un círculo representa a una mujer en un(a) _____.

13. La proteína que corta el ADN en piezas es una _____ de restricción.

14. Un trastorno hereditario que aparece con más frecuencia en hombres que en mujeres probablemente es causado por un _____.

15. Los 23 pares de cromosomas humanos están organizados del más grande al más pequeño en un _____.

16. Los humanos tienen 22 pares de _____.

17. La causa del síndrome de Down es la _____ durante la meiosis.

18. Los humanos tienen 3 mil millones de pares de bases en su _____.

19. El Nuevo campo de la _____ fue el resultado del Proyecto Genoma Humano.

MISTERIO DEL CAPÍTULO
LA CÉLULA TORCIDA

En el Misterio del capítulo, aprendiste cómo las pruebas genéticas pueden ayudar a identificar el riesgo de heredar una enfermedad, como la anemia de las células falciformes. En los últimos años, los genetistas han realizado grandes avances en el desarrollo de otras pruebas genéticas basadas en el ADN.

Aprendizaje en el siglo XXI

Las pruebas genéticas: Una elección personal

En la actualidad, existen más de 1000 pruebas genéticas que pueden determinar si los pacientes portan genes asociados con algunas enfermedades, desde el cáncer de seno hasta el trastorno neurológico degenerativo conocido como la enfermedad de Huntington. Pero las pruebas genéticas plantean un difícil dilema para muchas personas que corren el riesgo de padecer una enfermedad genética.

La elección es difícil, sobre todo en condiciones como la enfermedad de Huntington, para la que no existen tratamientos ni curas. Encuestas recientes han revelado que la gran mayoría quisiera someterse a pruebas genéticas para enfermedades curables. Pero los encuestados permanecen casi uniformemente divididos en cuanto a si se someterían a pruebas para enfermedades incurables. Muchas personas se preocupan porque el resultado positivo de una enfermedad genética incurable podría provocarles discriminación en el empleo, rechazo del seguro médico u otros tipos de discriminación. El Instituto Nacional de Salud de Estados Unidos ha emitido la siguiente información para ayudar a las personas a tomar la decisión.

¿Cómo decido si debo someterme a las pruebas?

Las personas tienen muchos motivos diferentes para someterse o no a las pruebas. Para muchas, es importante saber si una enfermedad se puede prevenir en caso de que se descubra alguna alteración genética que cause una enfermedad. Por ejemplo, aquellas que han heredado formas de cáncer de seno o de colon tienen opciones como los chequeos regulares o los tratamientos tempranos. Las pruebas farmacogenéticas pueden hallar el mejor medicamento o dosis para cada persona. (Las pruebas farmacogenéticas implican el análisis de la composición genética de una persona para prescribir los medicamentos más eficaces para esa persona).

Pero en algunos casos, no hay tratamiento o cura disponible. Por ejemplo, no hay medidas preventivas ni curas para la enfermedad de Huntington. Algunas personas simplemente no quieren saber que van a desarrollar una enfermedad grave para la que no existe tratamiento o cura. Sin embargo, otras sienten que conocer los resultados de las pruebas podría ayudarles a tomar decisiones en cuanto a su carrera, familia o cobertura de seguros.

Para ayudarse a tomar esas decisiones, las personas pueden solicitar el asesoramiento de un consejero genético. Los consejeros genéticos ayudan a los individuos y a las familias a analizar los factores científicos, emocionales y éticos que afectan su decisión de someterse a las pruebas o no. Pero esta difícil decisión sigue estando en las manos del individuo o de la familia.

Continúa en la próxima página ▶

Asuntos del siglo XXI   Conocimientos de ciencias y salud

1. ¿Qué es una prueba genética?

   _____

   _____

2. ¿Cuántas pruebas genéticas existen actualmente?

   _____

3. Según el Instituto Nacional de Salud de Estados Unidos, ¿por qué alguien querría someterse a una prueba genética?

   _____

   _____

4. Según las encuestas, ¿cuál es el factor principal que afecta la manera en que las personas consideran una prueba genética específica?

   _____

   _____

5. ¿Deberían establecerse leyes contra la discriminación de personas que resultan positivas para una condición incurable como la enfermedad de Huntington? ¿Por qué?

   _____

   _____

   _____

Destrezas para el siglo XXI   Un caso individual

Las destrezas utilizadas en esta actividad incluyen **conocimientos sobre medios de comunicación e información; destrezas de comunicación;** e **identificación, formulación y resolución de problemas.**

Usa la Internet y la biblioteca para investigar el caso de la neuropsicóloga Nancy Wexler. Hace veinte años, Wexler identificó el gen que causa la enfermedad de Huntington. Ella aceleró su investigación porque esta enfermedad corría en su familia. Wexler dedicó una gran parte de su carrera al desarrollo de una prueba genética para la enfermedad de Huntington, pero cuando la prueba estuvo lista, decidió que no quería saber si portaba el gen, ya que no existía un tratamiento para la enfermedad.

Organicen grupos para discutir sus descubrimientos sobre las pruebas genéticas.

Estas son algunas de las preguntas que podrían considerar:

▷ ¿Qué argumentos debería considerar alguien al tomar la decisión de someterse a una prueba genética?

▷ ¿Debiera ofrecerse una prueba genética para una condición incurable como la enfermedad de Huntington? De ser así, ¿por qué?

15 Ingeniería genética

La ciencia como una forma de conocimiento

P: ¿Cómo y por qué los científicos manipulan el ADN de las células vivas?

	LO QUE SÉ	LO QUE APRENDÍ
15.1 ¿Cómo aprovechan los seres humanos la variación que ocurre de manera natural entre los organismos?		
15.2 ¿Cómo estudian y trabajan los científicos con genes específicos?		
15.3 ¿Cómo usan los seres humanos la ingeniería genética?		
15.4 ¿Cuáles son algunas de la cuestiones éticas que surgen de la ingeniería genética?		

15.1 Reproducción selectiva

Objetivos de la lección

- Explicar el propósito de la reproducción selectiva.
- Explicar cómo las personas aumentan su variación genética.

Resumen de la lección

Reproducción selectiva Por medio de la **reproducción selectiva**, los seres humanos eligen organismos con las características que desean para producir la siguiente generación.

- Esto aprovecha la variación natural entre los organismos y transmite los rasgos deseados a la descendencia.
- Las numerosas razas de perros y las variedades de cultivos vegetales y de animales domésticos son ejemplos de la reproducción selectiva.

La **hibridación** cruza a individuos diferentes para reunir lo mejor de ambos progenitores en la descendencia. La **endogamia** es la cría continua de individuos con características seleccionadas. Esto asegura que los rasgos deseados se conserven, pero también puede provocar que los defectos se transmitan.

Aumento en la variación Las mutaciones son la fuente de la diversidad biológica. Los criadores introducen mutaciones en las poblaciones para aumentar la variación genética. La **biotecnología** es la aplicación de un proceso, invención o método tecnológico en los organismos vivos. La reproducción selectiva es un ejemplo de biotecnología.

- La radiación y las sustancias químicas pueden aumentar la tasa de mutación. Diversas cepas de bacterias han sido creadas a partir de líneas mutadas.
- Las drogas pueden evitar la separación de los cromosomas durante la mitosis, lo que provoca la poliploidía en las plantas. Estas plantas pueden ser más grandes o más fuertes que sus parientes diploides.

Reproducción selectiva

Para las preguntas 1 a 5, escribe Cierto *si la oración es cierta. Si la oración es falsa, cambia la(s) palabra(s) subrayada(s) para que la oración sea cierta.*

_____ **1.** La <u>reproducción selectiva</u> funciona debido a la variación genética natural que hay en una población.

_____ **2.** La hibridación cruza individuos <u>semejantes</u> para reunir lo mejor de ambos.

_____ **3.** Los individuos producidos al cruzar progenitores diferentes son <u>de raza pura</u>.

_____ **4.** La cruza continua de individuos con características semejantes es la <u>hibridación</u>.

_____ **5.** La endogamia <u>aumenta</u> el riesgo de defectos genéticos.

6. Completa la tabla para que describa los tipos de reproducción selectiva.

Reproducción selectiva		
Tipo	**Descripción**	**Ejemplos**
	La cruza de individuos diferentes para reunir lo mejor de ambos organismos.	
	La cruza continua de individuos con características semejantes.	

Aumentar la variación

7. Completa este mapa de conceptos sobre la biotecnología.

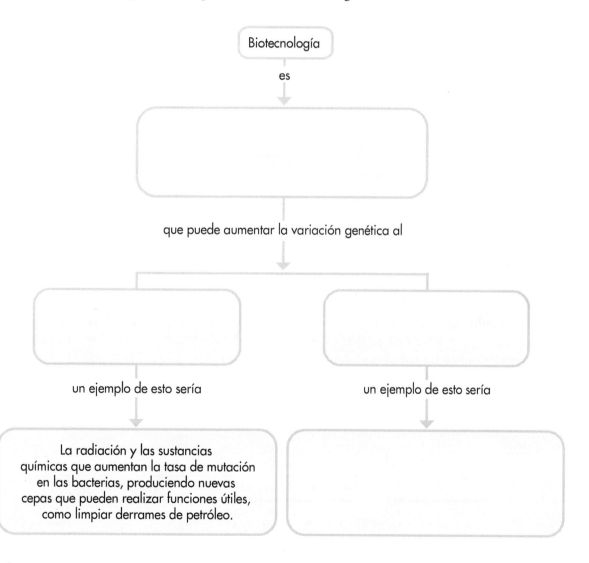

Para las preguntas 8 a 11, relaciona el ejemplo con el método que probablemente se usó para introducir la mutación. Cada respuesta se puede usar más de una vez.

_____ **8.** Bacterias que limpian las sustancias radiactivas

_____ **9.** Árboles de plátano más grandes y fuertes

_____ **10.** Bacterias que limpian la contaminación por metales

_____ **11.** Sandías que crecen más rápido y son más grandes

A. radiación o sustancias químicas

B. poliploidía

12. ¿Es fácil que los criadores produzcan mutantes con las mutaciones que desean? Explica tu respuesta.

_____

_____

_____

13. ¿Por qué la radiación y las sustancias químicas son técnicas útiles para producir bacterias mutantes?

_____

_____

_____

14. ¿Qué técnica usan los científicos para producir plantas mutantes?

_____

_____

15. ¿Qué son las plantas poliploides?

_____

_____

_____

Aplica la gran idea

16. Los músculos que los caballos de carreras usan para mover sus patas son fuertes, pesados y poderosos. Los huesos de los caballos de carreras son muy livianos. ¿Por qué estos rasgos son ventajosos en los caballos de carreras? Describe un proceso que los criadores podrían haber usado, con el tiempo, para producir caballos de carreras con estas características.

_____

_____

_____

_____

_____

_____

15.2 ADN recombinante

Objetivos de la lección

- Explicar cómo los científicos manipulan el ADN.
- Describir la importancia del ADN recombinante.
- Definir transgénico y describir cómo los humanos pueden usar los transgénicos.

Resumen de la lección

Copiar el ADN Los ingenieros genéticos pueden transferir un gen de un organismo a otro para alcanzar su meta, pero primero deben identificar los genes individuales y separarlos del ADN. El método original (usado por Douglas Prasher) constaba de varios pasos:

- Determinar la secuencia de aminoácidos de una proteína.
- Predecir el código del ARN mensajero de esa secuencia.
- Usar una secuencia de bases complementaria para atraer al ARN mensajero predicho.
- Hallar el fragmento de ADN que se une al ARN mensajero.

Una vez que los científicos hallan un gen, pueden usar una técnica llamada la **reacción en cadena de la polimerasa** para hacer muchas copias.

- El calor separa el ADN en dos hebras.
- A medida que el ADN se enfría, se agregan cebadores a los polos de las hebras.
- La ADN polimerasa agrega nucleótidos entre los cebadores, produciendo dos hebras complementarias. El proceso se puede repetir las veces que sean necesarias.

Cambiar el ADN Las moléculas del **ADN recombinante** contienen ADN de dos fuentes diferentes. La tecnología del ADN recombinante puede cambiar la composición genética de los organismos vivos.

- Los **plásmidos** son moléculas circulares de ADN que se hallan en las bacterias y las levaduras; los científicos los usan mucho en el estudio del ADN recombinante porque el ADN unido a un plásmido se puede replicar.
- Un **marcador genético** es un gen que se usa para diferenciar a las células que portan un plásmido recombinante de las que no.

Organismos transgénicos Los organismos **transgénicos** contienen genes de otras especies. Son el resultado de la inserción de ADN recombinante en el genoma del organismo huésped. Un **clon** es un miembro de una población de células genéticamente idénticas.

Copiar el ADN

Para las preguntas 1 a 5, completa cada oración con la(s) palabra(s) correcta(s).

1. Los ingenieros genéticos pueden transferir _____ de un organismo a otro.

2. Como primer paso para hallar un gen, Douglas Prasher estudió la secuencia de _____ de parte de una proteína.

3. Prasher halló la secuencia de bases del _____ que codificaba esa proteína.

4. Usando la técnica de _____, Prasher relacionó el ARN mensajero con un fragmento de ADN que contenía el gen de GFP.

5. El análisis *Southern-blot* usa sondas_____ para unir los fragmentos a las secuencias de bases complementarias.

6. RAZONAMIENTO VISUAL Esboza los pasos del método de la reacción en cadena de la polimerasa (PCR) para copiar los genes. Rotula las partes de tu esbozo.

Cambiar el ADN

Para las preguntas 7 a 10, escribe la letra de la respuesta correcta en la línea.

_____ **7.** ¿Por qué el ADN ligasa es tan importante para la tecnología del ADN recombinante?

  A. Hace que el ADN produzca muchas copias de sí mismo.

  B. Une dos fragmentos de ADN.

  C. Moldea el ADN bacteriano a un plásmido circular.

  D. Corta el ADN en fragmentos de restricción.

_____ **8.** Se puede usar un plásmido recombinante para

  A. evitar la no disyunción durante la meiosis.

  B. duplicar el número de cromosomas en una célula vegetal.

  C. cortar el ADN en fragmentos de restricción.

  D. transformar una bacteria.

_____ 9. ¿Qué usan los ingenieros genéticos para crear los "extremos pegajosos" necesarios para empalmar dos fragmentos de ADN?

    A. una secuencia de aminoácidos

    B. ADN ligasa

    C. enzimas de restricción

    D. ARN mensajero

_____ 10. ¿Por qué un plásmido modificado genéticamente debe contener un marcador genético?

    A. para evitar la formación de un cromosoma artificial

    B. para separar las células que contienen el ADN recombinante de las que no

    C. para producir múltiples copias del plásmido recombinado después del tratamiento con calor

    D. para separar los plásmidos circulares e introducir otro fragmento de ADN

11. Da una razón por la que un plásmido es útil para la transferencia de ADN.

_____

_____

_____

_____

Organismos transgénicos

12. Completa el siguiente diagrama de flujo sobre cómo se produce una planta transgénica usando la *Agrobacterium* como ejemplo.

La *Agrobacterium* puede producir tumores en las plantas. La parte del ADN que causa los tumores se desactiva y se reemplaza con ADN _____.

⬇

Las bacterias _____ se colocan en una placa con células vegetales. Las bacterias infectan las células vegetales.

⬇

Dentro de una célula vegetal, la *Agrobacerium* inserta parte de su ADN al _____ de la célula huésped.

⬇

A partir de la célula transformada se genera una _____.

13. ¿Qué es un organismo transgénico?

_____

_____

14. ¿Qué puede ocurrir cuando se inyecta ADN en el núcleo de un óvulo animal?

_____

_____

15. ¿Cómo está constituida la molécula de ADN para poder eliminar un gen en particular?

_____

_____

_____

16. ¿Qué es un clon?

_____

_____

17. ¿Qué tipos de mamíferos han sido clonados en los últimos años?

_____

_____

Para las preguntas 18 a 22, escribe Cierto *si la oración es cierta. Si la oración es falsa, cambia la(s) palabra(s) subrayada(s) para que la oración sea cierta.*

_____ **18.** Un organismo que contiene uno o más genes de otra especie es <u>endogámico</u>.

_____ **19.** Los organismos transgénicos se pueden producir al insertar ADN recombinante en el <u>genoma</u> del organismo huésped.

_____ **20.** Examinar las propiedades de un organismo transgénico permite a los científicos descubrir la función del <u>cromosoma</u> transferido.

_____ **21.** Las células vegetales a veces absorben ADN por sí mismas si sus <u>paredes celulares</u> están ausentes.

_____ **22.** Las moléculas de ADN cuidadosamente diseñadas pueden lograr el <u>reemplazo</u> del gen.

En las siguientes líneas, escribe una T junto al ejemplo de un organismo transgénico y una C junto al ejemplo de un clon.

_____ **23.** Una cabra que produce seda de araña en su leche

_____ **24.** Una planta que se cultiva a partir de una célula en la que la *Agrobacterium* ha incorporado ADN recombinante.

_____ **25.** Un cordero que nace con el mismo ADN que su célula donante

_____ **26.** Una colonia de bacterias que crecen de una bacteria

_____ **27.** Una bacteria que puede producir insulina humana

28. RAZONAMIENTO VISUAL Completa las oraciones del siguiente diagrama para que muestren los pasos de la clonación de una oveja.

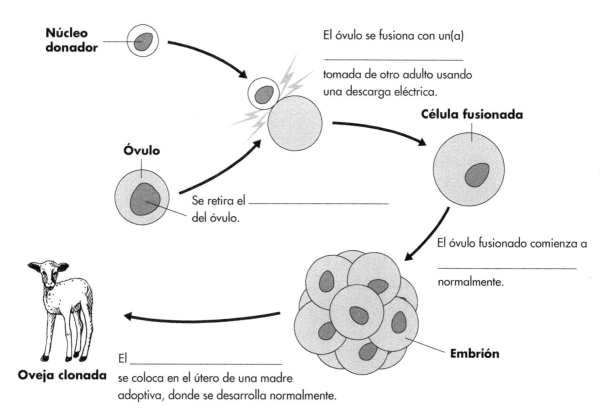

Núcleo donador

El óvulo se fusiona con un(a) _____ tomada de otro adulto usando una descarga eléctrica.

Célula fusionada

Óvulo

Se retira el _____ del óvulo.

El óvulo fusionado comienza a _____ normalmente.

Oveja clonada

El _____ se coloca en el útero de una madre adoptiva, donde se desarrolla normalmente.

Embrión

Aplica la **gran** idea

29. Los trasplantes de corazón más exitosos ocurren cuando las proteínas del corazón donante coinciden estrechamente con las del corazón original del receptor. Si las proteínas no coinciden, el sistema inmunológico del receptor podría rechazar el órgano trasplantado. A los científicos les gustaría desarrollar cerdos transgénicos que pudiera proporcionar corazones donantes para los seres humanos. ¿Cómo podría desarrollarse un animal así? ¿Cómo podría la clonación proporcionar corazones para receptores humanos?

_____

_____

_____

_____

_____

_____

_____

_____

15.3 Aplicaciones de la ingeniería genética

Objetivos de la lección

- Describir los beneficios de la ingeniería genética para la agricultura y la industria.
- Explicar cómo puede la tecnología del ADN recombinante mejorar la salud humana.
- Resumir el proceso de la prueba de ADN y explicar sus usos.

Resumen de la lección

Agricultura e industria Los ingenieros genéticos trabajan para mejorar los productos que obtenemos de plantas y animales.

- Los cultivos genéticamente modificados (GM) pueden ser más nutritivos o dar mayor producción. Podrían ser resistentes a insectos, enfermedades o a la descomposición. Algunos pueden producir plásticos.

- Los animales genéticamente modificados pueden producir más leche, tener carne con menos grasa o contener más compuestos nutritivos. El salmón transgénico crece rápidamente en cautiverio. Las cabras transgénicas producen seda de araña en su leche.

Salud y medicina Los estudios del ADN recombinante están produciendo avances en la prevención y tratamiento de enfermedades.

- Algunos ejemplos incluyen arroz rico en vitaminas, proteínas humanas hechas en animales, animales modelo para enfermedades humanas (para la investigación) y bacterias que producen insulina humana.

- La **terapia genética** es el proceso en el cual se cambia un gen para tratar una afección. Sin embargo, todavía es experimental y es una técnica de alto riesgo.

- Las pruebas genéticas pueden identificar cientos de afecciones hereditarias.

No todos los genes están activos en cada célula. La tecnología de **chip de ADN** permite a los científicos estudiar miles de genes a la vez para determinar su nivel de actividad.

Identificación personal La **prueba de ADN** analiza secciones de ADN que podrían tener poca o ninguna función, pero que varían de un individuo a otro.

- La prueba de ADN se usa en las **ciencias forenses** esto es, el estudio científico de las pruebas en la escena del crimen, para identificar a los criminales. También se usa para identificar quién es el padre biológico cuando la paternidad está en duda.

- Los ancestros comunes a veces se pueden determinar usando el ADN mitocondrial (ADNmt) y el análisis del cromosoma Y.

Agricultura e industria

1. Menciona dos ejemplos de cómo los organismos genéticamente modificados dan lugar a prácticas agrícolas más ecológicas.

    a. _____

    b. _____

2. Menciona dos beneficios que se podrían obtener de los cultivos de alimentos genéticamente modificados.

a. _____

b. _____

3. Da dos ejemplos de cómo la modificación del ADN ha aumentado la importancia de los animales transgénicos en nuestra oferta alimenticia.

a. _____

b. _____

Salud y medicina

Para las preguntas 4 a 6, escribe Cierto si la oración es cierta. Si la oración es falsa, cambia la(s) palabra(s) subrayada(s) para que la oración sea cierta.

_____ **4.** La hormona del crecimiento humano ahora está ampliamente disponible porque es producida en masa con <u>virus</u> recombinantes.

_____ **5.** En la <u>prueba de ADN</u>, un gen faltante o defectuoso es reemplazado con un gen activo normal.

_____ **6.** Los futuros padres pueden averiguar si portan alelos de una enfermedad genética por medio de las <u>pruebas</u> genéticas.

7. Completa el diagrama de flujo para que muestre los pasos requeridos para analizar la actividad de los genes usando un chip.

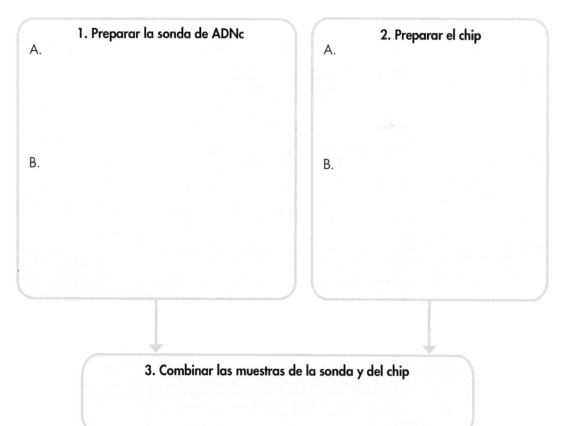

1. Preparar la sonda de ADNc

A.

B.

2. Preparar el chip

A.

B.

3. Combinar las muestras de la sonda y del chip

Identificación personal

8. Completa el diagrama de flujo sobre cómo se hacen las pruebas de ADN.

> Las _____ de restricción se usan para cortar el ADN en fragmentos que contienen genes y repeticiones.

↓

> Los fragmentos de restricción se separan según su tamaño usando _____ en gel.

↓

> Los fragmentos de ADN que contienen repeticiones son entonces marcados usando _____ radiactivas. Esta marcación produce una serie de bandas: la prueba de ADN.

9. Estudia la siguiente prueba de ADN. ¿Qué par de ejemplos podrían provenir de unos gemelos idénticos? ¿Cómo lo sabes?

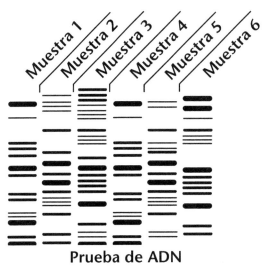

Prueba de ADN

_____

10. En 2001, los científicos informaron sobre el uso exitoso de la terapia genética para tratar a tres perros que habían nacido ciegos. La ceguera de los animales era el resultado de un gen mutado. Explica los pasos que probablemente siguieron los científicos para restaurar la vista de los perros.

_____

_____

_____

15.4 Ética e impacto de la biotecnología

Objetivos de la lección

- Describir algunas de las cuestiones relacionadas con la biotecnología.
- Identificar ventajas y desventajas de alimentos genéticamente modificados (GM).
- Describir algunas de las cuestiones éticas relacionadas con la biotecnología

Resumen de la lección

Ganancias y privacidad La mayoría de la investigación que se lleva a cabo en la ingeniería genética es realizada por compañías privadas.

- Patentan sus hallazgos e inventos para proteger su inversión y obtener una ganancia.
- Las patentes evitan que otros científicos continúen con ciertas líneas de investigación.
- En 2007, se aprobó la Ley de No Discriminación por Información Genética en Estados Unidos. Esta prohíbe la discriminación basada en información genética.

Seguridad de los transgénicos Hay controversia sobre la seguridad de los alimentos GM.

- Los defensores de los alimentos genéticamente modificados argumentan que los cultivos GM son mejores, más seguros y más productivos que los cultivos convencionales; además, requieren menos tierra y energía para crecer y no se necesita aplicar insecticidas a las cepas resistentes a los insectos. Minuciosos estudios no han apoyado las preocupaciones sobre la seguridad de los cultivos GM.
- Los opositores argumentan que la seguridad de los cultivos GM no ha sido ni adecuadamente probada para uso a largo plazo, ni regulada. Las patentes de las semillas GM podrían sacar del negocio a los granjeros pequeños. La resistencia a los insectos de las plantas GM podría dañar a especies de insectos beneficiosos. Su resistencia a los herbicidas podría causar el uso excesivo de químicos tóxicos.
- Algunos estados han legislado que los alimentos GM así lo indiquen en su etiqueta.

La ética de la nueva biología Pocos argumentan que la terapia genética en medicina es cuestionable, pero muchos se preguntan qué tan lejos debería llegar la modificación genética.

- ¿Está bien tratar de diseñar niños para que posean ciertas características?
- ¿Se debe permitir la clonación humana?

Ganancias y privacidad

1. ¿Debes tener derecho a mantener confidencial tu información genética? Menciona dos respuestas: una que dé una razón para el "sí" y otra que dé una razón para el "no".

Sí _____

_____

No _____

_____

2. Explica qué es la Ley de No Discriminación por Información Genética y da un ejemplo de cómo podría proteger a las personas.

_____

_____

_____

Seguridad de los transgénicos

3. Completa la tabla con las ventajas y desventajas de los alimentos genéticamente modificados. Escribe por lo menos cuatro puntos en cada columna.

Ventajas	Desventajas

Para las preguntas 4 a 8, escribe Cierto *si la oración es cierta. Si la oración es falsa, cambia la(s) palabra(s) subrayada(s) para que la oración sea cierta.*

_____ **4.** La mayoría de las plantas GM se cultivan en <u>Estados Unidos</u>.

_____ **5.** Los cultivos GM requieren <u>más</u> energía que los tradicionales.

_____ **6.** La controversia sobre la agricultura GM <u>ha obstaculizado</u> el amplio uso de la biotecnología.

_____ **7.** Las leyes federales estadounidenses <u>requieren</u> la identificación de los alimentos GM.

_____ **8.** Los alimentos GM <u>tienen</u> que someterse a pruebas de seguridad antes de entrar al mercado estadounidense.

9. Algunos defensores de la agricultura genéticamente modificada argumentan que los cultivos GM son más seguros que otros. Explica lo que quieren decir.

_____
_____

10. Algunos críticos de la agricultura genéticamente modificada temen que la resistencia de las plantas GM a los herbicidas podría dar como resultado el uso excesivo de sustancias químicas tóxicas. Explica por qué podría pasar esto.

_____
_____
_____

La ética de la nueva biología

11. Es fácil transmitir los genes de una especie a otra. ¿Es correcto hacer esto? Explica tu punto de vista.

_____
_____
_____
_____

Aplica la gran idea

12. Los desarrollos recientes han permitido clonar gatos. Muchas personas argumentan que la clonación ofrece a los dueños de las mascotas un consuelo cuando lo necesitan. Otros argumentan que hay muchas mascotas sin hogar en los refugios que necesitan uno y que adoptar a uno de esos animales es una mejor solución para los dueños que han perdido el suyo. ¿Crees que la clonación de mascotas es aceptable? Explica por qué.

_____
_____
_____
_____
_____
_____

Nombre _____ Clase _____ Fecha _____

Repaso del vocabulario del capítulo

Para las preguntas 1 a 8, completa cada oración con la palabra correcta.

1. _____ consiste en permitir que sólo los organismos con características particulares produzcan la siguiente generación.

2. En el proceso llamado _____, se cruzan organismos diferentes para obtener descendencia más grande o más fuerte.

3. El proceso en el que se cruzan una y otra vez organismos genéticamente semejantes para producir la siguiente generación, se llama _____.

4. La _____ es la aplicación de un proceso, invención o método tecnológico en los organismos vivos.

5. La tecnología que hace copias del ADN se llama _____.

6. El ADN resultado de la transferencia de ADN de un organismo a otro es _____.

7. La pequeña molécula circular de ADN de una célula bacteriana es _____.

8. Un gen que permite a los científicos distinguir una célula que porta ADN recombinante de una que no, es un(a) _____.

Para las preguntas 9 a 15, escribe la letra de la definición de cada término en la línea.

Definición

_____ 9. Miembro de una población de células genéticamente idénticas producidas de una célula

_____ 10. Técnica que permite la identificación de individuos usando las diferencias en su ADN

_____ 11. Una técnica que permite a los científicos estudiar miles de genes al mismo tiempo

_____ 12. Contiene genes de otra especie

_____ 13. Tratar enfermedades con el cambio de un gen

_____ 14. El estudio científico de las pruebas de la escena de un crimen

_____ 15. Un gen que usan los científicos para hallar bacterias transformadas

Término

A. transgénico

B. clon

C. terapia genética

D. chip de ADN

E. prueba de ADN

F. ciencias forenses

G. marcador genético

Escribe la letra de la respuesta correcta en la línea de la izquierda.

_____ 16. La hibridación y la endogamia son tipos de

    A. terapia genética.   C. transgénicos.

    B. ciencias forenses.   D. reproducción selectiva.

_____ 17. Por su proceso de replicación, los plásmidos son excelentes portadores de

    A. marcadores genéticos.   C. clones.

    B. ADN recombinante.   D. transgénicos.

MISTERIO DEL CAPÍTULO

UN CASO DE IDENTIDAD EQUIVOCADA

En el Misterio del capítulo, como en decenas de miles de casos de la vida real, la policía usó la prueba de ADN para evitar arrestar al sospechoso equivocado. Sin embargo, la prueba de ADN es una tecnología muy nueva.

Aprendizaje en el siglo XXI

ADN en las ciencias forenses: El Proyecto Inocencia

Muchas personas encarceladas fueron condenadas antes de que la prueba de ADN estuviera ampliamente disponible. ¿Se deben usar las pruebas forenses de ADN para reabrir estos casos? Por lo menos un grupo legal de Estados Unidos considera que los prisioneros deben tener acceso a la prueba de ADN. El Proyecto Inocencia ha encabezado una campaña en este país para usar las pruebas forenses de ADN para exonerar (es decir, absolver de culpa) y liberar a los prisioneros injustamente condenados. También quieren mejorar la conservación de evidencias, investigar posibles ejecuciones injustas basadas en pruebas de ADN y reabrir casos usando los métodos actuales más sensibles y modernos de probar las evidencias de ADN.

El grupo todavía enfrenta obstáculos en su batalla por obtener la aceptación de sus métodos. Por ejemplo, las leyes de seis estados todavía no permiten que las evidencias de ADN recién descubiertas sean presentadas después de un juicio. Pero el poder de esta tecnología ya ha funcionado en muchos estados. En algunos casos en los que existían dudas sobre una condena, o en los que los prisioneros habían mantenido rotundamente que habían sido condenados injustamente, los científicos y abogados del Proyecto Inocencia trabajan juntos para someter las pruebas físicas de los casos a análisis forenses de ADN. Hasta ahora, los análisis de ADN de más de 200 casos han probado que hubo personas inocentes condenadas erróneamente y obligadas a pasar muchos años en prisión.

Aprende más sobre las exoneraciones por pruebas de ADN leyendo la siguiente hoja informativa, adaptada de información proporcionada por el Proyecto Inocencia.

EL PROYECTO INOCENCIA:

Hechos sobre las exoneraciones por ADN después de la condena al año 2008

- Exoneraciones por ADN después de la condena en Estados Unidos: 223
- Año en que se llevó a cabo la primera exoneración por pruebas de ADN: 1989
- Número de estados en los que se han ganado exoneraciones: 32
- Número de exonerados que pasaron tiempo en el corredor de los condenados a muerte antes de ser liberados: 17
- Tiempo promedio que los exonerados estuvieron encarcelados: 12 años
- Total de años que los exonerados estuvieron encarcelados: aproximadamente 2754
- Edad promedio de los exonerados cuando fueron condenados injustamente: 26
- Casos en los que los verdaderos sospechosos y/o culpables han sido identificados: 88

Continúa en la próxima página ▶

Asuntos del siglo XXI Conocimientos de ciencias y cívica

1. ¿Cuál es la misión del Proyecto Inocencia?

_____

_____

_____

2. Hasta 2008, ¿cuántas veces se había usado exitosamente la prueba de ADN para exonerar a prisioneros en Estados Unidos? _____

3. ¿En qué porción de los casos de personas exoneradas por el Proyecto Inocencia se han identificado a los verdaderos sospechosos y/o culpables? _____

4. Considerando las estadísticas del Proyecto Inocencia, ¿crees que los prisioneros encarcelados antes de que la prueba de ADN estuviera ampliamente disponible deberían tener acceso a esta tecnología? ¿Por qué?

_____

_____

_____

5. ¿Crees que las evidencias de ADN podrían usarse para condenar por equivocación a una persona que es inocente de un crimen? Explica tu respuesta.

_____

_____

_____

Destrezas para el siglo XXI Carta a un legislador

Entre las destrezas utilizadas en esta actividad están **identificación, formulación y resolución de problemas; razonamiento crítico y comprensión de sistemas; y conocimientos sobre medios de comunicación e información.**

Consulta los sitios Web de algunos periódicos y lee sobre los casos en los que el Proyecto Inocencia o las pruebas de ADN han ayudado a exonerar a las personas. Luego, averigua cuál es la postura de tu propio estado sobre el acceso de los prisioneros a la prueba de ADN poniéndote en contacto con el legislador de tu estado o investigando en línea. Usa la información que hallaste para asumir el papel de un ciudadano activista.

Si tu estado permite el acceso, entonces investiga sobre un caso en tu estado en el que la prueba de ADN haya sido usada después de la condena. Escribe una carta a un periódico expresando tu opinión sobre el resultado del caso. Si el caso sigue pendiente, menciona en tu carta lo que crees que debe pasar. Si tu estado no permite el acceso después de la condena, expresa tu opinión en una carta a un legislador estatal. Explica cómo funciona la prueba de ADN y qué postura crees que el legislador debe asumir sobre la legislación referente a permitir el acceso a los prisioneros a la prueba de ADN.

16 La teoría de la evolución de Darwin

la gran idea Evolución

P: ¿Qué es la selección natural?

	LO QUE SÉ	LO QUE APRENDÍ
16.1 ¿Qué patrones de biodiversidad observó Darwin a bordo del *Beagle*?		
16.2 ¿De qué manera el trabajo de otros científicos ayudó a Darwin a desarrollar su teoría de la selección natural?		
16.3 ¿Cuál es la teoría de la evolución por selección natural de Darwin?		
16.4 ¿Qué pruebas científicas esenciales apoyan la teoría de la evolución por selección natural de Darwin?		

16.1 El viaje de descubrimiento de Darwin

Objetivos de la lección

- Exponer la contribución de Charles Darwin a la ciencia.
- Describir los tres patrones de biodiversidad observados por Darwin.

Resumen de la lección

El viaje épico de Darwin Darwin desarrolló una teoría científica para explicar cómo ocurre la **evolución**, es decir, el cambio que ocurre en los seres vivos en el transcurso del tiempo. La teoría de Darwin explica cómo han evolucionado los organismos modernos a través de largos períodos de tiempo al derivar de ancestros comunes.

Observaciones a bordo del *Beagle* Durante su viaje de cinco años a bordo del *Beagle*, Darwin realizó muchas observaciones y recabó una gran cantidad de pruebas.

- Vivo que muchos animales y plantas diferentes pero ecológicamente semejantes, ocupaban hábitats diferentes pero ecológicamente parecidos, en otras partes del mundo.

- En las Islas Galápagos, Darwin observó que los rasgos de muchos organismos, como las formas de las conchas de las tortugas, variaban en las diversas islas. Notó que animales y plantas diferentes pero relacionadas, ocupaban diferentes hábitats dentro de un área local.

- Darwin recolectó **fósiles**, es decir, restos preservados de organismos antiguos. Observó que algunos fósiles de especies extintas se parecían a las especies vivas.

Los descubrimientos de Darwin lo llevaron a pensar que las especies no eran inmutables y que podían cambiar por medio de algún proceso natural.

El viaje épico de Darwin

1. **RAZONAMIENTO VISUAL** En el siguiente mapa, (1) halla y rotula las Islas Galápagos (2) encierra en un círculo los nombres de los tres continentes que Darwin no visitó.

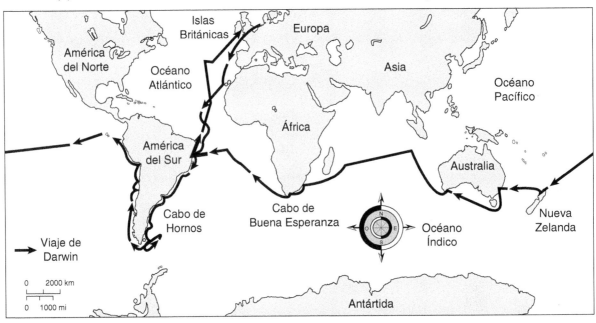

Para las preguntas 2 a 4, completa cada oración con la palabra correcta. Si es necesario, consulta el mapa de la página anterior.

2. Darwin pasó la mayor parte de su tiempo explorando el continente de _____;

no visitó _____, _____, ni _____.

3. En la época de Darwin, los geólogos sugerían que la Tierra era _____

_____.

4. El trabajo de Darwin ofrece un conocimiento profundo del mundo vivo al mostrar que los

organismos _____ constantemente.

Observaciones a bordo del *Beagle*

Usa los dibujos de las tortugas para responder a las preguntas 5 y 6.

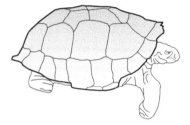

Tortuga de la Isla Isabela

Tortuga de la Isla Española

5. ¿Qué información importante obtuvo Darwin sobre las tortugas de las Islas Galápagos?

_____

6. Según su estructura corporal, ¿cuál de las tortugas anteriores requeriría un hábitat en el que el alimento sea fácil de alcanzar?

_____

Usa el mapa de la página anterior para responder a las preguntas 7 y 8.

7. Coloca en el mapa los rótulos ñandúes, emúes y avestruces en los continentes en los que se pueden hallar. ¿Por qué sorprendieron a Darwin las semejanzas que había entre los ñandúes, los emúes y los avestruces?

_____

8. ¿Por qué Darwin llegó a pensar que los pinzones de las Islas Galápagos podrían estar relacionados con los pinzones de Sudamérica, a pesar de la diferente apariencia de las aves?

_____

9. Darwin observó que las aves que finalmente descubrió que eran pinzones, tenían picos de diferentes formas. ¿Qué podría sugerir esto sobre los hábitos alimenticios de las aves? Explica tu respuesta.

_____

10. ¿Qué sugirieron a Darwin las semejanzas entre los animales fósiles, como el gliptodonto, y los animales modernos, como el armadillo?

_____

_____

11. Completa el organizador gráfico mostrando una lista de tres maneras en las que las especies varían. En cada patrón de biodiversidad, escribe un ejemplo de lo que Darwin observó.

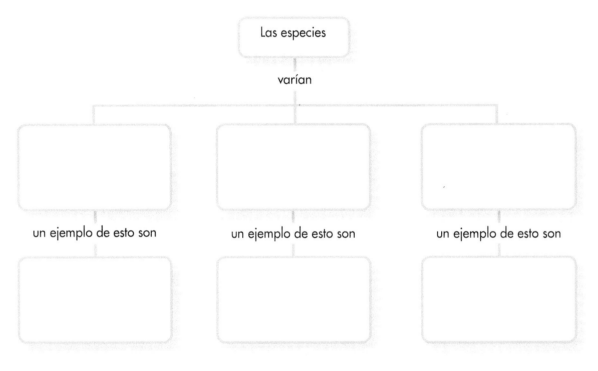

Las especies

varían

un ejemplo de esto son

un ejemplo de esto son

un ejemplo de esto son

Aplica la gran idea

12. Cuando Darwin regresó a Inglaterra, se percató de que las pequeñas aves color marrón que observó en las Islas Galápagos eran pinzones. Se parecían a los pinzones de Sudamérica. ¿Qué hipótesis apoya esta observación?

_____

_____

_____

_____

16.2 Bases del razonamiento de Darwin

Objetivos de la lección

- Identificar las conclusiones sacadas por Hutton y Lyell sobre la historia de la Tierra.
- Describir la hipótesis de la evolución de Lamarck.
- Describir el punto de vista de Malthus sobre el crecimiento de la población.
- Explicar el papel de la variación heredada en la selección artificial.

Resumen de la lección

Una Tierra antigua y cambiante En la época de Darwin, casi todos los europeos creían que la Tierra y todas sus formas de vida tenían solamente algunos miles de años de antigüedad y que no habían cambiado mucho durante ese tiempo. Varios científicos que vivieron en la misma época que Darwin comenzaron a desafiar estas ideas. Estos científicos tuvieron una gran influencia en el desarrollo de la teoría de la evolución de Darwin.

▶ Los geólogos James Hutton y Charles Lyell argumentaban que la Tierra tenía muchos millones de años de antigüedad.

▶ También argumentaban que los procesos que cambian la Tierra actualmente, como los volcanes y la erosión, son los mismos que habían cambiado a la Tierra en el pasado.

Saber que la Tierra podía cambiar en el transcurso del tiempo ayudó a Darwin a darse cuenta que las especies podían cambiar también. Saber que la Tierra era muy antigua convenció a Darwin de que había habido suficiente tiempo para que la vida evolucionara.

La hipótesis evolutiva de Lamarck Jean-Baptiste Lamarck fue uno de los primeros científicos en proponer hipótesis sobre cómo ocurrió la evolución.

▶ Para explicar la evolución, Lamarck planteó la hipótesis de que todos los organismos tienen un deseo innato de hacerse más complejos y perfectos. Según Lamarck, un organismo podía obtener o perder rasgos durante su vida al usar o dejar de usar ciertos órganos.

▶ Lamarck también planteó la hipótesis de que un organismo podría transmitir sus características adquiridas a su descendencia, lo que daría lugar a la evolución de las especies.

Los científicos saben ahora que la mayoría de las ideas de Lamarck sobre la evolución eran incorrectas. Sin embargo, él sugirió de manera acertada que la vida no es inmutable y fue el primero en ofrecer una explicación natural y científica para la evolución. Además, reconoció que los rasgos de un organismo están relacionados con su medio ambiente.

El crecimiento de la población Thomas Malthus pensaba que si la población humana seguía creciendo desenfrenadamente, agotaría el espacio vital y el alimento. Darwin se percató de que ésto aplicaba a todos los organismos, no sólo a los seres humanos.

La selección artificial Los criadores de plantas y animales de la época de Darwin usaban un proceso conocido como selección artificial para mejorar sus cultivos y ganado. En la **selección artificial**, la naturaleza proporciona las variaciones y los humanos seleccionan aquellas que les parecen deseables. Darwin experimentó con la selección artificial. Los resultados de sus experimentos revelaron que la variación natural era muy importante porque proporcionaba la materia prima para la evolución.

Una Tierra antigua y cambiante

1. ¿Qué par de hechos relacionados con la comprensión de la geología influyeron en Darwin?

_____

_____

Para las preguntas 2 a 5, escribe Cierto si la oración es cierta. Si la oración es falsa, cambia la(s) palabra(s) subrayada(s) para que la oración sea cierta.

_____ **2.** Hutton se percató de que la Tierra era mucho más <u>joven</u> de lo que antes se creía.

_____ **3.** Lyell pensaba que la mayoría de los procesos geológicos operaban sumamente <u>rápido</u>.

_____ **4.** Los procesos que cambiaron a la Tierra en el pasado son <u>diferentes de</u> los que operan en el presente.

_____ **5.** El trabajo de <u>Lyell</u> explicaba de qué manera las grandes características geológicas se podían agregar o eliminar durante largos períodos de tiempo.

Las hipótesis evolutivas de Lamarck

6. ¿Cómo propuso Lamarck que cambiaban las especies en el transcurso del tiempo?

_____

_____

Usa el diagrama para responder a las preguntas 7 y 8.

7. Según la hipótesis de Lamarck, ¿qué ocurre entre los pasos 2 y 3 del diagrama para hacer que la pinza del cangrejo crezca más grande?

_____

8. ¿Qué paso del diagrama muestra la herencia de rasgos adquiridos como lo propuso Lamarck?

_____

9. ¿Cómo allanó el camino Lamarck para el trabajo de futuros biólogos?

_____

_____

_____

10. ¿Cuál de las ideas de Lamarck resultó ser cierta? ¿Cuál resultó ser falsa?

_____

_____

_____

_____

11. ¿Cómo habría explicado Lamarck la longitud del cuello de una jirafa?

_____

_____

_____

_____

_____

El crecimiento de la población

Para las preguntas 12 a 14, escribe la letra de la respuesta correcta en la línea de la izquierda.

_____ **12.** ¿Qué observación hizo que Thomas Malthus concibiera su teoría sobre el crecimiento de la población?

  A. El índice de natalidad humana era más alto que el índice de mortalidad.

  B. La guerra provocaba la muerte de miles de personas.

  C. En el siglo XIX eran comunes las hambrunas en Inglaterra.

  D. La descendencia de la mayoría de las especies sobrevivía hasta llegar a la edad adulta.

_____ **13.** ¿Cuál de las siguientes ideas se atribuye a Malthus?

  A. A medida que una población disminuye de tamaño, la guerra y la hambruna se hacen más comunes.

  B. A medida que una población aumenta de tamaño, el porcentaje de descendencia que sobrevive aumenta también.

  C. Si la población humana creciera desenfrenadamente, su índice de evolución aumentaría geométricamente.

  D. Si la población humana creciera desenfrenadamente, no habría suficiente espacio vital ni alimento para todos.

_____ **14.** Las ideas de Malthus llevaron a Darwin a concluir que

  A. la Tierra es mucho más antigua de lo que antes se creía.

  B. el tamaño de la población humana puede crecer indefinidamente.

  C. nacen muchos más organismos de los que sobreviven y se reproducen.

  D. los organismos son capaces de evolucionar mediante un proceso conocido como selección artificial.

La selección artificial

15. ¿Cómo afectan los seres humanos a la selección artificial? ¿Qué papel desempeña la naturaleza?

_____

_____

_____

16. ¿Qué otro nombre recibe la selección artificial?

_____

17. Describe cómo podrías usar la selección artificial para reproducir palomas con picos grandes.

_____

_____

_____

Aplica la **gran** idea

18. Completa la tabla sobre los científicos que contribuyeron al desarrollo de la teoría de la evolución.

Científicos que contribuyeron a la teoría de la evolución de Darwin	
Científico	**Contribución a la teoría de Darwin**
James Hutton	
Charles Lyell	
Jean-Baptiste Lamarck	
Thomas Malthus	

16.3 Darwin presenta su caso

Objetivos de la lección

- Describir las condiciones bajo las que ocurre la selección natural.
- Explicar el principio del antepasado común.

Resumen de la lección

La evolución por selección natural Darwin publicó *El origen de las especies* en 1859. En el libro, describe y proporciona pruebas para su explicación sobre cómo ocurre la evolución. Llamó a este proceso **selección natural** debido a sus semejanzas con la selección artificial. La teoría de la evolución por selección natural de Darwin se puede resumir así:

- Se produce más descendencia de la que puede sobrevivir para reproducirse. Existe una competencia por los recursos limitados, es decir, una lucha por la supervivencia.
- Los individuos muestran una variación en sus rasgos y algunas de estas diferencias se pueden transmitir a su descendencia.
- Los rasgos heredados que aumentan la capacidad de un organismo para sobrevivir y reproducirse se llaman **adaptaciones**.
- Las diferencias entre las adaptaciones afectan la **capacidad de adaptación** de un individuo, es decir, su capacidad para sobrevivir y reproducirse en un medio ambiente específico.
- Sólo los organismos con mayor capacidad de adaptación viven para reproducirse y transmitir sus rasgos adaptativos a su descendencia. Esto se conoce como la supervivencia del más apto.

De generación en generación, las poblaciones continúan evolucionando a medida que se adaptan mejor, o que su medio ambiente cambia.

Un antepasado común Darwin argumentaba que todas las especies descienden, con algunas modificaciones, de ancestros comunes. A través de la descendencia con modificaciones, todos los organismos, vivos y extintos, están relacionados en un único árbol de la vida.

La evolución por selección natural

1. ¿Qué significa la frase *lucha por la supervivencia*?

_____

_____

2. ¿Por qué el camuflaje es considerado como una adaptación?

_____

_____

3. ¿Cómo se relaciona el nivel de capacidad de adaptación de un animal con sus probabilidades de supervivencia y reproducción?

_____

_____

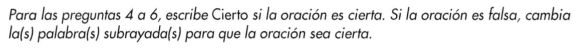
Para las preguntas 4 a 6, escribe Cierto si la oración es cierta. Si la oración es falsa, cambia la(s) palabra(s) subrayada(s) para que la oración sea cierta.

_____ **4.** La selección natural actúa en los rasgos <u>adquiridos</u>.

_____ **5.** Cualquier característica heredada que aumenta la probabilidad de supervivencia de un organismo es considerada <u>una adaptación</u>.

_____ **6.** La <u>selección natural</u> es la capacidad de un individuo para sobrevivir y reproducirse en su medio ambiente específico.

7. El siguiente diagrama de flujo está parcialmente terminado y muestra cómo la selección natural dirige la evolución. Los pasos que faltan aparecen en desorden, de las letras A a D. Escribe la letra del paso que falta en los recuadros vacíos del diagrama de flujo.

A. Las adaptaciones se transmiten a la siguiente generación.

B. La acumulación de adaptaciones puede dar lugar a la evolución de una nueva especie.

C. Esta descendencia tiene pocos o ningún descendiente propio.

D. Parte de la descendencia hereda rasgos que aumentan su capacidad de adaptación (adaptaciones).

Los individuos de una población poseen muchas variaciones

Parte de la descendencia hereda rasgos que disminuyen su capacidad de adaptación.

Con el paso del tiempo, las adaptaciones se acumulan en una población.

Un antepasado común

Para las preguntas 8 a 13, completa cada oración con la(s) palabra(s) correcta(s).

8. La selección natural depende de la capacidad del organismo para _____, lo que quiere decir dejar descendientes.

9. Todos los organismos vivos actualmente _____ de ancestros que sobrevivieron y se reprodujeron.

10. En el transcurso de muchas generaciones, la adaptación podría provocar que las especies _____ a nuevas especies.

11. El antepasado común sugiere que todas las especies, vivas y extintas, están _____.

12. El principio que dice que todas las especies vivas descienden, con algunos cambios, de otras especies en el transcurso del tiempo, es _____.

13. El _____ proporciona pruebas físicas de descendientes con modificaciones en el transcurso de largos períodos de tiempo.

Aplica la gran idea

14. En los tres recuadros de la izquierda, dibuja un ejemplo de selección natural que podría ocurrir en una población de ranas. Después, describe cada etapa en las líneas de la derecha.

La lucha por la supervivencia

_____
_____
_____
_____

Variación y adaptación / Supervivencia del que tenga mayor capacidad de adaptación

_____
_____
_____
_____

Selección natural

_____
_____
_____
_____

16.4 Pruebas de la evolución

Objetivos de la lección

- Relacionar la distribución geológica de las especies con su historia evolutiva.
- Explicar de qué manera los fósiles y el registro fósil documentan que las especies modernas derivan de ancestros antiguos.
- Describir lo que sugieren las estructuras homólogas y la embriología sobre el proceso del cambio evolutivo.
- Explicar cómo las pruebas moleculares muestran el proceso de la evolución.
- Explicar los resultados de los Grant sobre la investigación de la adaptación de los pinzones de las Islas Galápagos.

Resumen de la lección

Biogeografía La **biogeografía** es el estudio de dónde viven los organismos ahora y dónde vivieron en el pasado. Dos patrones biogeológicos son importantes en la teoría de Darwin.

▷ El primero es un patrón en el que las especies estrechamente relacionadas varían en climas ligeramente diferentes. Las tortugas de las Galápagos y los pinzones siguen este patrón.

▷ El segundo es un patrón en el que especies vagamente relacionadas desarrollan semejanzas en medio ambientes similares. Los ñandúes, los avestruces y los emúes recaen en este patrón.

La edad de la Tierra y los fósiles

▷ Las técnicas de datación radiactiva han confirmado que la Tierra es muy antigua, de aproximadamente 4.5 mil millones de años.

▷ Recientes hallazgos fósiles documentan las etapas intermedias en la evolución de muchos grupos incluyendo a las ballenas, las aves y los mamíferos.

Comparar la anatomía y la embriología

▷ Las **estructuras homólogas** son compartidas por especies relacionadas y heredadas de un ancestro común. Las semejanzas y diferencias entre las estructuras homólogas muestran cuándo han compartido dos grupos un ancestro común.

- Las partes del cuerpo con la misma función, mas no la misma estructura ni un ancestro común, son **estructuras análogas**. No prueban la ascendencia evolutiva.

- Las estructuras homólogas que se han reducido enormemente en tamaño o que tienen poca o ninguna función se llaman **estructuras vestigiales**.

- Muchas estructuras homólogas se desarrollan en el mismo orden y con patrones semejantes durante las etapas embrionarias de grupos relacionados. Estas semejanzas proporcionan más pruebas de que los animales comparten ancestros comunes.

La genética y la biología molecular A nivel molecular, el código genético universal y las moléculas homólogas como los genes y las proteínas prueban un antepasado común.

Probar la selección natural Los científicos han diseñado experimentos para probar la selección natural. Las observaciones de los pinzones de las Islas Galápagos confirman que la competencia y el cambio ambiental producen la selección natural.

Biogeografía

Para las preguntas 1 a 3, completa cada oración con la palabra correcta.

1. Los biogeógrafos estudian el lugar en el que los organismos viven ahora y en el que vivían ellos y sus _____ en el pasado.

2. Cuando individuos de una población avícola de un continente emigran a diversas islas, la selección natural podría producir en la isla especies _____, pero diferentes.

3. Los organismos poco relacionados pueden ser semejantes si viven en _____.

4. ¿Qué explica la distribución de las especies de pinzones en las Islas Galápagos?

_____

_____

5. ¿Cómo se explica la existencia de especies semejantes pero no relacionadas?

_____

_____

La edad de la Tierra y los fósiles

6. **RAZONAMIENTO VISUAL** Las ilustraciones muestran organismos cuyos fósiles forman parte del registro fósil, del más antiguo al más reciente. Dibuja en los recuadros a un animal que podría haber sido una forma intermedia de los organismos mostrados.

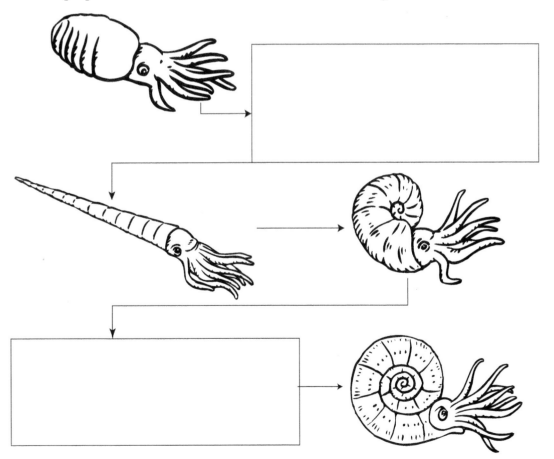

Usa las ilustraciones de los organismos marinos de la página anterior para responder a las preguntas 7 y 8.

7. Describe una situación en la que el organismo 3 podría haber tenido una ventaja sobre el organismo 2.

_____

_____

_____

8. ¿Cómo pueden estos fósiles proporcionar pruebas de la evolución?

_____

_____

_____

Comparar anatomía y embriología

9. Completa la tabla sobre los tipos de estructuras anatómicas.

Tipos de estructuras anatómicas		
Tipo de estructura	**Descripción**	**Ejemplo**
	Estructuras que son compartidas por especies relacionadas y que han sido heredadas de un ancestro común	
	Partes del cuerpo que comparten una función, mas no una estructura	
	Partes de algunos animales con un tamaño tan pequeño que prácticamente son un vestigio, o rastro, de estructuras homólogas de otras especies	

Para las preguntas 10 a 14, relaciona la estructura con el tipo de estructura correcto. Cada tipo se puede usar más de una vez.

Estructura anatómica

_____ **10.** ala de murciélago y pata de ratón

_____ **11.** patas de reptiles y aves

_____ **12.** aleta de delfín y cola de pez

_____ **13.** ojos de los peces de caverna

_____ **14.** lengua de serpiente y hocico de perro

Tipo de estructura

A. estructura homóloga

B. estructura análoga

C. estructura vestigial

Usa la ilustración de las estructuras homólogas para responder a las preguntas 15 a 17.

Húmero

Radio/Cúbito

**Carpos
(huesos de la muñeca)**

**Huesos del metacarpo/Falanges
(huesos de los dedos)**

**Miembro anterior de
un ser humano**

**Miembro anterior de
un murciélago**

15. ¿En qué se parecen estos miembros anteriores?

_____

_____

16. ¿En qué difieren estos miembros anteriores?

_____

_____

_____

17. ¿Por qué estructuras homólogas como los miembros anteriores son pruebas de un
antepasado común?

_____

_____

_____

18. ¿De qué manera el patrón de desarrollo embriológico proporciona más pruebas de que los
organismos han descendido de un ancestro común?

_____

_____

_____

La genética y la biología molecular

Para las preguntas 19 a 25, completa cada oración con la palabra correcta.

19. La ciencia de la _____ proporciona pruebas moleculares que apoyan la teoría evolutiva.

20. Todas las células vivas usan _____ y _____ para codificar la información heredable.

21. Casi todos los organismos usan el código genético universal para _____.

22. Las proteínas _____ comparten semejanzas estructurales y químicas.

23. El citocromo c es una proteína usada para la _____ en casi todas las células vivas.

24. Los genes homólogos llamados Hox controlan la sincronización y el crecimiento de los

   _____.

25. Cambios relativamente menores en el genoma de un organismo pueden producir

   importantes cambios en la _____ de ese organismo.

Probar la selección natural

Escribe la letra de la respuesta correcta en la línea de la izquierda.

_____ 26. ¿Cuál de las siguientes hipótesis fue probada por los Grant?
   A. Diferencias de tamaño y forma del pico producen diferencias en aptitud.
   B. Para que el tamaño y la forma del pico evolucionen, las aves deben salir de las islas.
   C. Para que el tamaño y la forma del pico evolucionen, el clima debe cambiar radicalmente.
   D. Las diferencias en el tamaño y la forma del pico no están determinadas por mutaciones genéticas.

_____ 27. Los datos que los Grant recabaron, probaron que
   A. no hay relación entre el medio ambiente y la forma de las patas de los pinzones.
   B. no hay relación entre el medio ambiente y la forma de los picos de los pinzones.
   C. los rasgos heredables entre los pinzones de las Islas Galápagos varían mucho.
   D. los rasgos heredables entre los pinzones de las Islas Galápagos no varían.

_____ 28. Los Grant realizaron su experimento para probar uno de los siguientes procesos. ¿Cuál?
   A. la selección natural
   B. la mutación genética
   C. la selección artificial
   D. la reproducción sexual

29. ANALOGÍA VISUAL La imagen muestra en qué se parecen los picos de los pinzones a ciertos tipos de herramientas manuales. Imagina a un pinzón que se alimenta de insectos que se esconden en pequeños agujeros de los troncos de los árboles. ¿A qué tipo de herramienta crees que se parecería el pico de este pinzón? Explica tu respuesta.

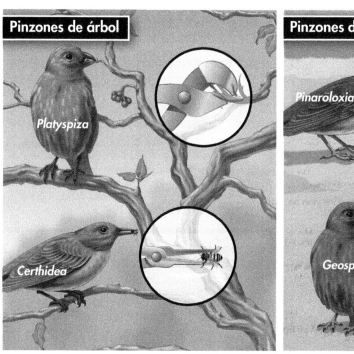

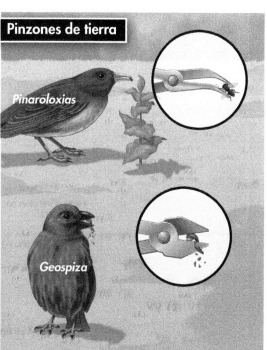

_____

_____

_____

Aplica la **gran** idea

30. Completa el mapa de conceptos.

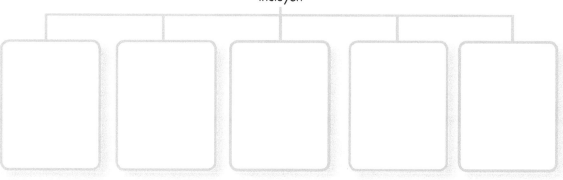

Repaso del vocabulario del capítulo

Escribe la letra de la definición más apropiada de cada término en la línea.

Término

_____ 1. evolución

_____ 2. fósil

_____ 3. aptitud o capacidad de adaptación

_____ 4. adaptación

_____ 5. selección natural

_____ 6. estructuras análogas

_____ 7. estructuras vestigiales

Definición

A. Un cambio en el transcurso del tiempo

B. Característica heredada que aumenta la probabilidad de supervivencia de un organismo

C. Los restos preservados de un organismo antiguo

D. El proceso por el que los organismos con las variaciones mejor adaptadas a su medio ambiente sobreviven y dejan más descendencia que otros

E. Pequeñas estructuras con poca o ninguna función

F. Estructuras que se desarrollan a partir de los mismos tejidos embrionarios pero que tienen diferentes formas adultas

G. La capacidad de un individuo para sobrevivir y reproducirse en un medio ambiente específico

Para las preguntas 8 a 10, escribe la definición de cada término del vocabulario.

8. biogeografía

_____

_____

9. selección artificial

_____

_____

10. estructuras análogas

_____

_____

11. ¿La siguiente ilustración muestra estructuras homólogas o análogas? Explica tu respuesta.

| Tortuga | Caimán | Ave | Mamíferos |

_____

_____

_____

_____

MISTERIO DEL CAPÍTULO

GRAN VARIEDAD DE TREPADORES MIELEROS

Aprendizaje en el siglo XXI

En el Misterio del capítulo, se explicó cómo el 'i' iwi y otros trepadores mieleros hawaianos evolucionaron hacia adaptaciones adecuadas para sus hábitats. ¿Qué ocurre cuando las especies enfrentan la pérdida de sus hábitats debido a la urbanización o a la degradación ambiental?

Pérdida del hábitat y peligro de extinción

Los científicos informan que, en Estados Unidos, la pérdida de los hábitats es la causa más generalizada por la que las especies están en peligro de extinción y, de acuerdo con un cálculo reciente, afecta a aproximadamente 85 por ciento de las especies amenazadas. La Ley de Especies en Peligro de Extinción de Estados Unidos de 1973 protege a las especies amenazadas y en peligro de extinción. Para una especie amenazada, el gobierno protege más su hábitat si está en territorio federal. Puede comprar la tierra de hábitats importantes y prohíbe la captura, matanza o venta de especies en peligro. Las personas que violan la ley pueden ser enjuiciadas.

Lamentablemente, las amenazas a muchas especies continúan. Los expertos creen que menos de la mitad de las especies de Estados Unidos, especialmente insectos, plantas y hongos, todavía no se han descubierto y catalogado. Por tanto, es imposible saber si estas especies están en peligro de extinción. Otro problema es que las regulaciones que protegen a las especies en peligro de extinción no son lo suficientemente eficaces y subestiman el problema. Un análisis reciente sugiere que, incluso dentro del banco de especies conocidas, la cantidad amenazada por la extinción en realidad podría ser hasta diez veces mayor que el número actualmente protegido por la Ley de Especies en Peligro de Extinción de Estados Unidos.

La siguiente tabla, adaptada de datos recabados por NatureServe, un grupo científico sin fines lucrativos, evalúa la situación actual de las especies de vertebrados en Estados Unidos.

Datos de las especies de vertebrados en Estados Unidos			
Grupo: Vertebrados en peligro de extinción en Estados Unidos	Número total de especies conocidas	Especies en peligro, extintas o quizá extintas	Porcentaje de especies en peligro de extinción o extintas/Posiblemente extintas
Mamíferos	421	29	7
Aves	783	75	10
Reptiles	295	28	9
Anfibios	258	66	26
Peces de agua dulce	798	179	22
Total de vertebrados	2555	377	15

Continúa en la próxima página ▶

1. ¿Cuál se cree que es la causa más generalizada por la que las especies están en peligro de extinción?

_____

_____

2. Según la tabla, ¿qué grupo de vertebrados de Estados Unidos incluye el mayor número de especies en peligro de extinción o extintas?

_____

_____

3. Según la tabla, ¿qué grupo de vertebrados parece estar en mayor peligro de extinción de todos? ¿Cómo lo sabes? ¿Por qué crees que este grupo es el que está en mayor peligro?

_____

_____

_____

_____

_____

4. ¿Qué es la Ley de Especies en Peligro de Extinción de Estados Unidos?

_____

_____

_____

5. Algunos expertos piensan que un importante número de especies originarias de Estados Unidos todavía no han sido descubiertas. Piensan que la Ley de Especies en Peligro de Extinción de Estados Unidos subestima el número de especies en peligro de extinción. ¿Cómo conduce el primer problema al segundo?

_____

_____

_____

Entre las destrezas utilizadas en esta actividad están **conocimientos sobre medios de comunicación e información, razonamiento crítico y comprensión de sistemas** e **identificación, formulación y resolución de problemas.**

Visita la página Web del Servicio de Pesca y Vida Silvestre de Estados Unidos para conocer más sobre los esfuerzos de esta dependencia para proteger a las especies en peligro de extinción de Estados Unidos. Elige una especie en peligro e investiga las amenazas que enfrenta. Presenta la información a la clase y menciona si crees que la especie merece la protección de la ley y, de ser así, indica por qué.

Tu presentación puede ser un video sobre la especie o una guía ilustrada.

17 Evolución de las poblaciones

la gran idea Evolución

P: ¿Cómo evolucionan las poblaciones para formar nuevas especies?

LO QUE SÉ	LO QUE APRENDÍ
17.1 ¿De qué manera los genes hacen posible la evolución?		
17.2 ¿De qué manera los genes hacen posible la evolución?		
17.3 ¿Cómo se forman las nuevas especies?		
17.4 ¿Qué nos pueden decir los genes sobre la historia evolutiva de un organismo?		

17.1 Genes y variación

Objetivos de la lección

- Definir evolución en términos genéticos.
- Identificar las principales fuentes de variación genética en una población.
- Indicar qué determina el número de fenotipos para un rasgo.

Resumen de la lección

La genética se incorpora a la teoría evolutiva Las ideas originales de Darwin se pueden comprender ahora en términos genéticos.

- Los investigadores descubrieron que los genes determinan los rasgos y que muchos tienen al menos dos formas o alelos. La combinación de diferentes alelos da lugar a un genotipo individual. La selección natural actúa sobre el fenotipo, no sobre el genotipo.

- La variación y la evolución genéticas se estudian en las poblaciones. Los miembros de una población comparten un grupo común de genes, llamado **caudal genético**.

- La **frecuencia alélica** compara cuántas veces aparece un alelo y cuántas aparecen otros alelos para el mismo gen, en un caudal genético. En términos genéticos, la evolución es un cambio en la frecuencia alélica de la población.

Fuentes de variación genética Las tres principales fuentes son las mutaciones, la recombinación genética de la reproducción sexual y la transferencia genética lateral.

- Una mutación es cualquier cambio en una secuencia de ADN.

- Las mayoría de las diferencias heredables se deben a la recombinación genética durante la reproducción sexual. Esto ocurre durante la meiosis cuando cada cromosoma de un par se mueve de manera independiente. La recombinación genética también ocurre durante el entrecruzamiento en la meiosis.

- La transferencia genética lateral es la transmisión de genes de un organismo a otro que no es su descendencia.

Rasgos monogénicos y poligénicos La cantidad de fenotipos diferentes para un rasgo determinado depende de cuántos genes controlen el rasgo.

- Un **rasgo monogénico** es controlado por un único gen. Por ejemplo, en los caracoles, es la presencia o ausencia de bandas oscuras en sus conchas.

- Un **rasgo poligénico** es controlado por dos o más genes, y cada uno de ellos suele tener dos o más alelos. Un ejemplo de un rasgo poligénico humano es la altura.

La genética se incorpora a la teoría evolutiva

Para las preguntas 1 a 4, completa cada oración con la palabra correcta.

1. La selección natural afecta el _____ del organismo y no su _____.

2. Un _____ consta de todos los genes, incluidos los alelos para cada gen, que están presentes en una población.

3. Un caudal genético contiene diferentes _____ para cada rasgo heredable.

4. La cantidad de veces que un alelo aparece en un caudal genético en comparación con la cantidad de veces que aparecen otros alelos para el mismo gen recibe el nombre de

_____ de la población.

Usa la gráfica circular de una población de ratones para responder las preguntas 5 a 8.

5. RAZONAMIENTO VISUAL En el siguiente diagrama, usa círculos para representar los alelos de cada segmento de la población. Con un círculo relleno indica los alelos *B* y con un círculo vacío los alelos *b*. El número total de individuos en esta población es

_____; el total de alelos es _____.

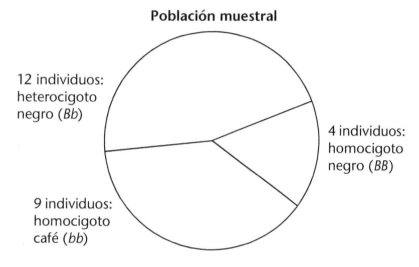

Población muestral

12 individuos: heterocigoto negro (*Bb*)

4 individuos: homocigoto negro (*BB*)

9 individuos: homocigoto café (*bb*)

6. ¿Cuántos alelos para pelaje negro hay en la población muestral y qué porcentaje de frecuencia alélica representa esa cantidad?

_____

7. ¿Cuántos alelos para pelaje café hay en la población muestral y qué porcentaje de frecuencia alélica representa esa cantidad?

_____

8. Describe en qué se basaría un genetista para afirmar que esta población está evolucionando.

_____

9. ¿Puedes determinar si un alelo es dominante o recesivo con base en la proporción de fenotipos de la población? Explica tu respuesta.

_____

Fuentes de variación genética

10. ¿Qué son las mutaciones? ¿Cuándo afectan a la evolución?

_____

11. ¿Qué efectos tiene la reproducción sexual sobre la variación genética de una población?

_____

_____

_____

12. Menciona dos formas en que los genes se pueden recombinar durante la meiosis.

_____

_____

13. ¿Qué es la transferencia genética lateral? ¿Cómo afecta la variación?

_____

_____

_____

_____

_____

_____

Rasgos monogénicos y poligénicos

14. Identifica cuál de las dos gráficas representa un rasgo monogénico y cuál un rasgo poligénico.

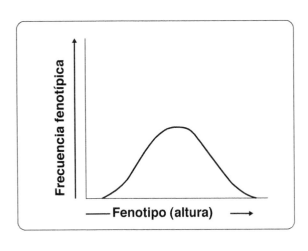

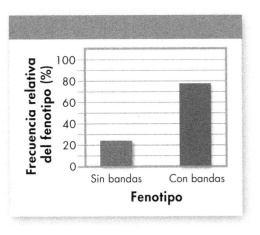

_____   _____

Para las preguntas 15 a 19, escribe Cierto si la oración es cierta. Si la oración es falsa, cambia la(s) palabra(s) subrayada(s) para que la oración sea cierta.

_____ **15.** El número de <u>fenotipos</u> producido para un rasgo determinado depende de cuántos genes controlen el rasgo.

_____ **16.** La altura en humanos es ejemplo de un rasgo <u>monogénico</u>.

_____ **17.** Cada gen de un rasgo poligénico suele tener dos o más <u>fenotipos</u>.

_____ **18.** Un único rasgo poligénico suele tener muchos posibles <u>genotipos</u>.

_____ **19.** Una gráfica simétrica con forma de campana es típica de los rasgos <u>poligénicos</u>.

20. Usa el diagrama de Venn para comparar y contrastar rasgos monogénicos y poligénicos.

Rasgos monogénicos   **Ambos**   **Rasgos poligénicos**

Aplica la gran idea

21. ¿Por qué la variación genética es importante para el proceso evolutivo?

_____

_____

_____

_____

_____

_____

_____

17.2 La evolución como cambio genético en las poblaciones

Objetivos de la lección

- Explicar cómo la selección natural afecta a los rasgos monogénicos y poligénicos.
- Describir la tendencia genética.
- Explicar qué efectos tienen diferentes factores sobre el equilibrio genético.

Resumen de la lección

Cómo funciona la selección natural La selección natural de un rasgo monogénico puede afectar las frecuencias alélicas y las frecuencias fenotípicas. En cuanto a los rasgos poligénicos, las poblaciones suelen presentar una variedad de fenotipos para un rasgo. En una gráfica, esta variedad forma una curva de distribución normal, con menos individuos con fenotipos extremos en relación a los que presentan fenotipos promedio (un pico puede ser grande o diminuto). La selección natural de rasgos poligénicos puede causar desplazamientos en la curva de distribución normal según el fenotipo que se seleccione.

- **La selección direccional** ocurre cuando los individuos en un extremo de la curva de distribución normal se adaptan mejor que los del medio o del otro extremo de la curva (si hay más semillas grandes, las aves con picos alargados son selectas).

- La **selección estabilizadora** se presenta cuando los individuos situados cerca del centro de la curva de distribución tienen una mayor aptitud que los individuos que se hallan en cualquiera de los extremos de la curva.

- La **selección disruptiva** ocurre cuando los individuos que se hallan en los extremos superior e inferior de la curva poseen una mayor capacidad de adaptación que los individuos que se hallan cerca del centro de la curva.

Tendencia genética El azar hace que los alelos de una población pequeña sean comunes o no. Este cambio en la frecuencia alélica es la **tendencia genética**.

- El **efecto de cuello de botella** es un cambio en la frecuencia alélica como consecuencia de una reducción drástica en el tamaño de la población.

- El **efecto fundador** es un cambio en la frecuencia alélica que puede ocurrir cuando algunos individuos de una población migran hacia un nuevo hábitat y lo colonizan.

La evolución comparada con el equilibrio genético Si las frecuencias alélicas de una población no cambian, la población está en **equilibrio genético** y la evolución no ocurre.

- El **principio de Hardy-Weinberg** afirma que las frecuencias alélicas de una población permanecen constantes a menos que uno o más factores ocasionen que esas frecuencias cambien. Estos factores incluyen: el apareamiento no aleatorio, un tamaño poblacional pequeño, la inmigración o emigración, las mutaciones y la selección natural.

- El equilibrio genético es raro en una población. La evolución ocurre casi siempre. Por ejemplo, muchas especies presentan patrones de apareamiento no aleatorios. La **selección sexual**—el organismo elige una pareja por sus rasgos heredables (tamaño, fuerza)—es una práctica común.

¿Cómo funciona la selección natural?

1. Si un rasgo hace que sea menos probable que un organismo sobreviva y se reproduzca, ¿que le sucedería al alelo para ese rasgo? _____

_____

2. Si un rasgo no tuviera ningún efecto sobre la aptitud de un organismo, ¿que podría sucederle al alelo para ese rasgo? _____

_____

Usa la tabla que muestra la evolución de una población de ratones para responder a las preguntas 3 a 5.

Población inicial	Generación 10	Generación 20	Generación 30
90%	80%	70%	40%
10%	20%	30%	60%

3. ¿El rasgo para el color del pelaje es un rasgo monogénico o poligénico? Explica tu respuesta.

_____

_____

4. Describe cómo cambia la frecuencia relativa de los alelos del color del pelaje en esta población y propón una explicación de este cambio.

_____

_____

_____

5. Supón que una mutación ocasiona que surja un fenotipo de pelaje blanco en la población. ¿Qué podría sucederle a la población de ratones después de 40 generaciones?

_____

_____

_____

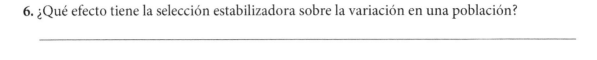
6. ¿Qué efecto tiene la selección estabilizadora sobre la variación en una población?

_____

_____

Para las preguntas 7 a 9, relaciona el tipo de selección con la situación correcta.

Tipo de selección

_____ **7.** Direccional

_____ **8.** Estabilizadora

_____ **9.** Disruptiva

Situación

A. Los individuos que se encuentran en los extremos superior e inferior de la curva tienen una mayor aptitud que los individuos que se encuentran cerca del centro de la curva.

B. Los individuos que se encuentran en un extremo de la curva tienen una aptitud mayor que los individuos del centro o del otro extremo.

C. Los individuos que se encuentran cerca del centro de la curva tienen una aptitud mayor que los individuos que se encuentran en cualquier extremo.

10. RAZONAMIENTO VISUAL   Dibuja la línea que falta en la gráfica de la derecha para mostrar cómo la selección disruptiva afecta el tamaño del pico.

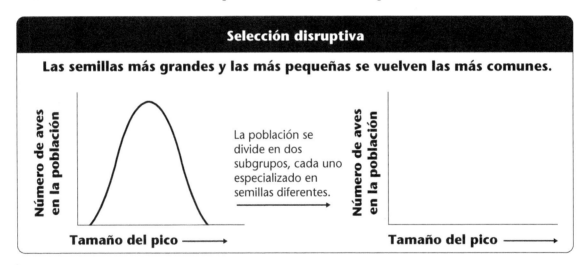

Selección disruptiva

Las semillas más grandes y las más pequeñas se vuelven las más comunes.

La población se divide en dos subgrupos, cada uno especializado en semillas diferentes.

Número de aves en la población

Tamaño del pico

Tendencia genética

Para las preguntas 11 a 13, completa cada oración con la palabra correcta.

11. En las poblaciones pequeñas, los cambios aleatorios en las _____ reciben el nombre de tendencia genética.

12. La situación en la que las frecuencias alélicas cambian como resultado de la migración de un pequeño subgrupo de la población se conoce como el _____.

13. El _____ es un cambio en la frecuencia alélica después de una reducción drástica en el tamaño de una población.

14. Completa el mapa de conceptos.

```
                    ┌─────────────────────┐
                    │  Tendencia genética │
                    └─────────────────────┘
                              │
                     puede ser resultado de
                  ┌───────────┴───────────┐
    ┌─────────────────────────┐   ┌─────────────────────────┐
    │ Efecto de cuello de botella │   │                         │
    └─────────────────────────┘   └─────────────────────────┘
              │                               │
         ocasionado por                  ocasionado por
    ┌─────────────────────────┐   ┌─────────────────────────┐
    │                         │   │                         │
    └─────────────────────────┘   └─────────────────────────┘
```

La evolución comparada con el equilibrio genético

15. ¿Qué plantea el principio de Hardy-Weinberg? _____
_____

16. ¿Qué es el equilibrio genético? _____
_____

17. Menciona las cinco condiciones que pueden perturbar el equilibrio genético y ocasionar que ocurra la evolución.
_____
_____

18. Explica cómo la selección sexual ocasiona el apareamiento no aleatorio.
_____
_____

Aplica la gran idea

19. Supón que una población de insectos vive en un hábitat arenoso. Algunos de los insectos tienen el cuerpo de color canela y otros lo tienen verde. Con el tiempo, el hábitat se transforma en un prado repleto de pasto. Usa las ideas de la selección natural para explicar cómo y por qué cambiaría la población de insectos.
_____
_____
_____
_____

17.3 El proceso de especiación

Objetivos de la lección

- Identificar los tipos de aislamiento que pueden generar nuevas especies.
- Describir la hipótesis actual acerca de la especiación del pinzón de Galápagos.

Resumen de la lección

Mecanismos de aislamiento La **especiación** es la formación de nuevas especies. Para que una especie evolucione hasta formar dos nuevas, se deben separar o aislar reproductivamente los caudales genéticos de dos poblaciones. El **aislamiento reproductivo** ocurre cuando los miembros de dos poblaciones no se aparean y producen descendencia fértil. El aislamiento reproductivo puede desarrollarse mediante el aislamiento conductual, geográfico o temporal.

- El **aislamiento conductual** ocurre cuando las poblaciones tienen diferencias en sus rituales de cortejo o en otros comportamientos que participan en la reproducción.
- El **aislamiento geográfico** ocurre cuando las poblaciones quedan separadas por barreras geográficas, como montañas o ríos.
- El **aislamiento temporal** ocurre cuando las poblaciones se reproducen en momentos diferentes.

La especiación en los pinzones de Darwin El trabajo de Peter y Rosemary Grant apoya la hipótesis de que la especiación de los pinzones de Galápagos fue, y continúa siendo, resultado del efecto fundador y de la selección natural.

- La especiación en los pinzones de Galápagos probablemente fue resultado de una secuencia de acontecimientos que implicó la fundación de una nueva población, el aislamiento geográfico, los cambios en el caudal genético, el aislamiento conductual y la competencia ecológica.
- Por ejemplo, algunos pinzones pudieron volar del continente sudamericano a una de las islas, donde sobrevivieron y se reprodujeron. Es probable que algunas aves cruzaran a una segunda isla, y que las dos poblaciones quedaran aisladas geográficamente. El tamaño de las semillas de la segunda isla favoreció a las aves con picos más grandes, de manera que la población allí evolucionó hasta formar una población con picos más largos. Finalmente, estas aves con picos largos quedaron reproductivamente aisladas y evolucionaron hasta formar una nueva especie.

Mecanismos de aislamiento

1. ¿Qué es la especiación?

_____

2. ¿Qué implicaciones tiene para dos especies estar aisladas reproductivamente entre sí?

_____

3. ¿Qué debe suceder para que una nueva especie evolucione?

_____

4. Menciona tres formas en que ocurre el aislamiento reproductivo.

_____

_____

5. ¿Cuándo ocurre el aislamiento conductual?

_____

_____

_____

6. ¿Cuándo ocurre el aislamiento geográfico?

_____

_____

_____

7. Menciona un ejemplo de aislamiento temporal.

_____

_____

_____

8. Supón que un volcán submarino forma un monte oceánico. Las aves provenientes del continente colonizan esa isla. ¿Cómo podría este suceso ocasionar la especiación?

_____

_____

_____

_____

_____

Especiación en los pinzones de Darwin

Para las preguntas 9 a 13, completa cada oración con la palabra correcta.

9. Peter y Rosemary Grant pasaron años en las Islas Galápagos estudiando los cambios en las poblaciones de _____ .

10. Muchas características de los pinzones aparecen en curvas de distribución normal típicas de los rasgos _____ .

11. Los ancestros de los pinzones de las Islas Galápagos originalmente llegaron de la parte continental de _____ .

12. Las poblaciones de pinzones en islas separadas quedaron aisladas _____ entre ellas por grandes extensiones de aguas abiertas.

13. Los pinzones con picos grandes que prefieren aparearse con otros pinzones de picos grandes están aislados _____ de los pinzones de picos cortos que habitan en la misma isla.

14. Escribe un párrafo que resuma cómo es probable que haya ocurrido la especiación en los pinzones de Galápagos. Usa los siguientes términos en tu respuesta: *aislamiento geográfico, caudales genéticos, aislamiento conductual y competencia.*

_____
_____
_____
_____
_____
_____
_____
_____
_____
_____
_____
_____
_____
_____
_____
_____
_____
_____

Aplica la gran idea

15. Explica por qué el aislamiento reproductivo es necesario para que las poblaciones separadas de la misma especie evolucionen hasta dar lugar a una especie diferente.

_____
_____
_____
_____
_____
_____

17.4 Evolución molecular

Objetivos de la lección

- Explicar cómo se usan los relojes moleculares.
- Explicar cómo evolucionan los nuevos genes.
- Describir la función de los genes Hox en el cambio evolutivo.

Resumen de la lección

Medir el tiempo en la separación entre linajes: Los relojes moleculares:
Un **reloj molecular** utiliza las tasas de mutación en el ADN para estimar el lapso de tiempo en que dos especies han evolucionado de manera independiente.

▶ Los modelos del reloj molecular asumen que las mutaciones neutrales, es decir, las que no afectan al fenotipo, se acumulan en el ADN de diferentes especies a casi la misma velocidad.

▶ Dos especies que evolucionan de manera independiente entre sí acumularán diferentes mutaciones neutrales en el transcurso del tiempo. Cuantas más diferencias se encuentren en sus ADN, más tiempo habrá transcurrido desde su origen a partir de un ancestro común.

Duplicación genética Los nuevos genes evolucionan mediante la duplicación y después por la modificación de genes existentes.

▶ Los organismos pueden portar varias copias del mismo gen. Las copias adicionales de un gen pueden experimentar mutaciones.

▶ El gen mutado puede tener una nueva función, diferente a la del gen original. De esta forma, los nuevos genes evolucionan.

▶ Las múltiples copias de un gen duplicado pueden convertirse en una familia de genes.

Genes que regulan el desarrollo y el plan corporal Los investigadores estudian la relación entre la evolución y el desarrollo embriológico.

▶ Algunos genes, llamados genes Hox, controlan la forma del cuerpo de los animales.

▶ Los pequeños cambios en los genes Hox durante el desarrollo embriológico pueden producir cambios importantes en los organismos adultos.

▶ Algunos científicos piensan que los cambios en los genes Hox contribuyen a cambios evolutivos importantes.

Medir el tiempo en la separación entre linajes: Los relojes moleculares

1. ¿Qué es un reloj molecular?

_____

2. ¿Por qué sólo las mutaciones neutrales son útiles para los relojes moleculares?

_____

3. ¿Por qué existen muchos relojes moleculares en un genoma y no sólo uno?

_____

_____

Usa el diagrama de una especie ancestral para responder a las preguntas 4 y 5. Cada dibujo del diagrama representa un gen. Cada porción sombreada de un gen representa una mutación.

Un gen de una especie ancestral

4. ¿Qué especie es la que está más estrechamente relacionada con la especie B? Explica tu respuesta.

_____

_____

_____

_____

_____

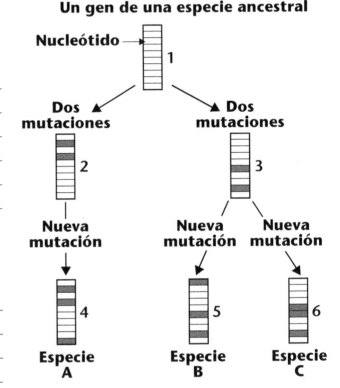

5. ¿Cómo puedes justificar que probablemente la especie C no sea descendiente de un organismo con el gen 2?

_____

_____

_____

_____

_____

_____

Duplicación genética

Para las preguntas 6 y 7, escribe la letra de la respuesta correcta en la línea de la izquierda.

_____ **6.** Las múltiples copias de un gen duplicado pueden convertirse en un grupo de genes relacionados llamado

    A. globinas.

    B. duplicaciones.

    C. gen Hox.

    D. familia de genes.

_____ **7.** Un cromosoma puede recibir varias copias del mismo gen durante el proceso de

    A. entrecruzamiento.

    B. mutación genética.

    C. expresión genética.

    D. D. selección artificial.

8. Completa el siguiente diagrama de flujo para mostrar cómo evoluciona un nuevo gen a partir de un gen duplicado.

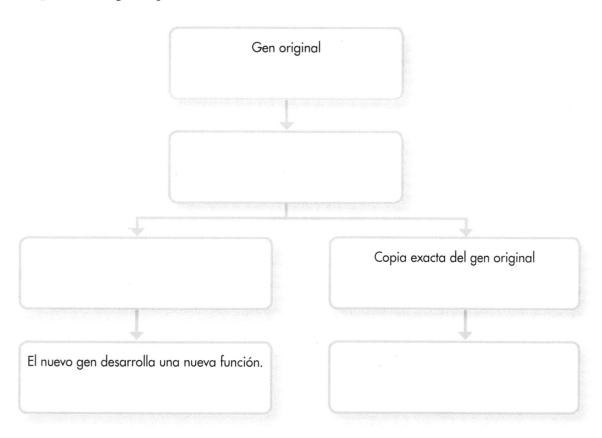

| Gen original |

| |

| | | Copia exacta del gen original |

| El nuevo gen desarrolla una nueva función. | | |

Genes que regulan el desarrollo y el plan corporal

9. ¿Qué factores genéticos podrían ser responsables de un cambio en el plan corporal de un organismo?

_____

_____

_____

10. ¿De qué forma pueden los genes Hox ayudar a revelar cómo ocurrió la evolución?

_____

_____

_____

_____

_____

Repaso del vocabulario del capítulo

Para las preguntas 1 a 8, completa cada oración con la palabra correcta.

1. En una población pequeña, un cambio aleatorio en la frecuencia alélica recibe el nombre de _____.

2. Cuando las aves no pueden aparearse debido a que tienen diferentes cantos de apareamiento, están separadas por el aislamiento _____.

3. La situación en que las frecuencias alélicas cambian como resultado de la migración de un pequeño subgrupo poblacional se conoce como el _____.

4. Dos especies relacionadas que viven en la misma área pero que se aparean en estaciones diferentes están separadas por el aislamiento _____.

5. Un _____ es un rasgo controlado por solo gen.

6. El _____ es un cambio en la frecuencia alélica como resultado de una reducción drástica en el tamaño de la población.

7. La _____ es el número de veces que un alelo aparece en un caudal genético, en comparación con el número total de alelos en ese caudal para el mismo gen.

Para las preguntas 8 a 16, escribe Cierto *si la oración es cierta. Si la oración es falsa, cambia la(s) palabra(s) subrayada(s) para que la oración sea cierta.*

_____ 8. Todos los genes de una población componen su <u>frecuencia alélica</u>.

_____ 9. Los rasgos controlados por dos o más genes son <u>rasgos poligénicos</u>.

_____ 10. El <u>aislamiento reproductivo</u> ocurre cuando los miembros de dos poblaciones no se aparean y producen descendencia fértil.

_____ 11. La separación de dos poblaciones por barreras como ríos o montañas ocasiona aislamiento <u>temporal</u>.

_____ 12. El principio de <u>Hardy-Weinberg</u> establece que las frecuencias alélicas en una población permanecerán constantes a menos que uno o más factores ocasionen que cambien.

_____ 13. La <u>tendencia genética</u> es la formación de nuevas especies.

_____ 14. El efecto <u>fundador ocurre</u> cuando las frecuencias alélicas de una población permanecen constantes.

_____ 15. Para los rasgos poligénicos, cuando los individuos cerca del centro de la curva de distribución normal tienen una mayor capacidad de adaptación que los individuos en cualquier extremo, ocurre la <u>selección disruptiva</u>.

_____ 16. Cuando los investigadores usan un <u>reloj molecular</u>, comparan tramos de ADN para marcar el transcurso del tiempo evolutivo.

MISTERIO DEL
CAPÍTULO

EPIDEMIA

El Misterio del capítulo se enfoca en el surgimiento de la mortal cepa de influenza que ocasionó la epidemia cataclísmica de 1918. Actualmente, equipos de científicos, doctores y otros especialistas de la salud se esfuerzan para impedir que las enfermedades contagiosas se diseminen y salgan de control.

Aprendizaje en el siglo XXI

Prevenir la siguiente epidemia

La Red Mundial de Alerta y Respuesta ante Brotes Epidémicos (GOARN, por sus siglas en inglés) es un grupo de gran importancia —y, sin embargo, poco conocido— que sirve como un mecanismo internacional de alerta anticipada para evitar y contener brotes epidémicos. Tiene su sede en Ginebra, Suiza, en las oficinas generales de la Organización Mundial de la Salud, la cual forma parte del sistema de las Naciones Unidas.

Lee este estudio sobre el trabajo de GOARN para controlar el SARS.

El papel de GOARN para impedir la propagación del SARS

A finales de 2002, se presentó en el sur de China un brote de un tipo extraño y mortal de neumonía. Después de aparecer otros casos a principios de 2003 en Vietnam y Hong Kong, los doctores bautizaron al misterioso padecimiento como "síndrome respiratorio agudo severo" o SARS. El virus se propagaba rápidamente y ningún medicamento parecía ser lo bastante eficaz para detenerlo. El SARS mató a muchas de las personas que infectó; en cuestión de meses, varios casos de SARS comenzaron a aparecer en más de una docena de países en todo el mundo.

Desde el principio, la Red Mundial de Alerta y Respuesta ante Brotes Epidémicos (GOARN) obró con diligencia. El personal de GOARN fue a muchos países para apoyar a los profesionales que luchaban contra el SARS. Siguieron a la enfermedad para controlar su diseminación. Si bien el personal de GOARN logró coordinar los esfuerzos de aislamiento y tomar muestras sanguíneas de pacientes infectados, también organizó a los científicos de la red de laboratorios de GOARN. Los laboratorios, ubicados en nueve países, estudiaban las muestras sanguíneas para identificar las causas del SARS.

GOARN estableció un sitio de Internet seguro mediante el cual la red internacional de investigadores podía mantenerse en contacto las veinticuatro horas del día, mientras trabajaba. El sistema de comunicaciones estaba tan bien diseñado que los científicos podían presentar muestras de pacientes e imágenes de microscopio electrónico en tiempo real a colegas de otros continentes. Los detalles sobre cada análisis y prueba de muestras se publicaban de inmediato en línea, para que otros investigadores pudieran usar la información relevante. Los científicos de estos laboratorios participaban a diario en teleconferencias para analizar el progreso y los obstáculos. Gracias a la extraordinaria colaboración global, GOARN pudo identificar al virus mutante, causante del SARS *en menos de dos semanas.*

La red de científicos de GOARN identificó con éxito al agente causante y contuvo la propagación del SARS en tiempo récord. Pero los investigadores afirman que una cepa virulenta de influenza podría diseminarse a mayor velocidad que el SARS. Así que, día y noche, el equipo de GOARN permanece alerta, monitoreando los brotes de la enfermedad, en todo el mundo.

Continúa en la próxima página ▶

Asuntos del siglo XXI Ciencia y conciencia global

1. ¿Qué medidas prácticas implementó GOARN para luchar contra el SARS?

_____

_____

2. ¿Qué medidas tomó GOARN para identificar el agente causante del SARS?

_____

_____

3. ¿Tuvo éxito la colaboración internacional entre los laboratorios para identificar al virus causante del SARS? Si así fue, ¿cuáles fueron los factores clave determinantes del éxito?

_____

_____

4. ¿Cómo consideras que GOARN podría mejorar su tiempo de respuesta ante una enfermedad nueva?

_____

_____

5. En la actualidad, los nuevos virus se pueden propagar con mayor rapidez que nunca. ¿Qué factores consideras que hayan contribuido a esta rapidez de transmisión?

_____

_____

Destrezas para el siglo XXI Revisión de los medios de comunicación

Las destrezas que se emplean en esta actividad suponen **conocimientos sobre medios de comunicación e información, razonamiento crítico, comprensión de sistemas** e **independencia**.

Varios libros y películas están basados en la posibilidad de que se desate un brote epidémico. Dos ejemplos son la obra de suspenso, escrita por Richard Preston en 1995 y basada en hechos reales, *The Hot Zone: A Terrifying True Story* y el largometraje de Hollywood de 1993, *Outbreak*. En la biblioteca u otra fuente local, busca un libro o película que dramatice la amenaza de una enfermedad epidémica. También, investiga más acerca de cómo GOARN ayuda a combatir las epidemias. Quizá te convenga comenzar visitando el sitio de Internet de la Organización Mundial de la Salud.

Después de obtener la autorización de tu maestro, escribe una reseña en la que analices el libro o la película y cómo se compara su tratamiento del tema con lo que has aprendido acerca de las actividades reales de monitoreo y prevención que realiza GOARN.

18 La clasificación

la gran idea Unidad y diversidad de la vida

P: ¿Por qué los biólogos clasifican a los seres vivos?

LO QUE SÉ	LO QUE APRENDÍ
18.1 ¿Por qué los científicos clasifican los organismos?	
18.2 ¿De qué manera las relaciones evolutivas afectan la manera en que los científicos clasifican los organismos?	
18.3 ¿Cuáles son los grupos principales dentro de los que se clasifican todos los organismos actualmente?	

18.1 Hallar un orden en la diversidad

Objetivos de la lección

- Describir las metas de la nomenclatura binaria y la sistemática.
- Identificar los taxones en el sistema de clasificación ideado por Linneo.

Resumen de la lección

Asignación de nombres científicos Para estudiar la gran diversidad de organismos que hay en la Tierra, los biólogos asignan un nombre a cada uno. También organizan a los seres vivos en grupos de una manera lógica. Por tanto, necesitan un sistema de clasificación. La ciencia de nombrar y agrupar a los organismos se llama **sistemática**.

En la década de 1730, Carlos Linneo desarrolló un sistema de denominación, llamado **nomenclatura binaria**. En él, se asigna a cada especie un nombre científico de dos partes:

- La primera parte del nombre se refiere al **género**, es decir, al grupo de especies semejantes.
- La segunda parte del nombre es única para cada especie.

Sistema de clasificación de Linneo El sistema de clasificación de Linneo tiene siete niveles diferentes. Del menor al mayor, los niveles son: especie, género, familia, orden, clase, filo y reino. Cada nivel de clasificación se llama **taxón**.

- Igual que el género es un grupo de especies semejantes, una **familia** es un grupo de géneros semejantes.
- Un **orden** es un grupo de familias semejantes.
- Una **clase** es un grupo de órdenes semejantes.
- Un **filo** es un grupo de clases semejantes.
- Un **reino** es un grupo de filos semejantes.

Asignación de nombres científicos

1. Completa el organizador gráfico.

Un nombre científico útil debe tener dos características:

Para las preguntas 2 y 3, escribe la letra de la respuesta correcta.

_____ 2. ¿Cómo se llama la ciencia que nombra y agrupa a los organismos?

    A. genética

    B. especiación

    C. sistemática

    D. linnología

_____ 3. Los sistemáticos modernos tratan de agrupar a los organismos según

    A. su tamaño.

    B. sus relaciones evolutivas.

    C. su nicho ecológico.

    D. su apariencia física.

4. ¿Por qué podría ser confuso designar a los organismos con nombres comunes?

_____

_____

_____

5. ¿Qué es la nomenclatura binaria?

_____

_____

6. ¿A qué género pertenece el oso pardo *Ursus arctos*?

_____

7. ¿Cuál es la manera correcta de escribir los nombres científicos en el sistema de nomenclatura binaria?

_____

_____

Sistema de clasificación de Linneo

Para las preguntas 8 a 10, completa cada oración con la palabra correcta.

8. La meta de la sistemática es organizar a los seres vivos en grupos llamados

_____, que tienen un significado biológico.

9. La categoría taxonómica más grande del sistema de clasificación de Linneo es

_____, en tanto que la más pequeña es _____.

10. Las clases semejantes se agrupan en _____, y los órdenes semejantes se agrupan

en _____.

11. RAZONAMIENTO VISUAL Escribe el nombre de las categorías taxonómicas que faltan en el siguiente diagrama.

REINO
Animal

_____
Cordados

_____
Mamíferos

_____
Carnívoros

_____
Úrsidos

_____
Ursus

ESPECIE
Ursus arctos

Aplica la **gran** idea

12. ¿Cómo ayuda el sistema de clasificación de Linneo a establecer la unidad de la vida?

_____

_____

_____

_____

_____

_____

_____

_____

18.2 La clasificación evolutiva moderna

Objetivos de la lección

- Explicar la diferencia entre la clasificación evolutiva y la clasificación de Linneo.
- Describir cómo hacer e interpretar un cladograma.
- Explicar el uso de las secuencias de ADN en la clasificación.

Resumen de la lección

Clasificación evolutiva El estudio de las relaciones evolutivas entre los organismos se llama **filogenia**. La clasificación que se basa en las relaciones evolutivas se llama sistemática filogenética o clasificación evolutiva.

▶ La clasificación evolutiva coloca a los organismos en los taxones superiores si sus miembros están más estrechamente relacionados entre sí de lo que lo están con los miembros de cualquier otro grupo. Cuanto más grande es el taxón, más tiempo han compartido todos sus miembros un ancestro común.

▶ En este sistema, los organismos se colocan en grupos llamados clados. Un **clado** es un grupo de especies que incluye a un único ancestro y a todos sus descendientes. Y debe ser un grupo monofilético. Un **grupo monofilético** incluye a todas las especies que descienden de un ancestro común y excluye a todas las que no descienden de ese ancestro.

Cladogramas Un **cladograma** es un diagrama que muestra cómo las especies y los taxones superiores se relacionan entre sí. Muestra cómo se ramificaron las líneas evolutivas, o linajes, de ancestros comunes.

▶ En un cladograma, el lugar donde se divide el linaje ancestral se llama rama o nodo. Éstos representan el punto en el que nuevos linajes compartieron por última vez un ancestro común.

▶ La parte inferior del diagrama, o la raíz, representa al ancestro que todos los organismos del cladograma comparten.

▶ El análisis cladístico se basa en rasgos compartidos específicos o caracteres. Un **carácter derivado** es un rasgo que surgió en el ancestro común más reciente de un linaje específico y que se transmitió a todos sus descendientes.

El ADN en la clasificación Todos los organismos tienen ADN. Debido a que el ADN es tan semejante en todas las formas de vida, esta molécula se puede comparar en diferentes especies. En general, cuantos más caracteres genéticos derivados compartan dos especies, más recientemente compartieron un ancestro común y más estrechamente están relacionadas.

Clasificación evolutiva

1. ¿Cómo cambió la teoría de la evolución de Darwin la manera en que los biólogos pensaban en las categorías de clasificación?

_____

_____

2. Describe la meta de la sistemática filogenética (clasificación evolutiva).

_____

_____

3. ¿Qué grupo de organismos tendría el ancestro común más reciente: los miembros de un clado que corresponden a un género o los de un clado que corresponden a un orden? Explica tu respuesta.

_____

_____

_____

_____

4. Usa el diagrama de Venn para comparar y contrastar las definiciones de la clase y clado linneanos Reptiles.

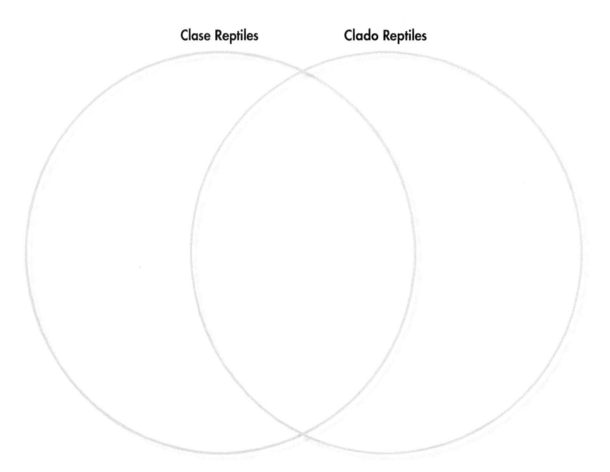

Clase Reptiles   **Clado Reptiles**

Para las preguntas 5 a 7, completa cada oración con la(s) palabra(s) correcta(s).

5. Las especies que descienden de _____ forman un grupo monofilético.

6. _____ es el estudio de las relaciones entre organismos vivos y extintos.

7. Un clado incluye a un ancestro común y a todos sus descendientes, vivos o

_____ .

Cladogramas

Para las preguntas 8 a 10, completa cada oración con la(s) palabra(s) correcta(s).

8. Un diagrama que muestra las relaciones evolutivas entre un grupo de organismos se llama

_____.

9. El lugar donde se divide el linaje ancestral en un cladograma se llama rama, o

_____.

10. Las características que sólo comparten los miembros de un clado se llaman

_____.

11. RAZONAMIENTO VISUAL | Examina el siguiente cladograma:

• Sombrea los dos organismos pertenecientes a un clado que no incluye al tercer organismo. Dibuja rayas en el organismo que no pertenece al clado.

• Encierra en un círculo el punto del cladograma que muestra al ancestro común más reciente del cangrejo y el percebe.

• Marca con una X el punto del cladograma que muestra el ancestro común más reciente de los moluscos y los crustáceos.

• Subraya las características que tienen en común los tres organismos.

CLADOGRAMA

Crustáceos — Cangrejo, Percebe

Molusco — Lapa

Esqueleto externo mudado

Segmentación

Diminutas larvas nadadoras

El ADN en la clasificación

12. ¿Por qué los genes se pueden considerar caracteres derivados?

_____

_____

_____

Usa la siguiente ilustración para responder a las preguntas 13 a 15.

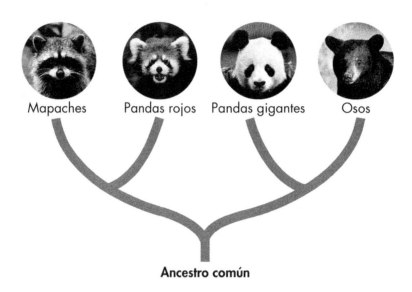

Mapaches   Pandas rojos   Pandas gigantes   Osos

Ancestro común

13. Según la ilustración, ¿qué especie está relacionada más estrechamente con los pandas rojos?

_____

14. A pesar de que los pandas gigantes y los mapaches comparten algunas semejanzas anatómicas claras, están en clados diferentes. ¿Qué tipo de pruebas crees que se usaron para elaborar este diagrama?

_____

15. Los biólogos anteriormente habían clasificado a los pandas gigantes con los mapaches y los pandas rojos. ¿Qué reveló el análisis de ADN sobre los pandas gigantes y los osos?

_____

_____

16. Tanto los seres humanos como las levaduras tienen un gen que codifica la proteína miosina. ¿Qué indica esto sobre su ascendencia?

_____

_____

_____

18.3 Elaboración del árbol de la vida

Objetivos de la lección

- Nombrar los seis reinos de la vida tal y como se identifican actualmente.
- Explicar lo que representa el árbol de la vida.

Resumen de la lección

Cambio de ideas sobre los reinos Al saber más del mundo natural, los biólogos vieron que los dos reinos de Linneo, Animales y Plantas, no representaban todas las formas de vida.

- Los investigadores descubrieron que los microorganismos eran muy diferentes de las plantas y los animales. Los colocaron en su propio reino, llamado Protista.

- Después, las levaduras, los mohos y los hongos fueron separados de las plantas y colocados en su propio reino, llamado Hongos.

- Debido a que las bacterias carecen de núcleos, mitocondrias y cloroplastos, fueron separados de los Protistas y colocados en otro nuevo reino, llamado Monera.

- En la década de 1990, el reino Monera fue dividido en dos reinos: Eubacterias y Arqueobacterias. El sistema de clasificación de seis reinos incluye los reinos Eubacterias, Arqueobacterias, Protistas, Hongos, Plantas y Animales.

- La genética reveló que dos grupos procariotas son incluso más diferentes entre sí y de los eucariotas de lo que se pensaba. Esto llevó a la creación de un nuevo taxón, llamado dominio. El **dominio** es una categoría más grande e inclusiva que un reino. El sistema de tres dominios consiste en Bacterias, Arqueas y *Eukarya* (eucariontes).

- El dominio de las Bacterias corresponde al reino Eubacterias. El dominio de las Arqueas corresponde al reino Arqueobacterias. El dominio de las *Eukarya* (eucariontes) corresponde a los reinos de los Hongos, Plantas, Animales y "Protistas".

- Se usan comillas en el antiguo reino Protista para indicar que no es un clado válido.

El árbol de toda la vida El árbol de la vida muestra las hipótesis actuales sobre las relaciones evolutivas entre los taxones dentro de los tres diferentes dominios de la vida.

- El dominio formado por las **Bacterias** incluye a los organismos unicelulares que no tienen núcleo. Tienen paredes celulares que contienen una sustancia llamada peptidoglicano.

- El dominio formado por las **Arqueas** también incluye a los organismos unicelulares que no tienen núcleo. Estos organismos tienen paredes celulares sin peptidoglicano.

- El dominio formado por las ***Eukarya* (eucariontes)** incluye los cuatro reinos restantes: "Protista", Hongos, Plantas y Animales. Todos tienen células con núcleo.

  - Casi todos los miembros del reino "Protista" son organismos unicelulares. Algunos protistas son fotosintéticos; otros son heterótrofos.

  - Casi todos los miembros del reino de los Hongos son multicelulares y todos los miembros de este reino son heterótrofos con paredes celulares que contienen quitina.

  - Todos los miembros del reino de las Plantas son multicelulares y fotosintéticos. La mayoría de las plantas son inmóviles y sus células tienen paredes celulares.

  - Todos los miembros del reino Animal son heterótrofos multicelulares. La mayoría de los animales son móviles y sus células carecen de paredes celulares.

Cambio de ideas sobre los reinos

1. ¿Qué rasgos fundamentales usó Linneo para separar las plantas de los animales?

_____
_____
_____
_____

2. ¿Qué tipos de organismos fueron colocados al principio en el reino Protistas?

_____

3. ¿Qué tipos de organismos fueron colocados en el reino Hongos?

_____

4. ¿Por qué los científicos colocaron a las bacterias en su propio reino, el Monera?

_____
_____

5. ¿En qué par de reinos se dividió el reino Monera?

_____

6. Completa el mapa de conceptos.

El sistema de seis reinos

incluye

Animales

7. ¿Qué es un dominio?

_____
_____

8. ¿Qué reveló el análisis genómico sobre los dos grupos procariotas?

_____
_____

El árbol de toda la vida

9. Completa la siguiente tabla.

Clasificación de los seres vivos		
Dominio	**Reino**	**Ejemplos**
	Eubacteria	*Salmonella tifimurium*
Arqueas		arquea *Sulfolobus*
	"Protistas"	
		hongos, levaduras
	Plantas	
		Esponjas, gusanos, insectos, peces, mamíferos

Relaciona el reino con la descripción que aplica a los miembros de ese reino.

Reino

_____ **10.** "Protistas"

_____ **11.** Hongos

_____ **12.** Plantas

_____ **13.** Animales

Descripción

A. Se alimentan de materia orgánica muerta o en descomposición.

B. No tienen paredes celulares y son móviles.

C. Son el grupo de eucariotas que "atrapa todo".

D. Incluyen a los musgos y helechos.

Aplica la gran idea

14. ¿Qué características hicieron que los camellos se clasificaran en el mismo dominio, reino, filo y clase que los perros?

_____

_____

_____

_____

_____

Repaso del vocabulario del capítulo

Escribe la letra de la definición de cada término.

Término

_____ 1. filogenia

_____ 2. Bacterias

_____ 3. orden

_____ 4. filo

_____ 5. clado

_____ 6. clase

_____ 7. Eukarya

_____ 8. dominio

Definición

A. El dominio que contiene a todos los organismos con núcleo

B. El dominio que contiene organismos que son procariotas y unicelulares

C. Un grupo de clases

D. Un grupo de órdenes

E. Un grupo de familias

F. Un grupo de especies que incluye a un único ancestro común y a todos los descendientes de dicho ancestro

G. Una categoría más grande e inclusiva que el reino

H. El estudio de las relaciones entre los organismos vivos y extintos

Para las preguntas 9 a 18, completa cada oración con la(s) palabra(s) correcta(s).

9. Los miembros del dominio _____ viven en algunos de los ambientes más extremos de la Tierra.

10. _____ es un rasgo que surgió en el ancestro común más reciente de un linaje específico y se transmitió a sus descendientes.

11. Los organismos multicelulares móviles están colocados en _____ Animal.

12. Bajo el sistema de clasificación de Linneo, los géneros semejantes se colocaban en una categoría más grande llamada _____.

13. Las familias, los órdenes, las clases y los filos son _____.

14. La ciencia que nombra y agrupa los organismos se llama _____.

15. _____ muestra los grados relativos de parentesco entre los linajes.

16. El nombre *Ursus arctos* es un ejemplo del nombre científico de dos partes que se asigna en el sistema de _____.

17. _____ es un grupo de especies semejantes.

18. Un clado está compuesto por _____.

MISTERIO DEL CAPÍTULO

ENTRE OSOS

Como aprendiste al resolver el misterio, la pregunta de qué define a una especie a veces es difícil de responder. Esta distinción no solamente es importante para los científicos. También puede tener repercusiones legales.

Aprendizaje en el siglo XXI

Protección legal para una especie en peligro de extinción

WASHINGTON, D.C.— El 14 de mayo de 2008, el Secretario del Interior, Dirk Kempthorne, anunció que aceptaría la recomendación del Servicio de Pesca y Vida Silvestre de Estados Unidos para catalogar al oso polar como una especie amenazada según la Ley de Especies en Peligro de Extinción (ESA, por sus siglas en inglés). La sección 3 de la Ley de Especies en Peligro de Extinción de 1973 define a una especie en peligro de extinción como cualquier especie "que manifieste el peligro de su extinción a través de todas o algunas porciones importantes de su rango". A continuación se muestra el primer párrafo del decreto.

ORGANISMO: Servicio de Pesca y Vida Silvestre, Departamento del Interior

ACCIÓN: Decreto final

RESUMEN: Nosotros, el Servicio de Pesca y Vida Silvestre de Estados Unidos, determinamos otorgarle la categoría de amenazado al oso polar (*Ursus maritimus*) según la Ley de Especies en Peligro de Extinción de 1973, y su enmienda (16 U.S.C. 1531 et seq.). Los osos polares evolucionaron para poder utilizar el nicho del hielo del océano Ártico y están distribuidos a lo largo de casi todos los mares cubiertos de hielo del hemisferio norte.

Hemos descubierto, con base en la mejor información científica y comercial disponible, que el hábitat del oso polar, sobre todo el hielo del mar, se está deteriorando a través de todo el rango de la especie; que se espera que este deterioro continúe en el futuro inmediato; y que esta pérdida amenaza a la especie a través de todo su rango. Por tanto, llegamos a la conclusión de que el oso polar probablemente se convertirá en una especie en peligro de extinción en el futuro inmediato a través de todo su rango.

Continúa en la próxima página ▶

Nombre _____ Clase _____ Fecha _____

Asuntos del siglo XXI Conocimientos de ciencias
y cívica

1. ¿Quién escribió el documento y quién dictaminó su aceptación con base en sus descubrimientos?

_____

_____

2. ¿Cómo define el gobierno de Estados Unidos a una especie en peligro de extinción?

_____

_____

_____

3. Al emitir su dictamen, el gobierno de Estados Unidos consideró no sólo la información científica, sino también la comercial. ¿Qué crees que signifique esto?

_____

_____

_____

4. ¿Por qué se está catalogando al oso polar como una especie amenazada?

_____

_____

5. El gobierno cataloga al oso polar como una especie amenazada, no como una especie en peligro de extinción. ¿Qué riesgo corren las especies catalogadas como amenazadas?

_____

_____

_____

Destrezas para el siglo XXI Actualización:
Categoría de los
osos polares

Entre las destrezas utilizadas en esta actividad están **conocimientos sobre medios de comunicación e información, destrezas de comunicación,** y **razonamiento crítico y comprensión de sistemas.**

Trabaja en un grupo pequeño para dar un informe detallado a la clase sobre lo ocurrido con la categoría del oso polar desde que el gobierno de Estados Unidos emitió su primer decreto en mayo de 2008. Averigua si la categoría del oso polar ha cambiado y comenta si el gobierno tuvo razón en emitir el decreto cuando lo hizo.

Presenta tus descubrimientos a la clase usando una proyección digital de diapositivas.

Capítulo 18 • Workbook A • Cuaderno del estudiante © by Pearson Education, Inc., or its affiliates. All Rights Reserved.

298

19 La historia de la vida

la gran idea

Evolución

P: ¿Cómo comprenden los biólogos la historia de la vida en la Tierra por medio de los fósiles?

LO QUE SÉ	LO QUE APRENDÍ
19.1 ¿De qué manera los científicos usan los fósiles para estudiar la historia de la Tierra?		
19.2 ¿Cuáles son algunos de los patrones que ha seguido la evolución?		
19.3 ¿Qué ocurrió durante la historia temprana de la Tierra?		

19.1 Registro fósil

Objetivos de la lección

- Explicar qué información sobre la vida antigua pueden revelar los fósiles.
- Diferenciar la datación relativa y la datación radiométrica.
- Identificar las divisiones de la escala de tiempo geológico.
- Describir los procesos ambientales y seres vivos que han moldeado la vida en la Tierra.

Resumen de la lección

Fósiles y vida antigua Los fósiles han preservado los restos o rastros de la vida antigua.

▷ Los fósiles son la fuente de información más importante sobre las especies extintas. Una especie **extinta** es una especie que ha desaparecido.

▷ Casi todos los fósiles están preservados en rocas sedimentarias. Los sedimentos se acumulan en el transcurso del tiempo y entierran los restos y rastros de los organismos muertos.

▷ Los científicos que estudian los fósiles se llaman **paleontólogos**.

Datación de la historia de la Tierra Para determinar la edad de los fósiles se usa la datación relativa y la datación radiométrica.

▷ La **datación relativa** establece la edad relativa de los fósiles. Los que están en las capas de roca más profundas son más antiguos que los que están en las capas superficiales. El **fósil guía** representa a las especies que vivieron en un breve período pero en un amplio rango geográfico. Ayudan a determinar la edad relativa de capas de roca y fósiles.

▷ La **datación radiométrica** determina la edad aproximada de un fósil en años, mediante la proporción de isótopos radiactivos a isótopos no reactivos en una muestra. Los isótopos radiactivos de fósiles y capas de roca se desintegran a un ritmo constante, llamado **vida media**, el tiempo requerido para que se desintegre la mitad de los átomos radiactivos de una muestra. Su edad se calcula entre la vida media y su cantidad de átomos.

Escala de tiempo geológico La **escala de tiempo geológico** es la línea cronológica de la historia de la Tierra que se basa en la datación relativa y absoluta.

▷ La escala comienza en el Precámbrico.

▷ El tiempo geológico se divide en cuatro eones: Hadeico, Arcaico, Proterozoico y Fanerozoico. El eón Fanerozoico se divide en tres **eras**: Paleozoica, Mesozoica y Cenozoica.

▷ Cada era se subdivide en divisiones de tiempo más cortas, llamadas **períodos**.

Vida en un planeta cambiante Los procesos climáticos, geológicos, astronómicos y biológicos han afectado la historia de la vida en la Tierra.

▷ El clima de la Tierra se ha transformado. Cambios en la temperatura producen oleadas de calor y períodos de glaciaciones que afectan a los seres vivos. La **tectónica de placas** es la teoría que dice que la capa exterior de la Tierra está dividida en placas que se mueven. Este movimiento, llamado deriva continental, ha formado cordilleras, súpercontinentes y otras características geológicas.

▷ El choque de objetos del espacio contra la Tierra ha afectado el clima global.

Fósiles y vida antigua

Para las preguntas 1 a 3, completa cada oración con la palabra correcta.

1. Se dice que las especies que desaparecieron están _____.

2. Casi todos los fósiles se hallan en capas de roca _____ .

3. Los científicos que estudian los fósiles se llaman _____.

4. ¿Qué es el registro fósil?

_____

_____

5. ¿Qué información proporciona el registro fósil?

_____

_____

6. Completa el siguiente diagrama de flujo que explica cómo se forman los fósiles.

```
┌─────────────────────────┐
│                         │
│                         │
└─────────────────────────┘
            │
┌─────────────────────────┐
│                         │
│                         │
└─────────────────────────┘
            │
┌─────────────────────────┐
│ Más tarde, los restos   │
│ fósiles preservados     │
│ pueden ser descubiertos │
│ y estudiados.           │
└─────────────────────────┘
```

Datación de la historia de la Tierra

7. ¿Qué es un fósil guía? ¿Qué revelan los fósiles guía sobre los demás materiales que se hallan junto con ellos? _____

_____

_____

_____

8. El fósil A fue hallado en una capa de roca que se encontraba sobre una capa que contenía al fósil B. ¿Qué fósil es probablemente más antiguo? Explica tu respuesta.

_____

9. Menciona las dos técnicas que los paleontólogos usan para determinar la edad de los fósiles.

_____

10. ¿Qué es una vida media? _____

_____

11. ¿Cómo calculan los científicos la edad de una muestra usando la datación radiométrica?

_____

_____

Para las preguntas 12 y 13, escribe la letra de la respuesta correcta en la línea de la izquierda.

_____ **12.** Una especie fácilmente reconocida, que existió durante un período de tiempo relativamente breve y cubrió una amplia área geográfica se puede usar como

    A. un fósil guía.   **C.** un microfósil.

    B. un registro fósil.   **D.** un macrofósil.

_____ **13.** El mismo fósil guía se encuentra en las capas de roca A y B que están separadas por varias millas. ¿Qué puedes inferir sobre la relación entre las capas de roca?

    A. La capa A es más antigua que la B.

    B. Los sedimentos de la capa B se depositaron antes que los de la capa A.

    C. Las capas A y B probablemente tienen la misma edad.

    D. Probablemente la capa B contiene más isótopos radiactivos que la capa A.

Escala de tiempo geológico

14. Escribe las eras y períodos que faltan en la siguiente escala de tiempo geológico.

Tiempo (hace millones de años)	Período	Era
1.8 al presente	Cuaternario	
23–1.8		
65.5–23	Paleógeno	
146–65.5		
200–146	Jurásico	
251–200		
299–251	Pérmico	Paleozoica
359–299		
416–359	Devónico	
444–416		
488–444	Ordovícico	
542–488		
4600–542	Tiempo Precámbrico	

Para las preguntas 15 y 16, usa la analogía visual de la vida como un reloj.

_____ 15. 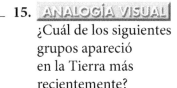 ANALOGÍA VISUAL

¿Cuál de los siguientes grupos apareció en la Tierra más recientemente?

A. cordados

B. tetrápodos

C. dinosaurios

D. algas unicelulares

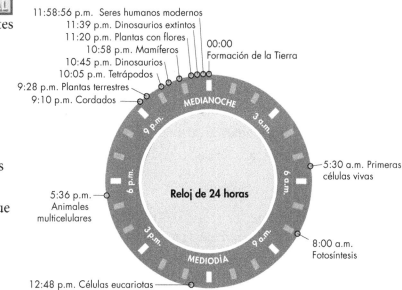

11:58:56 p.m. Seres humanos modernos
11:39 p.m. Dinosaurios extintos
11:20 p.m. Plantas con flores
10:58 p.m. Mamíferos
10:45 p.m. Dinosaurios
10:05 p.m. Tetrápodos
9:28 p.m. Plantas terrestres
9:10 p.m. Cordados
00:00 Formación de la Tierra
MEDIANOCHE
9 p.m.
3 a.m.
5:30 a.m. Primeras células vivas
6 p.m.
6 a.m.
Reloj de 24 horas
5:36 p.m. Animales multicelulares
3 p.m.
9 a.m.
8:00 a.m. Fotosíntesis
MEDIODÍA
12:48 p.m. Células eucariotas

_____ 16. Los dinosaurios aparecieron antes que

A. los mamíferos.

B. la fotosíntesis.

C. los cordados.

D. las plantas terrestres.

Procesos que afectan la historia de la vida en la Tierra

17. ¿De qué manera el choque de un asteroide podría cambiar el clima de la Tierra?

_____
_____
_____
_____

18. Explica la teoría de la tectónica de placas e indica cómo ha afectado a la distribución de los fósiles y organismos. _____

_____
_____
_____
_____

Aplica la gran idea

19. ¿Cuáles son algunos aspectos de la evolución de las especies que no se pueden estudiar usando las pruebas fósiles? ¿Por qué los fósiles no proporcionan información sobre esas características? _____

_____
_____
_____
_____

19.2 Patrones y procesos de la evolución

Objetivos de la lección

- Identificar los procesos que influyeron en la supervivencia o extinción de una especie o clado.
- Comparar el gradualismo con el equilibro interrumpido.
- Describir la radiación adaptativa y la evolución convergente.
- Explicar las características evolutivas de los organismos coevolutivos.

Resumen de la lección

Especiación y extinción Los **patrones de macroevolución** son grandes cambios en la anatomía, filogenia, ecología y comportamiento de clados en más de una especie.

▶ Si la tasa de especiación de un clado es igual o mayor que su tasa de extinción, el clado seguirá existiendo. Si la tasa de extinción de un clado es mayor que su tasa de especiación, al final todo el clado se extinguirá.

▶ La **extinción de fondo** es causada por el lento proceso de la selección natural. La **extinción masiva** afecta a enormes cantidades de especies durante un período relativamente breve.

La tasa de evolución Las pruebas muestran que la evolución ha ocurrido a diferentes tasas para los diferentes organismos en distintas épocas.

▶ La idea de que la evolución ocurre lenta y paulatinamente se llama **gradualismo**.

▶ En el **equilibrio interrumpido**, largos períodos de poco o ningún cambio se ven interrumpidos por breves períodos de cambio rápido.

Radiación adaptativa y evolución convergente La **radiación adaptativa** es cuando una sola especie evoluciona y da lugar a diferentes especies que viven de diversas maneras. La **evolución convergente** es cuando especies no relacionadas llegan a parecerse porque han evolucionado adaptaciones parecidas en respuesta a medio ambientes semejantes.

Coevolución La **coevolución** es cuando dos especies evolucionan en respuesta a cambios mutuos en el tiempo. Por ejemplo, las plantas crearon venenos que las protegían de insectos. En respuesta, los insectos desarrollaron protección contra venenos.

Especiación y extinción

Para las preguntas 1 a 4 escribe Cierto si la oración es cierta. Si la oración es falsa, cambia la(s) palabra(s) subrayada(s) para que la oración sea cierta.

_____ 1. Los cambios evolutivos a gran escala que por lo general ocurren durante largos períodos de tiempo se conocen como <u>especiación</u>.

_____ 2. En la <u>extinción de fondo</u>, muchas especies desaparecen rápidamente.

_____ 3. Para que un clado pueda sobrevivir, su <u>tasa de especiación</u> debe ser igual o mayor que su tasa de extinción.

_____ 4. Luego de una extinción masiva, la <u>biodiversidad</u> se reduce drásticamente.

5. ¿Cuáles son algunas de las posibles causas de la extinción masiva?

_____

_____

6. ¿Qué efectos tuvieron las extinciones masivas en la historia de la vida?

_____

_____

Tasa de evolución

7. La estructura de los cangrejos bayoneta no ha cambiado mucho desde que éstos aparecieron en el registro fósil. ¿Qué patrón evolutivo probablemente siguen los cangrejos bayoneta: gradualismo o equilibrio interrumpido? Explica tu respuesta.

_____

_____

_____

_____

8. ¿Por qué la evolución rápida ocurre con más frecuencia en las poblaciones pequeñas?

_____

_____

9. Usa el siguiente diagrama de Venn para comparar el equilibrio interrumpido con el gradualismo.

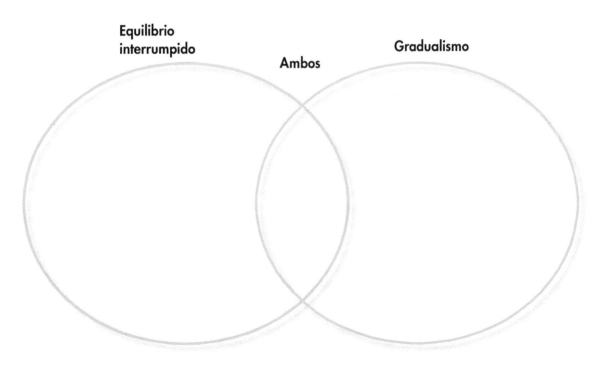

Equilibrio interrumpido **Ambos** **Gradualismo**

Radiación adaptativa y evolución convergente

Escribe la letra de la respuesta correcta en la línea de la izquierda.

_____ **10.** El proceso en el que una sola especie o un pequeño grupo de especies evolucionan en formas diferentes que viven de maneras distintas se llama

    A. coevolución.   **C.** radiación adaptativa.

    B. macroevolución.   **D.** evolución convergente.

_____ **11.** El proceso por el que organismos no relacionados llegan a parecerse entre sí es la

    A. coevolución.   **C.** radiación adaptativa.

    B. macroevolución.   **D.** evolución convergente.

_____ **12.** ¿Qué contribuyó a la radiación adaptativa de los mamíferos?

    A. la evolución de las plantas   **C.** la disminución de la profundidad

    B. la extinción de la mayoría de   del océano

       los dinosaurios   **D.** la deriva continental

_____ **13.** ¿Cuál de los siguientes es un ejemplo de evolución convergente?

    A. el ala del ave y la aleta del pez   **C.** la aleta del tiburón y la aleta

    B. el brazo del ser humano y   pectoral del delfín

       el ala del ave   **D.** la pierna del humano y la aleta

                           pectoral del delfín

Coevolución

14. ¿Qué es la coevolución? _____

_____

15. Los pájaros 'I'iwi tienen picos largos y curvos que les permiten sacar el néctar de las flores tubulares lobelia. Explica cómo pudieron haber evolucionado estas dos especies. ¿Qué pasaría si la lobelia se extinguiera?

_____

_____

_____

_____

Aplica la **gran** idea

16. ¿Cuál es la relación entre el cambio ambiental y los siguientes patrones de macroevolución: especiación, extinción masiva y radiación adaptativa?

_____

_____

_____

_____

19.3 Inicio de la historia de la Tierra

Objetivos de la lección

- Identificar algunas de las hipótesis sobre la Tierra temprana y el origen de la vida.
- Explicar la teoría endosimbiótica.
- Explicar la importancia de la reproducción sexual en la evolución.

Resumen de la lección

Los misterios de los orígenes de la vida La atmósfera temprana de la vida contenía gases tóxicos. También contenía poco o nada de oxígeno.

▶ En la década de 1950, Stanley Miller y Harold Urey intentaron determinar si se podían ensamblar moléculas orgánicas bajo las condiciones de la Tierra temprana. Llenaron un recipiente con agua y gases que pensaban representaba la composición de la primera atmósfera terrestre. Aplicaron chispas eléctricas para simular relámpagos y se formaron compuestos orgánicos. El experimento demostró que las moléculas necesarias para la vida pudieron surgir de compuestos más simples.

▶ Bajo algunas condiciones, las moléculas orgánicas grandes forman diminutas burbujas llamadas microesferas proteinoides. Estructuras parecidas a éstas se habrían convertido en las primeras células vivas. El ARN y ADN pudieron haber evolucionado de moléculas orgánicas simples.

▶ Las primeras formas de vida conocidas evolucionaron hace como 3.5 mil millones de años. Eran unicelulares y se parecían a las bacterias modernas. Al final, las bacterias fotosintéticas se hicieron muy comunes. Durante la fotosíntesis, las bacterias producían oxígeno que se acumulaba en la atmósfera. Esto provocó que algunas formas de vida se extinguieran y evolucionaran otras que dependían de él.

Origen de las células eucariotas Las primeras eucariotas, organismos con núcleos, evolucionaron de procariotas que comenzaron a desarrollar membranas celulares internas. Esto se explica con la **teoría endosimbiótica**, según la cual procariotas más pequeños comenzaron a vivir dentro de células más grandes y evolucionaron una relación simbiótica con ellas.

Reproducción sexual y multicelularidad La reproducción sexual evolucionó después de las células eucariotas y aumentó la variación genética. Se dio una evolución con mayor rapidez. Varios cientos de millones de años después, evolucionó la vida multicelular.

Los misterios de los orígenes de la vida

1. ¿Qué son las microesferas proteinoides?

_____

_____

2. ¿Por qué los científicos piensan que el ARN pudo haber evolucionado antes que el ADN?

_____

_____

Usa el diagrama del experimento de Miller y Urey para responder las preguntas 3 a 5.

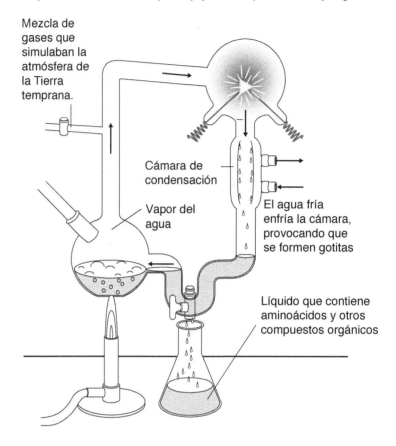

Mezcla de gases que simulaban la atmósfera de la Tierra temprana.

Cámara de condensación

Vapor del agua

El agua fría enfría la cámara, provocando que se formen gotitas

Líquido que contiene aminoácidos y otros compuestos orgánicos

3. **RAZONAMIENTO VISUAL** Rotula la parte del diagrama del aparato de Miller y Urey que simulaba las tormentas eléctricas de la Tierra temprana.

4. ¿Cuál era el propósito del experimento de Miller y Urey?_____

_____

5. Explica los resultados del experimento de Miller y Urey. ¿Qué sugirieron estos descubrimientos? _____

_____

_____

_____

_____

Origen de las células eucariotas

6. Explica la teoría endosimbiótica. _____

_____

_____

_____

_____

7. RAZONAMIENTO VISUAL Dibuja el paso de la teoría endosimbiótica que muestra el origen de los cloroplastos. Rotula las estructuras de tu dibujo.

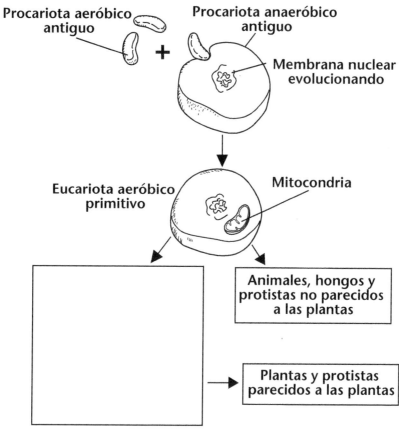

Reproducción sexual y multicelularidad

8. ¿De qué manera la reproducción sexual aceleró el proceso evolutivo?

_____

_____

_____

9. ¿Cuál es la causa más probable de la gran diversidad que actualmente observamos en las formas de vida multicelular? _____

_____

Aplica la gran idea

10. Cuando el ADN evolucionó, ¿qué pudo haber causado que se convirtiera en el medio principal para transmitir la información genética, en lugar del ARN?

_____

_____

_____

Repaso del vocabulario del capítulo

Crucigrama Escribe la definición más apropiada para completar el crucigrama.

Horizontal

2. teoría sobre las células eucariotas surgidas de comunidades de varios procariotas

6. tiempo geológico subdividido en períodos

8. mide el tiempo evolutivo: _____ de tiempo geológico

9. período de tiempo más corto que la era

11. fósil usado para comparar las edades relativas de los fósiles y capas de roca

12. tiempo requerido para que la mitad de los átomos radiactivos se desintegren

13. especie que se extingue por el lento pero constante proceso de selección natural: _____ de fondo

Vertical

1. proceso por el cual dos especies evolucionan en respuesta a cambios mutuos en el transcurso del tiempo

3. método usado para colocar las capas de roca y sus fósiles en una sucesión de tiempo (2 palabras)

4. desaparición de muchas especies al mismo tiempo: extinción _____

5. proceso mediante el cual una especie o grupo de especies evoluciona y da lugar a formas diferentes que viven de diversas maneras: radiación _____

7. científico que estudia los fósiles

10. describe una especie que ya no existe

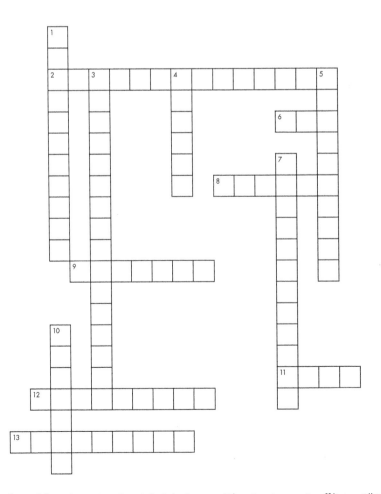

MISTERIO DEL CAPÍTULO

MUERTE EN EL PÉRMICO

Los geólogos siguen trabajando para resolver el misterio del asesinato en el Pérmico que ocurrió hace 250 millones de años. Para lograrlo, reconstruyen las pistas del pasado que están preservadas en las rocas.

Aprendizaje en el siglo XXI

La historia está en las rocas

Geólogos y científicos examinan rocas para descubrir la historia de una destrucción catastrófica de especies y ecosistemas que ocurrió en la Tierra hace mucho tiempo.

El tipo de roca que se halla en una capa indica cómo se formó. Las rocas están compuestas por minerales. Los minerales de las rocas cuentan una historia. Por ejemplo, las rocas volcánicas que tienen pequeños cristales minerales se forman durante una erupción, porque la lava se enfrió muy rápido y no se formaron cristales grandes. Las rocas volcánicas con cristales grandes se formaron bajo la tierra. Algunos tipos de cristales minerales sólo se forman en espacios abiertos, como una cueva, otros sólo pueden depositarse en un medio acuático.

Al buscar pistas del pasado, los geólogos también consideran la forma y tamaño de una capa de roca. Una secuencia perturbada de las capas de roca, proporciona información sobre qué pasó después de que ésta se formó. Por ejemplo, un terremoto puede provocar que una capa de roca se parta en dos. Y las que están ladeadas pueden indicar que ocurrió una elevación en el área.

Casi todo lo que sabemos sobre el pasado de la Tierra proviene de sus rocas. Los estudios sobre la historia de la Tierra se basan, por lo general, en información geológica.

Del Parque Nacional Yellowstone
ENTERRADAS VIVAS

El escarpado cráter del géiser Excelsior se creó por raras erupciones masivas y conserva un registro de la vida temprana. Por miles de años, los microbios han crecido en los canales de escorrentía que se extienden del cercano manantial Grand Prismatic. Estas comunidades fueron enterradas vivas a medida que las corrientes de agua caliente depositaban una capa de minerales silicatados. El depósito resultante, llamado toba caliza, preserva la forma de la estera microbiana que sepultó. A medida que crecieron nuevas esteras, se desarrollaron más capas. La formación actual es el resultado de esta interacción entre sus componentes vivos e inanimados. Las características hidrotermales de Yellowstone son un vistazo al pasado lejano, cuando la intensa actividad volcánica se extendía por toda la joven Tierra. Las formas de vida halladas aquí ayudan a comprender los tipos de vida que surgieron y se diversificaron hace miles de millones de años.

Continúa en la próxima página ▶

1. ¿Qué es una inconformidad?

_____

_____

_____

2. Usa la información de la señal para inferir cómo se formaron las capas de minerales silicatados del géiser Excelsior.

_____

_____

_____

_____

3. ¿Por qué las rocas que rodean al géiser Excelsior proporcionan información a los científicos sobre la historia de la vida en la Tierra?

_____

_____

_____

4. Imagina que hace millones de años ocurrió una enorme erupción volcánica cerca del géiser Excelsior. ¿Qué tipo de pruebas de esta erupción esperarías hallar?

_____

_____

5. Después de estudiar estas señales, ¿qué otra cosa te hubiera gustado aprender sobre el géiser Excelsior y el manantial Grand Prismatic?

_____

_____

_____

Entre las destrezas utilizadas en esta actividad están **conocimientos sobre medios de comunicación e información, razonamiento crítico y comprensión de sistemas, creatividad y curiosidad intelectual, destrezas interpersonales y de colaboración y responsabilidad y adaptabilidad.**

Trabaja con un grupo pequeño para investigar la historia geológica de tu ciudad o región. Elige un lugar geológico que te interese e investígalo. Tu investigación debe incluir información geológica obtenida de la biblioteca o de Internet y de otras fuentes. Haz una lista de las condiciones geológicas del lugar y menciona las características interesantes o excepcionales que tenga, así como la manera en que se formaron.

Diseña una señal que instruya a los visitantes sobre la geología del lugar. En tu señal incluye textos, fotografías y un mapa.

20 Virus y procariotas

la gran idea La base celular de la vida

P: ¿Están compuestos por células vivas los microbios que nos causan enfermedades?

LO QUE SÉ	LO QUE APRENDÍ
20.1 ¿Qué es un virus?	
20.2 ¿Qué son los procariotas y por qué son importantes?	
20.3 ¿Cómo podemos impedir que las enfermedades bacteriológicas y virales se propaguen?	

20.1 Virus

Objetivos de la lección

- Explicar cómo se reproducen los virus.
- Explicar cómo los virus causan infecciones.

Resumen de la lección

Descubrimiento de los virus En 1935, el bioquímico estadounidense Wendell Stanley aisló un virus por primera vez.

▶ Un **virus** es una partícula compuesta por ácido nucleico y, en algunos casos, lípidos.

▶ Un virus típico tiene un centro de ADN o ARN rodeado por un recubrimiento proteico llamado **cápside**.

▶ Los virus que infectan a las bacterias reciben el nombre de **bacteriófagos**. Ingresan en las células vivas y usan la maquinaria de la célula infectada para producir más virus.

Infecciones virales Dentro de la célula huésped, los virus tienen dos maneras de infectar.

▶ En una **infección lítica**, un virus entra en la célula, se duplica y hace que la célula estalle liberando nuevas partículas víricas que atacan a otras células. En el bacteriófago T4, el ADN viral dirige la síntesis de nuevos virus usando los materiales que hay en la célula.

▶ En una infección **lisogénica**, un virus integra parte de su ADN, llamado **profago**, en el ADN de la célula huésped. La información genética viral se replica junto con el ADN de las células huésped. Finalmente, el profago abandona el ADN de la célula huésped y forma nuevas partículas víricas.

En un **retrovirus**, la información genética se copia de manera inversa, es decir, de ARN a ADN y no de ADN a ARN. La enfermedad del SIDA la ocasiona un retrovirus. Los virus deben infectar una célula viva para reproducirse. Aunque son parásitos, no están compuestos por células y no se consideran seres vivos.

Descubrimiento de los virus

1. ¿Qué es un bacteriófago?

_____

2. ¿Qué son los virus?

_____

_____

3. ¿Qué es la cápside?

_____

4. ¿Cómo suelen ingresar los virus en una célula?

_____

5. ¿Qué ocurre cuando los virus ingresan en las células?

_____

Infecciones virales

6. ANALOGÍA VISUAL En la Analogía visual, ¿por qué el bandido encierra al comisario y no al contrario?

_____

_____

_____

_____

7. RAZONAMIENTO VISUAL El diagrama siguiente muestra el ciclo lítico de una infección viral. Identifica dónde se encuentran el ADN bacterial, la bacteria huésped, el ADN viral y el virus. Después, encierra en un círculo la etapa que muestra la lisis de la célula huésped.

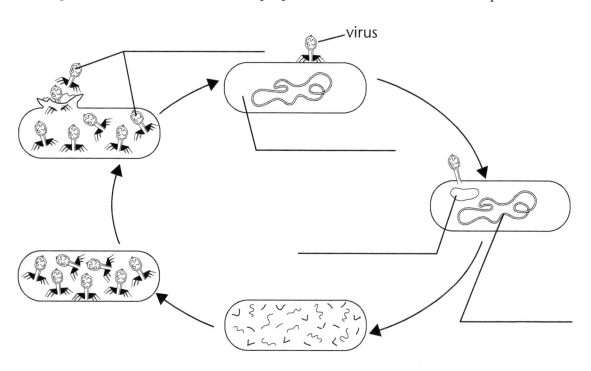

virus

8. En una infección lisogénica, ¿cómo puede infectar un virus a varias células?

_____

_____

9. ¿Qué tienen en común el virus causante del resfriado común y el virus causante del SIDA?

_____

Aplica la gran idea

10. ¿Qué le sucedería a un virus que nunca ha tenido contacto con una célula viva? Explica tu respuesta.

_____

_____

20.2 Procariotas

Objetivos de la lección

- Explicar en qué difieren los dos grupos de procariotas.
- Describir cómo varían los procariotas en estructura y función.
- Explicar la función de las bacterias en el mundo vivo.

Resumen de la lección

Clasificación de los procariotas Los microorganismos más pequeños y comunes son los **procariotas**, organismos unicelulares que carecen de núcleo, se clasifican como pertenecientes al dominio Bacterias o al dominio Arqueas.

▷ Pueden estar rodeados por una pared celular, que contiene peptidoglicano. Dentro de ésta hay una membrana celular que rodea el citoplasma.

▷ La apariencia de las arqueas es similar a la de las bacterias, pero genéticamente son más parecidas a los eucariotas. Carecen de peptidoglicanos y tienen diferentes lípidos en las membranas que las bacterias.

Estructura y función Los procariotas tienen características que los distinguen, como su forma, química de sus paredes celulares, movimiento y forma de obtener energía.

▷ Los **bacilos** tienen forma de bastoncillos. Los **cocos** son esféricos. Los **espirilos** tienen forma espiral o de sacacorchos.

▷ La mayoría son heterótrofos. Otros son autótrofos y pueden ser fotoautótrofos o quimioautótrofos.

▷ Los que requieren oxígeno constante son los aerobios obligados. Los que pueden sobrevivir sin oxígeno, son los anaerobios facultativos.

Se reproducen asexualmente por **fisión binaria**, produciendo dos células "hijas" idénticas. En condiciones desfavorables, muchos forman **endoesporas** para proteger su ADN o intercambian información genética por **conjugación**.

Importancia de los procariotas Son esenciales para el equilibrio ecológico.

▷ Algunos son descomponedores que degradan materia muerta.

▷ Otros son productores que realizan la fotosíntesis.

▷ Algunos son bacterias del suelo que convierten el gas nitrógeno natural en un producto que las plantas usan mediante un proceso llamado fijación del nitrógeno.

▷ Los humanos utilizan las bacterias en la industria y producción alimentaria, entre otras.

Clasificación de los procariotas

Para las preguntas 1 a 5, completa cada oración con la palabra correcta.

1. Los organismos unicelulares sin núcleo se llaman _____ .

2. Dos diferentes dominios de los procariotas son _____ y _____ .

3. Una pared celular de _____ protege a algunas bacterias contra daños.

4. Las arqueas son más semejantes a _____ que a _____ .

5. Algunas bacterias tienen una segunda _____ fuera de la pared celular.

6. RAZONAMIENTO VISUAL Dibuja y rotula el diagrama de una bacteria típica.

Estructura y función

Escribe la letra de la respuesta correcta.

_____ **7.** ¿Cómo se llaman las bacterias con forma de bastoncillo?

    A. cocos   **C.** espirilos

    B. bacilos   **D.** endosporas

_____ **8.** ¿Qué nombre reciben las bacterias esféricas?

    A. cocos   **C.** espirilos

    B. bacilos   **D.** endosporas

_____ **9.** Las estructuras flagelares de una bacteria que producen movimiento se llaman

    A. pili.   **C.** flagelos.

    B. cápsides.   **D.** endoesporas.

10. Completa la tabla acerca de las diferentes formas en que los procariotas obtienen energía.

Forma en que obtienen energía los procariotas	
Grupo	**Descripción**
	Organismo que realiza la fotosíntesis de forma similar a las plantas.
Quimioautótrofo	
	Organismo que atrapa moléculas orgánicas y después las descompone.
Fotoheterótrofo	

11. ¿Qué ocurre en el proceso de fisión binaria?

_____

_____

12. ¿Qué ocurre durante la conjugación?

_____

_____

Importancia de los procariotas

13. Cuando un árbol muere, ¿cómo ayudan los descomponedores al ecosistema a reciclar los nutrientes?

_____

_____

14. ¿Qué les sucedería a las plantas y animales si los descomponedores no reciclaran los nutrientes?

_____

_____

15. ¿Por qué todos los organismos necesitan nitrógeno?

_____

16. ¿Por qué es importante el proceso de fijación del nitrógeno?

_____

_____

17. ¿Qué tipo de relación tienen muchas plantas con las bacterias fijadoras de nitrógeno?

_____

18. Describe tres formas en que los humanos usan las bacterias.

_____

_____

Aplica la gran idea

19. Supón que estás estudiando bajo el microscopio un organismo unicelular infeccioso con una pared celular. ¿Cómo confirmarías que el organismo se trata de un procariota? ¿Cómo determinarían los científicos si se debe clasificar en el dominio Bacterias o en el dominio Arqueas?

_____

_____

20.3 Enfermedades causadas por bacterias y virus

Objetivos de la lección

- Explicar cómo las bacterias causan enfermedades.
- Explicar cómo los virus causan enfermedades.
- Definir qué son las nuevas enfermedades y explicar por qué son una amenaza para la salud humana.

Resumen de la lección

Enfermedades bacteriales Los microorganismos que ocasionan muchas enfermedades en humanos y animales se llaman **patógenos**, y lo hacen de una de dos formas generales:

▷ Destruyen las células y tejidos vivos directamente o bien ocasionan una respuesta inmunológica que los destruye.

▷ Dañan directamente las células y tejidos del organismo infectado descomponiendo las células para alimentarse de ellas.

▷ Liberan toxinas (venenos) que recorren todo el organismo, interfiriendo con la actividad normal del huésped.

Muchos patógenos bacteriales se controlan con limpieza, desinfectantes, preparando y almacenando alimentos de forma segura o esterilizando los objetos. Las enfermedades bacteriales se pueden prevenir y tratar con los siguientes métodos:

▷ Una **vacuna** es una preparación de patógenos muertos o debilitados, o de toxinas inactivas que inducen la inmunidad. Ésta es la forma natural del cuerpo para matar patógenos.

▷ Ante una infección bacterial, se usan **antibióticos** para combatirla. Los antibióticos son compuestos que bloquean el crecimiento y la reproducción de las bacterias.

Enfermedades virales Los virus producen enfermedades al destruir directamente las células vivas o afectar los procesos celulares para interrumpir la homeostasis. En muchas infecciones virales, los virus atacan y destruyen ciertas células del cuerpo, lo que ocasiona los síntomas de la enfermedad. Algunas enfermedades virales en humanos son el resfriado común, la influenza, el SIDA, la varicela y el sarampión. Los virus producen otras enfermedades graves en otros animales y plantas. La protección contra ellos, con medidas higiénicas o vacunación, es la mejor forma de evitar las enfermedades virales. Se han desarrollado varios antivirales que ayudan a reducir los síntomas de ciertos virus.

Nuevas enfermedades Una enfermedad desconocida que aparece en una población por primera vez o una enfermedad conocida que se vuelve difícil de controlar se llama **nueva enfermedad**. El aumento en el flujo de viajes y de envíos de alimentos por todo el mundo es una de las razones de que las nuevas enfermedades se propaguen. Otra, es la evolución de virus y bacterias. Los científicos se esfuerzan por estar a la vanguardia. Recientemente descubrieron los **priones**, que son formas proteicas causantes de enfermedades en animales y seres humanos.

Enfermedades bacteriales

Para las preguntas 1 a 5, completa cada oración con la(s) palabra(s) correcta(s).

1. Una forma en que las bacterias pueden causar enfermedades es descomponiendo o dañando _____ de un organismo infectado.

2. Las bacterias también pueden ocasionar enfermedades liberando _____ que dañan al cuerpo.

3. _____ es un agente causante de enfermedades.

4. Una forma de controlar el crecimiento bacterial es someter a las bacterias a altas temperaturas durante un proceso conocido como _____ .

5. _____ es una preparación de patógenos debilitados o muertos, o de toxinas inactivas que pueden inducir al organismo a generar inmunidad a una enfermedad.

6. ¿Qué órganos suelen dañar las bacterias causantes de la tuberculosis?

_____

7. ¿Qué son los antibióticos?

_____

8. ¿En qué se parecen las causas de la difteria y de la tuberculosis? ¿En qué se diferencian?

_____

_____

9. Describe las similitudes y diferencias entre antibióticos y desinfectantes.

_____

_____

10. ¿Por qué se debe cocer totalmente la carne?

_____

_____

Relaciona el método de control bacterial con un ejemplo del método.

Método de control bacterial	Ejemplo
_____ 11. remoción física	**A.** Guardar la leche en el refrigerador
_____ 12. desinfectante	**B.** Usar cloro para limpiar la superficie de un mostrador
_____ 13. almacenamiento seguro de alimentos	**C.** Usar agua hirviendo para lavar los trastes
_____ 14. procesamiento seguro de alimentos	**D.** Lavarse las manos
_____ 15. esterilización por calor	**E.** Hervir la sopa

Enfermedades virales

16. ¿Cuáles son algunas enfermedades humanas ocasionadas por los virus?

_____

17. ¿Cómo funcionan los medicamentos antivirales? ¿Por qué estos medicamentos no matan también las células huésped?

_____

Escribe la letra de la respuesta correcta.

_____ **18.** Una persona tiene un conteo bajo de células T ayudantes. ¿Qué enfermedad viral es más probable que tenga?

    A. VPH   **C.** hepatitis B

    B. SIDA   **D.** varicela

_____ **19.** Una persona tiene lesiones parecidas a ampollas en la piel. ¿Qué enfermedad viral es más probable que tenga?

    A. VPH   **C.** hepatitis B

    B. SIDA   **D.** varicela

Nuevas enfermedades

Para las preguntas 20 a 24 escribe Cierto *si la oración es cierta. Si la oración es falsa, cambia la(s) palabra(s) subrayada(s) para que la oración sea cierta.*

_____ **20.** Los patógenos son capaces de <u>evolucionar</u> con el paso del tiempo.

_____ **21.** Una enfermedad <u>no infecciosa</u> es una enfermedad desconocida que aparece en una población por primera vez.

_____ **22.** La difusión de las <u>vacunas</u> ha dado lugar al surgimiento de cepas bacterianas resistentes.

_____ **23.** Se necesitarían ligeros cambios genéticos para que el virus de la gripe aviar se volviera infeccioso para los <u>humanos</u>.

_____ **24.** Es probable que patógenos conocidos como <u>viroides</u> sean los causantes de la enfermedad de las vacas locas (o encefalopatía espongiforme).

Aplica la gran idea

25. Los virus ARN han mostrado la capacidad de evadir los medicamentos antivirales. ¿Cómo supones que sea posible ésto, si los virus no están vivos? ¿Cómo pueden ayudar los métodos reproductivos de los virus en este proceso?

_____

_____

_____

_____

Repaso del vocabulario del capítulo

1. La ilustración muestra tres formas diferentes de bacterias. Rotula cada una.

_____ _____ _____

Relaciona el término con su definición.

Término

_____ **2.** infección lisogénica

_____ **3.** prión

_____ **4.** bacteriófago

_____ **5.** antibiótico

_____ **6.** virus

_____ **7.** procariota

_____ **8.** profago

_____ **9.** patógeno

_____ **10.** infección lítica

_____ **11.** endospora

_____ **12.** fisión binaria

_____ **13.** vacuna

Definición

A. Compuesto que bloquea el crecimiento y la reproducción bacterial

B. Proteína deformada causante de enfermedades en animales

C. ADN bacteriófago inserto en el ADN del huésped

D. Estructura protectora formada por un procariota bajo condiciones de crecimiento desfavorables

E. Partícula compuesta por ácido nucleico, proteína y, en algunos casos, lípidos, que sólo se puede replicar infectando células vivas

F. Proceso por el que el ADN viral forma parte del ADN de la célula huésped

G. Microorganismo causante de enfermedades

H. Preparación de patógenos debilitados o muertos o de toxinas inactivas inductoras de inmunidad

I. Proceso en el que una célula huésped estalla después de una invasión viral

J. Organismo formado por una célula sin núcleo

K. Virus que infecta bacterias

L. Proceso en el que una bacteria replica su ADN y se divide

Completa cada oración con la(s) palabra(s) correcta(s).

14. Un recubrimiento proteico que rodea a un virus es _____ .

15. Los virus con ARN como material genético se llaman _____ .

16. Algunas bacterias intercambian material genético mediante _____ .

17. SARS, EARM, ébola y gripe aviar son ejemplos de _____ .

MISTERIO DEL CAPÍTULO

LAS VACAS LOCAS

El Misterio del capítulo investigó el brote de la enfermedad de las "vacas locas" ocurrido en 1986 (conocida como encefalopatía espongiforme bovina, o ESB) en Reino Unido. Brotes posteriores ocurrieron en todo el mundo y la controversia sobre cómo combatir esta enfermedad aún continúa.

Aprendizaje en el siglo XXI

Garantizar la seguridad de la carne

El productor de carne de Kansas, Creekstone Farms Premium Beef, Inc. demandó al Departamento Estadounidense de Agricultura (USDA) por las pruebas ESB realizadas. Afirma que sus exportaciones se desplomaron después de descubrirse una vaca infectada de ESB en Estados Unidos en 2003. Para combatir sus pérdidas, comenzó a realizar sus propias pruebas de ESB en todas sus vacas para garantizar a los clientes, en especial a los extranjeros, la seguridad de su carne. Argumentó que esto era mejor que los procedimientos del USDA pues éste sólo analiza alrededor de 1% de toda la carne nacional.

No obstante, USDA argumenta que la regulación a la carne estadounidense atañe sólo a su jurisdicción y no puede permitir que una empresa privada realice sus propias pruebas por no poder supervisarlas ni garantizar su confiabilidad. Además, el productor caería en un conflicto de intereses al reportar resultados exactos de toda prueba ESB que practique.

El tribunal de apelaciones, en apoyo al USDA, impidió que Creekstone sometiera a su carne a sus propias pruebas de ESB. Lee este documento que resume el veredicto judicial.

Tribunal de Apelaciones de Estados Unidos

Núm. 07-5173

Creekstone Farms Premium Beef, L.L.C.

contra

Departamento de Agricultura

La ESB se diagnosticó por primera vez en Reino Unido en 1986. Desde entonces, se han reportado más de 189,000 casos confirmados en todo el mundo. Si bien casi todos los casos (95 por ciento) han ocurrido en Reino Unido, también se ha encontrado en ganado de al menos 25 países. A pesar de los esfuerzos de prevención por parte del gobierno estadounidense, se encontraron tres vacas infectadas en Estados Unidos. La primera, en diciembre de 2003, en el estado de Washington, y dos vacas infectadas más, una en Texas, en junio de 2005 y otra en Alabama, en marzo de 2006.

Después de descubrir la primera vaca infectada en Washington, algunos países importadores de carne, como Japón, Corea del Sur y México (en ese tiempo, tres de los cuatro mayores importadores), prohibieron las importaciones de carne estadounidense. Creekstone alega pérdidas diarias por $200,000 como consecuencia de la merma en sus exportaciones.

Para tranquilizar a consumidores e importadores, en 2004 Creekstone tomó la decisión de realizar una prueba rápida de ESB a cada vaca sacrificada. Intentó adquirir de Bio-Rad Laboratories Inc. equipos de pruebas rápidas para descartar la ESB. Pero, Bio-Rad no podía vendérselos sin autorización previa de USDA. El 19 de febrero de 2004, Creekstone solicitó permiso al USDA para comprarlos, pero éste lo negó. Creekstone desafió a USDA ante los tribunales.

Continúa en la próxima página ▶

1. ¿Cuándo y dónde se diagnosticó la ESB por primera vez?

_____

2. ¿Cuántas vacas infectadas se han encontrado hasta la fecha en Estados Unidos? ¿Cuándo y dónde ocurrieron los incidentes?

_____

_____

_____

3. ¿Qué países dejaron de importar carne estadounidense después del primer incidente de vacas infectadas con ESB en diciembre de 2003?

_____

_____

4. ¿A cuánto ascienden las pérdidas diarias de Creekstone después de la caída en las exportaciones?

_____

5. Deduce cuáles son los argumentos principales de las partes. ¿Por qué Creekstone cree que puede realizar su prueba de ESB? ¿Por qué el USDA se opone?

_____

_____

_____

_____

Debate sobre las pruebas de ESB

Destrezas para el siglo XXI Las habilidades que se emplean en esta actividad incluyen el **conocimiento de información y medios de comunicación; destrezas de comunicación; razonamiento crítico y comprensión de sistemas; identificación, formulación y resolución de problemas;** y **creatividad y curiosidad intelectual.**

Investiga en Internet el veredicto real del tribunal de apelaciones de Estados Unidos en el caso Creekstone. El veredicto está repleto de terminología jurídica, pero también ofrece mucha información acerca del caso. Busca la decisión principal de la jueza Karen Henderson, la opinión concurrente del juez Rogers y la opinión discrepante del presidente del tribunal, Sentelle. Después busca nuevos artículos acerca del caso. Los detalles jurídicos pueden parecerte complicados, pero las cuestiones fundamentales del caso son claras. Ambas partes esgrimen argumentos muy convincentes: Creekstone desea aplicar más pruebas para garantizar su carne a sus clientes; USDA considera que la seguridad de la carne en el mercado debe someterse a la regulación de una agencia gubernamental y que la autoridad para regular los productos no debe transferirse a las empresas. ¿Tú qué piensas? Identifica algunos aspectos del problema que plantea este caso.

Formen grupos de trabajo para debatir esta cuestión en el salón de clases.

21 Protistas y hongos

la gran idea

La interdependencia en la naturaleza

P: ¿Cómo afectan los protistas y hongos la homeostasis de otros organismos y ecosistemas?

LO QUE SÉ	LO QUE APRENDÍ
21.1 ¿Por qué es difícil clasificar los "protistas"?		
21.2 ¿Cómo se mueven y reproducen los protistas?		
21.3 ¿Qué funciones desempeñan los protistas en el medio ambiente?		
21.4 ¿Qué son los hongos y qué funciones desempeñan en el medio ambiente?		

21.1 Clasificación de los protistas: la saga continúa

Objetivos de la lección

- Explicar qué es un "protista".
- Describir cómo se relacionan los protistas con otros eucariotas.

Resumen de la lección

Primeros eucariotas Los protistas son eucariotas que no pertenecen a los reinos de las plantas, animales u hongos. Los primeros eucariotas eran protistas.

- ▷ Casi todos los protistas son unicelulares.
- ▷ Los protistas son un grupo de especies muy diversas.
- ▷ Como muchas especies de protistas tienen una relación más estrecha con plantas, hongos y animales que con otros protistas, algunos científicos creen que los miembros del reino Protistas se deben volver a clasificar.

Protistas: Ancestros y descendientes Todos los eucariotas descienden de los primeros protistas, pero los protistas modernos son muy diferentes de sus ancestros. Al igual que otros eucariotas, han evolucionado a lo largo de los últimos 2.5 mil millones de años.

Primeros eucariotas

1. ¿Qué es un protista?

_____

_____

2. ¿Por qué las algas pardas se consideran protistas a pesar de ser multicelulares?

_____

_____

3. ¿Por qué los científicos ya no usan las categorías de protistas parecidos a animales, parecidos a plantas y parecidos a hongos para clasificarlos?

_____

Para las preguntas 4 a 7, completa cada oración con la(s) palabra(s) correcta(s).

4. Casi todos los eucariotas unicelulares hoy se clasifican como _____.

5. Análisis genéticos de los protistas indican que pertenecen a seis diferentes

_____.

6. Los protistas fueron los primeros _____.

7. A diferencia de la mayoría de los protistas unicelulares, el kelp tiene tejidos

_____.

Para las preguntas 8 a 11, usa el siguiente diagrama y su leyenda.

Los seis grupos principales

Excavados

Chromalveolata

Cercozoos, Foraminíferos y Radiolarios

Rodofita (Algas rojas)

Amebozoos

Choanozoa

Plantas   Hongos   Animales

_____ 8. ¿Con cuál de los siguientes grupos están más estrechamente relacionadas las plantas?

A. Amebozoos

B. Cercozoos

C. Algas rojas

D. Choanozoa

_____ 9. Las algas pardas son un miembro del clado Chromalveolata. ¿Cuál de los siguientes es su pariente más cercano?

A. el moho mucilaginoso, un amebozoo   C. la *Giardia*, un excavado

B. las algas rojas, un rodofita   D. la *Globigerina*, un foraminífero

_____ 10. ¿Qué clado es el más primitivo?

A. Excavados

B. Choanozoa

C. Cercozoos

D. Chromalveolata

_____ 11. ¿Qué oración es cierta?

A. Las plantas, los hongos y los animales surgieron de un ancestro protista común.

B. Sólo los hongos y los animales surgieron de un ancestro protista común.

C. Sólo los animales y las plantas surgieron de un ancestro protista común.

D. Las plantas, los hongos y los animales surgieron de diferentes ancestros protistas.

Protistas: Ancestros y descendientes

Para las preguntas 12 a 19, escribe Cierto o Falso.

___ **12.** Los primeros eucariotas fueron los Arqueas.

___ **13.** Es posible hallar al hongo más antiguo entre los protistas modernos.

___ **14.** La evolución de la forma ancestral de los protistas modernos fue mínima.

___ **15.** Hoy en día, existen hasta 300,000 especies conocidas de protistas.

___ **16.** Los fósiles eucariotas más antiguos datan de hace 1.5 mil millones de años.

___ **17.** Los primeros protistas evolucionaron hace 3.6 mil millones de años.

___ **18.** Probablemente los animales, hongos y plantas evolucionaron de protistas multicelulares.

___ **19.** Los protistas son más diversos que cualquier otro reino eucariota.

20. Completa el siguiente mapa de conceptos.

```
              ┌─────────────────┐
              │ Ciertas especies│
              │   antiguas de   │
              │     Arqueas     │
              └─────────────────┘
                  evolucionaron a
              ┌─────────────────┐
              │                 │
              │                 │
              └─────────────────┘
            que a su vez evolucionaron a
  ┌──────────┐  ┌──────────┐  ┌──────────┐  ┌──────────┐
  │Diferentes│  │          │  │          │  │          │
  │grupos de │  │          │  │          │  │          │
  │pro-      │  │          │  │          │  │          │
  │tistas    │  │          │  │          │  │          │
  │modernos  │  │          │  │          │  │          │
  └──────────┘  └──────────┘  └──────────┘  └──────────┘
```

Aplica la gran idea

21. Las *Euglena* son protistas fotosintéticos de agua dulce. ¿Cómo podrían sus propiedades fotosintéticas estabilizar el ecosistema de una laguna? Si las *Euglena* y todos los organismos fotosintéticos desaparecieran de allí, ¿cómo afectaría a los demás organismos?

_____

_____

_____

_____

_____

21.2 Estructura y función de los protistas

Objetivos de la lección

- Describir los diversos métodos de locomoción de los protistas.
- Describir cómo se reproducen los protistas.

Resumen de la lección

Cómo se mueven los protistas Los protistas se mueven de diversas maneras.

▶ Algunos protistas se mueven con prolongaciones temporales del citoplasma llamadas **seudópodos**. Hay protistas, como las amebas que también los usan para atrapar a sus presas.

▶ Algunos nadan usando cilios, numerosas prolongaciones cortas parecidas a vellos. Otros nadan con **flagelos**, parecidos a los cilios, pero menos numerosos y más largos.

▶ Algunos protistas no se mueven por sí solos. Dependen del viento, del agua o de otro organismo para moverse. Se reproducen por medio de **esporas**.

Reproducción de los protistas Los protistas se reproducen de diversas maneras.

▶ Algunos protistas se reproducen asexualmente por mitosis.

▶ Algunos se pueden someter a la **conjugación**: proceso sexual en el que dos organismos intercambian material genético. Ésta ayuda a producir la diversidad genética.

▶ Los ciclos de vida de muchos protistas incluyen cambiar entre una generación diploide y una haploide, un ciclo llamado **alternancia de generaciones**.

▶ Algunas especies de protistas se reproducen asexualmente produciendo esporas en el **esporangio**.

Cómo se mueven los protistas

1. ¿Qué son los seudópodos? ¿Cómo los usan los protistas? _____

_____

2. ¿Cómo atrapan e ingieren las amebas su alimento? _____

_____

3. ¿Qué son los cilios? ¿Cómo los usan los protistas? _____

_____

4. **RAZONAMIENTO VISUAL** En los tres recuadros siguientes, dibuja tres organismos: con un seudópodo, con un flagelo y con cilios.

Seudópodo	Flagelo	Cilios

5. ANALOGÍA VISUAL La Analogía visual compara las estructuras usadas por las células para moverse como los remos de un bote. Explica por qué un grupo de remos se puede comparar con los cilios y por qué sólo se usa un remo para representar a los flagelos.

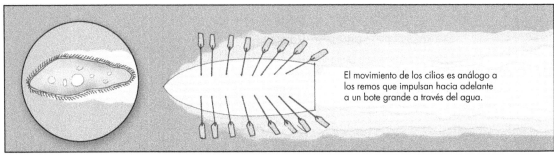

El movimiento de los cilios es análogo a los remos que impulsan hacia adelante a un bote grande a través del agua.

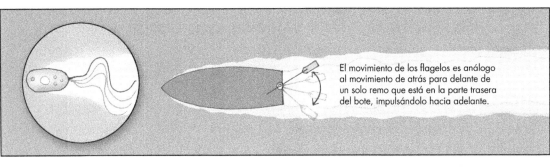

El movimiento de los flagelos es análogo al movimiento de atrás para delante de un solo remo que está en la parte trasera del bote, impulsándolo hacia adelante.

_____
_____
_____

Reproducción de los protistas

6. ¿Cómo se reproducen las amebas?

_____

7. ¿Qué es la conjugación?

_____
_____

8. Dentro de una población grande, ¿cómo beneficia la conjugación a los protistas?

_____
_____

9. ¿Qué ocurre en el proceso conocido como alternancia de generaciones?

_____
_____
_____

10. Completa el diagrama de flujo que muestra el proceso de conjugación entre dos paramecios.

> La conjugación comienza cuando dos paramecios se unen.

↓

> _____

↓

> En cada célula, se desintegran tres de los micronúcleos.

↓

> _____

↓

> Las dos células intercambian un micronúcleo haploide de cada par.

↓

> En cada célula, el micronúcleo se fusiona para formar un único micronúcleo diploide y el macronúcleo se desintegra.

↓

> _____

Aplica la gran idea

11. El *Plasmodium* es el protista que causa la malaria en los humanos. Los mosquitos que lo portan transmiten el parásito a los humanos cuando los pican. En el cuerpo humano, el plasmodio causa que los glóbulos rojos se descompongan y liberen esporas durante la noche. Las esporas entonces viajan a través del torrente sanguíneo. ¿Cómo ayuda este mecanismo a propagar el parásito a través de un ecosistema? ¿Qué métodos podrían ayudar a prevenir su propagación?

_____

_____

_____

_____

_____

_____

_____

21.3 La ecología de los protistas

Objetivos de la lección

- Describir la importancia ecológica de los protistas fotosintéticos.
- Describir cómo los protistas heterótrofos obtienen su alimento.
- Identificar las relaciones simbióticas en las que participan los protistas.

Resumen de la lección

Protistas autótrofos Los protistas fotosintéticos son autótrofos. Su posición en la base de la cadena alimenticia posibilita la diversidad de la vida acuática.

▷ Alimentan y dan refugio a la vida marina y sustentan a los arrecifes de coral.

▷ En áreas con aguas negras, ayudan a reciclar desechos. Sin embargo, cuando éstos son excesivos, crecen algas en enormes masas llamadas **floraciones de algas nocivas**.

Protistas heterótrofos Algunos protistas heterótrofos envuelven y digieren su alimento, pero otros viven absorbiendo las moléculas del medio ambiente.

▷ Las amebas capturan y digieren su alimento, rodeando una célula o partícula e ingiriéndola para formar una **vacuola alimenticia**, que es una pequeña cavidad en el citoplasma y almacén temporal del alimento.

▷ Los *paramecios* y otros ciliados usan sus cilios para arrastrar partículas de alimento a la **citofaringe**, una hendidura ubicada en un lado del organismo.

▷ Los mohos mucilaginosos y los acuáticos son importantes agentes de reciclaje de material orgánico. En una etapa de su ciclo de vida, algunos mohos mucilaginosos se fusionan para formar células grandes con muchos núcleos. Estas estructuras se conocen como **plasmodios**. Los esporangios se desarrollan a partir de un plasmodio.

Protistas simbióticos: Mutualistas y parásitos Algunos protistas tienen relaciones simbióticas. La *Trichonympha* tiene una relación mutualista con la termita. Habita en su sistema digestivo y le ayuda a digerir el alimento. Otros son parásitos y causan enfermedades. El *Trypanosoma* produce la enfermedad del sueño. El *Plasmodium*, la malaria.

Protistas autótrofos

1. ¿De qué manera los protistas autótrofos hacen posible la diversidad de la vida acuática?

_____

2. ¿Qué es el fitoplancton?

_____

_____

3. ¿De qué manera los protistas procuran la homeostasis de los arrecifes de coral?

_____

_____

_____

4. ¿Por qué las floraciones de algas nocivas pueden ser dañinas?

_____

_____

_____

Protistas heterótrofos

5. ¿Cuál es la función de una vacuola alimenticia?

_____

6. Rotula la siguiente ilustración de un paramecio.

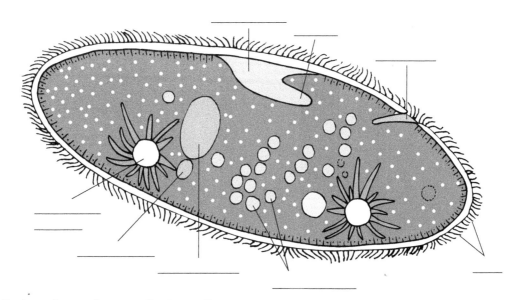

7. ¿Qué son los mohos mucilaginosos?

_____

8. ¿Dónde y mediante qué proceso el moho acuático forma esporas haploides?

_____

9. ¿Cuál es la función y nombre de la estructura donde se desarrolla un plasmodio?

_____

Para las preguntas 10 a 13, escribe Cierto *si la oración es cierta. Si la oración es falsa,
cambia la(s) palabra(s) subrayada(s) para que la oración sea cierta.*

_____ **10.** En las amebas, la materia no digerible está en vacuolas <u>contráctiles</u>.

_____ **11.** La citofaringe es la estructura de los paramecios para la <u>reproducción</u>.

_____ **12.** En el ciclo de vida del moho mucilaginoso, las esporas que germinan
liberan células <u>parecidas a amebas</u>.

_____ **13.** Los <u>mohos acuáticos</u> crecen en plantas y animales muertos o en
descomposición.

Protistas simbióticos: Mutualistas y parásitos

14. ¿Cómo permite el protista *Trichonympha* que las termitas coman madera?

_____
_____
_____
_____

15. ¿Qué causa la malaria? _____

16. Completa el diagrama de flujo que muestra el ciclo de la infección de malaria.

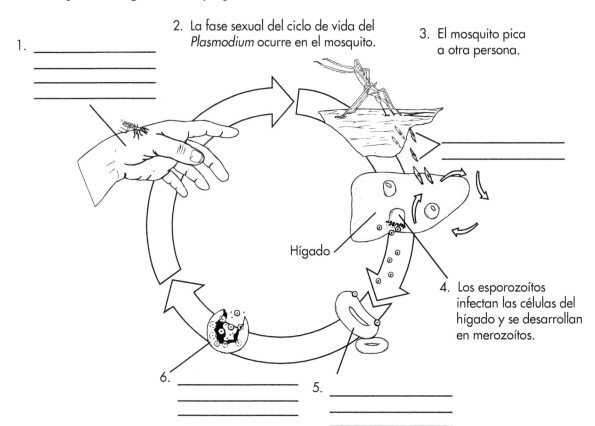

1. _____

2. La fase sexual del ciclo de vida del *Plasmodium* ocurre en el mosquito.

3. El mosquito pica a otra persona.

Hígado

4. Los esporozoítos infectan las células del hígado y se desarrollan en merozoítos.

6. _____

5. _____

17. Los hongos mucilaginosos son protistas heterótrofos que se desarrollan en la materia en descomposición. ¿Cómo podrían ayudar a mantener la homeostasis dentro de sus ecosistemas? ¿Cómo benefician a un ecosistema? ¿Por qué su papel es tan importante?

_____
_____
_____
_____

21.4 Los hongos

Objetivos de la lección

- Identificar las características que definen a los hongos.
- Describir cómo los hongos afectan a la homeostasis.

Resumen de la lección

¿Qué son los hongos? Los hongos son heterótrofos eucariotas con paredes celulares. Las paredes celulares de los hongos contienen **quitina**, un hidrato de carbono complejo.

▷ Casi todos están compuestos por delgados filamentos llamados **hifas**. El **esporocarpo** de un hongo, como el de la parte que sobresale del suelo de una seta, es una estructura reproductora visible. Crece de muchas hifas entrelazadas bajo el suelo en una gruesa masa llamada **micelio**.

▷ La mayoría se reproduce tanto asexual como sexualmente. La reproducción asexual puede ocurrir cuando las células o hifas se rompen y comienzan a crecer por sí solas. Algunos también se reproducen asexualmente por medio de esporas.

▷ Casi todos también se pueden reproducir sexualmente. Las esporas se producen en estructuras llamadas esporangios. Muchos tienen tipos positivos (+) y negativos (-) que se reproducen sexualmente al fusionar sus núcleos cuando se encuentran.

Ecología de los hongos Los hongos no ingieren su alimento como los animales. En su lugar, digieren el alimento fuera de sus cuerpos y luego lo absorben. Muchos se alimentan al absorber los nutrientes de la materia en descomposición. Algunos hongos son parásitos.

▷ Los hongos ayudan a mantener el equilibrio en casi todos los ecosistemas porque reciclan los nutrientes al descomponer los cuerpos y desechos de otros organismos.

▷ Los hongos parásitos causan enfermedades graves en plantas y animales. Las enfermedades micóticas de los seres humanos incluyen el pie de atleta, las aftas y las infecciones de hongos en el tracto reproductor femenino.

▷ Algunos hongos forman relaciones mutualistas en las que ambas partes se benefician.

▷ Los **líquenes** son asociaciones simbióticas entre un hongo y un organismo fotosintético. Éste proporciona la fuente de energía y el hongo, agua y minerales.

▷ Sus asociaciones mutualistas con las raíces de las plantas y se llaman **micorrizas**. Las raíces se entrelazan con la maraña de hifas del hongo formando una asociación.

¿Qué son los hongos?

1. ¿Por qué los científicos creen que los hongos están más estrechamente relacionados con los animales que con las plantas?

_____

2. Describe dos tipos de hifas.

_____

_____

3. Rotula las partes del hongo.

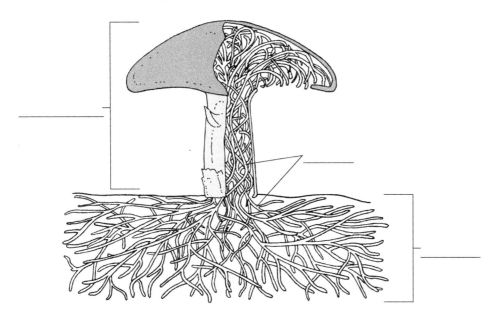

4. ¿Cuál es la función del esporocarpo?

_____

5. ¿Qué es un "anillo de hadas" y por qué se forma?

_____

_____

_____

_____

6. El siguiente diagrama muestra el ciclo de vida del hongo *Rhizopus stolonifer*. Sombrea las flechas que muestran la reproducción sexual. Dibuja rayas en las flechas que muestran la reproducción asexual.

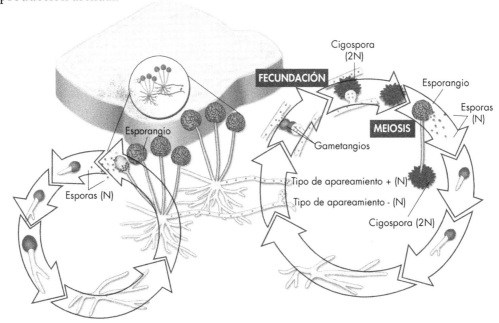

Ecología de los hongos

7. ¿Cómo los hongos descomponen hojas, frutos y materia orgánica en moléculas simples?

_____

_____

8. ¿Cómo pueden los hongos trastornar la homeostasis de las plantas?

_____

9. ¿De qué tipo de relación simbiótica son ejemplos los líquenes y las micorrizas?

_____

10. ¿En qué se benefician las plantas de las micorrizas? ¿En qué se benefician los hongos?

_____

_____

_____

11. RAZONAMIENTO VISUAL En el siguiente diagrama de un liquen, rotula las algas y los hongos. Luego, describe en las líneas siguientes qué beneficios proporcionan tanto los hongos como las algas de su asociación con el liquen.

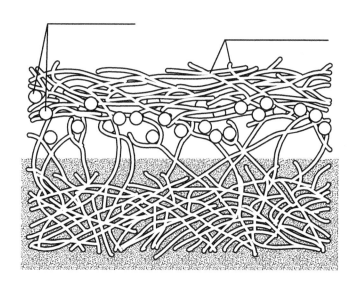

_____

_____

Aplica la gran idea

12. Una sustancia química que mata a los hongos se filtra en el suelo y es absorbida por las raíces de una planta con una enfermedad micótica. ¿Cómo ayudaría esto a las plantas infectadas a recuperar la homeostasis? ¿Cómo dañaría la homeostasis de otras plantas de la zona?

_____

_____

_____

Repaso del vocabulario del capítulo

Escribe la letra de la definición de cada término.

Término

_____ 1. micelio

_____ 2. liquen

_____ 3. eporangio

_____ 4. quitina

_____ 5. floración de algas nocivas

_____ 6. flagelos

Definición

A. Hidrato de carbono complejo de las paredes celulares en hongos

B. Ejemplo de una asociación simbiótica

C. Una estructura que contiene esporas

D. Masa de hifas de hongos entrelazadas

E. Rápido crecimiento de algas en un caudal de aguas negras

F. Estructuras que usan los protistas para moverse

Completa cada oración con la(s) palabra(s) correcta(s).

7. Los delgados filamentos de los hongos multicelulares son _____.

8. La estructura reproductora de los hongos que crece del micelio es _____.

9. Los ciliados arrastran las partículas de alimento hacia su célula en _____.

10. La cavidad en el citoplasma que almacena alimento es _____ alimenticia.

11. La asociación simbiótica entre las raíces y un hongo es _____.

Escribe la letra de la respuesta correcta.

_____ 12. El ciclo de vida que cambia entre etapas haploides y diploides se llama
  A. movimiento ameboide.   **C.** fisión meiótica binaria.
  B. conjugación.   **D.** alternancia de generaciones.

_____ 13. La estructura sencilla con muchos núcleos que se forma por una masa de mohos mucilaginosos parecidos a las amebas es
  A. un plasmodio.   **C.** un seudópodo.
  B. un cilio.   **D.** un esporangio.

_____ 14. Las amebas se mueven y alimentan usando sus
  A. seudópodos.   **C.** cilios.
  B. citofaringes.   **D.** flagelos.

_____ 15. Algunos ciliados intercambian material genético a través de un proceso llamado
  A. movimiento ameboide.   **C.** esporocarpos.
  B. conjugación.   **D.** alternancia de generaciones.

_____ 16. Una célula reproductiva formada por algunos protistas se llama
  A. espora.   **C.** esporangio.
  B. cilio.   **D.** hifa.

_____ 17. Un paramecio se mueve usando prolongaciones parecidas a vellos llamadas
  A. citofaringes.   **C.** cilios.
  B. vacuolas contráctiles.   **D.** seudópodos.

MISTERIO DEL
CAPÍTULO

"UNA PLAGA DE CARÁCTER EXTRAÑO"

Aprendizaje en el siglo XXI

En el Misterio del capítulo investigaste el moho acuático *Phytophthora*, que provocó la hambruna irlandesa de la papa en la década de 1840. En años recientes, los expertos han advertido que los cultivos actuales de plátano podrían enfrentar my pronto una amenaza semejante.

Una amenaza para los cultivos de plátano en todo el mundo

Juan Fernando Aguilar es el principal productor de plátano de la Fundación Hondureña de Investigación Agrícola (FHIA). Él cree que el comercio mundial de plátano es sumamente vulnerable en la actualidad a una plaga conocida como Fusariosis del plátano, o mal de Panamá, que es causada por el hongo *Fusarium*. Como explica Aguilar, los plátanos modernos (una variedad conocida como Cavendish) son muy susceptibles a esta enfermedad, que ya ha destruido plantaciones en el sureste de Asia y ahora amenaza los cultivos en otras partes.

Lee la siguiente hoja informativa, elaborada con información de productores como Aguilar, para aprender más sobre los plátanos y la amenaza que enfrentan en la Fusariosis del plátano.

Hechos sobre el comercio de plátano y la amenaza que representa la Fusariosis del plátano

- El plátano Cavendish, nutritivo y práctico, es un monocultivo. Casi todos los cultivos comerciales de plátano dependen del Cavendish.
- Hasta 100 mil millones de plátanos Cavendish se consumen cada año en todo el mundo.
- El comercio global de los plátanos Cevendish es un negocio de $4 mil millones al año.
- Los estadounidenses comen más plátanos que ningún otro tipo de fruta fresca. El consumo promedio en Estados Unidos es de 26.2 libras de plátanos al año.
- La Fusariosis del plátano, también llamada mal de Panamá, es causada por el hongo *Fusarium* que invade las raíces jóvenes del árbol del plátano y provoca que sus hojas se marchiten y mueran.
- Algunas variedades del hongo han demostrado ser resistentes a los fungicidas actuales y siguen

prosperando en el suelo circundante, evitando el logro de plantaciones futuras.
- La Fusariosis del plátano exterminó al plátano Gros Michel, que una vez fue el plátano que más se consumía. El Gros Michel se extinguió en 1960.
- El plátano Cavendish no parece estar seguro ante la cepa más reciente de la Fusariosis del plátano, que apareció por primera vez en 1992 y se ha extendido por todo el sureste de Asia. Todavía no llega al hemisferio occidental, pero los expertos predicen que lo hará.
- Los científicos no han hallado una cura para la Fusariosis del plátano.
- La Fusariosis del plátano es tan virulenta que un solo terrón de tierra transportado por un neumático o un zapato puede desatar un brote.

Continúa en la próxima página ▶

Asuntos del siglo XXI Ciencia y conciencia global, conocimientos de ciencias y economía

1. ¿Qué tan grande es el comercio global de plátanos? ¿Qué cifras ilustran la popularidad de los plátanos y su importancia comercial?

_____

_____

_____

2. ¿Qué característica de los cultivos actuales de plátano los hace más vulnerables a una plaga?

_____

_____

_____

_____

3. ¿Qué es la Fusariosis del plátano? ¿Qué la causa y cómo afecta al cultivo de plátano?

_____

_____

_____

4. ¿Qué características de la cepa actual de Fusariosis del plátano preocupa mucho a los productores de plátanos?

_____

_____

_____

5. Según los hechos presentados, ¿qué tan vulnerables crees que son los cultivos mundiales de plátano ante una propagación de la plaga? ¿Por qué?

_____

_____

_____

Destrezas para el siglo XXI Investigar la Fusariosis del plátano

Entre las destrezas utilizadas en esta actividad están **identificación, formulación y resolución de problemas, conocimientos sobre medios de comunicación e información** y **destrezas de comunicación.**

Usa recursos de la biblioteca o Internet para realizar más investigaciones sobre este tema. Trata de averiguar más acerca de la ciencia de la Fusariosis del plátano y las evaluaciones de los expertos acerca de la amenaza que representa para los cultivos mundiales de plátano. ¿Cómo se compara la situación actual con la hambruna irlandesa de la papa de la década de 1840? Con base en tu investigación, escribe un artículo periodístico sobre la amenaza que representa para el comercio mundial de plátano y sugiere lo que crees que deberían hacer sus productores sobre esto.

22 Introducción a las plantas

la gran idea Unidad y diversidad de la vida

P: ¿Cuáles son los cinco grupos principales de plantas y cómo se han adaptado cuatro de estos grupos a la vida en la tierra?

	LO QUE SÉ	LO QUE APRENDÍ
22.1 ¿Cuáles son las características de las plantas?		
22.2 ¿Cuáles son las características de las plantas sin semilla?		
22.3 ¿Cuáles son las características de las plantas de semilla?		
22.4 ¿Cuáles son las características de las plantas que florecen?		

22.1 ¿Qué es una planta?

Objetivos de la lección

- Describir qué necesitan las plantas para sobrevivir.
- Describir cómo evolucionaron las primeras plantas.
- Explicar el proceso de alternancia de generaciones.

Resumen de la lección

Características de las plantas

▷ Las plantas son eucariotas que tienen paredes celulares con celulosa. La mayoría son autótrofas y usan clorofila *a* y *b* para llevar a cabo la fotosíntesis.

▷ Las plantas obtienen lo que necesitan del medio ambiente sin moverse.
- Luz solar: que recogen las hojas dispuestas de tal forma que maximizan la absorción
- Intercambio gaseoso: absorben oxígeno y dióxido de carbono y liberan el exceso de oxígeno
- Agua: que absorben en su mayoría del suelo y transportan internamente
- Minerales: que absorben junto con el agua del suelo

Historia y evolución de las plantas. Los ancestros de las plantas terrestres actuales eran habitantes acuáticos similares a las algas verdes actuales. Con el tiempo, las demandas de vida terrestre favorecieron la evolución de plantas más resistentes a los rayos secantes del sol, más capaces de conservar el agua y de reproducirse sin ella.

▷ Las primeras plantas terrestres dependían del agua y carecían de hojas y raíces.

▷ Hay cinco grupos de plantas clasificados según cuatro características importantes:
- formación embrionaria
- tejidos especializados conductores de agua
- semillas
- flores

Ciclo de vida de las plantas El ciclo de vida de las plantas terrestres tiene dos fases alternantes, una diploide (2N) y otra haploide (N). Esta alternancia se conoce como **alternancia de generaciones**.

▷ **Esporofito**: fase diploide multicelular; una planta productora de esporas
▷ **Gametofito**: fase haploide multicelular; una planta productora de gametos

Características de las plantas

Para las preguntas 1 a 8, escribe Cierto *si la oración es cierta. Si la oración es falsa, cambia la(s) palabra(s) subrayadas para que la oración sea cierta.*

_____ 1. Tanto pastos como <u>musgos</u> son ejemplos de plantas.

_____ 2. Las algas verdes ahora se consideran <u>protistas</u>.

_____ 3. <u>La mayoría</u> de las plantas son parásitos o saprobios.

_____ 4. En las plantas, la clorofila *a* y *b* se localiza en los <u>cloroplastos</u>.

_____ **5.** Además <u>del oxígeno</u>, las plantas necesitan agua y dióxido de carbono para llevar a cabo la fotosíntesis.

_____ **6.** Las plantas requieren <u>oxígeno</u> para la respiración celular.

_____ **7.** Las plantas terrestres evolucionaron desarrollando estructuras que <u>promovían</u> la pérdida de agua.

_____ **8.** Las plantas, por lo general, absorben agua y minerales a través de sus <u>hojas</u>.

Historia y evolución de las plantas

Para las preguntas 9 a 12, completa cada oración con la(s) palabra(s) correcta(s).

9. Los ancestros de las plantas terrestres vivían en _____.

10. Los fósiles más antiguos de plantas terrestres tienen aproximadamente _____ de años de antigüedad.

11. El reto más grande que enfrentaron las primeras plantas terrestres fue obtener _____.

12. Las primeras plantas terrestres obtenían suficiente agua porque crecían cerca de la tierra en lugares _____.

13. Explica por qué los biólogos clasifican ahora a las algas verdes como plantas.

_____

_____

_____

14. Describe tres características de las plantas que les hayan ayudado a satisfacer las necesidades de la vida terrestre.

_____

_____

15. Identifica las características importantes que separan a los cinco principales grupos de plantas y escribe cada respuesta correcta en la línea correspondiente.

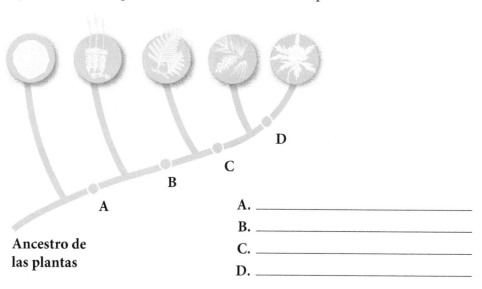

Ancestro de las plantas

A. _____
B. _____
C. _____
D. _____

Ciclo de vida de las plantas

16. ¿Qué nombre recibe la alternancia entre las fase haploide y diploide en el ciclo sexual de una planta?

_____

17. Completa el siguiente diagrama con el nombre de cada fase en el ciclo de vida de la planta. También indica si la fase es haploide (N) o diploide (2N).

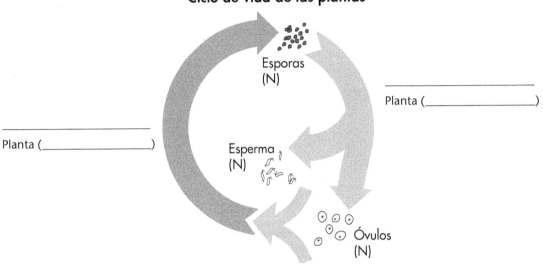

Ciclo de vida de las plantas

Esporas (N)

Planta (_____)

Planta (_____)

Esperma (N)

Óvulos (N)

18. ¿Qué tendencia evolutiva se observa en los tamaños correspondientes a las etapas en los ciclos de vida de las plantas, comenzando con las algas verdes y terminando con las plantas con semilla?

_____

_____

_____

_____

_____

_____

Aplica la gran idea

19. Un tipo de alga que tiene sólo clorofila *a*, ¿se podría considerar una planta? Explica tu respuesta.

_____

_____

22.2 Plantas sin semilla

Objetivos de la lección

- Identificar las características de las algas verdes.
- Describir las adaptaciones de las briofitas.
- Explicar la importancia del tejido vascular.

Resumen de la lección

Algas verdes Las algas verdes son en su mayoría acuáticas. Se encuentran en aguas dulces y saladas y en algunas zonas terrestres húmedas.

- La mayoría carece de los tejidos especializados que poseen otras plantas.
- Algunas quizá no alternen entre etapa haploide y diploide en cada generación.
- Las algas verdes forman colonias, lo que da una idea de cómo pudieron haber evolucionado las plantas multicelulares. Aunque la mayoría de las células de una colonia Volvox son idénticas, algunas se especializan para la reproducción.

Musgos y otras briofitas Las **briofitas** tienen órganos reproductores especializados.

- Las briofitas son pequeñas porque carecen de **tejido vascular** que se especializa en conducir agua.
- Las briofitas presentan alternancia de generaciones:
  - Los gametofitos producen óvulos en los **arquegonios** y esperma en las **anteridias**. Los óvulos y los espermatozoides se fusionan para producir un cigoto diploide.
  - El cigoto es el comienzo de la etapa de esporofitos. El esporofito crece a partir del gametofito y desarrolla un pedúnculo largo y una cápsula productora de esporas llamada **esporangio**. Aquí, se producen esporas haploides por meiosis. Cuando la cápsula se abre, las esporas haploides se dispersan para comenzar el ciclo de nuevo.

Plantas vasculares Estas plantas también se conocen como **traqueofitas**.

- Las plantas vasculares tienen tejidos vasculares que hacen posible mover los fluidos por sus cuerpos y en contra de la fuerza de gravedad.
  - Las **traqueidas** son células huecas en forma tubular que conducen el agua y tienen paredes celulares gruesas fortalecidas con lignina. Las traqueidas se encuentran en el **xilema**, un tejido que transporta el agua hacia arriba, desde las raíces hasta cualquier parte de la planta.
  - El **floema** es un tejido vascular que transporta los nutrientes y carbohidratos producidos por la fotosíntesis.
- En el ciclo de vida del helecho, las esporas crecen hasta transformarse en gametofitos haploides que producen óvulos en arquegonios y esperma en anteridias. El zigoto diploide se desarrolla hasta convertirse en un esporofito. Las esporas haploides se desarrollarán en la parte posterior de las hojas del helecho, lo que constituye la etapa esporofita del ciclo de vida, y el ciclo continúa.

Algas verdes

Para las preguntas 1 a 7, completa cada oración con la(s) palabra(s) correcta(s).

1. *Alga* es el término latino para _____ .

2. Hace más de 550 millones de años, durante el período _____ vivían grandes mallas de algas verdes.

3. Las algas verdes son en su mayoría acuáticas, pero algunas viven en zonas terrestres _____ .

4. _____ son un ejemplo de algas verdes unicelulares.

5. _____ de un alga verde pueden sobrevivir a condiciones de congelamiento y desecación.

6. _____ es un alga verde colonial parecida a un filamento.

7. El *Volvox* es un alga verde colonial que muestra cierta _____ celular.

Musgos y otras briofitas

Para las preguntas 8 a 14, escribe Cierto si la oración es cierta. Si la oración es falsa, cambia la(s) palabra(s) subrayada(s) para que la oración sea cierta.

_____ 8. Los musgos y sus parientes pertenecen a un grupo llamado <u>esporofitas</u>.

_____ 9. El ciclo de vida del musgo depende en gran medida del <u>suelo fértil</u>.

_____ 10. Las briofitas son pequeñas porque carecen de verdadero <u>tejido vascular</u>.

_____ 11. El <u>gametofito</u> es la etapa dominante de las briofitas.

_____ 12. Las briofitas deben vivir donde haya agua constante al menos en cierto momento del año, ya que para que su fecundación, <u>los óvulos</u> deben nadar.

_____ 13. Los órganos productores de óvulos de las briofitas reciben el nombre de <u>anteridia</u>.

_____ 14. Cuando la espora del musgo germina, se convierte en <u>esporangio</u>.

15. **RAZONAMIENTO VISUAL** Identifica al gametofito y esporofito en la siguiente ilustración que representa una planta de musgo.

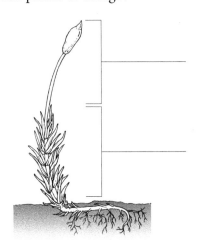

Plantas vasculares

16. ¿Qué es un tejido vascular?

_____

_____

17. Completa la tabla para comparar y contrastar los dos principales tipos de tejido vascular.

Xilema y floema	
Semejanzas	**Diferencias**

18. ¿Cuál es la etapa dominante en el ciclo de vida de los helechos?

_____

19. RAZONAMIENTO VISUAL Identifica las partes de un helecho en la siguiente ilustración. Después, escribe si el dibujo representa a un esporofito o un gametofito.

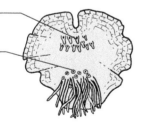

Aplica la gran idea

20. ¿Qué tipo de célula reproductora vegetal, espora o gameto, está mejor adaptada para dispersar o diseminar las briofitas y helechos hacia otros lugares? Explica tu respuesta.

_____

_____

_____

22.3 Plantas de semilla

Objetivos de la lección

- Describir las adaptaciones reproductoras de las plantas de semilla.
- Identificar las estructuras reproductoras de las gimnospermas.

Resumen de la lección

Importancia de las semillas La **semilla** es el embrión de una planta y fuente de alimento, revestida de una cubierta protectora. Es una primera etapa del esporofito.

▷ Los ancestros de las plantas de semilla evolucionaron desarrollando muchas adaptaciones para permitir su reproducción en ausencia de agua. Entre ellas, se encuentra un proceso reproductor que se presenta en los conos o en las flores y que consiste en la trasferencia del esperma mediante la polinización y la protección de los embriones en forma de semillas. Esto les permitió sobrevivir en tierra seca.

▷ Los gametofitos de las plantas de semilla crecen y maduran dentro del esporofito.

  - Las **gimnospermas** son plantas con semillas en las escamas expuestas de los conos.

  - Las **angiospermas** son plantas con semillas en las flores dentro de una capa de tejido que las protege.

▷ En las plantas de semilla, todo el gametofito masculino está en una estructura diminuta llamada **grano de polen**.

  - El esperma se produce dentro de los granos de polen y no necesita nadar.

  - El polen llega a las estructuras reproductoras femeninas por el viento o los insectos.

  - El paso del polen de la estructura reproductora masculina a la femenina es la **polinización**.

▷ Después de la fecundación, el cigoto de las semillas crece hasta convertirse en una planta diminuta: el embrión esporofito. Una envoltura dura (embrioteca o **saco de la semilla**) lo rodea y protege e impide que los contenidos de la semilla se sequen.

Ciclo de vida de las gimnospermas La palabra *gimnosperma* significa "semilla desnuda". Las cicadofitas, ginkgos y coníferas como pinos y abetos, son algunos ejemplos.

▷ Las coníferas producen dos tipos de conos: conos de polen que producen los granos de polen y conos de semillas que producen gametofitos femeninos.

▷ Cerca de la base de cada escama de los conos de semilla se encuentran dos **óvulos**, que son las estructuras en las que se desarrollan los gametofitos femeninos.

▷ El viento lleva el polen contenido en los conos de polen a nuevos conos femeninos.

▷ En las gimnospermas, la transferencia directa de polen al cono femenino permite la fecundación sin la necesidad de un medio acuoso.

▷ Si un grano de polen cae cerca de un óvulo, éste crece hasta formar un **tubo polínico**, que permite que el polen viaje sin agua y que tiene dos núcleos haploides espermáticos.

▷ Una vez que el tubo polínico llega al gametofito femenino, un núcleo de esperma se desintegra, y el otro fecunda el óvulo contenido dentro del gametofito.

▷ La fecundación produce un cigoto, que crece hasta convertirse en un embrión que queda encerrado en una semilla, listo para diseminarse.

▶ Importancia de las semillas

Para las preguntas 1 a 4, completa cada oración con la(s) palabra(s) correcta(s).

1. Las bellotas, piñones y frijoles son ejemplos de _____.

2. La planta viva dentro de una semilla representa la primera etapa del desarrollo de la fase _____ del ciclo de vida de la planta.

3. En la formación de semillas, la fecundación no requiere _____.

4. Los gametofitos suelen desarrollarse en estructuras reproductoras conocidas como _____ o _____.

5. Completa el diagrama de Venn con los términos siguientes: conos, fecundación, flores, granos de polen, polinización, semillas y sacos de semilla.

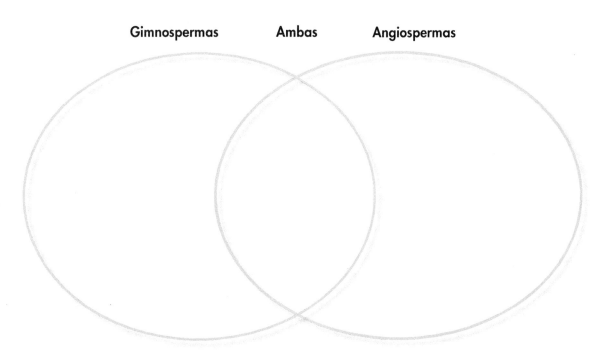

Gimnospermas   **Ambas**   **Angiospermas**

▶ Ciclo de vida de una gimnosperma

Para las preguntas 6 a 10, escribe la letra de la respuesta correcta.

_____ 6. ¿En qué parte de un pino se producen los granos de polen?

    A. en los conos de polen

    B en las flores masculinas

    C en los conos de semilla

    D. en las flores femeninas

_____ 7. ¿Cuál es un gametofito masculino entero de una gimnosperma?

    A. una célula diploide

    B. un núcleo haploide

    C. un cono de polen

    D. un grano de polen

_____ **8.** Las estructuras de las gimnospermas en las que se desarrollan los gametofitos femeninos reciben el nombre de

    A. agujas.

    B. óvulos.

    C. granos de polen.

    D. tubos polínicos.

_____ **9.** Por lo general, ¿en cuánto tiempo se completa el ciclo de vida de las coníferas?

    A. 2 días

    B. 2 meses

    C. 2 años

    D. 2 siglos

_____ **10.** En la reproducción de las gimnospermas, ¿qué sustituyó la función del agua para transferir el esperma a los óvulos?

    A. las células haploides

    B. los conos machos

    C. los pequeños gametofitos

    D. los tubos polínicos

Aplica la **gran** idea

11. La fase dominante del ciclo de vida de las plantas de semilla es el esporofito o planta productora de esporas. Al igual que todas las plantas, las plantas de semilla producen esporas. Sin embargo, las esporas nunca se liberan del cuerpo del esporofito, sino que permanecen dentro de los conos de las gimnospermas y de las flores de las angiospermas, donde se desarrollan hasta convertirse en gametofitos masculinos y femeninos. ¿Por qué este cambio en el ciclo de vida de la planta ha sido una ventaja evolutiva para las plantas de semilla conforme se adaptaron a la vida terrestre?

_____

_____

_____

_____

_____

_____

_____

_____

_____

_____

_____

22.4 Plantas que florecen

Objetivos de la lección

- Identificar las estructuras reproductoras de las angiospermas.
- Identificar algunas de las posibles clasificaciones de las angiospermas.

Resumen de la lección

Flores y frutos Las angiospermas usan sus flores para reproducirse sexualmente.

▷ Las flores contienen **ovarios** que rodean y protegen a las semillas. Angiosperma significa "semilla encerrada".

▷ Las flores representan una ventaja evolutiva debido a que atraen animales que transportarán el polen al abandonarlas.

▷ Después de la fecundación, los ovarios dentro de las flores se convertirán en frutos que cubrirán, protegerán y ayudarán a dispersar las semillas.

▷ Un **fruto** es una estructura que contiene uno o más ovarios maduros.

▷ Durante muchos años, las angiospermas se clasificaron de acuerdo con el número de hojas que tenían sus semillas o **cotiledones**.

- Las **monocotiledóneas** tienen una hoja de semilla.

- Las **dicotiledóneas** tienen dos hojas de semilla.

- La clasificación científica ahora coloca a las monocotiledóneas en un único grupo y a las dicotiledóneas en varias categorías. Se han utilizado descubrimientos recientes para ubicar a las angiospermas en clados. Cinco de éstos son el *Amborella*, nenúfares, magnólidas, monocotiledóneas y eudicotiledóneas.

Diversidad de angiospermas La clasificación científica refleja las relaciones evolutivas. Los agricultores, jardineros y otras personas que trabajan con plantas agrupan a las angiospermas según el número de hojas que tienen sus semillas, la fortaleza y composición de sus tallos y el número de temporadas de crecimiento que tienen.

▷ Las monocotiledóneas y dicotiledóneas, agrupadas según el número de cotiledones que producen, difieren en otras características, como:

- la distribución del tejido vascular en tallos, raíces y hojas

- el número de pétalos por flor

▷ Las plantas también se agrupan según las características de sus tallos.

- Las **plantas leñosas** tienen tallos compuestos principalmente por células con paredes celulares gruesas que soportan el cuerpo de la planta.

- Las **plantas herbáceas** tienen tallos suaves y no leñosos.

▷ Las plantas se agrupan de acuerdo con su tiempo de vida en anuales, bianuales o perennes. Las anuales viven un año; las bianuales, dos y las perennes, varios años.

Flores y frutos

Para las preguntas 1 a 4, completa cada oración con la(s) palabra(s) correcta(s).

1. _____ son plantas de semilla que producen flores y frutos.

2. Las plantas que florecen aparecieron por primera vez en el período _____ .

3. Las semillas de las plantas que florecen están encerradas en _____ .

4. El éxito de las angiospermas en la tierra se atribuye a sus flores, que atraen animales _____ y a sus frutos, que dispersan _____ .

Para las preguntas 5 a 6, escribe la letra de la respuesta correcta.

_____ **5.** ¿Qué descubrimiento relacionado con las plantas ocasionó que los botánicos volvieran a clasificarlas?

    A. *Amborella*

    B. *Archaefrutus*

    C. *Cooksonia*

    D. *Magnolia*

_____ **6.** ¿Qué grupo de angiospermas es por mucho el mayor de todos?

    A. *Amborella*

    B. Eudicotiledóneas

    C. Magnólidas

    D. Monocotiledóneas

Diversidad de angiospermas

7. Completa la tabla de grupos de angiospermas.

Grupos de angiospermas según la estructura de sus semillas			
Grupo	**Número de hojas de semilla**	**Otras características**	**Ejemplos**
Monocotiledóneas			
Dicotiledóneas			

Para las preguntas 8 a 13, relaciona cada ejemplo con el tipo de planta correspondiente. Cada tipo se puede usar más de una vez.

Ejemplo

_____ **8.** Arbustos de rosas

_____ **9.** Robles

_____ **10.** Girasoles

_____ **11.** Diente de león

_____ **12.** Vides

_____ **13.** Petunias

Tipo de planta

A. Herbácea

B. Leñosa

14. Completa la tabla sobre la duración de vida de las plantas.

Tipos de plantas según su duración de vida		
Categoría	**Definición**	**Ejemplos**
Anuales		
Bianuales		
Perennes		

Aplica la gran idea

15. ¿Se podrian usar los términos *leñoso* y *herbáceo* para describir otro tipo de plantas además de las angiospermas? Justifica tu respuesta.

_____

_____

_____

_____

Repaso del vocabulario del capítulo

Crucigrama *Escribe el término que concuerde con la descripción para completar el crucigrama.*

Horizontal

1. tejido vascular conductor de azúcares

3. estructura productora de esporas de las plantas sin semilla

6. planta con semillas de dos hojas

11. estructura en la que se desarrolla el gametofito femenino

12. musgo o su pariente

13. planta con tejidos vasculares

14. órgano productor de esperma en las plantas sin semillas

Vertical

2. estructura de las plantas que florecen que contiene óvulos

4. etapa del ciclo de vida vegetal en la que se producen gametos

5. tejido vascular conductor de agua

7. etapa del ciclo de vida vegetal en la que se producen esporas

8. órgano productor de óvulos en las plantas sin semilla

9. transferencia de polen

10. planta embrionaria, suministro de alimento y cubierta protectora

MISTERIO DEL CAPÍTULO

CUENTACUENTOS DE LA EDAD DE PIEDRA

Aprendizaje en el siglo XXI

En el Misterio del capítulo, aprendiste acerca del Hombre de hielo, que murió hace 5300 años. Su cuerpo es la momia preservada de manera natural más antigua que se conoce. Muchos restos de plantas se preservaron junto a él. Es muy poco común que restos de plantas hayan logrado sobrevivir durante tanto tiempo.

¿Hombre de hielo del futuro?

Las condiciones ambientales en las que el Hombre de hielo murió fueron únicas. El hielo glacial ayudó a preservarlo a él y a muchas de sus pertenencias durante miles de años antes de que escaladores lo descubrieran en 1991. Considera lo que le habría sucedido hoy a un escalador que muriera en la cima de una montaña y cuyo cuerpo quedara atrapado en el hielo. El siguiente artículo es un informe periodístico ficticio del descubrimiento del Hombre de hielo II en el año 3008.

> **Transmisión mental vespertina, 8 de junio de 3008**—Los escaladores del glaciar Pike literalmente tropezaron con un importante descubrimiento antropológico esta mañana. Cuando Klendon Deel, de 85 años, tropezó con algo, su compañero de escalada y su madre, Mender Yayv Akong, de 122 años, le ayudaron a levantarse y buscaron el obstáculo parcialmente oculto que resultó ser un dispositivo electrónico llamado "Aip-od", usado antiguamente para escuchar música. Pero lo más sorprendente fue la esquelética mano que aún se aferraba al aparato.
>
> Akong y Deel llamaron a las autoridades, y en menos de una hora los científicos habían exhumado los restos de un adulto. Pruebas preliminares indican que el hombre murió en febrero o marzo de 2016. Entonces el glaciar aún no cubría el área llamada en aquel entonces "Colorado".
>
> Los científicos afirman que, por desgracia, la mayoría del tejido suave del hombre se desintegró durante la ola de calor de todo el siglo XXII, los choques corticales del siglo XXIV y la era glaciar Kelvin del siglo XXIX. Pero según el vocero Nkavrjdn*w, el esqueleto, uñas, cabello y muchas de las pertenencias están muy bien conservadas. "La jefa de investigación del hallazgo esta fascinada, en especial con los objetos de la mochila del hombre", dice Nkavrjdn*w. "Cree que ha encontrado los restos de una manzana. Aunque la fruta real ya no está, en la mochila quedaban restos del tallo y de varias semillas".
>
> Además, ahi se encontró una botella transparente. Los científicos planean hacer pruebas para determinar qué contenía. La única marca que encontraron fue un pequeño triángulo de tres flechas. No están seguros del significado de este misterioso símbolo.

Continúa en la próxima página ▶

Asuntos del siglo XXI Ciencia y conciencia global

1. Piensa en los artículos que llevarías contigo si fueras a una excursión. Supón que el Hombre de hielo II los llevara consigo. ¿Cuáles de esos artículos crees que sobrevivirían?

_____

_____

2. ¿Cuáles de los artículos que posiblemente llevaba consigo el Hombre de hielo II en su excursión, consideras que no sobrevivirían? Explica tu respuesta.

_____

_____

_____

_____

3. Describe qué podrían descubrir los futuros científicos acerca del siglo XXI si estudiaran las pertenencias del Hombre de hielo II. ¿Qué tipo de evidencia les sería difícil de interpretar?

_____

_____

_____

_____

_____

Destrezas para el siglo XXI Consideraciones sobre los productos vegetales

Las destrezas que se emplean en esta actividad suponen **conocimientos sobre medios de comunicación e información, destrezas de comunicación, creatividad y curiosidad intelectual** y **responsabilidad social**.

Los materiales sintéticos, como el nylon y el plástico, tienden a durar más que los materiales basados en vegetales u orgánicos, como el algodón y el papel. Por esta razón, muchos productos modernos están hechos a base de materiales sintéticos. Sin embargo, las materias primas de la mayoría de los materiales sintéticos, son recursos no renovables. Acude a la biblioteca y usa recursos en Internet para comparar los materiales vegetales con los sintéticos. Por ejemplo, visita sitios Web de empresas que fabrican plástico, nylon, papel o tela de algodón. Considera las siguientes preguntas.

- ¿Cómo se comparan los costos de los productos vegetales con los de los sintéticos?
- ¿Qué tipo de oportunidades de negocio supone la fabricación de productos a base de materiales vegetales y no de materiales sintéticos?

En grupo, ideen un nuevo producto hecho a base de materiales orgánicos o vegetales. Identifiquen los clientes potenciales para el producto y analicen cómo lo comercializarían.

23 Estructura y función de las plantas

la gran idea Estructura y función

P: ¿En qué sistemas están organizados las células, los tejidos y los órganos para realizar las funciones básicas de las plantas con semilla?

LO QUE SÉ	LO QUE APRENDÍ
23.1 ¿Cómo están organizados los tejidos de las plantas?		
23.2 ¿De qué manera la estructura y la función de las raíces ayudan a la planta a llevar a cabo sus procesos vitales?		
23.3 ¿De qué manera la estructura y la función de los tallos ayudan a la planta a llevar a cabo sus procesos vitales?		
23.4 ¿De qué manera la estructura y la función de las hojas ayudan a la planta a llevar a cabo sus procesos vitales?		
23.5 ¿Cómo transportan las plantas los materiales a través de su cuerpo?		

23.1 Tejidos especializados de las plantas

Objetivos de la lección

- Identificar los órganos principales de las plantas con semilla.
- Explicar las funciones primarias de los principales sistemas de tejidos de las plantas con semilla.
- Comparar los meristemos con otros tejidos de las plantas.

Resumen de la lección

Estructura de las plantas con semilla Todas las plantas con semilla tienen tres órganos principales:

▶ Las raíces anclan las plantas al suelo y absorben el agua y los nutrientes disueltos.

▶ Los tallos proporcionan un sistema de soporte para el cuerpo de la planta, un sistema de transporte que mueve los nutrientes y un sistema defensivo que la protege.

▶ Las hojas llevan a cabo la fotosíntesis e intercambian gases con el aire.

Sistemas de tejidos de las plantas Las plantas tienen tres sistemas de tejidos principales:

▶ El tejido dérmico es la cubierta protectora externa que resguarda a la planta. En las plantas jóvenes consta de una sola capa de células llamada **epidermis**. Una cutícula cerosa a menudo cubre la epidermis y la protege contra la pérdida de agua. En plantas más viejas, el tejido dérmico puede tener varias capas celulares de profundidad y puede estar cubierto por una corteza.

▶ El tejido vascular sostiene el cuerpo de la planta y transporta el agua y los nutrientes a través de ella. Los dos tipos son el xilema, un tejido conductor de agua, y el floema, un tejido que transporta los nutrientes disueltos.

  • El xilema contiene células llamadas traqueidas, que tienen paredes celulares impregnadas con **lignina**, una molécula compleja resistente al agua que proporciona a la madera la mayor parte de su resistencia. Las angiospermas tienen una forma secundaria de tejido del xilema llamada **elementos de los vasos** que están acomodados de extremo a extremo, uno sobre otro.

  • El floema contiene **elementos de los tubos cribosos**, que están acomodados de extremo a extremo. Las **células acompañantes** sustentan las células del floema y ayudan a transportar las sustancias dentro y fuera del floema.

▶ El tejido fundamental produce y almacena azúcares y ayuda a sostener la planta.

  • Las células del **parénquima** tienen una pared celular delgada y una vacuola central grande.

  • Las células del **colénquima** tienen paredes celulares fuertes y flexibles que proporcionan soporte a los órganos de la planta.

  • Las células del **esclerénquima** tienen paredes celulares muy gruesas y rígidas, que hacen que el tejido fundamental sea fuerte y resistente.

Crecimiento de las plantas y meristemos Los **meristemos** son regiones de células no especializadas donde la mitosis produce nuevas células que están listas para la diferenciación.

▶ Los **meristemos apicales** se hallan en las puntas de los tallos y las raíces.

▶ Los meristemos florales producen los tejidos de las flores.

Estructura de las plantas con semilla

1. Escribe los tres órganos principales de las plantas con semilla y menciona la función de cada uno.

_____

_____

_____

2. ¿Qué adaptación ayuda a las hojas a conservar el agua?

_____

Sistemas de tejidos de las plantas

Para las preguntas 3 a 6, completa cada oración con la palabra correcta.

3. Los tres principales sistemas de tejidos de las plantas son el tejido _____ , el tejido _____ y el tejido _____ .

4. La cutícula protege contra la pérdida de _____ .

5. Algunas células epidérmicas tienen diminutas prolongaciones conocidas como _____ , que pueden dar a la hoja una apariencia velluda.

6. El tejido dérmico de las raíces contiene _____ que ayudan a absorber el agua.

Para las preguntas 7 a 11, relaciona los elementos del tejido vascular con sus descripciones.

Elementos del tejido vascular

_____ **7.** Traqueidas

_____ **8.** Lignina

_____ **9.** Elementos de los vasos

_____ **10.** Elementos de los tubos cribosos

_____ **11.** Células acompañantes

Descripción

A. Las principales células del floema

B. Células largas y delgadas del xilema, con aberturas en sus paredes celulares

C. Células que sustentan las células del floema y ayudan a transportar las sustancias

D. Células del xilema acomodadas extremo con extremo, una sobre la otra

E. La sustancia en las paredes celulares de las traqueidas muertas que hace que la madera sea dura

12. ¿Cómo se puede mover el agua de una traqueida a una célula vecina?

_____

_____

13. ¿Cómo pueden pasar los materiales de un elemento de los tubos cribosos al siguiente?

_____

_____

14. Completa la tabla que compara las células del tejido fundamental.

Células del tejido fundamental		
Tipo de célula	Estructura	Función
		La fotosíntesis en las hojas
	Células con paredes celulares fuertes y flexibles	
	Células con paredes celulares muy rígidas y gruesas	

Crecimiento de las plantas y meristemos

Para las preguntas 15 a 19, escribe Cierto *si la oración es cierta. Si la oración es falsa, cambia la(s) palabra(s) subrayada(s) para que la oración sea cierta.*

_____ **15.** Los <u>meristemos</u> son regiones de la planta que producen nuevas células por mitosis.

_____ **16.** Los <u>meristemos apicales</u> se hallan en la punta en desarrollo de una raíz o tallo.

_____ **17.** Las células <u>especializadas</u> que resultan de la división celular en los meristemos tienen paredes celulares delgadas.

_____ **18.** Las células vegetales recién producidas se someten a la <u>fecundación</u> a medida que maduran en diferentes tipos de células.

_____ **19.** Un meristemo apical cambia a un <u>meristemo floral</u> cuando su patrón de expresión genética cambia.

Aplica la gran idea

20. Las plantas son fuente de muchas fibras útiles, como el algodón y el lino. Las fibras son estructuras largas y delgadas que tienen resistencia y flexibilidad. ¿Qué sistema de tejidos de la planta produce fibras como el algodón y el lino? Justifica tu respuesta.

_____

_____

_____

_____

_____

_____

23.2 Las raíces

Objetivos de la lección

- Describir los tejidos principales de una raíz madura.
- Describir las diferentes funciones de las raíces.

Resumen de la lección

Estructura y crecimiento de la raíz La raíz es la primera parte de la planta que surge de la semilla.

▶ Las plantas tienen dos tipos principales de sistemas de raíz:

- Los sistemas de raíz primaria se hallan fundamentalmente en las dicotiledóneas y consisten en una gran raíz primaria que tiene muchas ramas más pequeñas.

- Los sistemas de raíz fibrosa se hallan principalmente en las monocotiledóneas y constan de muchas ramas de raíz de igual tamaño que ayudan a evitar que la capa superior del suelo sea arrastrada por el agua.

▶ Las raíces contienen células de los tres sistemas de tejidos. Una raíz madura tiene una capa externa, llamada epidermis, y también contiene tejido vascular y una gran área de tejido fundamental. El sistema de raíz es importante para transportar el agua y los minerales.

- La epidermis de la raíz realiza la doble función de proteger y absorber. Su superficie está cubierta con delgadas prolongaciones celulares llamadas **pelos radicales**, que producen una gran área superficial que permite la entrada de agua y minerales.

- El tejido fundamental llamado **corteza** almacena productos para la fotosíntesis, como el almidón. El agua y los minerales atraviesan la corteza. Una capa llamada **endodermis** encierra el cilindro vascular.

- El xilema y el floema constituyen una región llamada **cilindro vascular** que está en el centro de la raíz.

- Los meristemos apicales producen nuevas células cerca de la punta de la raíz, que está cubierta por una dura **cofia** que la protege a medida que crece en la tierra.

Funciones de la raíz La raíz sostiene a la planta, la ancla al suelo, almacena su alimento y absorbe el agua y los nutrientes disueltos en la tierra.

▶ Las raíces absorben muchos nutrientes inorgánicos esenciales, como el nitrógeno y el potasio.

▶ El transporte activo lleva los iones minerales de los nutrientes disueltos de la tierra a la planta.

▶ Las células epidérmicas de la raíz crean condiciones en las que la ósmosis hace que el agua "siga" a los iones y fluya hacia la raíz.

▶ La **banda de Caspary** impermeable permite que la endodermis filtre y controle el agua y los nutrientes que entran al cilindro vascular, además de asegurar que los nutrientes no se goteen.

▶ La presión de la raíz, producida dentro del cilindro vascular por el transporte activo, impulsa el agua a través del cilindro vascular hacia el xilema.

Crecimiento y estructura de la raíz

1. Completa la tabla que compara los tipos de sistemas de raíz.

Tipos de sistemas de raíz			
Tipo de raíz	**Descripción**	**¿Principalmente en dicotiledóneas o monocotiledóneas?**	**Ejemplos**
	Largas y gruesas raíces primarias que crecen en la profundidad de la tierra		
	Ramas de las raíces de igual tamaño que crecen separadas de la base del tallo		

Para las preguntas 2 a 6, completa cada oración con la(s) palabra(s) correcta(s).

2. Una raíz madura tiene un área grande de tejido _____ entre sus tejidos dérmico y vascular.

3. El área de superficie de la raíz para la absorción del agua aumenta según sus _____.

4. Una de las funciones de la _____ es el almacenamiento del almidón.

5. El cilindro _____, compuesto por el xilema y el floema, se halla en el centro de la raíz.

6. El meristemo apical de la raíz se puede hallar justo detrás de la _____.

7. RAZONAMIENTO VISUAL Escribe los rótulos que faltan en las partes que se indican en la ilustración del corte transversal de una raíz.

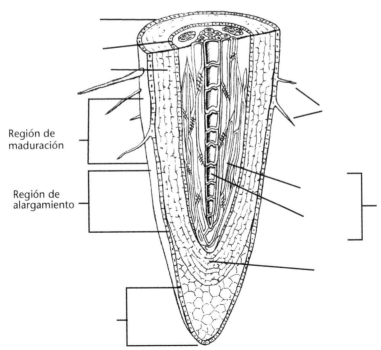

Región de maduración

Región de alargamiento

Funciones de la raíz

8. Además de absorber el agua y los nutrientes, menciona por lo menos otras dos funciones las raíces de las plantas.

_____

_____

9. ¿Cuál es el papel del transporte activo en la absorción del agua en las raíces de las plantas?

_____

_____

_____

10. ¿Dónde están ubicadas las proteínas de transporte activo de las raíces?

_____

11. ¿Qué ocurre con el agua y los minerales disueltos después de que atraviesan la epidermis de la raíz?

_____

_____

12. ¿Por qué el paso de los materiales al cilindro vascular en las raíces de las plantas no tiene salida?

_____

_____

13. ¿Cómo cruzan el agua y los nutrientes la endodermis que rodea al cilindro vascular?

_____

_____

14. ¿Qué es la presión de raíz?

_____

_____

Aplica la gran idea

15. Las personas a menudo agregan a las plantas de sombra en maceta más fertilizante del necesario. Como resultado, las plantas comienzan a marchitarse y al final mueren, en lugar de crecer más fuertes y sanas. ¿Cuál podría ser la razón de esto?

_____

_____

_____

_____

_____

23.3 Los tallos

Objetivos de la lección

- Describir las funciones principales de los tallos.
- Comparar los procesos de crecimiento primario y crecimiento secundario de los tallos.

Resumen de la lección

Estructura y función del tallo Los tallos que están fuera del suelo desempeñan tres funciones principales:

▷ Los tallos producen hojas, ramas y flores.

▷ Los tallos mantienen las hojas expuestas al sol.

- Los tallos en crecimiento contienen **nódulos** distintivos, donde están unidas las hojas.
- Los **brotes** contienen meristemos apicales que pueden producir nuevos tallos y hojas.

▷ Los tallos transportan sustancias a través de la planta.

- Los tejidos vasculares están acomodados en grupos de xilemas y floemas llamados **fascículos vasculares**. En las monocotiledóneas, los fascículos vasculares están dispersos por todo el tallo; en las dicotiledóneas están acomodados en un cilindro o anillo.
- En una dicotiledónea joven, las células del parénquima dentro del anillo de tejido vascular se conocen como **médula**.

Crecimiento de los tallos Un tipo de crecimiento aumenta la longitud de los tallos y las raíces de la planta. El otro aumenta el ancho o grosor de los tallos y las raíces.

▷ El **crecimiento primario de los tallos** es el resultado del alargamiento de las células producidas en el meristemo apical. Ocurre en todas las plantas con semilla.

▷ El **crecimiento secundario** es un aumento en el grosor de los tallos y las raíces que es común entre las dicotiledóneas y las gimnospermas, pero es raro en las monocotiledóneas. En las coníferas y dicotiledóneas, el crecimiento secundario ocurre en meristemos llamados cambium vascular y cambium de corcho.

- El **cambium vascular** produce tejidos vasculares y aumenta el grosor de los tallos en el transcurso del tiempo.
- El **cambium de corcho** produce la cubierta externa de los tallos.
- La "madera" es en realidad capas de xilema secundario producidas por el cambium vascular. El **duramen**, que está cerca del centro del tallo, contiene xilema viejo que ya no transporta líquidos. La **albura** rodea al duramen y transporta activamente los fluidos.
- En casi todas las zonas templadas, el crecimiento de los árboles es estacional. Se pueden usar los anillos de un árbol para calcular su edad y obtener información sobre los climas y condiciones climáticas pasados. En un tallo maduro, todos los tejidos hallados fuera del cambium vascular constituyen la **corteza**.

Estructura y función del tallo

1. ¿Cuáles son las tres funciones principales de los tallos?

_____

_____

2. ¿Cuál es un ejemplo de un tallo que realiza la fotosíntesis y almacena el agua?

_____

3. ¿Qué es un nódulo?

_____

4. ¿Qué tipo de tejido vegetal contiene el brote?

_____

5. ¿Qué contiene el fascículo vascular?

_____

6. Escribe los rótulos de las estructuras que se indican para completar los diagramas de cortes transversales.

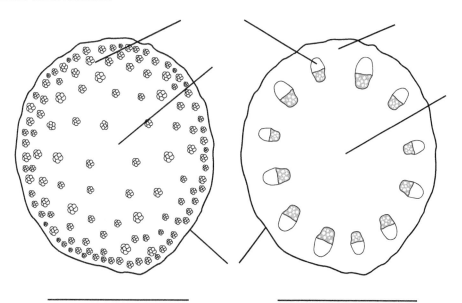

7. Completa la tabla para comparar y contrastar.

Estructura de tallos monocotiledóneos y tallos dicotiledóneos	
Semejanzas	**Diferencias**

Crecimiento de los tallos

Para las preguntas 8 a 17, escribe Cierto *si la oración es cierta. Si la oración es falsa, cambia la(s) palabra(s) subrayada(s) para que la oración sea cierta.*

_____ **8.** Las plantas crecen de una manera que es <u>igual a</u> la forma en que crecen los animales.

_____ **9.** El número de patas que tendrá un animal está predeterminado, pero el número de <u>ramas</u> que tendrá una planta no lo está.

_____ **10.** El crecimiento primario de los tallos es el resultado del alargamiento de las células producidas en el <u>tejido fundamental</u>.

_____ **11.** El aumento en el grosor de los tallos y las raíces de las dicotiledóneas y las gimnospermas se llama crecimiento <u>nuevo</u>.

_____ **12.** El crecimiento secundario es <u>común</u> en las monocotiledóneas.

_____ **13.** Las dicotiledóneas pueden alcanzar grandes alturas porque el aumento en su <u>anchura</u> soporta su peso.

_____ **14.** El cambium vascular se forma <u>entre</u> el xilema y el floema de los fascículos vasculares.

_____ **15.** En las coníferas y dicotiledóneas, el crecimiento secundario se lleva a cabo en los <u>tallos y raíces</u> llamados cambium vascular y cambium de corcho.

_____ **16.** Las <u>capas internas</u> del tallo se producen por el cambium de corcho.

_____ **17.** Los tallos aumentan en grosor porque el cambium produce nuevas capas de tejido <u>vascular</u> cada año.

18. RAZONAMIENTO VISUAL En el siguiente diagrama de crecimiento secundario, identifica las estructuras implicadas y dónde aparecen. Rotula el xilema primario y secundario, el floema primario y secundario, la madera y la corteza.

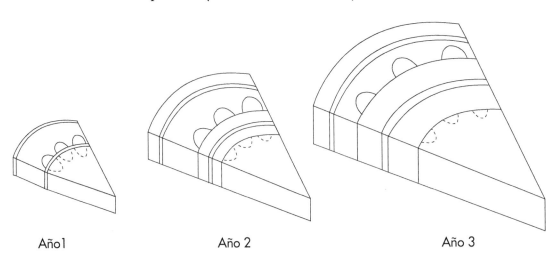

Año 1   Año 2   Año 3

Para las preguntas 19 a 23, completa cada oración con la(s) palabra(s) correcta(s).

19. Casi todo lo que llamamos "madera" está compuesto por capas de xilema _____.

20. La madera oscura que ya no transporta agua se llama _____.

21. La madera que transporta activamente los fluidos se llama _____.

22. La madera más clara de los anillos de los árboles contiene células _____ con paredes celulares delgadas, comparadas con las células de la madera más oscura.

23. Las capas alternas de madera clara y oscura se usan para calcular la _____ de un árbol.

24. **RAZONAMIENTO VISUAL** Completa la ilustración que muestra la formación de la madera y la corteza. Usa los siguientes términos: madera, corteza, corcho, cambium de corcho, cambium vascular, floema, duramen y albura.

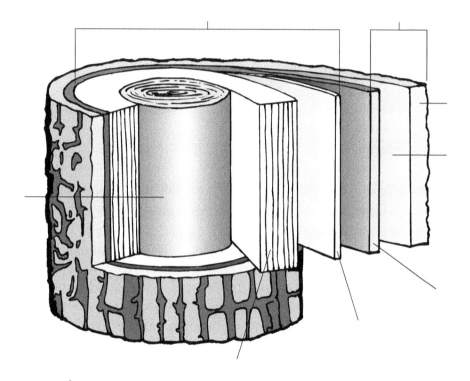

Aplica la gran idea

25. "Anillar" es un término que significa quitar la corteza de un árbol en un anillo completo alrededor del tronco o rama. Predice los efectos que el anillado tendría en un árbol. Explica tu respuesta.

_____

_____

_____

_____

_____

23.4 Las hojas

Objetivos de la lección

▭ Describir cómo la estructura de la hoja le permite llevar a cabo la fotosíntesis.

▭ Explicar cómo se relaciona el intercambio de gases de las hojas con la homeostasis.

Resumen de la lección

Estructura y función de las hojas La estructura de la hoja está optimizada para absorber la luz y llevar a cabo la fotosíntesis.

▷ Casi todas las hojas tienen una parte delgada y plana llamada **limbo**, que está sujeta al tallo por un delgado pedúnculo llamado **pecíolo**. Las hojas están constituidas por los tres sistemas de tejidos.

   • Las superficies superior e inferior de las hojas están cubiertas por la epidermis. La epidermis de casi todas las hojas está recubierta por una cutícula cerosa, que protege los tejidos y limita la pérdida de agua.

   • Los tejidos vasculares de las hojas están conectados directamente a los tejidos vasculares de los tallos. Los tejidos del xilema y el floema están agrupados en haces llamados venas de las hojas que van del tallo hasta la hoja.

   • La zona que está entre la venas de las hojas se encuentra llena de un tejido fundamental especializado conocido como **mesófilo**, que es donde ocurre la fotosíntesis.

▷ La fotosíntesis se lleva a cabo en el mesófilo, que tiene dos capas especializadas:

   • El **mesófilo de empalizada** está bajo la epidermis superior. Las células están unidas de manera compacta y absorben la luz.

   • Bajo esta capa hay un tejido no compacto llamado **mesófilo esponjoso**, que tiene grandes espacios de aire entre sus células. Estos espacios se conectan al exterior mediante pequeñas aberturas llamadas **estomas**. Los estomas permiten que el dióxido de carbono, el agua y el oxígeno se difundan dentro y fuera de la hoja.

▷ Las células del mesófilo pierden agua por evaporación. Esta pérdida de agua que ocurre en las hojas se llama transpiración. La **transpiración** ayuda a enfriar las hojas, pero también amenaza su supervivencia durante las sequías.

Intercambio de gases y homeostasis El control del intercambio de gases de la planta es uno de los elementos más importantes de la homeostasis.

▷ Las hojas de las plantas permiten el intercambio de gases entre los espacios de aire del mesófilo esponjoso y el exterior cuando abren sus estomas.

▷ Las plantas mantienen la homeostasis al dejar abiertos los estomas el tiempo justo para que se lleve a cabo la fotosíntesis sin perder una cantidad excesiva de agua.

▷ Las **células oclusivas** son células altamente especializadas que rodean los estomas y controlan su apertura y cierre dependiendo de las condiciones ambientales.

▷ Las pérdidas de agua y presión en las células de la planta provocan que ésta se marchite. La pérdida de presión hace que las paredes celulares de la planta se doblen hacia adentro. Cuando la planta se marchita, sus estomas se cierran para que pueda conservar el agua.

Estructura y función de las hojas

Para las preguntas 1 a 4, completa cada oración con la(s) palabra(s) correcta(s).

1. La estructura de la hoja está optimizada para poder absorber la _____ y llevar a cabo la _____.

2. La _____ de casi todas las hojas está cubierta por una _____ cerosa.

3. Los tejidos vasculares de las hojas están conectados directamente a los tejidos vasculares de los _____.

4. La zona que está entre las venas de las hojas se encuentra llena de tejido fundamental especializado conocido como _____.

Para las preguntas 5 a 10, relaciona la descripción con la estructura de la hoja.

Descripción	**Estructura**
_____ **5.** Una capa de células del mesófilo que absorben la luz que entra en la hoja	**A.** vena de la hoja
_____ **6.** Pequeñas aberturas en la epidermis	**B.** limbo
_____ **7.** La parte delgada y plana de la hoja	**C.** pecíolo
_____ **8.** Un haz de tejidos del xilema y floema de una hoja	**D.** estomas
_____ **9.** Un pedúnculo que sujeta la hoja con el tallo	**E.** mesófilo esponjoso
_____ **10.** Tejido no compacto con muchos espacios de aire entre sus células	**F.** mesófilo de empalizada

Intercambio de gases y homeostasis

11. ¿Por qué los estomas no se pueden mantener abiertos todo el tiempo?

_____

_____

12. Completa el diagrama de flujo que resume la manera en que las células oclusivas ayudan a mantener la homeostasis.

> Las células oclusivas adoptan una forma curva cuando la presión del agua _____.

↓

> Las gruesas paredes internas de las células oclusivas se repelen, abriendo el _____. El agua se pierde por la transpiración.

↓

> Las células oclusivas se enderezan cuando la presión del agua _____.

↓

> Las paredes internas de las células oclusivas se juntan, cerrando el _____.

Para las preguntas 13 a 17, escribe la letra de la respuesta correcta en la línea de la izquierda.

_____ **13.** ¿Qué le podría pasar a una planta si comienza a perder más agua de la que absorbe?

    A. Se reproduciría.

    B. Florecería.

    C. Crecería.

    D. Se marchitaría.

_____ **14.** ¿Qué planta tiene hojas angostas con epidermis cerosa?

    A. el cactus

    B. la picea

    C. la planta rupícola

    D. el rosal

_____ **15.** Las hojas de las plantas sarracenia están adaptadas para

    A. realizar la fotosíntesis.

    B. limitar la transpiración.

    C. atrapar y digerir insectos.

    D. la polinización y fecundación.

_____ **16.** Las plantas rupícolas se adaptan a condiciones secas y calientes al tener

    A. muy pocas espinas.

    B. muy pocas hojas.

    C. muy pocos estomas.

    D. muy pocos nutrientes.

_____ **17.** Las espinas del cactus son en realidad

    A. sus hojas.

    B. sus tallos.

    C. sus raíces.

    D. su cortezas.

Aplica la gran idea

18. La parte interna de las paredes de vidrio o plástico de un invernadero lleno de plantas es muy húmeda en los días fríos. ¿De dónde proviene esa agua?

_____

_____

_____

23.5 El transporte en las plantas

Objetivos de la lección

▱ Explicar el proceso de movimiento del agua de una planta.

▱ Describir cómo se transportan los productos para la fotosíntesis a través de una planta.

Resumen de la lección

Transporte de agua La presión creada por el agua que entra en los tejidos de la raíz empuja el agua hacia arriba del tallo de la planta, pero esta presión no es suficiente. Otras fuerzas son mucho más importantes.

▷ La fuerza principal la proporciona la evaporación del agua de las hojas durante la transpiración. Su succión llega hasta el tejido vascular para que el agua sea arrastrada hasta el xilema.

▷ Tanto la fuerza de atracción entre las moléculas de agua, llamada cohesión, como la atracción de las moléculas de agua hacia otras sustancias, llamada **adhesión**, ayudan a transportar el agua. Los efectos de la cohesión y la adhesión de las moléculas de agua se manifiestan en la **acción capilar**, que es la tendencia del agua a subir por un tubo delgado. La acción capilar es importante porque el tejido del xilema está compuesto por traqueidas y elementos de los vasos que forman tubos huecos conectados.

Transporte de nutrientes La principal explicación del transporte del floema se conoce como **hipótesis de flujo de presión**.

▷ El transporte activo mueve los azúcares al tubo criboso desde los tejidos circundantes.

▷ El agua entonces le sigue por ósmosis, creando presión en el tubo de la fuente de los azúcares.

▷ Si otra región de la planta necesita azúcares, éstos son bombeados activamente fuera del tubo y dentro de los tejidos circundantes. Las diferencias de presión mueven los azúcares a los tejidos que los necesitan.

▷ Los cambios en la concentración de nutrientes dirigen este movimiento de fluidos a través del tejido del floema en las direcciones que satisfacen las necesidades nutricionales de la planta.

Transporte de agua

Para las preguntas 1 y 2, usa la Analogía visual de los payasos que son empujados por una escalera igual que el agua es succionada por un árbol.

1. ANALOGÍA VISUAL En la Analogía visual de los payasos del circo en la escalera, ¿qué hace posible que los payasos que se están cayendo jalen a los que están subiendo la escalera?

_____

_____

_____

2. ¿En qué se parecen las moléculas a los payasos?

_____

_____

_____

3. Completa la tabla sobre los tipos de atracción que hay entre las moléculas.

Atracción entre las moléculas	
Tipo de atracción	**Definición**
Cohesión	
Adhesión	

Para las preguntas 4 a 8, completa cada oración con la(s) palabra(s) correcta(s).

4. La cohesión del agua es bastante fuerte porque las moléculas de agua suelen formar enlaces de _____ entre ellas.

5. La tendencia del agua a subir por un tubo delgado se llama _____.

6. La altura que el agua puede alcanzar en un tubo está determinada por su _____.

7. Los _____ del xilema forman muchos tubos huecos conectados a través de los cuales se mueve el agua.

8. La succión de la transpiración se extiende desde las hojas hasta las _____ de la planta.

Transporte de nutrientes

9. Según la hipótesis de flujo de presión, ¿por qué los elementos de los tubos cribosos del floema deben ser células vivas?

_____

_____

_____

10. ¿Cuál es la fuente del agua absorbida por el floema, donde la concentración de azúcares es alta?

_____

_____

11. ¿De qué manera la estructura de los fascículos vasculares de los tallos, raíces y venas de las hojas puede hacer posible el proceso de flujo de presión?

_____

_____

_____

12. Completa el diagrama de flujo que resume el movimiento de los azúcares en las plantas.

La fotosíntesis produce una alta concentración de azúcares en las células llamadas
_____.

↓

Los azúcares se mueven de la célula fuente al floema y el agua se mueve hacia el floema por el proceso de _____.

↓

El agua que pasa al floema produce un aumento en la _____ interna de los tubos cribosos.

↓

La presión ocasiona que los fluidos atraviesen el floema hacia las células _____, donde los azúcares están menos concentrados.

13. ¿Cuál es la importancia de las paredes celulares del xilema en la acción capilar que ocurre durante la transpiración?

_____

_____

14. Según la hipótesis de flujo de presión, ¿qué proceso provoca el rápido crecimiento de una planta?

_____

_____

Aplica la gran idea

15. Las hojas varían en tamaño, desde muy grandes hasta muy pequeñas. ¿En qué tipo de medio ambiente esperarías que la mayoría de las plantas tuvieran hojas muy grandes? ¿Y en qué tipo esperarías que fueran muy pequeñas? Explica tu respuesta.

_____

_____

_____

_____

_____

Repaso del vocabulario del capítulo

Para las preguntas 1 y 2, consulta el diagrama.

1. ¿Cuáles son los nombres de las dos partes
   de la hoja señaladas en el diagrama?

   A. _____

   B. _____

2. ¿Qué proceso controlan las estructuras?

   _____

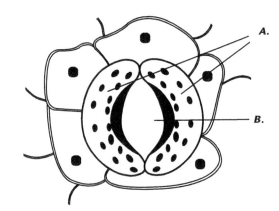

Para las preguntas 3 a 9, relaciona la descripción con el tejido o tipo de célula.

Descripción

_____ 3. Tejido especializado en la fotosíntesis

_____ 4. Capa de tejido que encierra al cilindro vascular

_____ 5. Células de paredes gruesas del tejido

_____ 6. Tejido dérmico de las hojas y plantas jóvenes

_____ 7. Región donde las células no especializadas se
dividen activamente

_____ 8. Células de paredes muy gruesas que hacen que
los tejidos fundamentales, como la cubierta de
las semillas, sean fuertes y resistentes

_____ 9. Células de paredes delgadas del tejido

Tipos de tejidos y células

A. esclerénquima

B. colénquima

C. parénquima

D. mesófilo

E. meristemo

F. epidermis

G. endodermis

Para las preguntas 10 a 16, completa cada oración con la(s) palabra(s) correcta(s).

10. Casi todas las hojas tienen una parte plana llamada _____, que está sujeta a un
_____ del tallo por medio de un _____.

11. Los _____ radicales aumentan el área de superficie de absorción de la raíz, en
tanto que la _____ protege la punta en crecimiento de la raíz.

12. Las células del mesófilo _____ están empaquetadas de manera compacta, pero
muchos espacios de aire separan a las células del mesófilo _____ .

13. El meristemo que está entre las células del xilema y el floema se llama
_____ y forma la madera por medio del _____.

14. En un tallo maduro, los tejidos que están fuera del cambium vascular constituyen la
_____; estos tejidos incluyen el floema, el corcho y el _____.

15. El agua es llevada al material de las paredes celulares por medio de un proceso llamado
_____ .

16. Los tallos de las monocotiledóneas tienen _____ dispersos, en tanto que los
de las dicotiledóneas forman un patrón en forma de anillo alrededor de la _____.

MISTERIO DEL
CAPÍTULO
EL ÁRBOL HUECO

En el Misterio del capítulo aprendiste sobre un árbol que comienza a crecer en las ramas de otros árboles. Sus raíces obtienen los nutrientes de los materiales que recolecta de los surcos de la corteza del árbol huésped.

Aprendizaje en el siglo XXI

Dibujos a escala

Los ingenieros suelen buscar inspiración en la naturaleza; en las lentes de cámaras modernas han usado el ojo humano como modelo. Los primeros diseñadores de alas de avión examinaron el vuelo de las aves. De manera similar, un ingeniero que desea extraer agua o petróleo del subsuelo podría observar las raíces de las plantas para tomar ideas y empezar a hacer el modelo de una raíz.

El primer paso para construir un modelo es hacer un dibujo a escala del objeto, que tendrá la misma forma del objeto real, pero no el mismo tamaño. Los mapas y los planos son ejemplos de dibujos a escala.

Los dibujos a escala muestran objetos que son demasiado grandes o pequeños para presentarse en detalle en sus tamaños reales. Por ejemplo, la raíz usada para el siguiente plano es en realidad 1/1,000 del tamaño del dibujo. Esto significa que la escala del dibujo es 1 cm = 0.001 cm.

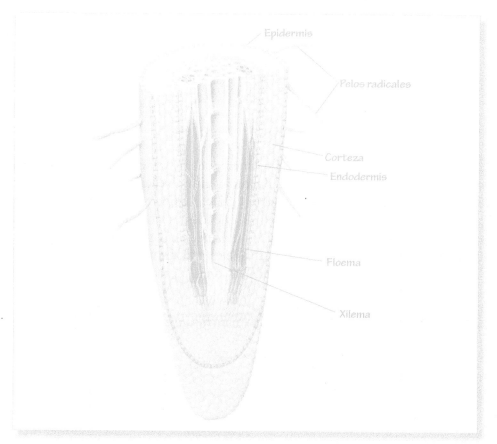

Continúa en la próxima página ▶

Asuntos del siglo XXI Conocimientos de ciencias

1. Si consideras la escala del plano de la raíz, ¿aproximadamente qué tan largos serían los pelos radicales de la raíz real?

_____

2. Si tuvieras que construir la maqueta de una raíz, ¿qué propiedades deberían tener los pelos radicales?

_____
_____

3. Imagina que el plano de la raíz se reduce a la mitad de su tamaño actual. ¿Cuál sería su escala?

_____

4. La raíz usada para dibujar el plano es muy pequeña, por tanto, el dibujo es más grande que el objeto real. Da un ejemplo de una parte de la planta que probablemente tendrías que dibujar a una escala más pequeña si hicieras el plano de esa parte.

_____

5. Imagina que vas a usar el plano de la raíz para construir un modelo. Da algunos ejemplos de los materiales que podrías usar para hacer tu modelo. Explica tu respuesta.

_____
_____
_____
_____
_____

Destrezas para el siglo XXI Dibujo a escala de una hoja

Entre las destrezas utilizadas en esta actividad están **identificación, formulación y resolución de problemas, creatividad y curiosidad intelectual y autodirección**.

Toma la hoja de una planta. Usa una lupa o un microscopio para examinarla de cerca. Luego, haz un dibujo a escala de la hoja. La escala que uses en tu dibujo debe ser adecuada para el tamaño de la hoja que elijas. Si tienes una hoja pequeña, tu dibujo a escala debe ser más grande que la hoja real, y lo contrario si tu hoja es muy grande. Haz el dibujo lo más detalladamente que puedas. Asegúrate de rotularlo con la escala que usaste. También debes rotular las estructuras que reconozcas.

Comparte tu dibujo con la clase. Pide a la clase que calcule el tamaño de la hoja usando la escala que proporcionaste.

24 Reproducción y respuestas de las plantas

P: ¿Cómo afectan los cambios del medio ambiente la reproducción, desarrollo y crecimiento de las plantas?

	LO QUE SÉ	LO QUE APRENDÍ
24.1 ¿Cómo se reproducen las plantas que florecen?		
24.2 ¿Por qué los frutos y las semillas son adaptaciones importantes para las plantas?		
24.3 ¿Cómo responden las plantas a su medio ambiente?		
24.4 ¿De qué manera dependen los seres humanos de las plantas?		

24.1 Reproducción de las plantas que florecen

Objetivos de la lección

- Identificar las funciones de las diferentes estructuras de la flor.
- Explicar en qué se diferencia la fecundación entre las angiospermas y otras plantas.
- Describir la reproducción vegetativa.

Resumen de la lección

Estructura de las flores Las flores están formadas por cuatro diferentes tipos de hojas especializadas.

- Los sépalos forman el círculo externo de la flor. Protegen el capullo floral.
- Los pétalos forman un anillo justo dentro de los sépalos. Algunos tienen vivos colores que atraen a los polinizadores.
- Los **estambres** son estructuras reproductoras masculinas y forman un anillo dentro de los pétalos. El polen se produce dentro de la **antera**, que es el saco en la punta del estambre. Cada grano de polen contiene un gametofito masculino.
- El **carpelos** es la estructura reproductora femenina en el centro de la flor. Los gametofitos femeninos crecen dentro de los óvulos que se forman en el ovario de un carpelo.
  - La punta pegajosa de un carpelo, llamada **estigma**, atrapa el polen.
  - Un **pistilo** es una estructura compuesta por uno o más carpelos.

Ciclo de vida de la angiosperma El ciclo de vida implica la alternancia de generaciones. La meiosis en los estambres y carpelos produce células haploides (esporas) que se desarrollan hasta convertirse en gametofitos.

- Las células haploides de la antera de un estambre sufren mitosis y forman granos de polen (esto es, los gametofitos masculinos) que contienen 2 núcleos espermáticos.
- Una célula haploide en cada óvulo de un carpelo sufre mitosis para producir un **saco embrionario**, o gametofito femenino, que contiene 8 núcleos haploides. Uno de esos núcleos se convierte en el huevo.
- Durante la polinización, los granos de polen son transportados a los estigmas de los carpelos.
- Ambos núcleos espermáticos se fusionan con los núcleos que se encuentran dentro del saco embrionario en un proceso llamado **doble fecundación**. Un espermatozoide se fusiona con el huevo para formar un cigoto diploide (2N). El otro espermatozoide se fusiona con los otros 2 núcleos para formar el **endospermo** triploide (3N).

Reproducción vegetativa La reproducción asexual es común en las plantas.

- La **reproducción vegetativa** genera descendencia idéntica a los progenitores, que se desarrolla mediante la división celular mitótica de las células en tallos, hojas y raíces.
- Los horticultores usan la reproducción vegetativa para propagar (cultivar) muchas plantas idénticas. Ejemplo de ello son los cortes que hacen a los tallos y raíces. Los **injertos** suponen adherir una yema o tallo de una planta leñosa a los tallos de otra.

Estructura de las flores

Para las preguntas 1 a 10, relaciona la parte de la flor con su descripción.

Parte de la flor

_____ **1.** anteras

_____ **2.** carpelos

_____ **3.** filamento

_____ **4.** ovario

_____ **5.** pétalos

_____ **6.** polen

_____ **7.** sépalos

_____ **8.** estambre

_____ **9.** estigma

_____ **10.** estilo

Descripción

A. Pedúnculo con un estigma en la punta

B. Estructuras que producen gametofitos masculinos

C. Estructura que contiene uno o más óvulos

D. Círculo externo de las partes florales verdes

E. Estructura larga y delgada que sostiene a la antera

F. Partes florales que producen gametofitos femeninos

G. Polvo amarillento que contiene gametofitos masculinos

H. Estructura masculina con una antera y un filamento

I. Partes de vivos colores justo dentro de los sépalos

J. Parte superior del estilo que es pegajosa

11. Rotula las partes de la flor para completar la ilustración.

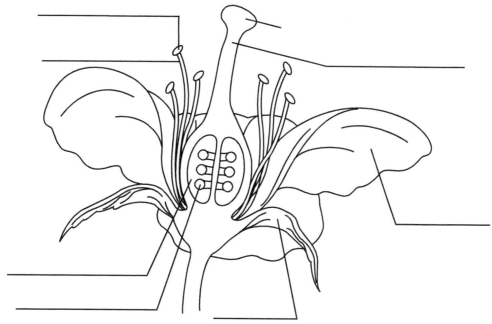

Ciclo de vida de la angiosperma

Para las preguntas 12 a 15, completa cada oración con la palabra correcta.

12. El cuerpo de una planta adulta con flores pertenece a la generación _____ del ciclo de vida de la planta.

13. Los gametofitos de las angiospermas tienen células con núcleos que poseen un número _____ de cromosomas.

14. Un grano de polen es _____ masculino de una angiosperma.

15. El gametofito femenino de una angiosperma está contenido en _____.

Para las preguntas 16 a 20, escribe Cierto *si la oración es cierta. Si la oración es falsa, cambia la(s) palabra(s) subrayada(s) para que la oración sea cierta.*

_____ **16.** En la polinización, los granos de polen se transfieren al <u>ovario</u> de una flor.

_____ **17.** Un tubo polínico lleva <u>un</u> espermatozoide a un óvulo.

_____ **18.** El huevo fecundado dentro de un óvulo se convierte en el <u>cigoto</u> de un nuevo esporofito.

_____ **19.** El tejido triploide, llamado <u>endosperma</u>, se forma en la doble fecundación.

_____ **20.** Un <u>saco embrionario</u> fecundado después se desarrolla para convertirse en semilla.

Reproducción vegetativa

21. ¿Qué es la reproducción vegetativa en las plantas?

_____

_____

22. Menciona una ventaja y una desventaja de la reproducción vegetativa para las plantas.

_____

_____

23. Completa la siguiente tabla para resumir la reproducción asexual en las plantas.

Reproducción vegetativa en las plantas		
Método reproductivo	**Partes de la planta involucradas**	**Ejemplo**
Estolones		
Tubérculos		
Injertos		

Aplica la **gran** idea

24. ¿De qué manera un período largo de lluvias podría afectar la reproducción de las plantas polinizadas por el viento?

_____

_____

_____

_____

24.2 Frutos y semillas

Objetivos de la lección

- Describir el desarrollo de semillas y frutos.
- Explicar cómo se dispersan las semillas.
- Mencionar los factores que influyen en la latencia y germinación de las semillas.

Resumen de la lección

Desarrollo de semillas y frutos Las semillas se desarrollan en el fruto de angiospermas.

- Una semilla protege y brinda alimento al embrión de la planta.
- Un ovario madura hasta convertirse en fruto; dentro de cada semilla se desarrolla un embrión. Algunos frutos son carnosos y otros secos. Muchos alimentos son frutos.

Dispersión de semillas Los frutos son adaptaciones favorecidas por la selección natural para lograr la dispersión de semillas.

- Los animales dispersan las semillas de muchas plantas que producen frutos comestibles o de frutos que se adhieren al cuerpo de los animales.
- El viento y el agua dispersan las semillas adaptadas para volar o flotar.

Latencia y germinación de las semillas Algunas semillas germinan de inmediato y otras permanecen latentes durante algún tiempo.

- En un período de **latencia**, el embrión de una semilla está vivo pero no crece.
- La **germinación** es la reanudación del crecimiento del embrión. Como las semillas absorben agua antes de germinar, los tejidos dentro de la semilla aumentan de volumen y el saco de la semilla se rompe. Lo que emerge primero es la raíz embrionaria.
- Las monocotiledóneas y las dicotiledóneas tienen diferentes patrones de germinación.
- La latencia ayuda a los embriones en las semillas a sobrevivir hasta que el medio ambiente es favorable para el crecimiento de la planta.

Desarrollo de la semilla y el fruto

Para las preguntas 1 a 6, completa cada oración con la(s) palabra(s) correcta(s).

1. La función de una semilla es nutrir y _____ el embrión de una planta.

2. Después de la fecundación, _____ fluyen hacia la flor para sustentar el crecimiento del embrión.

3. Un fruto es _____ maduro de una flor.

4. Los frutos son adaptaciones para lograr _____ de las semillas.

5. Los guisantes, maíz, habichuelas, tomates y arroz son ejemplos de _____ de angiospermas.

6. En un cacahuate, _____ es el fruto y la nuez es _____.

Dispersión de las semillas

Para las preguntas 7 a 11, escribe la letra de la respuesta correcta.

_____ 7. ¿Qué tejido formado en la reproducción de una planta nutre al embrión?

    A. néctar   **C.** pared ovárica

    B. endospermo   **D.** cubierta de la semilla

_____ 8. En términos evolutivos, la dispersión de las semillas es importante porque

    A. permite a las plantas producir más descendencia.

    B. mantiene gran cantidad de plantas en un área.

    C. ayuda a las plantas a formar nuevas comunidades.

    D. reduce la competencia con las plantas progenitoras.

_____ 9. Las semillas encerradas en frutos nutritivos y carnosos se dispersan mediante

    A. los animales.   **C.** el agua.

    B. la gravedad.   **D.** el viento.

_____ 10. ¿Qué fruto se adaptaría a su dispersión por agua?

    A. un fruto seco con ramas plumosas

    B. un fruto verdoso con superficie pegajosa

    C. un fruto grande y ligero con una cubierta gruesa y cerosa

    D. un fruto pequeño y redondo con una cubierta dulce y gelatinosa

_____ 11. ¿Cuál es una adaptación de un fruto para dispersarse por el viento?

    A. una cubierta de semilla dura y rígida

    B. un anillo con prolongaciones carnosas

    C. un par de alas parecidas al papel

    D. un centro hueco y lleno de aire

Latencia y germinación de las semillas

12. Completa el diagrama de flujo para resumir el proceso de germinación de las semillas.

Semilla latente → ☐ → ☐ → ☐ → Producción de semillas de la planta

Para las preguntas 13 a 20, escribe Cierto *si la oración es cierta. Si la oración es falsa, cambia la(s) palabra(s) subrayada(s) para que la oración sea cierta.*

_____ **13.** En muchas <u>monocotiledóneas</u>, el cotiledón permanece enterrado.

_____ **14.** En las monocotiledóneas, un <u>cotiledón</u> protege el brote joven conforme éste emerge.

_____ **15.** El <u>gancho</u> del nuevo brote de un dicotiledón que germina impide que el suelo dañe las nuevas hojas.

_____ **16.** La raíz <u>primaria</u> es la primera raíz de una nueva planta.

_____ **17.** La latencia permite a las semillas <u>vivir</u> en condiciones ideales de crecimiento.

_____ **18.** Las semillas de muchas plantas de clima templado germinan en <u>otoño</u>.

_____ **19.** Para muchas semillas, es necesario que haya un <u>largo período de frío</u> antes de que la latencia pueda llegar a su fin.

_____ **20.** Los conos de algunos pinos deben estar expuestos a la <u>luz</u> para que liberen sus semillas.

21. RAZONAMIENTO VISUAL Completa la ilustración que compara la germinación de una semilla de maíz (monocotiledónea) con una de frijol (dicotiledónea). Identifica el tipo de planta que se muestra y haz un diagrama de la etapa que falta.

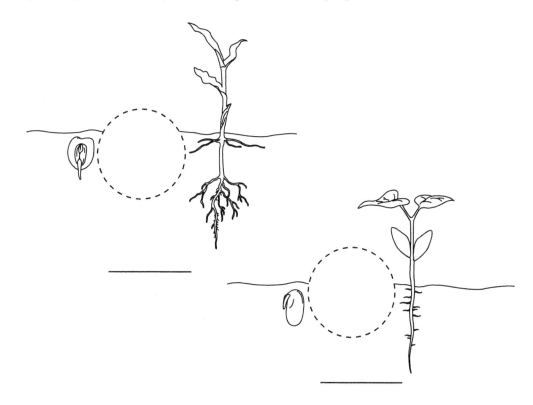

_____

_____

Aplica la gran idea

22. Los lupinos son plantas con flores que producen semillas con cubierta dura y gruesa. Las semillas de los lupinos silvestres son difíciles de cultivar. ¿A qué crees que se deba esto? ¿Por qué la cubierta dura de la semilla podría ser una adaptación que los ayude sobrevivir?

_____

_____

_____

_____

_____

24.3 Hormonas de las plantas

Objetivos de la lección

- Describir los efectos de las hormonas en el crecimiento y desarrollo de las plantas.
- Identificar los tres tropismos que exhiben las plantas.
- Describir cómo responden las plantas al cambio estacional.

Resumen de la lección

Hormonas Los organismos vivos producen señales químicas que afectan el crecimiento, la actividad y el desarrollo de células y tejidos. Tales sustancias reciben el nombre de **hormonas**.

▶ Una hormona afecta **células blanco** determinadas que tienen **receptores** a los que se puede unir una hormona en particular.

▶ Las plantas tienen cinco tipos principales de hormonas.

- Las **auxinas** se producen en los meristemos apicales y ocasionan el alargamiento de la célula y el crecimiento de nuevas raíces. También inhiben el crecimiento de las yemas laterales, lo que produce **dominancia apical**. Si se corta la punta de un tallo se rompe la dominancia apical y esto permite que las ramas se desarrollen.

- Las **citoquininas** estimulan la división celular y se producen en las raíces en crecimiento y en los frutos y semillas en desarrollo.

- Las **giberelinas** estimulan el crecimiento de tallos y frutos. También estimulan la germinación de semillas.

- El **ácido abscísico** inhibe la división celular y provoca la latencia de las semillas.

- El **etileno** es un gas que estimula la maduración de los frutos y ocasiona que las plantas se sellen y se desprendan de órganos como hojas y frutos que ya no necesitan.

Tropismos y movimientos rápidos

▶ Los **tropismos** son respuestas de crecimiento ante estímulos ambientales que ocasionan que los tallos se alarguen y las raíces se encorven.

- El **fototropismo** es la respuesta a la luz.
- El **gravitropismo** es la respuesta a la gravedad.
- El **tigmotropismo** es la repuesta al tacto.

▶ Los movimientos rápidos, como cuando las hojas se cierran al tocarlas, son producto de cambios ocurridos en las paredes celulares y en la presión osmótica de ciertas células.

Respuesta a las estaciones Las plantas tienen ciclos regulares en sus patrones de crecimiento, desarrollo y floración que están vinculados a los cambios estacionales. Un estímulo del medio ambiente que cambia con las estaciones es el **fotoperíodo**, es decir, la duración relativa de los períodos de luz y oscuridad en un día. Un pigmento vegetal llamado fitocromo provoca una respuesta de la planta al fotoperíodo.

▶ El momento de la floración es la respuesta de una planta al fotoperíodo.

▶ Los preparativos para la latencia del invierno, como la caída de hojas y la formación de escamas alrededor de las yemas terminales, son respuestas al fotoperíodo.

Hormonas

1. ¿Qué es una hormona?

_____

_____

2. ¿Cuáles son las funciones de las hormonas de las plantas?

_____

_____

3. ¿Qué es una célula blanco?

_____

4. Describe brevemente los experimentos que Charles y Francis Darwin realizaron en pastizales.

_____

_____

_____

_____

Para las preguntas 5 a 19, relaciona la acción con la hormona de la planta que la produce. Las hormonas se pueden usar más de una vez.

Acción	Hormona de la planta
_____ **5.** Puede oponerse a los efectos de las auxinas	**A.** ácido abscísico
_____ **6.** Promueve el alargamiento celular	**B.** auxina
_____ **7.** Provoca que se caigan los pétalos y las hojas	**C.** citoquininas
_____ **8.** Promueve la germinación de las semillas	**D.** etileno
_____ **9.** Promueve la latencia de las semillas	**E.** giberelina
_____ **10.** Estimula la división celular	
_____ **11.** Ocasiona el crecimiento de los frutos	
_____ **12.** Ocasiona la dominancia apical	
_____ **13.** Estimula la maduración de los frutos	
_____ **14.** Se forma en las raíces en crecimiento	
_____ **15.** Se forma en hojas y flores maduras	
_____ **16.** Se opone a los efectos del ácido abscísico	
_____ **17.** Estimula un crecimiento drástico del tallo	
_____ **18.** Estimula el crecimiento de nuevas raíces	
_____ **19.** Inhibe la división celular	

Tropismos y movimientos rápidos

20. ¿Qué es un tropismo?

_____

_____

21. ¿Qué ocasiona el doblamiento de los tallos y las raíces en los tropismos? Da un ejemplo.

_____

_____

_____

_____

_____

22. Completa la siguiente tabla acerca de los tropismos de las plantas.

Tropismo de las plantas		
Tropismo	**Definición**	**Ejemplo**
Gravitropismo		
Fototropismo		
	La respuesta de una planta al tacto	

23. ¿En qué difieren la velocidad y las causas de los movimientos rápidos de las plantas de la velocidad y las causas de los tropismos?

_____

_____

_____

_____

24. Menciona dos ejemplos de movimientos rápidos que ocurran en las plantas.

_____

_____

Respuesta a las estaciones

Para las preguntas 25 a 28, completa cada oración con la(s) palabra(s) correcta(s).

25. Las plantas que florecen cuando las noches son más largas que los días se llaman plantas

_____ .

26. Los lirios que florecen en verano cuando las noches son cortas reciben el nombre de

plantas _____ .

27. Las duraciones relativas de las horas con luz y oscuridad en un día son estímulos que

reciben el nombre de _____ .

28. La sustancia química que provoca las respuestas estacionales de las plantas es un tipo de

químico sensible a la luz llamado _____ .

29. Completa el mapa de conceptos que resume la función del fitocromo en las plantas.

Fitocromo

es responsable de

Floración

30. Se te ha pedido que sugieras una planta de ornato que dé flores para un estacionamiento al aire libre. El estacionamiento sólo está oscuro entre medianoche y el amanecer. ¿Qué información debes investigar acerca de las plantas que elegirás? Explica tu respuesta.

_____

_____

_____

_____

_____

24.4 Plantas y humanos

Objetivos de la lección

- Identificar los principales cultivos que proporcionan alimento a los humanos.
- Describir cómo se benefician los humanos de las plantas.

Resumen de la lección

Agricultura El cultivo sistemático de plantas útiles recibe el nombre de agricultura.

- El inicio de la civilización humana está vinculado al desarrollo de la agricultura. En todo el mundo, algunas plantas de cultivo como el arroz, el trigo, la soya y el maíz representan la mayoría del suministro de alimentos para los humanos y el ganado.

- Con la reproducción selectiva, los humanos han desarrollado una amplia variedad de cultivos de frutos y vegetales y mejorado granos básicos como maíz y trigo.

- Las técnicas agrícolas mejoradas, como el uso de fertilizantes y pesticidas, han aumentado aún más el suministro de alimentos provenientes de las plantas. Los esfuerzos realizados para mejorar los cultivos entre 1950 y 1970 reciben el nombre de **revolución verde**. Esto aumentó en gran medida el abasto de alimentos en el mundo.

Fibra, madera y medicamentos Las plantas son fuente de muchas materias primas además de los alimentos.

- Las fibras como el algodón se usan en prendas de vestir, vendajes y alfombras.

- La madera se usa para fabricar muchos objetos, como casas y también para hacer papel.

- Muchos medicamentos provienen de las plantas.

Agricultura

Para las preguntas 1 a 8, completa cada oración con la(s) palabra(s) correcta(s).

1. La agricultura es _____ sistemático de plantas.

2. El fundamento sobre el que se erigió la sociedad humana es _____ moderna.

3. Las pruebas sugieren que la agricultura se desarrolló entre _____ y _____ años atrás.

4. Casi todas las plantas agrícolas pertenecen al grupo de plantas llamado _____.

5. Las _____ producidas por plantas de cultivo como el trigo, el arroz y el maíz son la fuente de la mayor parte del alimento de los humanos.

6. Los humanos convirtieron las plantas alimenticias silvestres en cultivos productivos a través de la práctica de _____.

7. La col, el brócoli y las coles de Bruselas son vegetales desarrollados a partir de la planta de _____ silvestre.

8. La revolución verde aumentó en gran medida _____.

9. Completa el mapa de conceptos.

La revolución verde

fue consecuencia del uso de

Fibra, madera y medicamentos

Para las preguntas 10 a 13, escribe la letra de la respuesta correcta.

_____ **10.** ¿Cuál es un ejemplo de planta que sea una fuente de alimento?

A. *Aloe vera*　　　　　　**C.** maíz

B. algodón　　　　　　**D.** picea de Sitka

_____ **11.** Las fibras de algodón son producto de

A. la epidermis de la cubierta de la semilla　　**C.** el cambium vascular

B. la pared ovárica madura　　**D.** los fascículos vasculares

_____ **12.** ¿De qué tejido vegetal está compuesta la madera para fabricar sillas e instrumentos musicales?

A. de la corteza　　　　**C.** del mesófilo

B. del cambium　　　　**D.** del xilema

_____ **13.** ¿Qué planta contiene sustancias químicas que pueden ayudar a curar quemaduras y otras lesiones?

A. *Aloe vera*　　　　　　**C.** maíz

B. algodón　　　　　　**D.** picea de Sitka

Aplica la **gran** idea

14. ¿Qué efecto es probable que tenga el cambio climático global sobre la agricultura?

_____

_____

_____

_____

Repaso del vocabulario del capítulo

Para las preguntas 1 a 3, en las líneas proporcionadas, rotula el nombre de la estructura que corresponda a cada número de la ilustración.

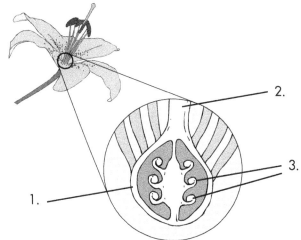

1. _____

2. _____

3. _____

Para las preguntas 4 a 15, completa cada oración con la(s) palabra(s) correcta(s).

4. La estructura femenina de una flor que puede estar compuesta por un solo carpelo o por dos o más carpelos fusionados recibe el nombre de _____.

5. La hormona vegetal que ocasiona que crezcan el tallo y el fruto, así como que ocurra _____ recibe el nombre de _____.

6. Una célula _____ tiene _____ para una hormona determinada.

7. El gametofito femenino de una angiosperma es una estructura pequeña llamada _____.

8. El tejido que almacena alimentos y es producto de la doble _____ en las angiospermas recibe el nombre de _____.

9. Cuando el embrión de la planta deja de crecer se llama _____ de la semilla.

10. _____ es el método de propagar muchas plantas leñosas idénticas mediante las yemas de la planta deseada.

11. La maduración de los frutos es consecuencia de la hormona vegetal _____.

12. La descendencia idéntica producida por un solo progenitor es consecuencia de la reproducción _____.

13. La dominancia _____ es un efecto importante de la hormona vegetal _____.

14. En la polinización los granos de polen aterrizan sobre _____ de una flor.

15. Los sacos diminutos que producen los gametofitos masculinos de las angiospermas reciben el nombre de _____.

MISTERIO DEL CAPÍTULO

LIMONES VERDES

En el Misterio del capítulo, aprendiste cómo un factor podía afectar el programa de maduración de una planta. Muchos factores afectan el crecimiento y la reproducción de una planta, así como su sabor y valor nutritivo. Los consumidores de hoy tienen cada vez una mayor conciencia de los factores que afectan los alimentos que consumen.

Aprendizaje en el siglo XXI

Cultivo y etiquetado de alimentos orgánicos

El cultivo orgánico es un tipo de sistema de producción agrícola que hace uso de métodos naturales, como la composta en lugar de fertilizantes sintéticos; el control biológico de plagas en lugar de insecticidas sintéticos y la rotación de cultivos en lugar de reguladores para el crecimiento de las plantas. No se permite que los agricultores orgánicos utilicen ciertos productos que los agricultores convencionales utilizan. Todos los productos alimenticios orgánicos deben estar certificados por agencias privadas o estatales independientes acreditadas por el Departamento de Agricultura de Estados Unidos.

Muchos piensan que los alimentos orgánicos saben mejor y son más nutritivos y saludables. Por tanto, están dispuestos a pagar más por alimentos que porten la etiqueta de orgánicos. Sin embargo, los científicos no han demostrado que sean más nutritivos.

Normas para etiquetar los alimentos como orgánicos

1. No se deben suministrar antibióticos ni hormonas del crecimiento a animales que produzcan carne de res, de ave, huevos o productos lácteos. Tampoco se deben alimentar con subproductos animales, como plumas y partes de pollo molidas.
2. Las vacas de granjas orgánicas deben pastar en campos que no se han tratado con pesticidas.
3. Los vegetales se deben cultivar sin el uso de pesticidas convencionales.
4. El uso de pesticidas convencionales, fertilizantes a base de petróleo, radiación ionizante y bioingeniería está prohibido en toda la producción de alimentos orgánicos.

Antes de etiquetarse como orgánicos, un certificador autorizado por el gobierno deberá inspeccionar la granja donde se producen los alimentos, así como las empresas que los procesan y transportan.

Asuntos del siglo XXI Ciencia y conciencia global

1. ¿Por qué los alimentos orgánicos se consideran más "naturales" que los convencionales?

_____

_____

2. ¿Por qué muchos consumidores están dispuestos a pagar más por alimentos que porten la etiqueta de "orgánico"?

_____

Continúa en la próxima página ▶

3. ¿Por qué crees que el Departamento de Agricultura de Estados Unidos considera importante regular qué alimentos deben portar la etiqueta de "orgánico"?

_____

_____

_____

_____

4. La primera norma establece que los animales que producen alimentos orgánicos no pueden ser alimentados con subproductos de animales. ¿Por qué crees que se incluye esta norma? Da un ejemplo que apoye tu razonamiento.

_____

_____

_____

_____

_____

5. ¿Por qué es importante inspeccionar a las empresas que transportan los alimentos así como a las que los producen?

_____

_____

_____

_____

_____

_____

Destrezas para el siglo XXI Historia de los alimentos orgánicos

Las destrezas usadas en esta actividad incluyen **conocimientos sobre medios de comunicación e información, destrezas de comunicación, razonamiento crítico y comprensión de sistemas, creatividad y curiosidad intelectual,** y **destrezas interpersonales y de colaboración.**

Trabaja en un grupo pequeño para averiguar más acerca de la historia de los alimentos orgánicos. Decide qué gráfica presentarás ante tu clase. Por ejemplo, tu grupo puede hacer una gráfica para mostrar cómo ha cambiado la cantidad de alimentos orgánicos producidos en Estados Unidos en el transcurso de las décadas pasadas. O quizá tu grupo prefiera hacer un cartel o una línea cronológica que muestre la evolución de los alimentos considerados "orgánicos". Después, presenta tu gráfica ante el salón de clases.

25 Introducción a los animales

la gran idea

Unidad y diversidad de la vida

P: ¿Qué características y rasgos definen a los animales?

LO QUE SÉ	LO QUE APRENDÍ
25.1 ¿Qué es un animal?	
25.2 ¿Cómo han evolucionado los diferentes planes corporales de los animales?	

25.1 ¿Qué es un animal?

Objetivos de la lección

- Enumerar las características que comparten todos los animales.
- Diferenciar a los invertebrados de los cordados.
- Enumerar y analizar las funciones esenciales que realizan los animales para sobrevivir.

Resumen de la lección

Características de los animales Todos los animales son multicelulares, heterótrofos y eucariotas. Sus células carecen de paredes celulares.

Tipos de animales Suelen clasificarse en dos grandes categorías: invertebrados y cordados.

▷ Los **invertebrados** no tienen espina dorsal o columna vertebral.

- Más de 95 por ciento de todas las especies animales son invertebrados.
- Los invertebrados se clasifican en, al menos 33 filos, los mayores grupos taxonómicos de animales. Algunos ejemplos son las estrellas de mar, las medusas y los insectos.

▷ Los **cordados** tienen cuatro características en alguna etapa de su desarrollo: un cordón nervioso dorsal hueco; un notocordio; una cola post-anal y hendiduras branquiales faríngeas.

- **Notocordio**: soporte que se extiende a lo largo del cuerpo y debajo del cordón nervioso.
- **Hendiduras branquiales faríngeas**: estructuras pareadas en la región de la garganta.
- Casi todos los cordados desarrollan una espina dorsal o columna vertebral. Estos son los **vertebrados**.

Lo que hacen los animales para sobrevivir Deben mantener la homeostasis para sobrevivir. Una manera importante de mantenerla es la **retroalimentación inhibidora**, o retroalimentación negativa, en la que el producto o resultado de un proceso limita al proceso mismo. Para mantener la homeostasis, los animales deben

▷ reunir información y responder a ella;

▷ obtener y distribuir el oxígeno y los nutrientes;

▷ recolectar y eliminar el dióxido de carbono y otros desechos.

También se reproducen.

Características de los animales

1. Completa el organizador gráfico que resume las características de los animales.

Los animales

tienen las siguientes características

Tipos de animales

2. ¿Son inusuales los invertebrados? Explica tu respuesta.

_____

_____

3. ¿Qué es un invertebrado?

_____

_____

4. ¿Por qué los invertebrados no forman un clado?

_____

_____

5. ¿Cuáles son algunos ejemplos de invertebrados?

_____

6. Observa el siguiente diagrama de un cordado. Escribe en la línea el nombre de la estructura.

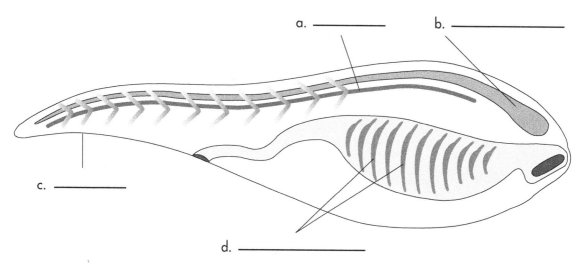

a. _____   b. _____

c. _____

d. _____

7. ¿Son vertebrados todos los cordados? Explica tu respuesta.

_____

_____

8. ¿Qué grupos de animales son vertebrados?

_____

_____

9. Tanto las serpientes como las lombrices de tierra tienen formas corporales largas y aerodinámicas, pero las serpientes son vertebrados y las lombrices de tierra no. ¿Por qué están clasificadas de manera diferente a pesar de tener una apariencia semejante?

_____

_____

_____

Lo que hacen los animales para sobrevivir

10. Completa el organizador gráfico para definir tres maneras en que los animales mantienen la homeostasis.

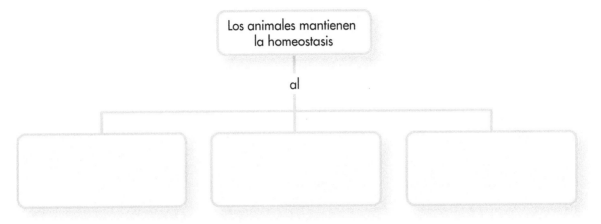

11. El diagrama de la izquierda muestra la retroalimentación inhibidora que mantiene la temperatura en una casa. Completa los recuadros vacíos del diagrama de la derecha para mostrar cómo se mantiene la temperatura corporal en un ser humano.

12. Describe de manera general cómo los sistemas nervioso y músculo-esquelético de un animal trabajan juntos para que pueda escapar de un depredador.

_____

_____

_____

_____

13. ¿Cuál es el sistema de los animales complejos que recolecta los desechos metabólicos y los entrega a los sistemas respiratorio y excretor?

_____

14. ¿Cuáles son los tres sistemas corporales de los animales complejos que trabajan juntos para obtener y distribuir el oxígeno y los nutrientes?

_____

Para las preguntas 15 a 24, escribe la letra de la definición de cada término.

_____ **15.** ¿Qué sistema reúne información a través de los receptores del sonido, la luz, las sustancias químicas y otros estímulos?

    A. respiratorio

    B. circulatorio

    C. músculo-esquelético

    D. nervioso

_____ **16.** La mayoría de los cordados tiene muchas de células nerviosas en

    A. la espina dorsal.

    B. el notocordio.

    C. el cerebro.

    D. la hendidura branquial faríngea.

_____ **17.** ¿Cómo genera fuerza el tejido muscular?

    A. Se estira.   **C.** Se hincha.

    B. Se acorta.   **D.** Se dilata.

_____ **18.** ¿En qué se diferencia el esqueleto de los insectos del de los de los vertebrados?

    A. Los insectos tienen esqueletos hidrostáticos. Los vertebrados tienen esqueletos externos.

    B. Los insectos tienen esqueletos externos. Los vertebrados tienen esqueletos internos.

    C. Los insectos tienen esqueletos internos. Los vertebrados tienen esqueletos externos.

    D. Los insectos tienen esqueletos externos. Los vertebrados tienen esqueletos hidrostáticos.

_____ **19.** ¿Qué proceso permite a algunos animales acuáticos "respirar" por su piel?

    A. difusión   **C.** excreción

    B. digestión   **D.** circulación

_____ **20.** ¿Qué estructura realiza una función parecida a la de las branquias?

    A. corazón   **C.** vaso sanguíneo

    B. intestino   **D.** pulmón

_____ **21.** ¿Cuál de las siguientes funciones requiere las acciones coordinadas de los sistemas digestivo, circulatorio y excretor?

    A. reunir el O_2 y distribuirlo a los sistemas corporales

    B. recolectar y eliminar el CO_2 de los tejidos

    C. obtener los nutrientes y distribuirlos a los sistemas corporales

    D. recolectar y eliminar los desechos metabólicos

_____ **22.** ¿En qué se diferencia la manera en que el sistema respiratorio y el sistema excretor eliminan los desechos?

    A. El sistema respiratorio elimina el dióxido de carbono. El sistema excretor elimina el amoníaco.

    B. El sistema respiratorio elimina los desechos que contienen nitrógeno. El sistema excretor elimina los desechos con base de carbono.

    C. El sistema respiratorio elimina el oxígeno y el nitrógeno. El sistema excretor elimina el amoníaco.

    D. El sistema respiratorio elimina el amoníaco. El sistema excretor elimina el dióxido de carbono.

_____ **23.** ¿Qué actividad es necesaria para la supervivencia de la especie, pero no para la supervivencia del organismo?

    A. digestión

    B. excreción

    C. reproducción

    D. circulación

_____ **24.** ¿Cuál es una ventaja de la reproducción asexual?

    A. Aumenta la diversidad genética de una población.

    B. Produce rápidamente gran cantidad de descendencia.

    C. Aumenta la capacidad de la especie para evolucionar.

    D. Produce descendencia que es genéticamente diferente a sus progenitores.

Aplica la gran idea

25. ¿En qué se diferencian los vertebrados de los invertebrados? Identifica por lo menos tres grupos de invertebrados.

_____

_____

_____

_____

26. Imagina que estás estudiando las paredes celulares de un organismo multicelular bajo el microscopio. ¿Estás estudiando a un animal? Explica tu respuesta.

_____

_____

25.2 Planos corporales de los animales y evolución

Objetivos de la lección

- Analizar algunas tendencias de la evolución animal.
- Explicar las diferencias entre los filos animales.

Resumen de la lección

Características de los planos corporales Cada filo animal tiene una organización específica de las estructuras corporales llamada "plano corporal", que incluye

- niveles de organización: células, tejidos, órganos, sistemas de órganos
- simetría corporal:
  - **simetría radial:** partes corporales que se extienden a partir de un punto central
  - **simetría bilateral:** ambos lados son idénticos y tienen una parte frontal y otra trasera
- diferenciación de capas germinales:
  - **endodermo**, la capa interna
  - **mesodermo**, la capa intermedia
  - **ectodermo**, la capa externa
- formación de una cavidad o espacio de fluidos, entre el tracto digestivo y la pared corporal:
  - un **celoma** verdadero (presente en casi todos los filos de animales complejos) se desarrolla en el mesodermo y está cubierto de tejido derivado del mesodermo
  - un **pseudoceloma** cubierto sólo parcialmente con mesodermo
  - Algunos invertebrados carecen de cavidad corporal y otros sólo tienen una capa primitiva, de apariencia gelatinosa, entre el ectodermo y el endodermo.
- patrones de desarrollo embriológico
  - Los animales de reproducción sexual empiezan como un **cigoto** u óvulo fecundado.
  - El cigoto se desarrolla en una esfera hueca de células llamada **blástula**.
  - La blástula se dobla sobre sí misma y crea un tubo que se convierte en el tracto digestivo; este tubo tiene una única abertura, el blastoporo:
    - En los **protostomas** (la mayoría de los invertebrados), del blastoporo surge la boca.
    - En los **deuterostomas** (cordados y equinodermos), del blastoporo surge el ano.
- segmentación: partes repetidas, como los segmentos de los gusanos
- **cefalización**: órganos sensoriales y nervios están cerca del extremo anterior (cabeza)
- formación de extremidades: apéndices externos como patas, aletas y alas

Cladograma de los animales Las características de los planos corporales ayudan a elaborar un cladograma, o árbol filogenético, de todos los animales. Los filos animales se definen por sus planos corporales adultos y desarrollo embriológico.

- Las características de los animales varían dentro de cada filo. Cada filo es un "experimento evolutivo". Los filos con planos corporales exitosos han sobrevivido.

Características de los planos corporales

1. Completa la tabla de las ideas y detalles principales de los planos corporales de los animales. Usa los recuadros para enumerar y resumir sus características.

Características de los planos corporales	
Idea principal: Característica del plano corporal	**Detalles: Estructuras o patrones importantes de desarrollo**
Niveles de organización	
	Ninguna, ni radial, ni bilateral
Capas germinales	
Cavidad corporal	
Patrones de desarrollo embriológico	
	Partes repetidas, como los segmentos de los gusanos
Cefalización	
Formación de extremidades	

2. **RAZONAMIENTO VISUAL** Dibuja dos objetos comunes que muestren la diferencia entre la simetría radial y la simetría bilateral. Rotula y explica tus dibujos.

3. RAZONAMIENTO VISUAL Rotula los organismos con el tipo de simetría que muestran.

_____   _____

_____   _____

4. RAZONAMIENTO VISUAL Haz tres dibujos que muestren la diferencia entre los animales acelomados, pseudocelomados y celomados. Rotula en tu dibujo el ectodermo, el mesodermo y el endodermo.

5. Rotula el diagrama que muestra las diferencias entre los deuterostomas y los protostomas. Rotula las siguientes estructuras: blástula, blastoporo, ectodermo, endodermo, mesodermo, boca, protostoma.

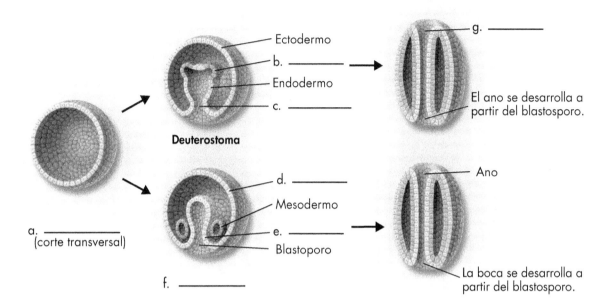

Ectodermo

b. _____

Endodermo

c. _____

Deuterostoma

g. _____

El ano se desarrolla a partir del blastosporo.

a. _____
(corte transversal)

d. _____

Mesodermo

e. _____

Blastoporo

f. _____

Ano

La boca se desarrolla a partir del blastosporo.

Para las preguntas 6 a 14, completa cada oración con la(s) palabra(s) correcta(s).

6. Los deuterostomas que muestran simetría radial en su forma adulta se llaman

_____.

7. _____ son animales de simetría bilateral con tres capas germinales y sin celoma.

8. _____ son protostomas con un celoma verdadero y cefalización sin segmentación.

9. Los miembros del filo _____ no tienen simetría corporal.

10. Los animales del filo _____ tienen células y tejidos especializados, pero carecen de órganos.

11. Tanto _____ como _____ son protostomas segmentados con simetría bilateral.

12. Además de los equinodermos, _____ también son deuterostomas.

13. Una diferencia importante entre el plan corporal de los moluscos y el de los artrópodos es que los moluscos carecen de _____.

14. Sólo los miembros del filo _____ tienen un pseudoceloma.

Cladograma de los animales

Usa el cladograma para responder las preguntas 15 a 17.

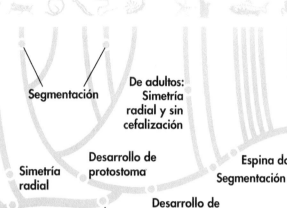

Segmentación

De adultos:
Simetría
radial y sin
cefalización

Desarrollo de
protostoma

Espina dorsal
Segmentación

Simetría
radial

Desarrollo de
deuterostoma

Tejidos;
2 capas germinales

Órganos; 3 capas germinales;
simetría bilateral;
cefalización

Multicelularidad

Ancestro unicelular

15. Escribe en las líneas los nombres de los filos animales que corresponden a las letras del diagrama.

a. _____   d. _____   g. _____

b. _____   e. _____   h. _____

c. _____   f. _____   i. _____

16. ¿Qué características definen la rama del cladograma que conduce a los moluscos?

_____

_____

17. ¿Son los cordados "mejores" animales que las esponjas? Explica tu respuesta.

_____

_____

Aplica la gran idea

18. Las vacas, los halcones y las ballenas son vertebrados. Sin embargo, sus extremidades anteriores son claramente diferentes. Explica cómo los "experimentos evolutivos" que producen las variaciones en los planes corporales han creado tanta diversidad entre los vertebrados. Usa las estructuras de las extremidades anteriores como ejemplo.

_____

_____

_____

Repaso del vocabulario del capítulo

Horizontal

1. concentración de nervios y órganos sensoriales en la cabeza

7. capa germinal externa

6. óvulo fertilizado

9. cordado con espina dorsal

11. embrión en la etapa de esfera hueca de células

14. tipo de simetría que muestra una anémona

16. el sistema en el que el producto de un proceso se limita a sí mismo es _____ inhibidora

17. cavidad corporal cubierta de mesodermo

18. animales en los que el blastoporo se convierte en la boca

Vertical

2. capa germinal interna

3. soporte justo debajo del cordón nervioso de algunos animales

4. capa germinal intermedia

5. cavidad corporal parcialmente cubierta de mesodermo

8. tipo de simetría que muestra un caballo

10. animales en los que el blastoporo se convierte en el ano

12. animal que carece de columna vertebral

13. tipo de hendidura branquial que se halla en la región de la garganta de los cordados

15. animal que tiene un notocordio

MISTERIO DEL CAPÍTULO

UN DÍA EN LA PLAYA

Los científicos que ayudaron a identificar a la salpa en el Misterio del capítulo probablemente estudiaron biología animal o biología marina en la universidad. Los conocimientos que adquirieron en la escuela y su experiencia laboral les ayudaron a resolver el misterio de la salpa.

Aprendizaje en el siglo XXI

Trabajar con animales

Algunas personas que están interesadas en los animales y adoran estar cerca de ellos, tienen mascotas o son voluntarios en refugios de animales locales. Sin embargo, otras personas dedican su profesión a cuidar o estudiar a los animales.

Las personas que quieren trabajar con animales deben decidir hasta qué nivel de educación y capacitación están dispuestas a llegar para alcanzar su meta. Algunos trabajos que implican cuidar y comprender a los animales requieren mucha educación o capacitación intensiva, como los de los científicos del Misterio del capítulo. Otras carreras que implican trabajar con animales requieren menos experiencia y educación. Por ejemplo, los agentes de control animal podrían requerir una carrera técnica de dos años, en lugar de una licenciatura o título universitario de cuatro años. El siguiente es un ejemplo de la descripción del puesto de un agente de control animal.

Vacante para agente de control animal del condado

• • • • • • • • • • • • • • • • • • •

DESCRIPCIÓN DEL TRABAJO
Los candidatos desempeñarán diversas funciones para seguir proporcionando los mejores servicios de control animal del condado. Sus responsabilidades incluyen hacer cumplir las leyes, tanto estatales como locales, sobre animales, concientizar a la comunidad sobre estas leyes y rescatar a los animales. Este es un puesto de tiempo completo que requerirá trabajar durante algunos fines de semana, noches y días festivos. Se ofrece capacitación continua.

REQUISITOS
El candidato debe tener excelentes destrezas de gestión así como de manejo de equipos y computadoras. Este puesto requiere levantar hasta 100 libras de peso y manejar animales peligrosos. El solicitante debe contar con licencia de manejo vigente. Debe tener experiencia tanto con mascotas como con ganado en entornos comerciales y alguna experiencia con animales exóticos y salvajes.

EDUCACIÓN
De preferencia carrera técnica en ciencias aplicadas, tecnología en salud animal o una carrera semejante con por lo menos dos años de experiencia en control animal.

TIPO DE TRABAJO
Tiempo completo

SALARIO
Depende de la preparación y experiencia.

Continúa en la próxima página ▶

Asuntos del siglo XXI Conocimientos de ciencias y economía

1. ¿Qué experiencia laboral debe tener el candidato a esta vacante?

_____

_____

2. ¿Cuál podría ser un entorno comercial en el que un candidato trabaje con animales?

_____

_____

3. ¿Qué partes de este puesto no implican específicamente el rescate de animales y por qué estas partes son importantes?

_____

_____

_____

4. Este anuncio dice que prefieren que el candidato tenga una carrera técnica. ¿Cuál crees que podría ser una alternativa a esta carrera?

_____

_____

_____

5. ¿Qué peligros podría enfrentar un agente de control animal cuando rescata a un animal?

_____

_____

Destrezas para el siglo XXI Investigar una carrera

Entre las destrezas utilizadas en esta actividad están **conocimientos sobre medios de comunicación e información, razonamiento crítico y comprensión de sistemas, creatividad y curiosidad intelectual** y **planteamiento propio**

Trabaja en grupo para investigar la manera en que una persona se puede convertir en agente de control animal. Después, elabora un plan cronológico para convertirte en uno. Busca en Internet las universidades públicas, las universidades estatales y las instituciones privadas que ofrecen cursos y carreras técnicas que cumplan con la descripción del trabajo de la página anterior. (También puedes llamar a los refugios de animales locales para preguntar qué programas educativos cursaron los miembros de su personal). En el plan de tu grupo, identifica los cursos que alguien podría necesitar para terminar el programa. Incluye la experiencia en la escuela secundaria, las prácticas y los trabajos de verano que podrían ser útiles para obtener el trabajo al salir de la escuela. Tu grupo también debe crear un presupuesto que incluya matrícula, hospedaje, cuotas de inscripción, alimentos, libros de texto y otros suministros. Presenta a tu maestro el plan y el presupuesto de tu grupo.

26 Evolución y diversidad de los animales

Evolución

P: ¿Cómo han evolucionado los animales de sus formas anteriores a través de la evolución?

LO QUE SÉ	LO QUE APRENDÍ
26.1 ¿Cómo evolucionaron los invertebrados?	
26.2 ¿Cómo evolucionaron los cordados?	
26.3 ¿Cómo evolucionaron los primates?	

26.1 Evolución y diversidad de los invertebrados

Objetivos de la lección

- Explicar el orden evolutivo de los animales según las pruebas fósiles.
- Interpretar el cladograma de los invertebrados.

Resumen de la lección

Orígenes de los invertebrados No se sabe cuándo evolucionaron los primeros animales multicelulares a partir de los eucariotas unicelulares.

- Quizá evolucionaron de ancestros de los coanoflagelados. Los fósiles indican que evolucionaron antes de la explosión cámbrica, hace 530 y 515 millones de años.

- Los fósiles de Ediacara, Australia, tienen entre 565 y 544 millones de años de antigüedad. Sus planos corporales son diferentes de los de todos los seres vivos actuales. Parecen estar relacionados con invertebrados como las medusas y los gusanos.

- Los fósiles cámbricos (de 542 millones de años de antigüedad) muestran cómo evolucionaron los planos corporales complejos en un período de 10 a 15 millones de años. Muchos tuvieron simetría corporal, partes frontal y trasera, células especializadas y **apéndices**, estructuras como patas o antenas que sobresalían de su cuerpo. Otros tenían partes duras que se fosilizaron.

- Al final del cámbrico, se establecen los planos corporales básicos de los filos modernos.

- Hoy en día, los invertebrados son los animales más abundantes de la Tierra.

Cladograma de los invertebrados Presenta las hipótesis actuales sobre las relaciones evolutivas entre los principales grupos de invertebrados modernos.

- Los principales filos de invertebrados son esponjas, cnidarios, artrópodos, nematodos (gusanos redondos), platelmintos, anélidos, moluscos y equinodermos.

  - Esponjas: tienen poros en el cuerpo.
  - Cnidarios: animales de simetría radial y tentáculos urticantes.
  - Artrópodos: cuerpo segmentado, exoesqueleto rígido, apéndices articulados y cefalización.
  - Nematodos: gusanos redondos no segmentados con pseudocelomas y tractos digestivos de dos aberturas.
  - Platelmintos: o gusanos planos, son los animales más simples que tienen tres capas germinales, simetría bilateral y cefalización.
  - Anélidos: gusanos con cuerpos segmentados y celoma verdadero.

- Las **larvas** es la etapa inmaduras del desarrollo de algunos animales, como los moluscos, que tienen una etapa larvaria de nado libre llamada **trocófora**, característica de muchos anélidos y prueba de la relación estrecha entre moluscos y anélidos.

  - Los moluscos son animales de cuerpo suave que suelen tener concha. También tienen un celoma verdadero y complejos sistemas de órganos.
  - Los equinodermos tienen piel espinosa y simetría radial.

Orígenes de los invertebrados

1. ¿Cuánto tiempo transcurrió entre la aparición de las primeras células procariotas y el surgimiento de los organismos multicelulares?

_____

2. ¿Qué son los coanoflagelados? ¿Cuál es su importancia en la evolución animal?

_____

_____

3. ¿Cuántos años tienen las pruebas más antiguas de vida multicelular?

_____

_____

Para las preguntas 4 a 9, escribe la letra de la respuesta correcta.

_____ **4.** Los primeros animales eran diminutos y de cuerpo suave, así que

    A. no existen cuerpos fosilizados.

    B. existen pocos cuerpos fosilizados.

    C. los cuerpos fosilizados son abundantes.

    D. los únicos fósiles que existen son "rastros fósiles".

_____ **5.** Las pruebas fósiles indican que los primeros animales comenzaron a evolucionar

    A. durante el período Cámbrico.   **C.** después de la explosión cámbrica.

    B. antes de la explosión cámbrica.   **D.** después del período Cámbrico.

_____ **6.** ¿Por qué son importantes los fósiles de las colinas australianas de Ediacara?

    A. Sus planos corporales son diferentes a los de los seres vivos actuales.

    B. Algunos tenían células, tejidos y órganos especializados.

    C. Algunos estaban diferenciados en una parte frontal y otra trasera.

    D. Algunos eran autótrofos.

_____ **7.** Durante un lapso de tiempo de entre 10 y 15 millones de años durante el período Cámbrico, los animales evolucionaron

    A. a formas eucariotas fotosintéticas.

    B. la capacidad de sobrevivir en el fondo de mares poco profundos.

    C. planos corporales complejos, que incluían células, tejidos y órganos.

    D. a formas vertebradas modernas.

_____ **8.** Las estructuras corporales como patas y antenas que sobresalen del cuerpo son

    A. restos fósiles.

    B. apéndices.

    C. conchas, esqueletos y otras partes corporales duras.

    D. pruebas de un filo extinto.

_____ **9.** ¿Qué animales son los más abundantes de la Tierra?

    A. artrópodos   **C.** esponjas

    B. moluscos   **D.** invertebrados

Cladograma de los invertebrados

10. Escribe "sí" o "no" para indicar qué características distinguen a cada filo de los invertebrados multicelulares. La primera fila se completó como ejemplo.

	Tejidos	Radial	Simetría bilateral	Desarrollo de protostoma	Desarrollo de deuterostoma
Esponjas	no	no	no	no	no
Cnidarios					
Artrópodos					
Nematodos (Gusanos redondos)					
Platelmintos					
Anélidos					
Moluscos					
Equinodermos					

Aplica la gran idea

11. Describe tres tendencias evolutivas que se observan en los invertebrados.

_____

_____

_____

_____

_____

26.2 Evolución y diversidad de los cordados

Objetivos de la lección

- Describir los cordados más antiguos.
- Interpretar el cladograma de los cordados.

Resumen de la lección

Orígenes de los cordados Los estudios embriológicos sugieren que los cordados más antiguos estaban relacionados con los ancestros de los equinodermos.

▷ Los fósiles de los primeros cordados (período Cámbrico) muestran conjuntos de músculos, rastros de aletas, branquias plumosas, cabeza con órganos sensoriales y estructuras craneales y esqueléticas de **cartílago**, un fuerte tejido conectivo, es más suave y flexible que el hueso, soporte de todo el cuerpo de un vertebrado o de parte de él.

▷ Los cordados modernos son muy diversos y consisten en seis grupos: cordados invertebrados y cinco grupos de vertebrados: peces, anfibios, reptiles, aves y mamíferos.

Cladograma de los cordados El cladograma de los cordados presenta las hipótesis actuales sobre las relaciones entre los grupos de cordados. Los grupos principales son:

▷ Cordados invertebrados: Los tunicados y las lancetas carecen de espina dorsal.

▷ Peces sin mandíbulas: Las lampreas y los mixines carecen de vértebras y en su forma adulta tienen notocordios.

▷ Tiburones y sus parientes: Tienen mandíbulas y esqueletos de cartílago.

▷ Peces óseos: Tienen esqueletos de hueso. Casi todos con aletas radiadas. Los de aletas lobulares evolucionaron de **tetrápodos**, de cuatro extremidades.

▷ Anfibios: Sus larvas viven en el agua y los adultos en la tierra, donde respiran con pulmones. Casi todos requieren agua para la reproducción.

▷ Reptiles: Tienen piel seca y escamosa, pulmones bien desarrollados, fuertes extremidades y huevos con cáscara que no se desarrollan en el agua.

▷ Aves: Regulan su temperatura corporal interna. Tienen plumas, huesos fuertes y livianos, dos patas con escamas para caminar o posarse y extremidades anteriores como alas.

▷ Los dinosaurios y las aves pertenecen a un clado que forma parte del clado más grande de los reptiles. Por tanto, las aves modernas son reptiles. La tradicional clase Reptiles, que no es un clado, incluye a los reptiles vivos y a los dinosaurios, mas no a las aves.

▷ Mamíferos: Producen leche en sus glándulas mamarias, tienen pelo, respiran aire, poseen un corazón de cuatro cavidades y regulan la temperatura interna de su cuerpo.

Orígenes de los cordados

Para las preguntas 1 a 8, escribe Cierto *si la oración es cierta. Si la oración es falsa, cambia la(s) palabra(s) subrayada(s) para que la oración sea cierta.*

_____ **1.** Las pruebas embriológicas sugieren que los cordados más recientes estaban relacionados con los ancestros de los <u>equinodermos</u>.

_____ **2.** El *Pikaia* fue un primer <u>vertebrado</u> fósil.

_____ **3.** El primer <u>cordado</u> fósil conocido fue el *Myllokunmingia*, que tenía conjuntos de músculos, rastros de aletas, grupos de branquias plumosas, una cabeza con un par de órganos sensoriales y estructuras craneales y esqueléticas.

_____ **4.** Los primeros vertebrados fósiles tenían esqueletos de <u>hueso</u>.

_____ **5.** El cartílago es un tejido <u>conectivo</u> resistente más flexible que el hueso.

_____ **6.** Casi todos los cordados modernos son <u>vertebrados</u>.

_____ **7.** Los cordados modernos incluyen <u>cinco</u> grupos de vertebrados.

_____ **8.** Hoy en día, el grupo más numeroso de vertebrados es el de los <u>mamíferos</u>.

Cladograma de los cordados

9. Escribe "sí" o "no" para indicar qué características distinguen a cada subfilo de cordados. La primera fila se completó como ejemplo.

	Vértebras	Mandíbulas y pares de apéndices	Hueso verdadero	Pulmones	Cuatro extremidades	Huevo amniótico	Endotermia
Cordados invertebrados	no	no	no	no	no	no	no
Peces sin mandíbulas							
Tiburones y sus parientes							
Peces óseos							
Anfibios							
Reptiles							
Aves							
Mamíferos							

10. Los tiburones y sus parientes son el primer grupo de animales con mandíbulas. ¿Por qué las mandíbulas son un importante desarrollo evolutivo?

_____

_____

11. ¿Cuáles fueron las tres adaptaciones que los cordados necesitaron para pasar de vivir en el agua a vivir en la tierra?

_____

_____

12. Un grupo de dinosaurios emplumados dio origen a las aves modernas. ¿Qué ventajas les podrían haber dado las plumas a estos dinosaurios?

_____

13. ¿En qué se diferencian los mamíferos de todos los demás cordados del cladograma?

_____

14. ¿Qué grupos de cordados pueden regular sus temperaturas corporales?

_____

15. **RAZONAMIENTO VISUAL** Muchas pruebas apoyan la hipótesis de que las aves modernas comparten un ancestro común con los dinosaurios. Haz un dibujo que muestre las probables relaciones evolutivas entre las aves modernas, los reptiles modernos y los dinosaurios extintos. Encierra en un círculo los clados que muestra tu diagrama.

Aplica la **gran** idea

16. El orden en el que los principales grupos de cordados evolucionaron es lógico. Por ejemplo, el esqueleto óseo tuvo que evolucionar antes que la columna vertebral. La columna vertebral tuvo que desarrollarse antes que las cuatro extremidades. Los peces tuvieron que evolucionar antes que las aves. Explica por qué ciertos rasgos tuvieron que evolucionar antes que los rasgos observados ahora en las aves.

_____
_____
_____
_____
_____
_____
_____

26.3 Evolución de los primates

Objetivos de la lección

- Identificar las características que comparten todos los primates.
- Describir los principales grupos evolutivos de los primates.
- Describir las adaptaciones por las que los últimos homínidos caminaron erguidos.
- Describir el razonamiento científico actual sobre el género *Homo*.

Resumen de la lección

¿Qué es un primate? En general, es un mamífero con dedos relativamente largos en las manos y pies, y uñas en lugar de garras; brazos que pueden rotar alrededor de las articulaciones de los hombros; una clavícula fuerte y un cerebro bien desarrollado.

- Muchos tienen ojos que miran al frente y que proporcionan una **visión binocular**, la capacidad de combinar las imágenes en ambos ojos para una visión tridimensional.
- El cerebro bien desarrollado hace posibles conductas complejas.

Evolución de los primates Los humanos y otros primates evolucionaron de un ancestro común que vivió hace más de 65 millones de años. Al principio, se dividieron en dos grupos:

- Los de un grupo, como los lémures y loris, no se parecían a los monos típicos.
- Los del otro grupo incluyen a los tarseros y **antropoides**, primates parecidos a los humanos. Los monos, los grandes simios y los humanos son antropoides. Hace casi 45 millones de años, los antropoides se dividieron en dos grupos.
  - Los monos del Nuevo Mundo tienen **colas prensiles** para enrollarse en ramas y que sirven de "quinta mano".
  - Los monos del Viejo Mundo no tienen colas prensiles. Los grandes simios, u **hominoides**, incluyen a los gibones, orangutanes, gorilas, chimpancés y humanos.

Evolución de los homínidos Los hominoides del linaje que dio lugar a los humanos son los **homínidos**. El cráneo, cuello, columna vertebral, y huesos de la cadera y piernas de las primeras especies de homínidos cambiaron para que las especies posteriores caminaran erguidas.

- La evolución de la locomoción **bípeda** liberó ambas manos para usar herramientas.
- Su mano evolucionó un **pulgar oponible**, que podía tocar las puntas de los dedos, asir objetos y usar herramientas.
- Los homínidos también evolucionaron cerebros mucho más grandes.
- Su fósil más antiguo podría ser el *Sahelanthropus*, de casi 7 millones de años de antigüedad.
- Los fósiles de un grupo temprano de homínidos, el *Australopithecus*, mostraron que eran simios bípedos que quizá pasaban tiempo en los árboles. El *Paranthropus*, que vivió hace 2 ó 3 millones de años, llevaba una dieta como la de los gorilas modernos.

El camino hacia los humanos modernos Muchas especies del género *Homo* existieron antes del *Homo sapiens* y al menos otras tres, fueron contemporáneas.

- Los *Homo neanderthalensis* sobrevivieron en Europa hasta hace 28,000–24,000 años. El *H. sapiens* coexistió con los neandertal durante varios miles de años.

¿Qué es un primate?

Para las preguntas 1 a 4, completa cada oración con la(s) palabra(s) correcta(s).

1. Los primates tienen _____ en los dedos de los pies y de las manos.

2. Los primates son buenos escaladores porque tienen una articulación fuerte en el hombro unida a una sólida _____ .

3. La capacidad de combinar la visión de ambos ojos se llama visión _____ .

4. El órgano del cuerpo con el que "pensamos" es el _____ .

Evolución de los primates

Para las preguntas 5 a 11, escribe la letra de la respuesta correcta.

_____ **5.** ¿Hace cuánto tiempo vivió el ancestro común de todos los primates?

     A. 65 millones de años   **C.** 45 millones de años

     B. 56 millones de años   **D.** 28,000 años

_____ **6.** ¿Cuál de los siguientes NO es un antropoide?

     A. gibón   **C.** ser humano

     B. orangután   **D.** tarsero

_____ **7.** ¿Qué factor contribuyó a la división de dos grupos de antropoides hace aproximadamente 45 millones de años?

     A. Un grupo desarrolló una cola prensil.

     B. Los continentes donde vivían se separaron.

     C. Divergieron de los lémures y los tarseros.

     D. El clima cambió de cálido a frío.

_____ **8.** ¿Qué característica distingue a los monos del Nuevo Mundo de los del Viejo Mundo?

     A. una cola prensil   **C.** la visión binocular

     B. un pulgar oponible   **D.** las glándulas mamarias

_____ **9.** ¿Cuál de los siguientes es un homínido?

     A. loris   **C.** tarsero

     B. lémur   **D.** gibón

_____ **10.** ¿Qué primate es el pariente más cercano de los seres humanos?

     A. gorila   **C.** orangután

     B. gibón   **D.** chimpancé

_____ **11.** ¿Cómo confirmaron los científicos qué primate era el pariente primate más cercano de los seres humanos?

     A. compararon sus esqueletos

     B. estudiaron su conducta

     C. usaron análisis de ADN

     D. usaron análisis geográficos

Evolución de los homínidos

12. Completa el diagrama de Venn que compara el esqueleto de los humanos con el de los gorilas.

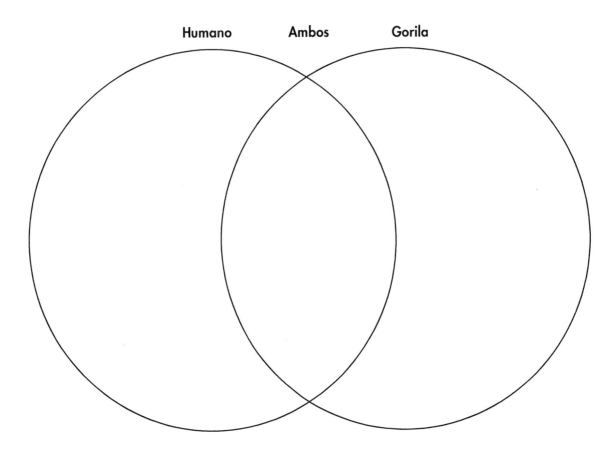

Humano   Ambos   Gorila

13. ¿Qué tienen en común Lucy y la bebé Dikika? ¿Cuál está más completa?

_____

_____

14. ¿Por qué los científicos concluyeron que el *Paranthropus* probablemente llevaba una dieta que incluía alimentos vegetales fibrosos y ásperos?

_____

15. ¿Por qué comparamos ahora la evolución humana con un arbusto de muchas ramas y no con un árbol genealógico?

_____

_____

El camino hacia los seres humanos modernos

Para las preguntas 16 a 21, escribe Cierto *si la oración es cierta. Si la oración es falsa, cambia la(s) palabra(s) subrayada(s) para que la oración sea cierta.*

_____ **16.** Hubo <u>una especie</u> de nuestro género, *Homo,* antes que nuestra especie, *Homo sapiens.*

_____ **17.** Los primeros fósiles que se pueden asignar sin lugar a dudas al género *Homo* son de la especie *H. <u>ergaster</u>.*

_____ **18.** Los investigadores están de acuerdo en que el género *Homo* se originó en <u>Asia</u> y emigró a otras partes del mundo.

_____ **19.** Una manera de descubrir los patrones migratorios de los ancestros humanos es comparar el ADN <u>mitocondrial</u> de los seres humanos vivos.

_____ **20.** Los primeros *Homo sapiens* vivieron en la misma época que otra especie estrechamente relacionada, el *Homo <u>neanderthalensis</u>.*

_____ **21.** La única especie sobreviviente del una vez grande y diverso clado homínido es el *Homo <u>erectus</u>.*

Aplica la gran idea

22. ¿Qué pruebas usan los científicos para clasificar las especies extintas del género *Homo*? ¿Cómo diferencian los científicos a una especie de *Homo* de las otras y de la especie moderna?

_____
_____
_____
_____
_____
_____

Repaso del vocabulario del capítulo

Para las preguntas 1 a 8, relaciona el término con su definición.

Definición

_____ **1.** La capacidad de combinar las imágenes visuales de ambos ojos

_____ **2.** Vertebrado con cuatro extremidades

_____ **3.** Otro nombre de los grandes simios

_____ **4.** Estructura como un brazo, una pata o una antena que sobresale del cuerpo

_____ **5.** El grupo de primates parecidos a los humanos que incluye a los monos y a los grandes simios

_____ **6.** Etapa inmadura de la vida de algunos animales; en muchos moluscos es la trocófora

_____ **7.** Tejido conectivo más flexible que el hueso

_____ **8.** La etapa larvaria de nado libre de algunos moluscos

Término

A. apéndice

B. larva

C. trocófora

D. cartílago

E. tetrápodo

F. visión binocular

G. antropoides

H. hominoides

Para las preguntas 9 a 12, completa cada oración con la(s) palabra(s) correcta(s).

9. El apéndice que sirve de "quinta mano" en algunos primates es _____.

10. Un hominoide del linaje que dio lugar a los humanos es _____.

11. La evolución de la locomoción _____, o en dos pies, liberó las manos para usar herramientas.

12. La línea que dio lugar a los humanos evolucionó _____ que podía tocar las puntas de los dedos.

13. ¿Qué grupos tienen una trocófora?

_____

14. ¿Qué indica sobre sus relaciones el hecho de que estos grupos tengan una trocófora?

_____

15. ¿Qué ventaja tiene un primate con pulgares oponibles sobre uno sin pulgares oponibles?

_____

16. ¿Qué ventaja tiene un primate con visión binocular sobre uno sin visión binocular?

_____
_____
_____
_____

MISTERIO DEL CAPÍTULO

BÚSQUEDA DE FÓSILES

Josh y Pedro, sobre quienes leíste en el Misterio del capítulo, tienen un gran interés en los fósiles. Sin embargo, puede ser difícil desarrollar este interés si la localidad no contiene muchos fósiles.

Aprendizaje en el siglo XXI

Educación sobre fósiles para no científicos

Josh, interesado en fósiles con más de 600 millones de años de antigüedad, vio que era imposible hallarlos en áreas cercanas. De hecho, tendría que viajar hasta China o Australia para encontrarlos. Otra opción sería que Josh aprendiera sobre los fósiles antiguos en publicaciones científicas. Pero descubriría que muchas de ellas son muy técnicas y difíciles de comprender. Pero existe otro camino para comprender esta información: el personal de los parques nacionales y otros educadores de la ciencia ayudan a transmitir al público la información científica complicada mediante actividades de interpretación. Usan presentaciones, talleres, folletos y otros materiales para enseñar a las personas acerca de los fósiles. El siguiente es un ejemplo de un folleto que describe la Cordillera de los Grampians al oeste de Victoria, Australia.

La Cordillera de los Grampians, al oeste de Victoria

INTRODUCCIÓN

La Cordillera de los Grampians no siempre fue tan increíble como lo es hoy. Hace cerca de 400 millones de años, esta zona era un área costera relativamente plana. Al este de esta zona costera había un profundo océano y al oeste una cordillera que se erosionó. ¿Cómo se convirtió el área de una zona costera plana en una cordillera a cientos de kilómetros del mar? Este folleto analiza la sedimentación, la presión y las fuerzas que formaron la Cordillera de los Grampians.

SEDIMENTACIÓN

Durante millones de años, los ríos montañosos y las ensenadas costeras depositaron miles de metros de grava, arena y lodo en capas. Cada capa de sedimento cuenta una historia sobre el pasado. Algunas contienen fósiles, como plantas pequeñas, agujeros verticales de gusanos, partes de peces primitivos sin mandíbulas, braquiópodos y lo que los científicos creen que son esteras de algas. Las ondas petrificadas y las grietas de lodo indican las ubicaciones de antiguas playas, ríos y otros cuerpos de agua que depositaron sedimentos. Estas características y otras pruebas geológicas explican la historia de la sedimentación.

PRESIÓN Y PLACAS

A medida que las capas de sedimento se acumulaban, la presión y la temperatura aumentaron, expulsando el agua y convirtiendo la arena en piedra. La deriva continental siguió moviendo las placas tectónicas de la Tierra. Las fuerzas tectónicas torcían, doblaban y elevaban los sedimentos, creando la Cordillera de los Grampians, así como otras cordilleras del planeta.

Continúa en la próxima página ▶

Asuntos del siglo XXI Ciencia y conciencia global

1. ¿Qué pruebas indican que algunas partes de las tierras que ahora conforman la Cordillera de los Grampians alguna vez estuvieron bajo el agua?

   _____

   _____

2. ¿Cómo era la topografía (características de la superficie) del suelo de esta región en ese tiempo?

   _____

   _____

3. ¿Qué tipo de material informativo crees que pueda explicar la geología de la Cordillera de los Grampians además de lo que se describe en el texto?

   _____

   _____

4. Considera las pruebas presentadas en el folleto para explicar la formación de la Cordillera de los Grampians. ¿Qué tipo de pruebas parecidas podrías reunir para estudiar la historia geológica del relieve de tu área?

   _____

   _____

   _____

   _____

5. Imagina que hallas una estera de algas fosilizadas en un desierto. ¿Qué podrías inferir acerca de la posible naturaleza del antiguo medio ambiente de esta zona?

   _____

   _____

Destrezas para el siglo XXI Folleto sobre fósiles

Entre las destrezas utilizadas en esta actividad están **conocimientos sobre medios de comunicación e información, destrezas de comunicación, pensamiento crítico y comprensión de sistemas, creatividad y curiosidad intelectual** y **planteamiento propio**

Investiga en Internet la geología y los fósiles de tu estado o región o acude al centro de información de un estado o parque nacional cercano. Las páginas Web de los museos son un buen lugar donde comenzar, como la página Web del Servicio Nacional de Parques. Si es posible, pide a tu maestro que organice un viaje de estudio para ayudarte con tu investigación. Con base en tu investigación, elabora un folleto que describa los fósiles de tu área. Cuando diseñes y escribas tu folleto, recuerda que tu público incluye personas que tal vez no sepan mucho acerca de los fósiles y la geología.

El folleto se debe doblar en tres partes e incluir mapas, figuras, diagramas y fotografías que estén adecuadamente rotuladas.

27 Sistemas de los animales I

Estructura y función

P: ¿De qué manera las estructuras de los animales les permiten obtener los materiales esenciales y eliminar los desechos?

	LO QUE SÉ	LO QUE APRENDÍ
27.1 ¿De qué manera los diferentes animales obtienen y digieren su alimento?		
27.2 ¿Cómo respiran los animales en diferentes medios ambientes?		
27.3 ¿De qué manera los animales han evolucionado formas complejas y eficaces de transportar materiales a través de sus cuerpos?		
27.4 ¿De qué manera los animales excretan los desechos metabólicos en diferentes medios ambientes?		

27.1 Alimentación y digestión

Objetivos de la lección

- Describir las diferentes maneras en que los animales obtienen su alimento.
- Explicar cómo ocurre la digestión en los diferentes animales.
- Describir cómo están adaptadas las partes bucales a la dieta de cada animal.

Resumen de la lección

Obtención del alimento Los animales obtienen alimento de diferentes maneras.

- Casi todos los filtradores de alimentos atrapan algas y pequeños animales usando branquias modificadas u otras estructuras como redes que filtran los alimentos del agua.

- Los detritívoros se alimentan de detrito, es decir, de los restos de plantas y animales en descomposición. Los detritívoros a menudo obtienen nutrientes adicionales de las bacterias, algas y otros microorganismos que crecen en el detrito o a su alrededor.

- Los carnívoros se comen a otros animales.

- Los herbívoros comen plantas o partes de las plantas de hábitats terrestres y acuáticos.

- Muchos animales dependen de la simbiosis para satisfacer sus necesidades nutricionales. Los parásitos viven dentro o sobre organismos huéspedes, donde se alimentan de sus tejidos, sangre y otros fluidos corporales. En las relaciones mutualistas, ambos participantes se benefician.

Procesamiento del alimento Algunos invertebrados descomponen el alimento principalmente mediante la digestión intracelular, pero muchos animales usan la digestión extracelular para descomponerlo.

- En la **digestión intracelular**, el alimento es digerido dentro de células especializadas que pasan por difusión los nutrientes a otras células.

- En la **digestión extracelular**, el alimento es descompuesto fuera de las células en un sistema digestivo y luego es absorbido.

  - Algunos invertebrados, como los cnidarios, tienen una **cavidad gastrovascular** con una única abertura por la que ingieren el alimento y expulsan los desechos.

  - Muchos invertebrados y todos los vertebrados, como las aves, digieren el alimento en un tubo llamado **tracto digestivo**, que tiene dos aberturas: una boca y un ano. El alimento viaja en una sola dirección por el tracto digestivo.

Especializaciones para diferentes dietas Las partes bucales y los sistemas digestivos de los animales han evolucionado muchas adaptaciones a las características físicas y químicas de los diferentes alimentos.

- Por lo general, los carnívoros tienen partes bucales afiladas u otras estructuras que pueden atrapar, asir y triturar el alimento en pedazos pequeños.

- Por lo general, los herbívoros tienen partes bucales adaptadas para raspar o moler.

- Algunos animales tienen órganos digestivos especializados que les ayudan a descomponer ciertos alimentos. Por ejemplo, el ganado tiene una extensión del estómago parecida a un saco llamada **rumen**, donde las bacterias simbióticas digieren la celulosa.

Obtención del alimento

1. Completa la tabla acerca de los tipos de animal según su alimentación.

Tipos de animal según su alimentación	
Animal según su alimentación	**Descripción**
Filtrador de alimento	
	se alimenta de restos de plantas y animales en descomposición
Carnívoro	
	come plantas o partes de las plantas
Simbionte parasitario	
Simbionte mutualista	

2. Explica la diferencia entre un parásito y un huésped.

_____

_____

3. Da un ejemplo de una relación mutualista que implique a un simbionte nutritivo.

_____

_____

_____

Procesamiento del alimento

4. ¿En qué se diferencia la digestión de los animales simples de la de los más complejos?

_____

_____

_____

_____

5. ¿En qué se parece el tracto digestivo de una sola dirección a una "cadena de desmontaje"?

_____

_____

6. Rotula las estructuras digestivas del siguiente cnidario.

Especializaciones para diferentes dietas

7. ANALOGÍA VISUAL

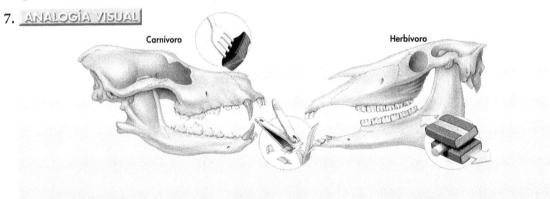

Carnívoro   Herbívoro

La Analogía visual compara diferentes tipos de dientes con herramientas comunes. Completa la tabla acerca de la analogía entre dientes de mamíferos y herramientas.

Adaptaciones de los dientes de los mamíferos		
Dientes	**Descripción**	**Herramienta**
Caninos		
	dientes parecidos a un cincel; cortan, roen y cepillan	
Molares		

Aplica la **gran** idea

8. Explica qué organismos obtienen y procesan los nutrientes con mayor eficacia: los que tienen cavidad gastrovascular o los que tienen tracto digestivo.

_____

_____

_____

27.2 Respiración

Objetivos de la lección

- Describir las estructuras respiratorias que comparten todos los animales.
- Explicar cómo respiran los animales acuáticos.
- Identificar las estructuras respiratorias que permiten respirar a los animales terrestres.

Resumen de la lección

Intercambio de gases Los animales evolucionaron estructuras respiratorias que apoyan el movimiento del oxígeno y dióxido de carbono que la difusión pasiva determine.

▷ Los gases se difunden con mayor eficacia a través de una membrana delgada y húmeda.

▷ Las estructuras respiratorias mantienen concentraciones diferentes de oxígeno y dióxido de carbono en ambos lados de la membrana respiratoria, causando la difusión.

Superficies respiratorias de animales acuáticos Muchos invertebrados acuáticos y la mayoría de cordados acuáticos, excepto reptiles y mamíferos, intercambian gases por sus branquias.

▷ Las **branquias** son estructuras plumosas que exponen al agua una superficie grande de membrana delgada y parcialmente permeable.

▷ Los reptiles y mamíferos acuáticos, como las ballenas, respiran con **pulmones**, donde intercambian oxígeno y dióxido de carbono, y que contienen la respiración bajo el agua.

Superficies respiratorias de animales terrestres Los animales terrestres deben mantener húmedas sus membranas respiratorias en los ambientes secos.

▷ Las estructuras respiratorias de los invertebrados terrestres incluyen piel, cavidades del manto, pulmones laminares y tubos traqueales.

▷ Todos los vertebrados terrestres respiran con pulmones.

- En los pulmones de los mamíferos, los **alvéolos** proporcionan una superficie grande para el intercambio de gases.

- Un sistema pulmonar aviar de tubos y alvéolos permite el flujo unidireccional del aire.

Intercambio de gases

Para las preguntas 1 a 5, escribe Cierto *si la oración es cierta. Si la oración es falsa, cambia la(s) palabra(s) subrayada(s) para que la oración sea cierta.*

_____ 1. En un sistema respiratorio, el intercambio de gases ocurre por difusión <u>activa</u>.

_____ 2. Las sustancias se difunden de un área de <u>mayor concentración</u> a otra de menor concentración.

_____ 3. La difusión de gases es más eficaz a través de superficies delgadas y <u>secas</u>.

_____ 4. Las estructuras respiratorias tienen una membrana <u>parcialmente permeable</u>.

_____ 5. Las estructuras respiratorias mantienen concentraciones diferentes de oxígeno y <u>nitrógeno</u> en ambos lados de la membrana.

6. Los órganos respiratorios tienen superficies grandes. ¿En qué beneficia al animal?

_____

_____

7. Las superficies respiratorias son húmedas. ¿Cómo permite esto la respiración?

_____

Superficies respiratorias: animales acuáticos

8. Completa el diagrama de flujo que describe la ruta del agua que pasa por un pez.

El agua fluye a través de la _____ del pez, donde los músculos
bombean el agua a través de las _____.

↓

A medida que el agua pasa por los filamentos branquiales, éstos absorben el
_____ del agua y liberan el _____.

↓

El agua y el dióxido de carbono son bombeados hacia fuera por detrás del
_____.

Superficies respiratorias: animales terrestres

9. RAZONAMIENTO VISUAL Rotula los pulmones laminares, los espiráculos y los tubos traqueales de los siguientes organismos.

Araña   **Saltamontes**

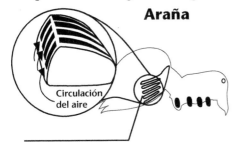

Circulación
del aire

_____   _____

_____   _____

_____

10. RAZONAMIENTO VISUAL Rotula los orificios nasales, boca y garganta; tráquea y pulmones de los siguientes animales.

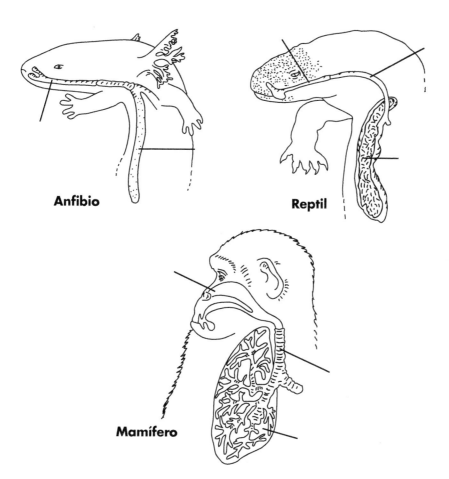

Anfibio

Reptil

Mamífero

11. Describe el proceso básico de respiración de los vertebrados terrestres.

_____

_____

_____

12. ¿Por qué los pulmones de las aves son más eficaces que los de la mayoría de los animales?

_____

_____

Aplica la **gran** idea

13. Compara la estructura y función de las branquias de los peces con la estructura y función de los pulmones de las aves.

_____

_____

_____

_____

27.3 Circulación

Objetivos de la lección

- Comparar los sistemas circulatorios abiertos y cerrados.
- Comparar los patrones de circulación de los vertebrados.

Resumen de la lección

Sistemas circulatorios abiertos y cerrados El **corazón** es un órgano muscular hueco que bombea sangre a todo el cuerpo. El corazón puede formar parte tanto de un sistema circulatorio abierto como de uno cerrado.

▷ En un **sistema circulatorio abierto**, la sangre está contenida sólo parcialmente dentro de un sistema de vasos sanguíneos a medida que viaja por el cuerpo. Los vasos sanguíneos se vacían en un sistema de senos o cavidades venosas.

▷ En un **sistema circulatorio cerrado**, la sangre circula totalmente en el interior de los vasos sanguíneos que se extienden por todo el cuerpo.

Circulación doble y sencilla Casi todos los vertebrados con branquias, tienen un sistema circulatorio sencillo (de un sólo circuito) con una única bomba que impulsa la sangre a todo el cuerpo en una sola dirección. La mayoría de los vertebrados que respiran con pulmones tienen un sistema circulatorio de doble circuito, con dos bombas.

▷ En el sistema circulatorio doble, el primer circuito, impulsado por un lado del corazón, bombea sangre sin oxigenar del corazón a los pulmones y luego de regreso al corazón. El otro lado del corazón bombea la sangre rica en oxígeno a través del segundo circuito hacia el resto del cuerpo.

▷ Algunos corazones tienen más de una cámara.
  - La **aurícula** recibe la sangre del cuerpo.
  - El **ventrículo** bombea la sangre desde el corazón hacia el resto del cuerpo.

▷ El corazón de los anfibios por lo general tiene tres cámaras: dos aurículas y un ventrículo.
  - La aurícula izquierda recibe la sangre rica en oxígeno de los pulmones.
  - La aurícula derecha recibe la sangre con poco oxígeno del cuerpo.
  - Ambas aurículas se vacían en el ventrículo. La sangre rica en oxígeno y la sangre con poco oxígeno se mezclan en el ventrículo.

▷ Casi todos los reptiles tienen un corazón con tres cámaras. Sin embargo, la mayoría tiene una división parcial en el ventrículo, así que la sangre rica en oxígeno y la sangre con poco oxígeno casi no se mezclan.

▷ Los mamíferos modernos tienen un corazón de cuatro cámaras que en realidad son dos bombas separadas que trabajan juntas.

Sistemas circulatorios abiertos y cerrados

1. Usa el diagrama de Venn para comparar y contrastar los sistemas circulatorios abiertos y cerrados.

Sistemas circulatorios abiertos   **Sistemas circulatorios cerrados**

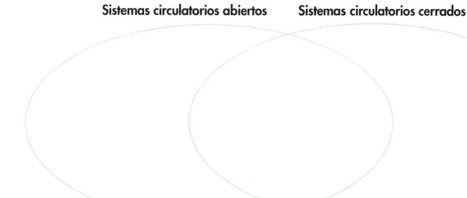

2. RAZONAMIENTO VISUAL   Rotula las estructuras que se muestran en cada organismo. Luego escribe si tienen un sistema circulatorio abierto o cerrado.

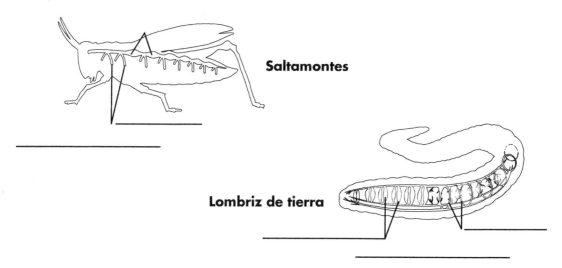

Saltamontes

Lombriz de tierra

_____

_____

_____   _____

Circulación sencilla y doble

3. ¿En qué parte se transporta la sangre en cada circuito de un sistema circulatorio doble?

_____

_____

4. ¿Por qué un corazón de cuatro cámaras a veces se describe como una bomba doble?

_____

_____

5. ¿Cuál es la diferencia entre el corazón de un reptil y el de un anfibio?

_____

_____

Para las preguntas 6 a 9, completa cada oración con la(s) palabra(s) correcta(s).

6. En la mayoría de los vertebrados que tienen branquias, el corazón consta de _____ cámaras.

7. La cámara del corazón que bombea la sangre fuera del corazón se llama _____.

8. Casi todos los vertebrados que tienen branquias para respirar tienen un sistema circulatorio de circuito _____.

9. En un sistema circulatorio de circuito doble, la sangre con poco oxígeno del corazón es transportada a los _____.

10. RAZONAMIENTO VISUAL Dibuja las flechas que muestran el camino que sigue la sangre en los siguientes sistemas circulatorios. En las líneas que están debajo de las ilustraciones, identifica qué tipo de animal podría tener cada tipo de circulación.

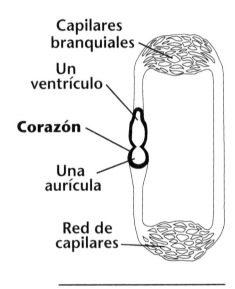

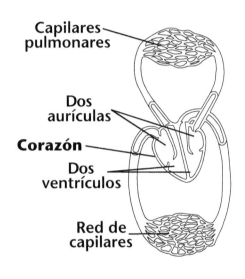

_____   _____

Aplica la **gran** idea

11. Con base en lo que has aprendido sobre los sistemas circulatorios, infiere cuántas cámaras tiene el corazón de un ave. Explica tu respuesta.

_____

_____

_____

_____

_____

_____

27.4 Excreción

Objetivos de la lección

- Describir los métodos que usan los animales para manejar los desechos nitrogenados.
- Explicar de qué manera los animales acuáticos eliminan los desechos.
- Explicar de qué manera los animales terrestres eliminan los desechos.

Resumen de la lección

El problema del amoníaco El amoníaco es un producto de desecho que puede matar a casi todas las células, incluso en cantidades moderadas.

- Los animales lo eliminan rápidamente o lo convierten en compuestos nitrogenados menos tóxicos.
- La eliminación de los desechos metabólicos, como el amoníaco, se llama **excreción**.
- Los **riñones** en animales separan los desechos y el exceso de agua de la sangre.

Excreción en animales acuáticos Estos animales permiten que el amoníaco se difunda de sus cuerpos al agua circundante, que diluye el amoníaco y se lo lleva.

- Muchos invertebrados de agua dulce eliminan el amoníaco del medio ambiente al difundirlo a través de su piel. Muchos peces de agua dulce y anfibios lo eliminan al difundirlo a través de las membranas branquiales con las que respiran. Los peces de agua dulce también bombean la sal hacia el interior a través de sus branquias.
- Los invertebrados y vertebrados marinos liberan el amoníaco al difundirlo por sus superficies corporales o membranas branquiales. Excretan la sal por sus branquias.

Excreción en animales terrestres En los medios ambientes secos, los animales terrestres pueden perder mucha agua, que necesitan para mantener húmedas las membranas respiratorias. Deben eliminar los desechos nitrogenados en formas que requieren deshacerse de agua.

- Algunos invertebrados terrestres producen orina en los **nefridios**, estructuras tubulares excretoras que filtran el fluido corporal. La orina sale del cuerpo por poros excretores.
- Otros invertebrados terrestres, como los insectos y los arácnidos, convierten el amoníaco en ácido úrico. Los desechos nitrogenados, como el ácido úrico, son absorbidos de los fluidos corporales por estructuras llamadas **túbulos de Malphighi**, que concentran los desechos y luego los incorporan a los desechos digestivos que viajan a través del intestino.
- Los mamíferos y anfibios terrestres convierten el amoníaco en urea, que sale en la orina. La mayoría de los reptiles y las aves lo convierten en ácido úrico.

El problema del amoníaco

1. ¿Por qué el amoníaco se acumula en los organismos?

_____

_____

2. ¿Por qué el amoníaco es un problema en el cuerpo de un animal?

_____

_____

3. Completa el mapa de conceptos.

Maneras de almacenar los desechos nitrogenados

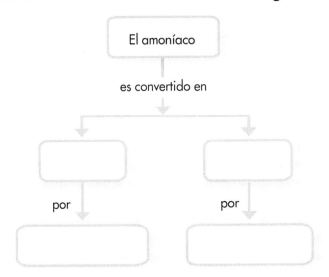

El amoníaco

es convertido en

por

por

Excreción en animales acuáticos

4. ¿Cómo eliminan el amoníaco de su cuerpo muchos invertebrados de agua dulce?

_____

_____

5. Describe cómo mantienen los platelmintos su nivel de agua.

_____

_____

6. ¿Por qué los peces de agua dulce suelen tener una orina muy diluida y los peces marinos la tienen muy concentrada?

_____

_____

_____

_____

Para las preguntas 7 a 8, escribe la letra de la respuesta correcta.

_____ **7.** Los organismos marinos suelen perder agua hacia su entorno porque

    A. sus cuerpos son menos salados que el agua en la que viven.

    B. sus cuerpos son más salados que el agua en la que viven.

    C. sus células bombean activamente el agua a través de sus membranas.

    D. sus células bombean activamente el amoníaco a través de sus membranas.

_____ **8.** ¿Cuál de las siguientes estructuras ayuda a eliminar el exceso de agua del cuerpo de un organismo?

    A. una branquia   **C.** una célula flamígera

    B. un ventrículo   **D.** un opérculo

Excreción en animales terrestres

9. **RAZONAMIENTO VISUAL** Rotula los órganos excretores de los organismos que se muestran. Luego, describe en las líneas la función de los órganos rotulados.

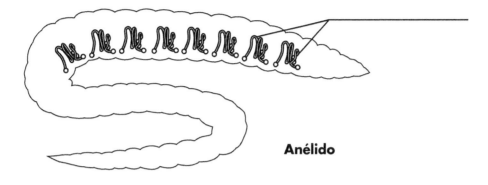

Anélido

_____

_____

_____

_____

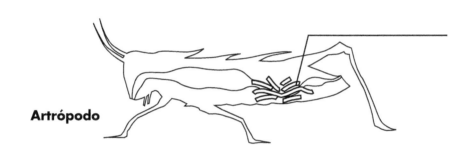

Artrópodo

_____

_____

Para las preguntas 10 a 12, completa cada oración con la(s) palabra(s) correcta(s).

10. En los vertebrados terrestres, la excreción se realiza principalmente por _____.

11. En los mamíferos, la urea se excreta del cuerpo en un líquido llamado _____.

12. La mayoría de los riñones de los vertebrados no pueden excretar _____ concentrada.

Aplica la **gran** idea

13. ¿Por qué la estructura de la branquia la convierte en un órgano excretor ideal?

_____

_____

_____

_____

Repaso del vocabulario del capítulo

Relaciona cada imagen con el término más apropiado.

Imagen

_____ 1.

_____ 2.

_____ 3.

_____ 4.

_____ 5.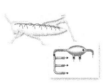

Término

A. pulmón

B. branquia

C. sistema circulatorio cerrado

D. sistema circulatorio abierto

E. nefridio

Para las preguntas 6 a 13, escribe Cierto *si la oración es cierta. Si la oración es falsa, cambia la(s) palabra(s) subrayada(s) para que la oración sea cierta.*

_____ **6.** La digestión <u>intracelular</u> es el proceso en el que el alimento es descompuesto fuera de las células y después absorbido.

_____ **7.** Los <u>riñones</u> concentran los desechos y los incorporan a los desechos digestivos que viajan por el intestino.

_____ **8.** Muchos invertebrados y todos los vertebrados digieren el alimento en <u>una cavidad gastrovascular</u>, que tiene dos aberturas.

_____ **9.** La <u>excreción</u> es la eliminación de los desechos metabólicos del cuerpo.

_____ **10.** La extensión del estómago parecida a un saco en la que las bacterias simbióticas digieren la celulosa se llama <u>rumen</u>.

_____ **11.** <u>Las aurículas</u> bombean la sangre fuera del corazón.

_____ **12.** Los sistemas circulatorios tienen un órgano bomba llamado <u>corazón</u>.

_____ **13.** Los <u>alvéolos</u> pulmonares ofrecen una gran superficie para el intercambio de gases.

MISTERIO DEL
CAPÍTULO

(AL BORDE DE) LA MUERTE POR AGUA SALADA

Aprendizaje en el siglo XXI

Beber agua limpia es vital para mantener tu salud. El Misterio del capítulo mostró que beber el agua incorrecta puede tener efectos negativos en la salud.

¿Por qué agua limpia?

El agua clara tal vez se vea limpia, pero podría contener contaminantes disueltos, como pesticidas y otras sustancias químicas agrícolas o industriales, microorganismos que causan enfermedades y altas concentraciones de minerales. Los contaminantes a menudo no tienen sabor y pueden ser tóxicos para los seres humanos. Se pueden desarrollar graves problemas de salud si se bebe agua contaminada. Por tanto, es importante conocer las normativas para el agua potable y los métodos de tratamiento. A continuación se presenta alguna información sobre el agua potable.

Información importante sobre el agua potable limpia

1. La Ley para Asegurar el Suministro de Agua Potable Saludable regula el suministro público de agua potable, o agua de grifo. Los reglamentos protegen los ríos, presas, manantiales y otras fuentes para que el suministro público de agua sea seguro. Las normativas también establecen las directrices para analizar y tratar el suministro público de agua y detalla las sustancias químicas y la cantidad de cada una de ellas que puede estar presente en el suministro.

2. La Ley Federal de Alimentos, Fármacos y Cosméticos y las leyes de cada estado regulan el agua embotellada. Toda el agua embotellada debe ser probada y analizada antes de ser considerada segura para su consumo.

3. El agua de grifo es tratada con filtros y/o agentes desinfectantes como el cloro. Cuando el agua fluye a través de los filtros, se eliminan muchos contaminantes. Los desinfectantes como el cloro ayudan a matar a las bacterias y hongos presentes en ella.

4. El agua embotellada es sellada en botellas de plástico salubres o esterilizadas que cumplen con las leyes tanto federales como estatales. No se pueden añadir sustancias químicas ni edulcorantes al agua embotellada.

5. Las fuentes del agua embotellada incluyen suministros municipales, manantiales y pozos. Los manantiales y los pozos son considerados recursos naturales. Cerca del 75% de toda el agua embotellada proviene de estos recursos naturales.

6. La Administración de Drogas y Alimentos (FDA) ha definido diferentes tipos de agua embotellada. Las definiciones se basan en la fuente del agua y en las sustancias químicas que hay en ella. Las clasificaciones de la FDA incluyen agua de pozo artesiano, agua mineral, agua de manantial y agua de pozo.

7. Antes de ser embotellada, el agua puede ser tratada por destilación, ósmosis inversa, filtración y ozonación. No toda el agua embotellada se trata de esta manera. Si un fabricante trata el agua usando estos métodos, puede etiquetar y vender el agua como purificada.

Continúa en la próxima página ▶

Asuntos del siglo XXI — Conocimientos de ciencia y economía

1. ¿Qué leyes federales regulan el agua potable pública y el agua embotellada y en qué se parecen estas leyes?

_____

_____

_____

2. ¿Cómo se trata el agua de grifo para evitar que los consumidores se enfermen?

_____

_____

3. ¿Para qué crees que se usa la mayoría del agua pública?

_____

_____

4. Imagina que el agua de grifo de una ciudad sea temporalmente insegura para beber. ¿Cuáles serían las probables consecuencias?

_____

_____

5. Si quisieras fundar una compañía de agua embotellada, ¿qué sería lo primero que harías?

_____

_____

_____

Destrezas para el siglo XXI — Plan comercial para el agua embotellada

Entre las destrezas utilizadas en esta actividad están **conocimientos sobre medios de comunicación e información, destrezas de comunicación, razonamiento crítico y comprensión de sistemas, identificación, formulación y resolución de problemas, destrezas interpersonales y de colaboración, responsabilidad** y **adaptabilidad** y **responsabilidad social.**

Trabaja en grupos pequeños y crea un plan de negocios para vender agua embotellada. Investiga y enriquece los hechos proporcionados en la página anterior sobre el agua potable embotellada. Comienza visitando la página Web de la FDA para conocer más sobre la manera en que ésta regula el agua embotellada. Crea un nombre para tu compañía y asigna funciones a cada miembro del equipo. Tu plan de negocios debe incluir lo siguiente: una descripción resumida del negocio y del producto, un análisis del mercado del agua embotellada, una estrategia para el plan de negocios y su implementación, un equipo de administración y un plan presupuestario o financiero.

Presenta tu plan de negocios a la clase.

28 Sistemas de los animales II

la gran idea Estructura y función

P: ¿De qué manera los sistemas corporales de los animales les permiten recabar información acerca de sus medios ambientes y responder de forma adecuada?

LO QUE SÉ	LO QUE APRENDÍ
28.1 ¿Cómo sienten los animales su medio ambiente y cómo responden a él?	
28.2 ¿Cómo se adaptan los diferentes animales para moverse a través de sus medios ambientes?	
28.3 ¿Cuáles son las diferentes estrategias que los animales han evolucionado para producir descendencia?	
28.4 ¿De qué manera los animales conservan la homeostasis?	

28.1 Respuesta

Objetivos de la lección

- Describir cómo responden los animales a los estímulos.
- Resumir las tendencias en la evolución del sistema nervioso de los animales.
- Describir algunos de los diferentes sistemas sensoriales de los animales.

Resumen de la lección

Cómo responden los animales La información del medio ambiente que ocasiona una reacción en un organismo se llama **estímulo**. Una reacción específica a un estímulo es una **respuesta**. El sistema nervioso de los animales les ayuda a responder a los estímulos y está compuesto por células nerviosas especializadas llamadas células nerviosas o **neuronas**.

- Las neuronas que responden a los estímulos reciben el nombre de **neuronas sensoriales**.
- Las neuronas que suelen transmitir información a otras son las **interneuronas**.
- Las **neuronas motoras** comunican las "instrucciones" de las interneuronas a los músculos.

Tendencias en la evolución del sistema nervioso Los sistemas nerviosos de los animales exhiben diferentes grados de cefalización y especialización.

- Los cnidarios, como las medusas, tienen sistemas nerviosos simples llamados redes nerviosas.
- Otros invertebrados tienen varias interneuronas agrupadas en **ganglios**.
- Los animales con simetría bilateral suelen presentar cefalización, es decir, la concentración de neuronas sensoriales e interneuronas en una "cabeza".
- En algunas especies, los ganglios cerebrales están más organizados en una estructura llamada cerebro. El cerebro de los vertebrados incluye las siguientes estructuras:
  - El **telencéfalo** es la región "pensante" del cerebro.
  - El **cerebelo** coordina el movimiento y controla el equilibrio.
  - El bulbo raquídeo controla el funcionamiento de muchos órganos internos.

Sistemas sensoriales Abarcan de las neuronas sensoriales individuales a los órganos sensoriales con neuronas sensoriales y otras células que ayudan a reunir información.

- Muchos invertebrados tienen órganos sensoriales que detectan luz, sonido, vibraciones, movimiento, orientación del cuerpo y químicos en el aire o agua.
- La mayoría de los vertebrados tiene órganos sensoriales altamente evolucionados. Muchos vertebrados tienen órganos muy sensibles del tacto, olfato y auditivos.

Cómo responden los animales

1. ¿Qué es una respuesta?

_____

2. ¿Qué sistemas corporales interactúan para producir una respuesta a un estímulo?

_____

Escribe la letra de la respuesta correcta en la línea de la izquierda.

_____ **3.** ¿Cuál de los siguientes es el mejor ejemplo de un estímulo?

      A. estornudar   **C.** tragar la comida

      B. el repicar de una campana   **D.** contener la respiración

_____ **4.** ¿Cuál de los siguientes es el mejor ejemplo de una respuesta?

      A. dolores estomacales por hambre   **C.** la brisa

      B. una acera caliente   **D.** contestar el teléfono

5. Completa la tabla acerca de los tipos de neuronas.

Tipos de neuronas	
Tipo de neurona	**Descripción**
	neuronas que transmiten la información de una neurona a otra
Neuronas sensoriales	
Neuronas motoras	

Tendencias en la evolución del sistema nervioso

6. **RAZONAMIENTO VISUAL** Rotula el nombre de las estructuras del sistema nervioso de los siguientes invertebrados. Encierra en un círculo el organismo que NO muestre cefalización.

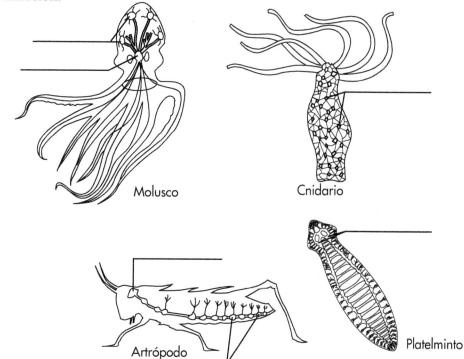

Molusco

Cnidario

Artrópodo

Platelminto

7. RAZONAMIENTO VISUAL Usa los términos del recuadro para identificar las partes que aparecen en los diagramas de los cerebros de un reptil, un ave y un mamífero. Después, encierra en un círculo el telencéfalo más complejo.

| Cerebelo | Telencéfalo | Bulbo raquídeo | Bulbo olfativo | Lóbulo óptico |

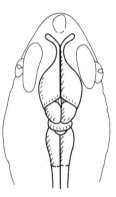

Reptil

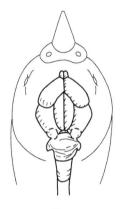

Ave

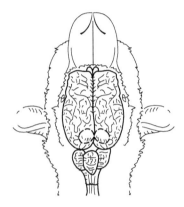

Mamífero

Sistemas sensoriales

Para las preguntas 8 a 12, escribe Cierto si la oración es cierta. Si la oración es falsa, cambia la(s) palabra(s) subrayada(s) para que la oración sea cierta.

_____ **8.** Los platelmintos usan <u>ocelos</u> para detectar la luz.

_____ **9.** Los ojos complejos de muchos artrópodos están compuestos por muchos <u>ocelos</u>.

_____ **10.** De todos los grupos animales, los <u>invertebrados</u> tienen los órganos sensoriales más evolucionados.

_____ **11.** Muchos organismos acuáticos pueden detectar las <u>corrientes eléctricas</u> en el agua.

_____ **12.** La mayoría de los mamíferos tienen una visión a <u>color</u>.

> Aplica la **gran** idea

13. Los humanos tienen un bulbo olfativo relativamente pequeño en comparación con otros mamíferos. Crea una hipótesis acerca de la razón de esto.

_____

_____

_____

28.2 Movimiento y soporte

Objetivos de la lección

- Describir los tres tipos de esqueletos animales.
- Explicar cómo los músculos producen movimiento en los animales.

Resumen de la lección

Tipos de esqueletos Hay tres tipos principales de esqueletos animales:

▷ Algunos invertebrados como los cnidarios y anélidos, tienen un **esqueleto hidrostático** cuyos fluidos contenidos en una cavidad gastrovascular pueden alterar su forma corporal al trabajar con las células contráctiles de su pared corporal.

▷ Un **exoesqueleto**, o esqueleto externo, de un artrópodo es una cubierta corporal dura compuesta por una proteína llamada quitina. La mayoría de los moluscos tiene exoesqueletos, o conchas, hechos de carbonato de calcio. Para aumentar su tamaño, los artrópodos rompen su exoesqueleto y elaboran uno nuevo en un proceso llamado **muda**.

▷ Un **endoesqueleto** es un sistema estructural de soporte dentro del cuerpo. En los vertebrados está compuesto por cartílago o por una combinación de cartílago y hueso.

▷ Los artrópodos y los vertebrados se pueden doblar porque muchas partes de sus esqueletos están conectadas mediante **articulaciones**. En los vertebrados, los huesos se conectan en las articulaciones mediante tejidos conectivos fuertes llamados **ligamentos**.

Músculos y movimiento Los músculos se unen a partes del esqueleto y generan movimiento.

▷ Los músculos se unen a los huesos alrededor de las articulaciones mediante tejidos conectivos fuertes llamados **tendones**.

▷ La forma y posiciones relativas de los huesos y los músculos, y la forma de las articulaciones, están estrechamente relacionadas con las funciones que realizan.

▷ Los músculos suelen trabajar en grupos opuestos. Los flexores doblan una articulación. Los extensores la extienden.

Tipos de esqueletos

1. ¿Cuáles son los tres principales tipos de sistemas esqueléticos?

_____

_____

2. ¿En qué consiste el esqueleto hidrostático de un cnidario?

_____

_____

3. ¿Qué es la quitina?

_____

_____

4. ¿Qué invertebrados tienen endoesqueletos?

_____

Relaciona el organismo con su esqueleto. Cada tipo esquelético se puede usar más de una vez.

Organismo

_____	**5.** vaca
_____	**6.** saltamontes
_____	**7.** medusa
_____	**8.** halcón
_____	**9.** estrella de mar
_____	**10.** cangrejo
_____	**11.** gusano de tierra
_____	**12.** hormiga
_____	**13.** perro

Tipo de esqueleto

A. esqueleto hidrostático

B. exoesqueleto

C. endoesqueleto

Para las preguntas 14 a 16, escribe la letra de la respuesta correcta.

_____ **14.** ¿Cuál es el proceso mediante el cual un artrópodo rompe un exoesqueleto en el que ya no cabe?

    A. muda   **C.** despojar

    B. excretar   **D.** metamorfosis

_____ **15.** Las piezas de un exoesqueleto se mueven una contra otra a lo largo de

    A. la quitina.   **C.** los tendones.

    B. las articulaciones.   **D.** las cavidades.

_____ **16.** ¿Qué tipo de estructura conecta un hueso con otro en un esqueleto vertebrado?

    A. un músculo   **C.** un ligamento

    B. un tendón   **D.** una pata tubular

Músculos y movimiento

17. Explica cómo se mueven los artrópodos.

_____

_____

_____

18. ¿Qué son los tendones?

_____

_____

19. ¿Qué músculo se une con el tendón de la rodilla posterior para que puedas mover la pierna?

_____

20. Completa el diagrama de Venn que compara el movimiento de un artrópodo con el de un vertebrado.

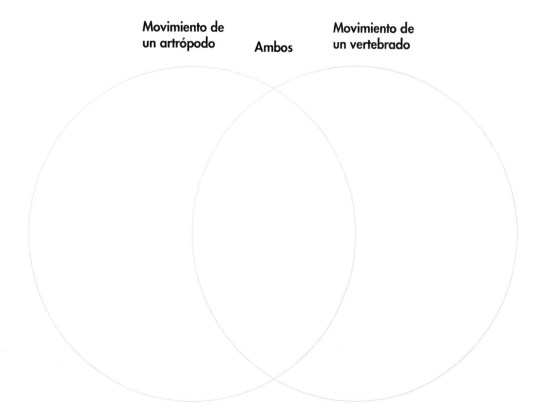

Movimiento de un artrópodo Ambos Movimiento de un vertebrado

Para las preguntas 21 a 27, completa cada oración con la(s) palabra(s) correcta(s).

21. Los tejidos especializados que producen fuerza física al contraerse, o encogerse, cuando se les estimula reciben el nombre de _____.

22. Cuando no se les estimula, los músculos están _____.

23. En muchos animales, los músculos trabajan en _____ en lados opuestos de una articulación.

24. Los músculos se unen a los huesos alrededor de las articulaciones mediante tejido conectivo llamado _____.

25. Cuando los músculos se contraen, los tendones accionan los _____.

26. Los músculos de los artrópodos están unidos en el interior del _____.

27. Los paleontólogos pueden reconstruir la forma en que un animal extinto se movía al observar la forma de los _____.

Aplica la **gran** idea

28. Formula una hipótesis que explique en qué se diferenciaría el esqueleto de un ave de los esqueletos de los reptiles y mamíferos con el fin de ayudar al ave a volar.

_____

_____

28.3 Reproducción

Objetivos de la lección

- Comparar la reproducción sexual con la asexual.
- Contrastar la fertilización interna con la externa.
- Describir los diferentes patrones del desarrollo embrionario en los animales.
- Explicar cómo los vertebrados terrestres están adaptados a la reproducción en tierra.

Resumen de la lección

Reproducción asexual y sexual La mayoría de los animales se reproducen sexualmente. Algunos de ellos también se pueden reproducir asexualmente.

- La asexual requiere sólo un progenitor, lo que permite una reproducción rápida.
- La sexual requiere dos progenitores. Este tipo de reproducción mantiene la diversidad genética en una población al crear individuos con nuevas combinaciones de genes.

Fecundación interna y externa En la reproducción sexual, los óvulos y espermatozoides se encuentran dentro o fuera del cuerpo del individuo productor de los óvulos.

- En la interna, los óvulos se fecundan dentro del individuo que los produce.
- En la fecundación externa, los óvulos se fecundan fuera del cuerpo.

Desarrollo y crecimiento Los embriones se desarrollan dentro o fuera del cuerpo de un progenitor de diferentes maneras.

- Los embriones de los **ovíparos** se desarrollan en huevos fuera del cuerpo de sus padres.
- En las especies **ovovivíparas**, los embriones se desarrollan dentro del cuerpo de la madre, pero dependen por completo del saco vitelino de sus huevos.
- Los embriones **vivíparos** obtienen sus nutrientes del cuerpo de la madre. Algunos mamíferos los nutren mediante una **placenta**, órgano especializado que permite el intercambio de gases respiratorios, nutrientes y desechos entre la madre y el embrión.
- A medida que los invertebrados, cordados no vertebrados, peces y anfibios se desarrollan experimentan una **metamorfosis**, que genera cambios en su forma.
- Algunos insectos tienen metamorfosis gradual o incompleta. Las formas inmaduras, o **ninfas**, se parecen a las adultas, pero carecen de órganos sexuales funcionales y otras estructuras.
- Otros insectos experimentan metamorfosis completa. Las larvas se transforman en **crisálidas**, etapa larvaria en que un insecto se convierte en adulto.

Diversidad reproductiva en los cordados Tuvieron que adaptarse a la reproducción en tierra. La mayoría necesita un medio ambiente húmedo para sus huevos.

- Los huevos de la mayoría de los organismos acuáticos deben desarrollarse en el agua. Los reptiles, las aves y algunos mamíferos han desarrollado **huevos amnióticos** en los que un embrión puede desarrollarse fuera del cuerpo de su madre y fuera del agua, sin secarse.
- Los mamíferos tienen diferentes adaptaciones reproductivas. Pero todos los jóvenes mamíferos se nutren de la leche producida por las **glándulas mamarias** de la madre.

Reproducción asexual y sexual

1. ¿Qué permite la reproducción asexual en los animales?

_____

2. ¿Cuál es una ventaja de la reproducción sexual?

_____

3. **RAZONAMIENTO VISUAL** Sombrea las flechas que muestran la etapa haploide del ciclo de vida. Dibuja pequeños puntos en las flechas que muestran las etapas diploides.

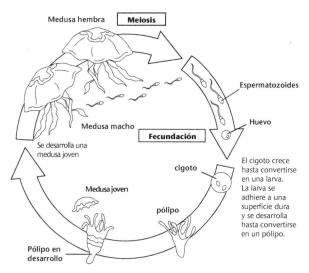

Medusa hembra | Meiosis
Espermatozoides
Medusa macho | Fecundación
Huevo
Se desarrolla una medusa joven
cigoto
El cigoto crece hasta convertirse en una larva. La larva se adhiere a una superficie dura y se desarrolla hasta convertirse en un pólipo.
Medusa joven
pólipo
Pólipo en desarrollo

Fecundación interna y externa

4. ¿Cuál es la diferencia entre fecundación interna y externa?

_____

_____

_____

Desarrollo y crecimiento

Escribe la letra de la respuesta correcta.

_____ **5.** ¿En qué modo de reproducción los embriones se desarrollan dentro del cuerpo de la madre usando la yema del huevo para nutrirse?

    A. ovíparo   **C.** vivíparo

    B. ovovivíparo   **D.** herbívoro

_____ **6.** Los organismos que desarrollan placentas son

    A. ovíparos.   **C.** vivíparos.

    B. ovovivíparos.   **D.** herbívoros.

7. Explica la diferencia entre metamorfosis completa e incompleta.

_____

_____

_____

Diversidad reproductiva en cordados

8. RAZONAMIENTO VISUAL

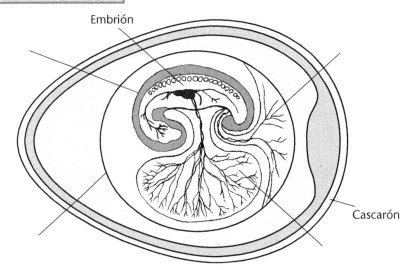

Embrión

Cascarón

9. Completa la tabla de la reproducción mamífera.

Tipos de reproducción y desarrollo en mamíferos		
Grupo	**¿Cómo nacen las crías?**	**¿Cómo se alimentan?**
	La madre deposita fuera de su cuerpo huevos de cáscara blanda que después empolla hasta su eclosión.	
Marsupiales		Las crías beben del pezón ubicado dentro de la bolsa marsupial.
Mamíferos placentarios		Las crías por lo general son alimentadas por sus madres.

Aplica la **gran** idea

10. ¿Cómo podría la forma de un huevo amniótico complementar su función?

_____

_____

_____

_____

28.4 Homeostasis

Objetivos de la lección

- Explicar cómo se mantiene la homeostasis en los animales.
- Describir la importancia del control de la temperatura corporal en los animales.

Resumen de la lección

Interrelación de sistemas corporales La homeostasis es el mantenimiento de un ambiente interno relativamente estable. Los sistemas corporales trabajan juntos para mantener la homeostasis. Combatir los agentes causantes de enfermedades es crucial para conservar la homeostasis. La mayoría de los animales tiene un sistema inmunológico que ataca a los agentes patógenos.

- Los vertebrados y varios invertebrados regulan muchos procesos corporales mediante un sistema de controles químicos.
- Las **glándulas endocrinas**, que producen y liberan hormonas, regulan las actividades corporales mediante la liberación de hormonas en la sangre.

Control de la temperatura corporal El control de la temperatura corporal es importante para mantener la homeostasis, en particular en áreas donde la temperatura es muy variable según la hora del día y la estación del año.

- Un **ectotermo** es un animal cuya regulación de la temperatura corporal depende principalmente de su relación con las fuentes de calor externas a su cuerpo. La mayoría de los reptiles, invertebrados, peces y anfibios son ectotérmicos.
- Un **endotermo** es un animal que regula su temperatura corporal, al menos en parte, mediante el calor generado por su cuerpo. Las aves y mamíferos son endotérmicos.

Interrelación de sistemas corporales

1. Completa el organizador gráfico sobre el trabajo conjunto de los sistemas corporales.

Los principales sistemas de órganos contribuyen a la transferencia de oxígeno y nutrientes a las células.

2. ¿Qué es la homeostasis?

_____

_____

3. ¿Qué sistema corporal protege a los mamíferos de enfermedades y cómo lo logra?

_____

_____

_____

_____

4. ¿Qué son las glándulas endocrinas?

_____

_____

_____

_____

Control de la temperatura corporal

5. Indica tres características que los animales necesitan para controlar su temperatura.

_____

_____

_____

6. ¿Cómo controlan los ectotermos su temperatura corporal?

_____

_____

7. Explica cómo se enfría a sí mismo el cuerpo humano.

_____

_____

_____

_____

8. Menciona una ventaja y una desventaja de la endotermia.

_____

_____

_____

_____

Para las preguntas 9 a 15, completa cada oración con la(s) palabra(s) correcta(s).

9. El control de la temperatura corporal es importante para mantener _____.

10. Los músculos fríos se contraen más _____ que los músculos calientes.

11. Un animal que debe absorber la mayoría de su calor del medio ambiente es _____.

12. Un animal que usa el calor que su mismo cuerpo genera para mantener su temperatura es _____.

13. Los endotermos tienen una tasa _____ más alta que los ectotermos.

14. La endotermia evolucionó _____ ectotermia.

15. Los mamíferos usan _____ y _____ como aislantes para conservar el calor.

Relaciona cada organismo con el método de control del calor corporal. Los métodos se pueden usar más de una vez.

Organismo

_____ **16.** mamíferos

_____ **17.** peces

_____ **18.** anfibios

_____ **19.** invertebrados

_____ **20.** aves

_____ **21.** reptiles

Método térmico corporal

A. Ectotermia

B. Endotermia

Para las preguntas 22 a 25, escribe Cierto si la oración es cierta. Si la oración es falsa, cambia la(s) palabra(s) subrayada(s) para que la oración sea cierta.

_____ **22.** Los primeros vertebrados terrestres fueron <u>ectotermos</u>.

_____ **23.** Algunos científicos suponen que ciertos <u>dinosaurios</u> fueron endotermos.

_____ **24.** La evidencia actual sugiere que la endotermia evolucionó al menos <u>cuatro veces</u>.

_____ **25.** La mayoría de los animales que habitan en regiones polares son <u>ectotermos</u>.

Aplica la gran idea

26. Explica cómo ayuda el sistema circulatorio, digestivo o excretor de un organismo a mantener su homeostasis.

_____
_____
_____
_____
_____
_____
_____
_____
_____

Repaso del vocabulario del capítulo

1. En el recuadro siguiente, haz un dibujo de la disposición de una articulación, incluyendo al menos un ligamento y un tendón. Rotula las partes de tu dibujo.

Para las preguntas 2 a 7, completa cada oración con la(s) palabra(s) correcta(s).

2. Una reacción única y específica ante un estímulo es _____.

3. Cuando los tejidos de un embrión se unen con los tejidos del cuerpo de la madre se forma una estructura llamada _____ .

4. Una de las adaptaciones más importantes para la vida terrestre es _____, que protege al embrión en desarrollo e impide que se seque.

5. En los animales _____, los huevos se desarrollan dentro del cuerpo de la madre y el embrión usa la yema como alimento.

6. La cobertura externa y dura del cuerpo recibe el nombre de _____ .

7. El esqueleto interno recibe el nombre de _____ .

Para las preguntas 8 a 11, escribe Cierto *si la oración es cierta. Si la oración es falsa, cambia la(s) palabra(s) subrayada(s) para que la oración sea cierta.*

_____ 8. Un estímulo es una señal de cualquier tipo que transmite información y puede detectarse.

_____ 9. En los animales ovíparos, los embriones se desarrollan dentro del cuerpo de la madre y obtienen su alimento de ella, no del huevo.

_____ 10. En la metamorfosis completa, la etapa en la que un insecto cambia de larva a adulto se llama ninfa.

_____ 11. Un grupo de células nerviosas que controlan el sistema nervioso en muchos invertebrados recibe el nombre de ganglio.

Escribe la letra de la respuesta correcta.

_____ 12. Los mamíferos se caracterizan por tener cabello y

    A. pulmones.   **C.** glándulas mamarias.

    B. colas prensiles.   **D.** corazón de cuatro cámaras.

_____ 13. Los animales que pueden generar su propio calor corporal reciben el nombre de

    A. ectotermos.   **C.** cordados.

    B. endotermos.   **D.** invertebrados.

MISTERIO DEL CAPÍTULO

¡ES IGUAL A SU MAMÁ!

Aprendizaje en el siglo XXI

Después del increíble nacimiento del tiburón martillo en el Doorly Zoo, su departamento de relaciones públicas probablemente tuvo que trabajar horas extras. El nacimiento de este tiburón ofreció la oportunidad perfecta para promover al zoológico.

Promoción de los nacimientos en zoológicos

Los zoológicos trabajan de forma responsable para fomentar la reproducción de sus animales. El nacimiento de un animal en cautiverio es un acontecimiento que debe celebrarse y promoverse, en especial cuando se trata de una especie en peligro de extinción. Los nacimientos en cautiverio son muy beneficiosos para los zoológicos en muchos aspectos. Por ejemplo, pueden atraer visitantes adicionales y propiciar las donaciones al zoológico.

El departamento de relaciones públicas del zoológico puede encontrar muchas formas de promover el nacimiento de un animal. Puede crear y lanzar comunicados de prensa, carteles, panfletos, comerciales y vallas publicitarias. Sus esfuerzos pueden provocar que las estaciones de radio y televisión cubran el nacimiento del animal en los cortes noticiosos. A continuación mostramos un ejemplo de lo que sería una transcripción de un reportaje en vivo para una estación de televisión después de que una tigresa de Sumatra diera a luz trillizos en el Zoológico de San Francisco.

En vivo a las 5:00
Noticias de San Francisco
REPORTANDO EN DIRECTO DESDE EL ZOOLÓGICO DE SAN FRANCISCO

14 de marzo de 2008 - Reportando en directo desde el Zoológico de San Francisco. Los guardianes tuvieron un par de sorpresas hoy en el Zoológico de San Francisco. El lugar había tenido una actividad inusual por la emoción del próximo nacimiento del cachorro de la tigresa de Sumatra, Leanne, programado para el 6 de marzo. Pero esta semana, ¡el zoológico reveló que Leanne en realidad tuvo trillizos! Hace seis días, el veterinario en jefe no sospechaba que hubiera más de un cachorro.

¿Cómo pudo suceder esto? Bueno, Leanne decidió lamer la cámara que la estaba monitoreando, con lo que empañó parte de la lente. La sección de alumbramiento, tampoco era completamente visible. No fue sino hasta que la sedienta nueva mamá abandonó la sección de alumbramiento para ir a beber, que el guardián observó que había otros dos cachorros. Los guardianes del zoológico aún no quieren molestar a la madre ni a sus crías. Leanne está haciendo un excelente trabajo cuidando de sus bebés, tanto que incluso los protegió de la lente de la cámara. Los tigres de Sumatra son una especie en peligro de extinción, y sólo quedan 600 de ellos en libertad. Los oficiales del zoológico esperan que estos cachorros palmípedos pronto naden tan rápido como los demás tigres de su especie.

Continúa en la próxima página ▶

Asuntos del siglo XXI Ciencia y conciencia global

1. ¿Cuál es el tono del reportaje de televisión y cómo intenta hacerte sentir?

_____
_____

2. Supón que te piden este reportaje. ¿Qué información le añadirías? Explica tu respuesta.

_____
_____
_____
_____

3. ¿Cuál crees que sea el propósito de este reportaje televisivo?

_____
_____
_____

4. ¿Qué frases o palabras del reportaje apelan a las emociones de los espectadores y los incitan a visitar el zoológico?

_____
_____
_____

5. Menciona dos datos de los que te hayas enterado acerca de los tigres de Sumatra en este reportaje.

_____
_____

Destrezas para el siglo XXI Promoción noticiosa de zoológicos

Las destrezas que se emplean en esta actividad incluyen **conocimientos sobre medios de comunicación e información** y **creatividad y curiosidad intelectual**.

Llama al zoológico de tu ciudad o área y pide que te comuniquen con su departamento de relaciones públicas, visítalo o busca su sitio en Internet para investigar sus últimas noticias. Elige un acontecimiento, como el nacimiento o adquisición reciente de un animal que puedas promover para alentar a las personas a visitarlo. Después de investigar el acontecimiento, crea un cartel para promoverlo. Tu cartel debe contener un texto, fotografías o ilustraciones persuasivas, información de contacto y cómo visitarlo.

Coloca copias de tu cartel por toda tu escuela. También puedes contactar al zoológico y solicitarle que utilice tu cartel.

29 Comportamiento animal

Evolución

P: ¿Cómo interactúan los animales entre sí y con su medio ambiente?

LO QUE SÉ	LO QUE APRENDÍ
29.1 ¿Cuáles son los elementos del comportamiento animal?	
29.2 ¿De qué manera el medio ambiente y otros organismos afectan al comportamiento animal?	

29.1 Elementos del comportamiento

Objetivos de la lección

- Identificar la importancia del comportamiento en la evolución de una especie.
- Explicar qué es un comportamiento innato.
- Describir los principales tipos de aprendizaje.
- Explicar qué tipo de comportamientos suelen considerarse complejos.

Resumen de la lección

Comportamiento y evolución El **comportamiento** es la manera en que un organismo reacciona ante los estímulos de su medio ambiente.

- Los comportamientos esenciales para la supervivencia y la reproducción incluyen hallar y atrapar el alimento, seleccionar un hábitat, evitar a los depredadores y hallar pareja.
- Algunos comportamientos están influenciados por los genes y se pueden heredar.
- Ciertos comportamientos evolucionan bajo la influencia de la selección natural:
  - Si un comportamiento incrementa la aptitud de un individuo y está influenciado por los genes, tiende a extenderse por toda la población.
  - A lo largo de muchas generaciones, los comportamientos adaptativos pueden ser importantes para la supervivencia de las poblaciones y las especies.

Comportamiento innato Un **comportamiento innato**, también llamado instinto, es enteramente funcional la primera vez que se realiza, aunque el animal no haya tenido experiencia previa con el estímulo. Todos los comportamientos innatos dependen de los patrones de actividad del sistema nervioso que se desarrollan mediante complejas interacciones entre los genes y el medio ambiente.

Comportamiento aprendido La adquisición de cambios en el comportamiento durante la vida se llama **aprendizaje**. Hay cuatro tipos:

- La **habituación** es el proceso por el que un animal reduce o detiene su respuesta a un estímulo repetitivo que ni lo recompensa ni lo daña.
- En el **condicionamiento clásico**, cierto estímulo produce una respuesta en particular, por lo general al asociarla con una experiencia positiva o negativa.
- El **condicionamiento operante** (una forma de aprendizaje por prueba y error) es el uso de una recompensa o castigo para enseñar a un animal a comportarse de cierta manera a través de la práctica repetida.
- El **aprendizaje súbito** ocurre cuando un animal aplica a una nueva situación algo que aprendió previamente en otro contexto.

Comportamientos complejos Muchos comportamientos complejos combinan el comportamiento innato con el aprendizaje. La **impronta** es el proceso por el que algunos animales, como las aves, reconocen y siguen el primer objeto en movimiento que ven durante un período crítico de sus primeros días de vida.

Comportamiento y evolución

Para las preguntas 1 a 5, escribe Cierto si la oración es cierta. Si la oración es falsa, cambia la(s) palabra(s) subrayada(s) para que la oración sea cierta.

_____ **1.** Una <u>adaptación</u> es la manera en que un animal responde a un estímulo de su medio ambiente.

_____ **2.** El sistema <u>nervioso</u> de un animal hace posible los comportamientos.

_____ **3.** Ciertos comportamientos están influenciados por los <u>genes</u> y por consiguiente se pueden heredar.

_____ **4.** Si un comportamiento <u>reduce</u> la aptitud, se puede extender en una población.

_____ **5.** Los comportamientos <u>adaptativos</u> pueden desempeñar un papel en la supervivencia de una especie.

6. ¿Cómo se ven afectados los comportamientos por la selección natural?

_____

_____

_____

_____

Comportamiento innato

7. ¿Desempeña el aprendizaje un papel en el comportamiento innato? Explica tu respuesta.

_____

_____

8. Proporciona tres ejemplos de comportamientos innatos.

_____

_____

Comportamiento aprendido

9. ¿Qué es el aprendizaje? ¿Por qué es importante para la supervivencia?

_____

_____

_____

_____

_____

10. Completa el organizador gráfico que resume los cuatro tipos de aprendizaje.

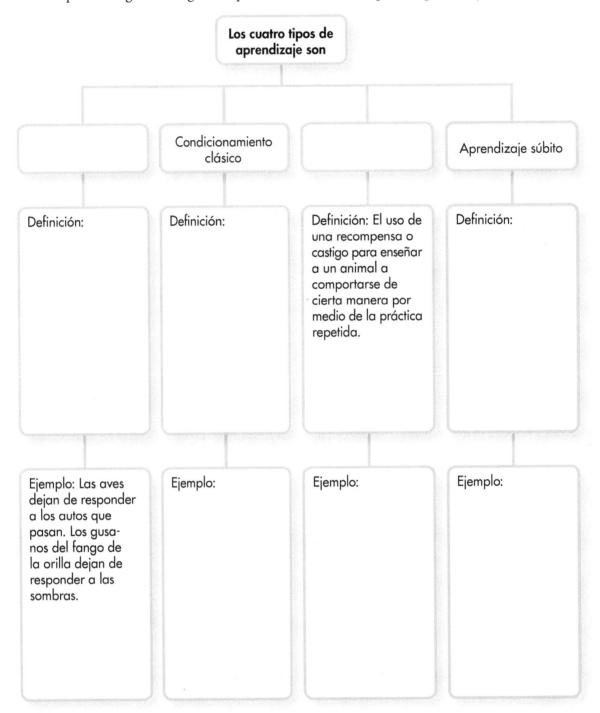

Los cuatro tipos de aprendizaje son

	Condicionamiento clásico		Aprendizaje súbito
Definición:	Definición:	Definición: El uso de una recompensa o castigo para enseñar a un animal a comportarse de cierta manera por medio de la práctica repetida.	Definición:
Ejemplo: Las aves dejan de responder a los autos que pasan. Los gusanos del fango de la orilla dejan de responder a las sombras.	Ejemplo:	Ejemplo:	Ejemplo:

11. En el experimento de Pavlov, un perro salivaba en reacción a una campana asociada con el alimento. ¿Qué tipo de aprendizaje describe esto? Explica tu respuesta.

_____

_____

_____

_____

12. ¿Qué es una "caja de Skinner"? Explica cómo se usa en el aprendizaje.

_____

_____

_____

_____

_____

_____

Comportamiento complejo

Para las preguntas 13 a 17, escribe la letra de la respuesta correcta.

_____ 13. Las aves que nacen reconociendo las canciones de su propia especie exhiben

  A. un comportamiento innato.   **C.** un condicionamiento operante.

  B. habituación.   **D.** aprendizaje súbito.

_____ 14. Las aves jóvenes que siguen a su madre son un ejemplo de

  A. impronta.   **C.** condicionamiento operante.

  B. condicionamiento clásico.   **D.** habituación.

_____ 15. ¿Cuál es la impronta de los salmones recién incubados?

  A. los sonidos del arroyo donde se incubaron

  B. las imágenes del arroyo donde se incubaron

  C. los olores del arroyo donde se incubaron

  D. las sensaciones del arroyo donde se incubaron

_____ 16. La impronta es considerada un comportamiento complejo porque

  A. es adaptativa.

  B. es instintiva.

  C. combina el condicionamiento clásico y el instinto.

  D. combina el comportamiento innato con el aprendizaje.

_____ 17. 17. Una vez que ha ocurrido la impronta, el comportamiento se vuelve

  A. complejo.   **B.** invariable.   **C.** condicionado.   **D.** innato.

Aplica la gran idea

18. Luis tiene dos peces de colores en un recipiente sobre su escritorio. Cuando llega al trabajo enciende las luces de su oficina. Cuando las luces se encienden, los peces suben a la superficie del agua y mueven sus bocas. Luis siempre los alimenta antes de comenzar a trabajar. ¿Qué tipo de comportamiento exhiben los peces antes de que Luis agregue alimento al agua? ¿Por qué este tipo de comportamiento es adaptativo? Explica.

_____

_____

_____

_____

29.2 Animales en su medio ambiente

Objetivos de la lección

- Explicar cómo los cambios ambientales afectan el comportamiento animal.
- Explicar cómo los comportamientos sociales incrementan la aptitud evolutiva de una especie.
- Resumir las maneras en que los animales se comunican.

Resumen de la lección

Ciclos conductuales Muchos animales demuestran ciclos diarios o estacionales en su comportamiento.

▷ Los **ritmos circadianos** son ciclos conductuales que ocurren diariamente.

▷ La **migración** es el movimiento estacional de un medio ambiente a otro. Por ejemplo, muchas aves hallan alimento y sitios para anidar en el norte durante el verano, pero vuelan al sur, hacia climas más cálidos, durante el invierno.

Comportamiento social Las interacciones entre los animales de la misma especie son comportamientos sociales. Hay varios tipos:

▷ Los animales (por lo general los machos) realizan comportamientos **de cortejo** para atraer a una pareja. Este ritual es un intrincado conjunto de comportamientos de cortejo.

▷ Muchos animales ocupan un área específica o **territorio**, que defienden contra los competidores. Los animales usan comportamientos amenazantes, o la **agresión**, para defender sus territorios. También pueden usar la agresión cuando compiten por recursos.

▷ Algunos animales forman una **sociedad**, es decir, un grupo que interactúa estrechamente y a menudo trabaja en colaboración. La teoría de que ayudar a un pariente a sobrevivir aumenta la probabilidad de transmitir los genes propios es la **selección por parentesco**.

▷ Las sociedades animales más complejas son las de los insectos sociales como hormigas, abejas y avispas. Todos colaboran estrechamente para realizar tareas complejas, como la construcción del nido.

Comunicación La transmisión de información entre los individuos se llama **comunicación**.

▷ Los animales usan muchas señales para comunicarse: visuales, químicas y sonoras.

▷ El **lenguaje** es un sistema de comunicación que combina sonidos, símbolos y gestos según las reglas de secuencia y significado.

Ciclos de comportamiento

Para las preguntas 1 a 6, completa cada oración con la(s) palabra(s) correcta(s).

1. Muchos animales responden a cambios periódicos con ciclos _____ o _____ de comportamiento.

2. Los ciclos conductuales que ocurren todos los días se llaman _____.

3. El aletargamiento estacional de los mamíferos se llama _____.

4. El movimiento estacional de un medio ambiente a otro es _____.

5. La migración permite a los animales aprovechar las condiciones _____ favorables.

6. Durante los inviernos del norte, muchas aves viven en ambientes tropicales donde _____ es abundante.

7. **RAZONAMIENTO VISUAL** Dibuja un diagrama que muestre el patrón de migración de las tortugas marinas verdes. Rotula tu diagrama y describe el patrón de migración que siguieron estos animales.

_____

_____

_____

Comportamiento social

8. Completa la tabla con las principales ideas y detalles del comportamiento social de los animales. Explica y da un ejemplo de cada tipo de comportamiento social.

Comportamientos sociales de los animales		
Tipo de comportamiento social	**Definición**	**Ejemplo**

9. ¿Qué son los rituales? ¿Cómo ayudan a la supervivencia de la especie?

_____

_____

_____

_____

_____

10. Imagina que encuentras un gato callejero. Mientras te acercas, el gato comienza a bufar, arquea su columna y aplana sus orejas. ¿Qué tipo de comportamiento exhibe? ¿De qué manera este comportamiento le ayuda a sobrevivir?

_____

_____

_____

_____

11. Los coyotes son depredadores. Los perros de las praderas son presas y viven en colonias grandes. Al acercarse un coyote, un perro puede descubrir al depredador y emitir un sonido agudo que alerta a los otros miembros de la colonia. Con este sonido, el perro llama la atención del coyote, así que enfrenta un mayor riesgo de depredación. ¿Cómo explica este comportamiento la teoría de la selección por parentesco?

_____

_____

_____

_____

_____

Comunicación

Para las preguntas 12 a 20, completa cada oración con la(s) palabra(s) correcta(s).

12. _____ es la transmisión de información de un individuo a otro.

13. La comunicación es importante en el comportamiento _____, que implica a más de un individuo.

14. Los tipos de señales que las especies animales envían y reciben dependen de los estímulos que pueden detectar con sus _____.

15. Las señales visuales las usan los animales que pueden detectar colores, formas o _____.

16. Algunos animales pueden cambiar su _____ para indicar que están listos para aparearse.

17. El uso de señales químicas requiere un sentido de _____ bien desarrollado.

18. El mensajero químico que afecta el comportamiento o a otro individuo de la misma especie es _____.

19. Algunos animales envían y reciben señales sonoras que no pueden escuchar pero sí _____.

20. Se requieren reglas de secuencia y significado para la forma de comunicación llamada

_____.

21. Completa el mapa de conceptos que muestra los tipos de señales que los animales pueden usar para comunicarse.

Aplica la gran idea

Las señales usadas
para la comunicación

incluyen señales

Ejemplo:	Ejemplo:	Ejemplo:	Ejemplo:

22. Explica cómo los comportamientos sociales pueden aumentar la aptitud evolutiva.

_____

_____

_____

_____

_____

_____

Repaso del vocabulario del capítulo

Para las preguntas 1 a 8, relaciona el término con su definición.

Definición

Término

_____ 1. Comportamiento aplicado a una nueva situación de algo que se aprendió previamente en otro contexto

_____ 2. Proceso por el que un animal reduce o no responde a un estímulo repetitivo que ni lo recompensa ni lo daña

_____ 3. Comportamiento aprendido al asociarlo con una experiencia positiva o negativa

_____ 4. La adquisición de cambios en el comportamiento durante la vida

_____ 5. Proceso por el que algunos animales siguen al primer objeto que ven moviéndose durante un período crítico de sus primeros días de vida

_____ 6. Comportamiento que aparece en forma enteramente funcional la primera vez que se realiza, aunque el animal no haya tenido experiencia previa

_____ 7. Forma de aprendizaje por prueba y error

_____ 8. La manera en que un organismo reacciona a los estímulos de su medio ambiente

A. comportamiento

B. comportamiento innato

C. aprendizaje

D. habituación

E. condicionamiento clásico

F. condicionamiento operante

G. aprendizaje súbito

H. impronta

Para las preguntas 9 a 13, completa cada oración con la(s) palabra(s) correcta(s).

9. El comportamiento usado para atraer a una pareja se llama _____.

10. El área que el animal ocupa y defiende contra los competidores es su _____.

11. Cualquier comportamiento amenazante es una forma de _____.

12. Un grupo de animales de la misma especie que interactúan es _____.

13. Ayudar a sobrevivir a un pariente se puede explicar con la teoría de _____.

Escribe la letra de la respuesta correcta.

_____ 14. ¿Cuáles son los ciclos de comportamiento que ocurren todos los días?

    A. ritmos circadianos   **C.** migración

    B. cortejo   **D.** comportamientos aprendidos

_____ 15. Cada año, las tortugas marinas verdes viajan de ida y vuelta a sus zonas de alimentación y anidamiento. Esto es un ejemplo de

    A. selección por parentesco.   **C.** hibernación.

    B. ritmos circadianos.   **D.** migración.

_____ 16. El sistema que combina sonidos, símbolos y gestos para comunicar el significado es

    A. una sociedad.   **C.** el lenguaje.

    B. la selección por parentesco.   **D.** el territorio.

MISTERIO DEL CAPÍTULO

¿IDENTIFICADOR DE LLAMADAS DE ELEFANTES?

Aprendizaje en el siglo XXI

El Misterio del capítulo reveló los sutiles medios con los que los elefantes se comunican entre sí. Los elefantes son un ejemplo dramático, pero no son los únicos miembros del reino animal que usan sofisticados medios de comunicación.

El impacto del ruido del océano en los mamíferos marinos

Los mamíferos marinos y los peces tienen un oído sensible. Usan el sonido en la mayoría de los aspectos de su supervivencia, incluyendo la reproducción, alimentación, navegación y evasión de los depredadores.

Desde hace algún tiempo, el ruido de los océanos ha aumentado debido a los enormes buques cisterna, las perforaciones petroleras submarinas y otras actividades humanas. Muchos biólogos marinos están preocupados por el impacto que este ruido podría tener en las especies marinas. En 2004, la Administración Nacional Oceánica y Atmosférica (NOAA) de Estados Unidos llevó a cabo el primer simposio internacional para reunir a expertos gubernamentales, académicos y de la industria del transporte marítimo comercial para tratar este tema.

Lee el siguiente informe resumido del simposio para conocer más sobre los efectos del ruido en los mamíferos marinos.

Ruido del tráfico marítimo y los mamíferos marinos

Simposio Internacional 2004

Patrocinado por la Administración Nacional Oceánica y Atmosférica (NOAA) de Estados Unidos

18 y 19 de mayo de 2004, Arlington, Virginia, EEUU

Existe gran interés en saber si el ruido de los humanos en el medio ambiente marino afecta a los animales, y si es así, cómo. Según investigaciones científicas realizadas en muchos mamíferos marinos queda claro que la producción y recepción de ciertos sonidos son esenciales para su supervivencia y bienestar. También que el ruido en los océanos puede afectar su desarrollo normal.

El simposio demostró que los niveles de ruido en los océanos han aumentado drásticamente en las últimas décadas. Los investigadores informaron que la flota mundial de navíos comerciales, como buques cisterna y buques portacontenedores, se ha más que duplicado en las últimas décadas. En un estudio, los científicos probaron continuamente el ruido del océano en una sola ubicación cerca del sur de California y determinaron que los niveles de ruido han aumentado a una tasa de casi 3 decibeles por década en los últimos treinta años.

A pesar de que el ruido en los océanos cada vez es más fuerte, todavía no se sabe exactamente qué tipo de trastornos y amenazas podría causar a las poblaciones de mamíferos marinos. Los biólogos marinos han estudiado las capacidades auditivas de por lo menos 22 de las casi 125 especies de mamíferos marinos vivos, aunque por lo general en muestras muy pequeñas. Casi todos estos estudios han determinado que pueden ser muy sensibles al sonido. Además, el ruido puede provocar trauma físico en sus estructuras no auditivas. En los peces, el ruido puede aumentar la mortalidad de los huevos.

Un científico argumentó que el efecto más importante del ruido de los navíos en los animales marinos es que enmascara los sonidos biológicamente importantes. No obstante, las pruebas siguen siendo escasas y limitadas. Aunque en el simposio se plantearon varios temas sobre los posibles efectos del ruido en la vida marina, lo cierto es que se necesitan urgentemente más investigaciones para comprender mejor este fenómeno.

Continúa en la próxima página ▶

1. ¿Por qué la Administración Nacional Oceánica y Atmosférica llevó a cabo la reunión antes mencionada y quiénes fueron invitados?

_____

_____

_____

_____

2. ¿Qué pruebas tienen los científicos de que el ruido en los océanos está aumentando?

_____

_____

_____

_____

3. ¿Qué papel desempeña el sonido en la supervivencia en los mamíferos marinos?

_____

_____

4. ¿Cuál podría ser el efecto más importante del ruido de los transportes marítimos en los animales marinos?

_____

_____

_____

5. ¿Qué ha limitado la capacidad de los científicos para conocer más sobre el efecto del ruido en los mamíferos marinos?

_____

_____

_____

_____

Destrezas para el siglo XXI Enumerar las prioridades de investigación

Entre las destrezas utilizadas en esta actividad están **identificación, formulación y resolución de problemas, creatividad y curiosidad intelectual; y planteamiento propio.**

Los funcionarios de NOAA buscan fomentar nuevas investigaciones acerca de los impactos del ruido en los mamíferos marinos. ¿Qué investigaciones crees que se necesiten? Busca el informe final del simposio en Internet. Ahí se sugieren varias ideas para investigaciones futuras. ¿Qué ideas crees que deben tener mayor prioridad? Usa el informe electrónico del simposio para hacer una lista de las tres principales ideas de posibles proyectos de investigación que podrían proporcionar mayores conocimientos a los científicos en relación con este tema. Justifica tus elecciones por escrito. Luego trabaja con otros tres estudiantes para hacer una lista final de tres prioridades y preséntala en clase.

30 Sistemas digestivo y excretor

Homeostasis

P: ¿Cómo se relacionan los materiales que entran al cuerpo y los que salen de él con la homeostasis?

LO QUE SÉ	LO QUE APRENDÍ
30.1 ¿Cómo está organizado y regulado el cuerpo humano?	
30.2 ¿Por qué los nutrientes esenciales son importantes?	
30.3 ¿De qué manera el cuerpo humano convierte el alimento en moléculas útiles?	
30.4 ¿De qué manera el cuerpo humano se deshace de los desechos?	

30.1 Organización del cuerpo humano

Objetivos de la lección

- Describir cómo está organizado el cuerpo humano.
- Explicar la homeostasis.

Resumen de la lección

Organización del cuerpo Los niveles de organización en un organismo multicelular incluyen células, tejidos, órganos y sistemas de órganos.

- Una célula es la unidad básica de estructura y funcionamiento en los seres vivos. Las células especializadas están diseñadas exclusivamente para desempeñar funciones determinadas.

- Los tejidos son grupos de células similares que realizan una función única. Existen cuatro tipos básicos de tejido en el cuerpo humano: el **tejido epitelial** recubre el interior y exterior de las superficies del cuerpo; el **tejido conectivo** provee de apoyo al cuerpo y conecta sus partes; el **tejido nervioso** transporta mensajes en forma de impulsos nerviosos por todo el cuerpo; y el **tejido muscular** es responsable del movimiento voluntario e involuntario.

- Los grupos de diferentes tipos de tejido que trabajan en conjunto para realizar funciones complejas reciben el nombre de órganos.

- Un grupo de órganos que realiza funciones estrechamente relacionadas recibe el nombre de sistema de órganos.

Homeostasis Los diferentes sistemas de órganos trabajan en conjunto para mantener un medio ambiente interno controlado y estable, llamado **homeostasis**. La homeostasis describe las condiciones internas físicas y químicas que los organismos mantienen a pesar de los cambios que ocurran en los entornos internos y externos.

- La **inhibición por retroalimentación**, o retroalimentación negativa, es el proceso en el que un estímulo produce una respuesta opuesta al estímulo original. Un ejemplo de inhibición por retroalimentación es cómo mantiene el cuerpo una temperatura constante.

- El hígado es importante para la homeostasis, pues convierte las sustancias tóxicas en compuestos que se pueden eliminar del cuerpo de manera segura. También ayuda a regular los niveles de glucosa en la sangre.

Organización del cuerpo

Completa cada oración con la(s) palabra(s) correcta(s).

1. El tejido que recubre el interior y exterior del cuerpo es _____.

2. El tejido conectivo incluye células grasas, células _____ y células sanguíneas.

3. El cerebro, _____ y los nervios están compuestos por tejido nervioso.

4. Los movimientos voluntarios e involuntarios dependen del tejido _____.

5. Completa la tabla acerca de la organización del cuerpo humano.

Organización del cuerpo humano		
Nivel de organización	**Descripción**	**Ejemplo**
	Unidad básica de estructura y función en los seres vivos	
Tejido		
	Grupo de diferentes tipos de tejidos que funcionan en conjunto	
		Sistema nervioso

Para las preguntas 6 a 16, relaciona la función (o funciones) con el sistema de órganos.

Función

_____ **6.** Elimina los productos de desecho del cuerpo

_____ **7.** Produce gametos

_____ **8.** Descompone los alimentos

_____ **9.** Protegen al cuerpo contra las enfermedades

_____ **10.** Reconoce y coordina la respuesta del cuerpo ante los cambios

_____ **11.** Transporta oxígeno a las células

_____ **12.** Produce movimiento voluntario

_____ **13.** Protege contra la luz ultravioleta

_____ **14.** Aporta oxígeno para la respiración celular

_____ **15.** Protege los órganos internos

_____ **16.** Controla el crecimiento y el metabolismo

Sistema de órganos

A. sistema nervioso

B. sistema tegumentario

C. sistemas inmunológico/linfático

D. sistema muscular

E. sistema circulatorio

F. sistema esquelético

G. sistema respiratorio

H. sistema digestivo

I. sistema excretor

J. sistema endocrino

K. sistema reproductor

Homeostasis

17. Todos los sistemas de órganos del cuerpo humano trabajan en conjunto para conservar la homeostasis. ¿Qué es la homeostasis?

_____

_____

18. ¿Qué es la inhibición por retroalimentación? Da un ejemplo de cómo se usa en el cuerpo humano.

_____

_____

19. ¿Por qué es importante el hígado para la homeostasis?

_____

_____

_____

20. RAZONAMIENTO VISUAL Completa los recuadros vacíos del diagrama para mostrar cómo un termostato utiliza la inhibición por retroalimentación para mantener estable la temperatura en una casa.

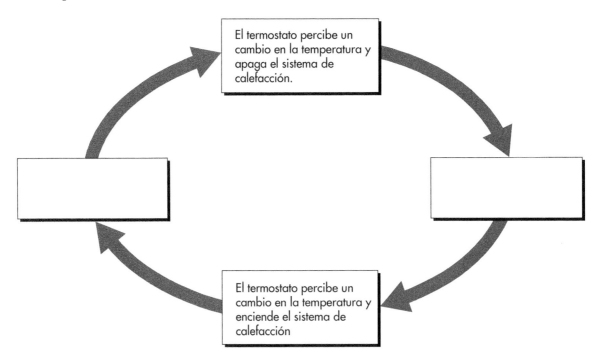

El termostato percibe un cambio en la temperatura y apaga el sistema de calefacción.

El termostato percibe un cambio en la temperatura y enciende el sistema de calefacción

Aplica la gran idea

21. ¿Qué sistemas de órganos trabajan en conjunto para mantener la temperatura corporal?

_____

_____

30.2 Alimento y nutrición

Objetivos de la lección

- Explicar cómo se obtiene energía a partir de los alimentos.
- Identificar los nutrientes esenciales que el cuerpo necesita y la importancia que cada uno tiene para el cuerpo.
- Explicar cómo planificar una dieta equilibrada.

Resumen de la lección

Alimentos y energía Las moléculas de los alimentos contienen energía química que las células utilizan para producir ATP. Los alimentos también proporcionan la materia prima que las células necesitan para construir y reparar tejidos.

- La energía de los alimentos se mide mediante calorías dietéticas. Una **caloría** es igual a 1000 calorías. Una caloría es la cantidad de calor necesario para elevar la temperatura de 1 gramo de agua en 1 grado Celsius.

- Una dieta sana provee al cuerpo de la materia prima necesaria para construir y reparar los tejidos corporales y fabricar enzimas, lípidos y ADN.

Nutrientes Los nutrientes son sustancias en los alimentos que proveen al cuerpo de la energía y las materias primas necesarias para su crecimiento, reparación y mantenimiento. Los nutrientes que el cuerpo necesita son agua, hidratos de carbono, grasas, proteínas, vitaminas y minerales.

- Muchos de los procesos del cuerpo ocurren en el agua. El agua constituye una gran parte de la sangre y de otros fluidos corporales.

- Los **hidratos de carbono** simples y complejos son la principal fuente de energía para el cuerpo. Los hidratos de carbono complejos, como los almidones, deben descomponerse en azúcares simples para que puedan utilizarse como energía.

- Las **grasas** están compuestas por ácidos grasos y glicerol. Ayudan al cuerpo a absorber las vitaminas liposolubles y forman parte de las membranas celulares, células nerviosas y ciertas hormonas.

- Las **proteínas** son la materia prima para el crecimiento y reparación de estructuras, como piel y músculo. Muchas enzimas y hormonas son proteínas.

- Las **vitaminas** son moléculas orgánicas que el cuerpo necesita en cantidades muy pequeñas. Son necesarias para ayudar al cuerpo a llevar a cabo reacciones químicas.

- Los **minerales** son nutrientes inorgánicos que el cuerpo necesita en cantidades pequeñas. Ejemplos de minerales son el calcio y el hierro.

Nutrición y dieta equilibrada La ciencia de la nutrición es el estudio de los alimentos y sus efectos sobre el cuerpo. Una dieta equilibrada ofrece nutrientes en cantidades adecuadas y suficiente energía para que una persona mantenga un peso saludable.

- Las etiquetas de los alimentos ofrecen información nutrimental general así como información específica acerca de un alimento.

- Hacer ejercicio aproximadamente 30 minutos al día, llevar una dieta equilibrada y controlar el consumo de grasas puede ayudar a mantener un peso saludable.

Alimentos y energía

Escribe Cierto si la oración es cierta. Si la oración es falsa, cambia la(s) palabra(s) subrayada(s) para que la oración sea cierta.

_____ 1. Una caloría es la cantidad de calor necesario para <u>reducir</u> la temperatura de 1 gramo de agua en 1 grado Celsius.

_____ 2. Una caloría dietética es igual a <u>2000</u> calorías.

_____ 3. La energía almacenada en las moléculas de los alimentos se usa para producir <u>ATP</u>.

_____ 4. El cuerpo necesita la materia prima de los alimentos para construir tejidos corporales y producir enzimas, lípidos y <u>ADN</u>.

Nutrientes

Para las preguntas 5 a 16, relaciona cada descripción con el nutriente. Cada nutriente se puede usar más de una vez.

Descripción

Nutriente

_____ 5. Suministra al cuerpo los elementos esenciales para crecer y repararse

_____ 6. Necesario para construir membranas celulares, producir ciertas hormonas y almacenar energía

_____ 7. Principal fuente de energía alimenticia

_____ 8. Es el componente más abundante en la mayoría de los fluidos corporales

_____ 9. Nutrientes inorgánicos

_____ 10. Moléculas orgánicas usadas por el cuerpo para ayudarle a regular los procesos corporales

_____ 11. Pueden ser saturadas o insaturadas

_____ 12. Se requiere para producir el compuesto que conforma dientes y huesos

_____ 13. Pueden ser solubles en agua o en lípidos

_____ 14. Polímeros de aminoácidos

_____ 15. Pueden ser monosacáridos, disacáridos o polisacáridos

_____ 16. El nutriente más importante

A. agua

B. hidratos de carbono

C. grasas

D. proteínas

E. vitaminas

F. minerales

17. ¿Cuáles son las tres formas en que el cuerpo pierde agua?

_____

_____

Nutrición y dieta equilibrada

18. ¿Qué es la ciencia de la nutrición?

_____

_____

Completa cada oración con la(s) palabra(s) correcta(s).

19. Un gramo de grasa tiene más calorías que un gramo de hidrato de carbono, pues los átomos de carbono de la grasa tienen más enlaces de carbono a _____ que los átomos de carbono de los hidratos de carbono.

20. Las necesidades de nutrientes están determinadas por la edad, _____ y el estilo de vida.

21. Cuando una persona deja de crecer o se vuelve menos activa, la energía que necesita _____.

22. El porcentaje de valores diarios que se encuentran en las etiquetas de los alimentos están basados en una dieta de _____.

23. Consumir una dieta equilibrada y hacer ejercicio _____ al día puede ayudar a conservar un peso saludable.

24. La actividad física puede _____ el corazón, los huesos y los músculos.

25. Las dietas altas en _____ y las grasas *trans* aumentan el riesgo de que una persona desarrolle una enfermedad cardiovascular y diabetes tipo II.

Aplica la gran idea

26. ¿Cómo pueden las malas elecciones alimenticias afectar la salud de una persona?

_____

_____

_____

_____

_____

_____

30.3 Sistema digestivo

Objetivos de la lección

- Describir los órganos del sistema digestivo y explicar sus funciones.
- Explicar qué sucede durante la digestión.
- Describir cómo se absorben los nutrientes en el flujo sanguíneo y cómo se eliminan los desechos del cuerpo.

Resumen de la lección

Funciones del sistema digestivo Convierte los alimentos en pequeñas moléculas que las células corporales usan. Procesa los alimentos en cuatro fases: ingestión, digestión, absorción y eliminación.

- La ingestión es el proceso de colocar la comida en la boca.
- La **digestión mecánica** es la descomposición física de grandes pedazos de alimento en otros más pequeños. Durante la **digestión química**, las enzimas descomponen los alimentos en moléculas que el cuerpo puede usar.
- Las moléculas de alimento se absorben en el sistema circulatorio mediante las células del intestino delgado.
- La materia que el cuerpo no digiere pasa por el intestino grueso y se elimina en forma de heces.

Proceso de la digestión Durante la digestión, los alimentos pasan por la boca, el esófago, el estómago y el intestino delgado.

- La digestión mecánica comienza cuando los dientes muelen y trituran los alimentos. La saliva contiene **amilasa**, una enzima que descompone los almidones en azúcares. Inicia la digestión química. Cuando se mastican los alimentos, éstos son impulsados a la faringe.
- El tubo de la faringe al estómago es el **esófago**. Las contracciones de los músculos lisos, **peristalsis**, llevan los alimentos del esófago al **estómago**, un gran saco muscular que continúa con la digestión.
  - Las glándulas que hay en la cubierta estomacal liberan ácido clorhídrico y la enzima **pepsina**, que descompone las proteínas en fragmentos polipéptidos más pequeños.
  - Las contracciones de los músculos estomacales agitan el contenido del estómago para formar el **quimo**, una mezcla con una consistencia parecida a la avena cocida.
- De ahí, el quimo ingresa al duodeno, que es la parte superior del **intestino delgado**. Ahí, los fluidos del páncreas, hígado y el recubrimiento del duodeno se mezclan con el quimo.

Absorción y eliminación El intestino delgado absorbe la mayoría de los nutrientes de los alimentos. El intestino grueso absorbe el agua y prepara los desechos que eliminará.

- El intestino delgado tiene proyecciones parecidas a dedos (**vellosidades**) cubiertas con microvellosidades, que absorben los nutrientes. La mayoría de los nutrientes se absorben en la sangre, pero las grasas se absorben en la linfa.
- Cuando el quimo abandona el intestino delgado, ingresa al **intestino grueso** o colon, que absorbe agua y algunas vitaminas que produjeron las bacterias del intestino delgado. El material de desecho restante sale del cuerpo a través del ano.

Funciones del sistema digestivo

1. ¿Cuál es la función de los órganos del sistema digestivo?

_____

_____

2. ¿Cuáles son las cuatro fases de la digestión?

_____

3. ¿Qué es la digestión mecánica?

_____

_____

4. ¿Cómo viajan las moléculas del alimento absorbido al resto del cuerpo?

_____

_____

Proceso de la digestión

Escribe la letra de la respuesta correcta.

_____ **5.** ¿Dónde comienza la digestión química?

    A. en el estómago   **C.** en la boca

    B. en el intestino delgado   **D.** en el esófago

_____ **6.** La saliva facilita el paso del alimento por el sistema digestivo y contiene

    A. amilasa.   **C.** bicarbonato de sodio.

    B. pepsina.   **D.** bilis.

_____ **7.** ¿Cuál es el orden correcto del paso de los alimentos por el sistema digestivo?

    A. boca, estómago, esófago, intestino grueso, intestino delgado

    B. boca, estómago, esófago, intestino delgado, intestino grueso

    C. boca, esófago, estómago, intestino delgado, intestino grueso

    D. boca, esófago, estómago, intestino grueso, intestino delgado

_____ **8.** ¿Cuál de las siguientes opciones no es una función del páncreas?

    A. producir bicarbonato de sodio

    B. producir bilis

    C. producir las hormonas que regulan el azúcar en sangre

    D. producir las enzimas que descomponen los carbohidratos, proteínas, lípidos y ácidos nucleicos

9. Completa la tabla acerca de los efectos de las enzimas digestivas.

Sitio activo	Enzima	Efecto sobre los alimentos
		Descompone el almidón en disacáridos
	Pepsina	
Intestino delgado (liberadas del páncreas)		Continúa con la descomposición del almidón
	Tripsina	
		Descompone la grasa
Intestino delgado	Maltasa, sucrasa, lactasa	
		Descompone los dipéptidos en aminoácidos

10. RAZONAMIENTO VISUAL Dibuja un sistema digestivo y rotula cada una de sus partes. Incluye en él las glándulas salivales, boca, epiglotis, esófago, estómago, hígado, vesícula biliar, intestino delgado e intestino grueso.

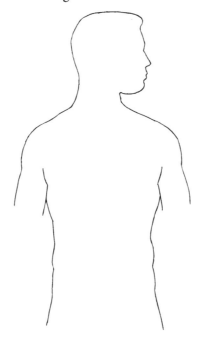

Absorción y eliminación

Para las preguntas 11 a 16, completa cada oración con la(s) palabra(s) correcta(s).

11. La superficie plegada y las proyecciones con forma de dedos de _____ suministran un área superficial extensa para la absorción de las moléculas de nutrientes.

12. Las proyecciones parecidas a dedos reciben el nombre de _____.

13. Los capilares de las vellosidades absorben los productos de la digestión de _____ y _____.

14. La absorción de las grasas y los ácidos grasos ocurre en _____.

15. En algunos animales, pero no en los humanos, _____ procesa la celulosa.

16. Una vez que el quimo abandona el intestino delgado, ingresa al intestino grueso o _____.

17. El intestino delgado es más largo que el intestino grueso. ¿Por qué el intestino grueso se llama así?

_____

_____

18. ¿Cuál es la función principal del intestino grueso?

_____

_____

19. ¿Qué sucede con los materiales de desecho cuando salen del colon?

_____

_____

Aplica la gran idea

20. ¿Qué función desempeña el intestino grueso en la conservación de la homeostasis?

_____

_____

_____

_____

30.4 Sistema excretor

Objetivos de la lección

- Describir las estructuras del sistema excretor y explicar sus funciones.
- Explicar cómo los riñones limpian la sangre.
- Describir cómo los riñones mantienen la homeostasis.

Resumen de la lección

Estructuras del sistema excretor Las células producen deshechos como sales, dióxido de carbono y amoníaco. Para mantener la homeostasis, tienen que eliminarse del cuerpo. La **excreción** es el proceso por el que los desechos metabólicos se eliminan del cuerpo.

- La piel excreta el exceso de agua y una pequeña cantidad de urea mediante el sudor.
- Los pulmones excretan dióxido de carbono y vapor de agua.
- El hígado convierte los desechos nitrogenados potencialmente peligrosos en urea.
- Los riñones son los principales órganos excretores. Eliminan el exceso de agua, urea y desechos metabólicos de la sangre. Los **uréteres** llevan la orina de los riñones a la **vejiga urinaria**, donde se almacena hasta que abandona el cuerpo a través de la **uretra**.

Excreción y riñones Los riñones eliminan el exceso de agua, minerales y otros productos de desecho de la sangre. La sangre limpia regresa a la circulación. Cada riñón tiene casi un millón de unidades procesadoras llamadas **nefrones**, donde ocurre la filtración y reabsorción.

- La **filtración** es el paso de un fluido o gas a través de un filtro para eliminar los desechos. La filtración de la sangre en el nefrón tiene lugar en el **glomérulo**, una red pequeña y densa de capilares. Cada glomérulo está encerrado en una estructura parecida a una copa llamada cápsula de Bowman. La presión en los capilares obliga a los fluidos y desechos de la sangre a entrar en la **cápsula de Bowman**. Este fluido recibe el nombre de filtrado.
- La mayoría del material que ingresa a la cápsula de Bowman regresa a la circulación. El proceso en el que el agua y las sustancias disueltas regresan a la sangre es la **reabsorción**.
- Una parte del sistema tubular del nefrón, llamada **asa de Henle**, conserva el agua y minimiza el volumen del filtrado. El fluido que queda en el túbulo se llama orina.

Riñones y homeostasis Los riñones eliminan los desechos, mantienen el pH de la sangre y regulan el contenido de agua de la sangre.

- En parte, la composición de la sangre regula la actividad de los riñones. Si los niveles de glucosa en sangre aumentan más de lo normal, los riñones excretan glucosa en la orina.
- Una perturbación en la función renal puede ocasionar problemas de salud, como cálculos renales, y algunos pueden ser graves, como daño renal o fallo renal.
  - Hay cálculos renales cuando los minerales o sales de ácido úrico se cristalizan obstruyendo la uretra.
  - El daño renal suele ser causado por la alta presión sanguínea o diabetes.
  - Cuando los riñones de un paciente ya no pueden mantener la homeostasis, hay fallo renal.

Estructuras del sistema excretor

1. ¿Por qué el cuerpo necesita un sistema excretor?

_____

_____

_____

2. ¿Qué es la excreción?

_____

_____

3. ¿Qué compuestos de desecho producen todas las células del cuerpo?

_____

4. ¿Qué órganos participan en el sistema excretor?

_____

_____

5. Completa la tabla del sistema excretor.

Órganos del sistema excretor	
Órgano	**Función**
Piel	
Pulmones	
	Convierte los desechos nitrogenados peligrosos en urea
Riñones	
	Transportan la orina de los riñones a la vejiga
	Almacena orina
Uretra	

Excreción y riñones

6. Completa el mapa de conceptos.

La purificación de la
sangre en los riñones

ocurre mediante

que es

que ocasiona

reabsorción

que es

Para las preguntas 7 a 10, escribe Cierto *si la oración es cierta. Si la oración es falsa,*
cambia la(s) palabra(s) subrayada(s) para que la oración sea cierta.

_____ **7.** Cada riñón tiene casi un millón de unidades procesadoras individuales
llamadas <u>capilares</u>.

_____ **8.** El material de la sangre que se filtra contiene agua, urea, <u>glucosa</u>, sales,
aminoácidos y algunas vitaminas.

_____ **9.** Varios materiales, entre ellos las sales, se eliminan del filtrado por
<u>ósmosis</u> y se reabsorben a través de los capilares.

_____ **10.** El <u>glomérulo</u> es responsable de conservar el agua y minimizar el
volumen del filtrado.

11. RAZONAMIENTO VISUAL Rotula las partes del diagrama de un nefrón.

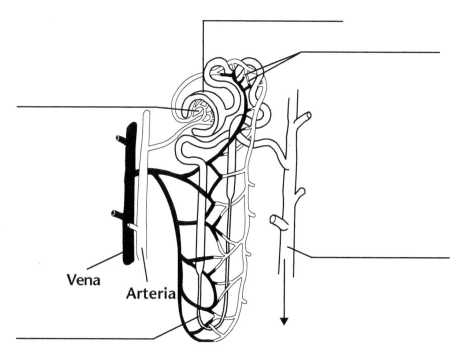

Vena
Arteria

Riñones y homeostasis

12. Describe las tres formas en que los riñones ayudan a mantener la homeostasis.

_____
_____

13. Explica de qué manera los riñones regulan los niveles de sal en la sangre.

_____
_____

14. ¿Cómo funciona la diálisis?

_____
_____

Aplica la gran idea

15. El análisis de orina es una forma común en la que un médico puede monitorear la salud del paciente. Supón que el análisis de orina revela que hay proteínas en la orina del paciente. ¿Qué podría estar mal en él? ¿Qué parte del sistema excretor no estará funcionando de manera adecuada?

_____
_____
_____
_____

Repaso del vocabulario del capítulo

Escribe la letra de la respuesta correcta.

_____ 1. ¿Qué tipo de tejido proporciona apoyo al cuerpo y conecta sus partes?

    A. tejido epitelial   **C.** tejido nervioso

    B. tejido conectivo   **D.** tejido muscular

_____ 2. ¿Qué órgano absorbe la mayoría de los nutrientes durante la digestión?

    A. el intestino delgado   **C.** el estómago

    B. el intestino grueso   **D.** el esófago

_____ 3. ¿Cuál de las siguientes opciones es una enzima liberada por el estómago durante la digestión química?

    A. quimo   **C.** pepsina

    B. amilasa   **D.** bilis

Para las preguntas 4 a 8, completa cada oración con la(s) palabra(s) correcta(s).

4. Los sistemas del cuerpo trabajan constantemente para mantener la _____.

5. Los azúcares que se encuentran en frutos, miel y caña de azúcar son _____ simples.

6. Un tubo largo que conecta la boca con el estómago recibe el nombre de _____.

7. El agua del material no digerido que será eliminado se absorbe en el _____.

8. El proceso por el que se eliminan los desechos metabólicos es _____.

Para las preguntas 9 a 18, relaciona el término con su definición.

Términos

_____ **9.** caloría

_____ **10.** proteínas

_____ **11.** vitaminas

_____ **12.** amilasa

_____ **13.** mineral

_____ **14.** peristalsis

_____ **15.** quimo

_____ **16.** nefrón

_____ **17.** cápsula de Bowman

_____ **18.** asa de Henle

Definiciones

A. Molécula inorgánica que el cuerpo necesita en pequeñas cantidades

B. Unidad funcional del riñón

C. Mezcla de fluidos estomacales y alimentos parcialmente digeridos

D. Sección de un nefrón que conserva el agua y minimiza el volumen de orina

E. Enzima que descompone carbohidratos

F. Moléculas orgánicas que regulan los procesos corporales

G. Unidad igual a 1000 calorías de calor o 1 kilocaloría

H. Contracciones del músculo liso que comprimen los alimentos en el esófago y los llevan al estómago

I. Estructura con forma de copa que rodea al glomérulo

J. Nutrientes que proporcionan al cuerpo los elementos esenciales que éste necesita para crecer y repararse

MISTERIO DEL CAPÍTULO

LA MUESTRA REVELADORA

Aprendizaje en el siglo XXI

En el Misterio del capítulo, aprendiste la forma en que se pueden encontrar pruebas del uso de drogas mediante un análisis de orina. En esta actividad, conocerás otras sustancias que se pueden encontrar en los análisis de los deportistas.

Suplementos dietéticos

Algunas organizaciones deportivas aplican análisis a los atletas para saber si han usado drogas ilegales. Sin embargo, la mayoría de las organizaciones no aplican pruebas para identificar suplementos dietéticos, pues éstos son legales. Pero, puesto que muchos suplementos afirman mejorar la salud o aumentar el desempeño físico, ¿deberían incluirse también en las pruebas? ¿Son seguros o eficaces? Esta página de Internet presenta un punto de vista sobre este tema.

ForoMedDeporte > Página inicial > Condición física > Suplementos dietéticos

Suplementos dietéticos: ¿Útiles o peligrosos?

¿Está de acuerdo con estas declaraciones sobre la seguridad y eficacia de los suplementos dietéticos?

"Si no fueran seguros, estaría prohibida su venta".
"No pueden afirmar algo en su publicidad que no sea verdad".

La verdad es que ambas son falsas la mayoría de las veces. Mienten al afirmar que un suplemento dietético le ayudará a perder peso, a desarrollar sus músculos o a ser más feliz, ¿por qué?

He aquí la razón. Antes de que un medicamento (definido como cualquier sustancia diseñada para el diagnóstico, cura, mitigación, tratamiento o prevención de una enfermedad) pueda venderse en este país, el fabricante tiene que demostrar a la Administración de Drogas y Alimentos (FDA) que es seguro y eficaz. Si no la FDA no lo aprobará. Pero estos suplementos no son medicamentos y, por tanto, las reglas cambian.

Los fabricantes no pueden vender suplementos (definidos como sustancias que se añaden a la dieta de una persona, pero sin efectos demostrados para el tratamiento de una enfermedad) inseguros o ineficaces. Sin embargo, no deben demostrar que su producto en realidad es seguro y eficaz. La FDA sólo puede prohibir un producto si prueba que es peligroso o fraudulento. Está de más decir que la FDA no puede someter a prueba los casi 29,000 suplementos en el mercado. Esto significa que muchos suplementos inseguros e ineficaces ingresan al mercado.

La FDA regula lo que un fabricante afirma, pero estas reglas son fáciles de eludir. Por ejemplo, está prohibido que las etiquetas de los productos incluyan "afirmaciones falsas o engañosas". Pero, ¿acaso alguien someterá a prueba las declaraciones para averiguarlo? No. Los fabricantes no pueden afirmar que un suplemento "trata, mitiga o cura una enfermedad", leyenda exclusiva de los medicamentos. Así que no pueden decir que su producto tratará la alta tensión arterial pero sí eludir la normativa y decir que el producto "promueve la salud de los vasos sanguíneos". No pueden decir que un suplemento tratará la depresión, pero sí que "promoverá un sentimiento de bienestar".

Y después está la frase que más odio: "cien por ciento natural". ¿Ah sí? La hiedra venenosa es "natural", pero no por eso la comería. La dedalera es "natural", pero si la come, sentirá náuseas, diarrea, vómitos, ritmo cardiaco irregular, convulsiones y quizá hasta la muerte. El acónito es "natural" pero puede matarlo si lo toca, ya no digamos si lo come.

Como siempre, amigos, no crean todo lo que leen. Ni siquiera aquí.

Murray Gelb, D. Jur., es abogado practicante.

Esta columna es sólo para entretenimiento. Nada de lo escrito aquí, debe considerarse como consejo legal.

Continúa en la próxima página ▶

Asuntos del siglo XXI Conocimientos de ciencias
y economía, conocimientos
de ciencias y salud

1. ¿Cuál es la diferencia entre un medicamento y un suplemento alimenticio?

_____

_____

_____

2. ¿Cuáles son las dos reglas de la FDA acerca de cómo etiquetar los paquetes de suplementos dietéticos?

_____

_____

3. Un anuncio de un suplemento dietético afirma que desarrolla la masa muscular y mejora el desempeño atlético. ¿Por qué deberías tomar dichas afirmaciones con escepticismo? Explica tu respuesta.

_____

_____

4. Una etiqueta de un suplemento dietético tiene la frase "cien por ciento natural". ¿Puedes suponer que el producto es seguro? Explica tu respuesta.

_____

_____

_____

5. Si la etiqueta de un producto dice que "tratará y evitará la acidez estomacal y la indigestión ácida", ¿qué te indica esta afirmación acerca del producto?

_____

_____

Destrezas para el siglo XXI Carrera por una causa

Las destrezas que se emplean en esta actividad incluyen **conocimientos sobre medios de comunicación e información, destrezas de comunicación, creatividad y curiosidad intelectual** y **responsabilidad social**.

Acude a un centro comercial, farmacia o tienda de alimentos saludables y busca productos que afirmen mejorar la salud o el bienestar y que no tengan aprobación de la FDA. Lee las etiquetas. Busca cualquier anuncio que veas por ahí, como letreros, panfletos, folletos, etcétera. Observa la redacción de su texto.

Escribe un ensayo breve acerca de estos productos en el que des tu opinión sobre qué es más probable que puedan y no puedan hacer.

31 Sistema nervioso

Estructura y función

P: ¿De qué manera la estructura del sistema nervioso permite controlar las funciones de todas las partes del cuerpo?

LO QUE SÉ	LO QUE APRENDÍ
31.1 ¿Cuál es la función básica del sistema nervioso?	
31.2 ¿Qué hace el sistema nervioso central?	
31.3 ¿De qué manera envía y recibe información el sistema nervioso central?	
31.4 ¿Cómo sienten los humanos los cambios en su medio ambiente?	

31.1 La neurona

Objetivos de la lección

- Identificar las funciones del sistema nervioso.
- Describir la función de las neuronas.
- Describir cómo se transmite un impulso nervioso.

Resumen de la lección

Funciones del sistema nervioso El sistema nervioso recaba información sobre el medio ambiente interno y externo del cuerpo, la procesa y responde a ella.

▶ El **sistema nervioso periférico** consta de nervios y células de sostén. Recaba información sobre el medio ambiente interno y externo del cuerpo.

▶ El **sistema nervioso central** consta del encéfalo y la médula espinal. Procesa la información y genera una respuesta que envía a través del sistema nervioso periférico.

Neuronas Los impulsos del sistema nervioso son transmitidos a través de células llamadas neuronas. Los tres tipos de neuronas son sensoriales, motoras e interneuronas. Todas las neuronas tienen ciertas características:

▶ El **cuerpo de la célula** contiene el núcleo y gran parte del citoplasma.

▶ Las **dendritas** reciben impulsos de otras neuronas y los llevan al cuerpo de la célula.

▶ El **axón** es la fibra larga que transporta los impulsos hacia fuera del cuerpo de la célula. En algunas neuronas, está rodeado de una membrana aislante llamada **vaina de mielina**.

Impulso nervioso Los impulsos nerviosos son semejantes al flujo de una corriente eléctrica a través de un cable.

▶ Las neuronas tienen una carga, o potencial eléctrico, en sus membranas. Cuando está en reposo, el interior de la neurona tiene una carga negativa comparada con el exterior. La diferencia se llama **potencial de reposo**.

▶ Cuando una neurona es estimulada, el interior de su membrana se vuelve temporalmente más positivo que el exterior. Esta inversión de carga se llama **potencial de acción** o impulso nervioso. El impulso nervioso se propaga a lo largo del axón.

▶ No todos los estímulos son capaces de iniciar un impulso. El nivel mínimo de estímulo que se requiere para iniciar un impulso en una neurona se llama **umbral**.

▶ Al final del axón, los impulsos pueden ser transmitidos a la siguiente neurona. El punto en el que una neurona transfiere un impulso a otra célula se llama **sinapsis**. Cuando un impulso llega a la sinapsis, los **neurotransmisores**, es decir, las sustancias químicas que transmiten un impulso de la sinapsis a otra célula, son liberados del axón.

Funciones del sistema nervioso

1. ¿Cuáles son las funciones principales del sistema nervioso?

_____

_____

2. Menciona dos partes del sistema nervioso y explica qué hace cada una.

_____

_____

_____

_____

_____

Neuronas

3. RAZONAMIENTO VISUAL Dibuja y rotula el diagrama de una neurona. Asegúrate de incluir las siguientes características en tu dibujo: axón, terminales del axón, cuerpo de la célula, dendritas, vaina de mielina, nódulos y núcleo.

Para las preguntas 4 a 8, completa cada oración con la(s) palabra(s) correcta(s).

4. Las neuronas que llevan los impulsos de los ojos a la médula espinal y al encéfalo se

llaman _____.

5. Las neuronas motoras llevan los impulsos del encéfalo y la médula espinal a

_____ y _____.

6. El cuerpo de la célula neuronal tiene extensiones cortas y ramificadas llamadas

_____ que reciben los impulsos de otras neuronas.

7. En la mayoría de los animales, _____ y _____ de las diferentes

neuronas están agrupados en haces llamados nervios.

8. La membrana aislante que rodea al axón de algunas neuronas se llama _____.

Impulso nervioso

9. Describe el papel que desempeñan los iones de sodio en la transmisión de los impulsos nerviosos.

_____

_____

_____

_____

Para las preguntas 10 a 11, usa la Analogía visual que compara la caída de las fichas de dominó con un impulso que provoca el movimiento.

10. ANALOGÍA VISUAL Las fichas de dominó requieren un empujón para comenzar a caer. ¿Qué "empujón" comienza un impulso nervioso?

_____

_____

_____

Potencial de acción

11. ¿Cuál es el umbral de una neurona y en qué se parece a la caída de una fila de fichas de dominó?

_____

_____

_____

_____

_____

12. ¿Qué son los neurotransmisores y cómo funcionan?

_____

_____

_____

_____

_____

Aplica la **gran** idea

13. ¿De qué manera la estructura de la neurona está adaptada para realizar su función?

_____

_____

_____

_____

_____

31.2 Sistema nervioso central

Objetivos de la lección

- Analizar las funciones del encéfalo y la médula espinal.
- Describir los efectos de las drogas en el encéfalo.

Resumen de la lección

Encéfalo y médula espinal El sistema nervioso central consta del encéfalo y la médula espinal. Cierta información, como algunos reflejos, se procesan directamente en la médula espinal. Un **reflejo** es una respuesta automática y rápida a un estímulo.

▶ La región más grande del encéfalo humano es el **cerebro**, que controla el aprendizaje, el sentido común y las acciones voluntarias de los músculos.

- El cerebro está dividido en hemisferios derecho e izquierdo. Cada uno se encarga principalmente del lado opuesto del cuerpo.
- La capa exterior del cerebro es la **corteza cerebral** que procesa información de los órganos sensoriales y controla los movimientos del cuerpo.

▶ El sistema límbico controla funciones como la emoción, el comportamiento y la memoria.

▶ El **tálamo** recibe mensajes de los receptores sensoriales de todo el cuerpo y envía la información a la región adecuada del cerebro para su procesamiento.

▶ El **hipotálamo** controla el reconocimiento y análisis del hambre, la sed, la fatiga, el enojo y la temperatura corporal. Ayuda a coordinar los sistemas nervioso y endocrino.

▶ El **cerebelo** es la segunda región más grande del encéfalo. Recibe información sobre la posición de los músculos y las articulaciones y coordina las acciones de estos músculos.

▶ El **tallo cerebral** conecta el encéfalo con la médula espinal. Regula el flujo de información entre el encéfalo y el resto del cuerpo.

Adicción y encéfalo Casi todas las sustancias adictivas afectan las sinapsis del encéfalo.

▶ Muchas drogas provocan un aumento en la liberación del neurotransmisor **dopamina**. Ante niveles altos de dopamina, el encéfalo reduce el número de receptores.

▶ Con menos receptores de dopamina disponibles, se requieren mayores cantidades de droga para producir la euforia. Esto puede provocar una adicción.

Encéfalo y médula espinal

Escribe la letra de la respuesta correcta.

_____ 1. ¿Cuál es la conexión principal entre el encéfalo y el resto del cuerpo?

    A. el cerebro   **B.** la médula espinal   **C.** el cerebelo   **D.** el tallo cerebral

_____ 2. ¿Cuál de los siguientes es el mejor ejemplo de un reflejo?

    A. dar saltos

    B. correr en una carrera

    C. meter tu pie lentamente en agua fría

    D. sacar tu mano de una olla caliente

_____ **3.** ¿Qué parte del encéfalo controla la presión arterial, el ritmo cardíaco, la respiración y la deglución?

    A. el tallo cerebral

    B. el sistema límbico

    C. la corteza cerebral

    D. el tálamo

_____ **4.** ¿Cuál de las siguientes es una función del lóbulo frontal?

    A. la formación de opiniones

    B. el oído y el olfato

    C. la lectura y el habla

    D. la visión

_____ **5.** ¿Qué parte del encéfalo es el lugar de la inteligencia, el aprendizaje y el sentido común?

    A. el tallo cerebral

    B. el cerebelo

    C. el cerebro

    D. el sistema límbico

Para las preguntas 6 a 10, relaciona la parte del encéfalo con su función.

Parte del encéfalo	Función
_____ **6.** cerebro	**A.** Coordina y equilibra las acciones de los músculos
_____ **7.** cerebelo	**B.** Regula el flujo de información entre el encéfalo y el resto del cuerpo
_____ **8.** tallo cerebral	**C.** Controla las actividades voluntarias del cuerpo
_____ **9.** tálamo	**D.** Controla el hambre, la sed, la fatiga, el enojo y la temperatura corporal
_____ **10.** hipotálamo	**E.** Recibe y transmite los mensajes de los órganos de los sentidos

11. ¿Qué conecta los dos hemisferios del encéfalo?

_____

12. Identifica los cuatro lóbulos del encéfalo y sus funciones.

_____

_____

_____

13. ¿Qué es la corteza cerebral y cuál es su función?

_____

_____

_____

_____

Adicción y encéfalo

14. ¿Qué partes del encéfalo cambian debido al consumo de drogas?

_____

15. ¿Qué es la dopamina?

_____

_____

_____

16. ¿Cómo causan adicción las drogas?

_____

_____

_____

_____

17. Completa la tabla.

Efectos de las drogas en el cuerpo	
Droga	**Efectos en el cuerpo**
	Libera un torrente de dopamina, produce una euforia instantánea.
	Mantiene más tiempo la dopamina en la región sináptica, intensificando el placer y suprimiendo el dolor.
Heroína	
Nicotina y alcohol	

Aplica la gran idea

18. ¿Cuáles podrían ser los efectos de una lesión grave en el cerebelo de una persona? Explica tu respuesta.

_____

_____

_____

_____

31.3 El sistema nervioso periférico

Objetivos de la lección

- Describir las funciones de la división sensorial del sistema nervioso periférico.
- Describir las funciones de la división motora del sistema nervioso periférico.

Resumen de la lección

La división sensorial El sistema nervioso periférico está formado por todos los nervios y células asociadas que no forman parte del encéfalo ni de la médula espinal. Está compuesto por la división sensorial y la división motora.

▶ La división sensorial transmite los impulsos desde los órganos sensoriales hasta el sistema nervioso central.

▶ Los receptores sensoriales son células que transmiten información acerca de los cambios en el medio ambiente interno y externo. Los quimiorreceptores responden a las sustancias químicas. Los fotorreceptores responden a la luz. Los mecanorreceptores responden al tacto, la presión, la vibración y el estiramiento. Los termorreceptores responden al cambio de temperatura. Los receptores del dolor responden a las heridas en los tejidos.

División motora La división motora, que está dividida en sistema nervioso somático y sistema nervioso autónomo, transmite los impulsos del sistema nervioso central a los músculos y glándulas.

▶ El **sistema nervioso somático** regula los procesos que se controlan de manera voluntaria.

▶ Las acciones del sistema nervioso somático, llamadas reflejos, ocurren automáticamente. Los impulsos que controlan estas acciones viajan por un camino llamado **arco reflejo**. Un impulso viaja a través una neurona sensorial hasta la médula espinal y después regresa a través de una neurona motora.

▶ El **sistema nervioso autónomo** regula las actividades involuntarias. Consta de dos partes: el sistema nervioso simpático y el sistema nervioso parasimpático.

- En general, el sistema nervioso simpático prepara al cuerpo para la actividad intensa. Lo prepara para la "lucha o huída" en respuesta al estrés.

- El sistema nervioso parasimpático produce la respuesta de "reposo y digestión".

División sensorial

1. ¿Qué nervios pasan por las aberturas del cráneo y estimulan la cabeza y el cuello?

_____

2. ¿Qué son los ganglios?

_____

3. ¿Cuál es la función de la división sensorial del sistema nervioso periférico?

_____

4. ¿Qué son los receptores sensoriales?

_____

Relaciona el receptor sensorial con el estímulo que le corresponde.

Receptor sensorial

_____ **5.** quimiorreceptor

_____ **6.** mecanorreceptor

_____ **7.** receptor del dolor

_____ **8.** fotorreceptor

_____ **9.** termorreceptor

Estímulos

A. luz

B. tacto y presión

C. cambios de temperatura

D. heridas en los tejidos

E. sustancias químicas

División motora

Para las preguntas 10 a 12, escribe si la oración es Cierta *o* Falsa.

_____ **10.** La división motora del sistema nervioso periférico transmite impulsos directamente de los receptores sensoriales a los músculos o glándulas.

_____ **11.** El sistema nervioso somático regula las actividades corporales que se controlan de manera consciente.

_____ **12.** Los impulsos del encéfalo son llevados a las neuronas motoras y después a los músculos.

13. Completa el diagrama de flujo del arco reflejo que ocurre al pisar un objeto afilado.

> Los receptores sensoriales responden a un estímulo y envían un impulso a las neuronas sensoriales.

↓

> [ ]

↓

> [ ]

↓

> [ ]

↓

> [ ]

14. Completa el mapa de conceptos.

```
        ┌──────────────────┐
        │ El sistema nervioso │
        │     periférico      │
        └──────────────────┘
            está separado en
        ┌─────────┴─────────┐
   ┌─────────┐        ┌─────────┐
   │         │        │         │
   └─────────┘        └─────────┘
                      que consta del
                   ┌──────┴──────┐
             ┌─────────┐    ┌─────────┐
             │         │    │         │
             └─────────┘    └─────────┘
```

15. ¿Cuál es la función del sistema nervioso autónomo?

_____

16. ¿Cómo prepara el sistema nervioso autónomo al cuerpo durante una sesión agotadora de ejercicio?

_____

_____

17. ¿Cuál es la función del sistema nervioso parasimpático?

_____

_____

18. ¿Qué situación podría desencadenar una respuesta del sistema nervioso simpático? Explica tu respuesta.

_____

_____

Aplica la gran idea

19. Imagina que alguien está jugando béisbol y trata de atrapar un elevado corto. Explica cómo responderían las diferentes partes del sistema nervioso ante esta situación.

_____

_____

_____

_____

_____

_____

_____

31.4 Los sentidos

Objetivos de la lección

- Analizar el sentido del tacto e identificar los diversos tipos de receptores sensoriales de la piel.
- Explicar la relación entre el olfato y el gusto.
- Identificar las partes de los oídos que hacen posible oír y mantener el equilibro.
- Describir las partes principales de los ojos y explicar cómo nos permiten ver.

Resumen de la lección

Tacto y sentidos relacionados Hay diferentes receptores sensoriales en el cuerpo que responden al tacto, la temperatura y el dolor.

▶ La piel contiene por lo menos siete tipos de receptores sensoriales que responden al tacto.

▶ Los termorreceptores responden al frío y al calor. Se hallan en la piel y el hipotálamo.

▶ Los receptores del dolor se hallan por todo el cuerpo. Responden a las heridas físicas.

Olfato y gusto Las sensaciones del olfato y del gusto son consecuencia de los impulsos que los quimiorreceptores envían al encéfalo. Los órganos sensoriales que detectan el sabor se llaman **papilas gustativas**. Las células sensoriales de las papilas gustativas responden a los alimentos salados, amargos, dulces, ácidos y sazonados.

Oído y equilibrio Hay mecanorreceptores en varias partes del oído que transmiten impulsos al encéfalo, éste traduce los impulsos en sonido e información sobre el equilibro.

▶ Las vibraciones producen ondas sonoras en la **cóclea** del oído interno que está llena de fluido. Las ondas de presión mueven las diminutas células pilosas de la cóclea, enviando impulsos nerviosos al encéfalo, que los interpreta como un sonido.

▶ Los oídos también ayudan a mantener el equilibrio. Los **conductos semicirculares** y dos sacos llenos de fluido que están detrás de ellos, detectan la posición del cuerpo en relación con la gravedad.

Visión Ocurre cuando los fotorreceptores de los ojos transmiten impulsos al encéfalo, que los traduce en imágenes.

▶ La **córnea** es una capa de células dura y transparente. Ayuda a enfocar la luz, que pasa por una cámara llena de fluido llamada humor acuoso.

▶ El **iris** es la parte coloreada del ojo. En medio del iris hay una pequeña abertura llamada **pupila**, por donde la luz entra en el ojo.

▶ El **cristalino** está ubicado detrás del iris. Hay diminutos músculos que cambian su forma para ajustar el enfoque del ojo.

▶ El cristalino enfoca la luz en la **retina** (capa interna del ojo). Sus fotorreceptores la convierten en impulsos nerviosos que llegan al encéfalo por el nervio óptico. Hay dos tipos:

- Los **bastones** son muy sensibles a la luz pero no distinguen los colores.
- Los **conos** son menos sensibles a la luz, pero distinguen los colores.

Tacto y sentidos relacionados

Escribe en la línea Cierto o Falso.

_____ **1.** A diferencia de otros sentidos, el sentido del tacto no se halla en un lugar específico.

_____ **2.** La mayor densidad de receptores del tacto está en brazos y piernas.

_____ **3.** El tacto es detectado por los mecanorreceptores.

_____ **4.** Los termorreceptores que responden al frío y al calor se hallan en la región del tálamo del encéfalo.

_____ **5.** El encéfalo tiene receptores del dolor que responden a las sustancias químicas liberadas durante la infección.

Olfato y sabor

Completa cada oración con la(s) palabra(s) correcta(s).

6. Las células que detectan las sustancias químicas llamadas _____ de la nariz y la boca son responsables de los sentidos de _____ y de _____.

7. Los órganos sensoriales que detectan el sabor son _____.

8. Las papilas gustativas responden a alimentos _____, amargos, dulces y

_____.

9. Los receptores de _____ son estimulados por el glutamato monosódico, la carne y el queso.

10. Las personas resfriadas no le encuentran sabor a los alimentos. ¿Por qué?

_____

_____

_____

_____

Oído y equilibrio

11. Menciona dos funciones sensoriales del oído humano.

_____

12. ¿Qué es el sonido? _____

13. Cuando das muchas vueltas, por lo general te mareas. ¿Qué parte del oído está implicada en esta sensación? Explica tu respuesta.

_____

_____

_____

_____

14. Completa el diagrama de flujo que muestra cómo procesamos el sonido.

Las vibraciones entran en el oído a través del canal auditivo. →	→	→	Las vibraciones crean ondas de presión en la cóclea.

→ | Las células pilosas envían impulsos nerviosos al encéfalo. → | |

Visión

15. Rotula el diagrama del ojo.

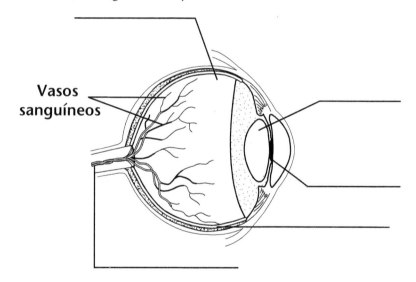

Vasos sanguíneos

Aplica la gran idea

16. ¿De qué manera se relacionan la forma y la estructura del cristalino con su función en el ojo?

_____

_____

_____

Repaso del vocabulario del capítulo

Para las preguntas 1 a 10, escribe la letra de la definición de cada término.

_____ **1.** sistema nervioso periférico

_____ **2.** vaina de mielina

_____ **3.** umbral

_____ **4.** dendritas

_____ **5.** neurotransmisor

_____ **6.** sistema nervioso somático

_____ **7.** arco reflejo

_____ **8.** cóclea

_____ **9.** córnea

_____ **10.** reflejo

A. Extensiones ramificadas cortas del cuerpo de la neurona que llevan impulsos de otras neuronas al cuerpo de la célula

B. Aislante que rodea al axón de una neurona

C. Recorrido de los impulsos en una respuesta rápida

D. Regula las actividades conscientes

E. El nivel mínimo de estímulo que se requiere para provocar un impulso en una neurona

F. Nervios y células de sostén que recaban información sobre el medio ambiente del cuerpo

G. Sustancia química que transmite un impulso a través de la sinapsis hacia otra célula

H. Capa dura y transparente de células por la que la luz entra en el ojo

I. Estructura del oído interno llena de fluido y cubierta de células pilosas

J. Respuesta automática y rápida a un estímulo

Para las preguntas 11 a 20, completa cada oración con la(s) palabra(s) correcta(s).

11. _____ recibe mensajes de los receptores sensoriales y transmite la información al cerebro.

12. La división del sistema nervioso periférico que regula las actividades involuntarias es el

_____.

13. _____ es el lugar de la inteligencia, aprendizaje y sentido común del encéfalo.

14. El cristalino enfoca la luz hacia _____, es decir, la capa interna del ojo.

15. _____ tiene tres regiones: mesencéfalo, _____ y bulbo raquídeo.

16. Los fotorreceptores que no distinguen los diferentes colores son _____.

17. El encéfalo y la médula espinal forman _____.

18. _____ está repleta de cuerpos de neuronas que al unirse de manera compacta forman la materia gris.

19. La mayoría de las sustancias adictivas actúan en las sinapsis que usan _____ como neurotransmisor.

20. Un impulso nervioso, o _____, comienza cuando una neurona es estimulada por otra neurona o por el medio ambiente.

MISTERIO DEL CAPÍTULO

VENENO EN ALTA MAR

El Misterio del capítulo se centró en la posibilidad de que en 1774, los miembros de la tripulación del barco *HMS Resolution* del capitán James Cook se envenenaran por comer pez globo. Las bacterias que viven en este pez producen el veneno tetrodotoxina.

Aprendizaje en el siglo XXI

Seguridad contra venenos en el hogar

Los efectos de la tetrodotoxina son mortales y dramáticos. Afortunadamente, los envenenamientos con tetradotoxina son raros. Sin embargo, hay muchos otros venenos, tal vez no tan mortales, a nuestro alrededor. De hecho, en Estados Unidos cada año se reportan aproximadamente un millón de posibles casos de envenenamiento de niños menores de seis años. Alrededor del 90 por ciento de los envenenamientos ocurren en el hogar.

Los niños pequeños pueden ingerir píldoras como analgésicos (medicamentos que disminuyen el dolor) en dosis que pueden ser tóxicas para ellos. Otros casos de envenenamiento ocurren cuando las personas ingieren accidentalmente limpiadores del hogar, cosméticos o productos para el cuidado personal, pesticidas o medicamentos recetados.

La siguiente tabla es una adaptación del Informe Anual 2006 de la Asociación Estadounidense de Centros de Control de Envenenamientos. Muestra las cifras de casos atendidos por estos centros en ese año por categoría de veneno:

Venenos implicados con mayor frecuencia en casos en humanos

Sustancia	Número de casos por año	%
Analgésicos	284,906	11.9
Cosméticos/productos para el cuidado personal	214,780	8.9
Sustancias limpiadoras (hogar)	214,091	8.9
Sedantes/psicotrópicos/antipsicóticos	141,150	5.9
Cuerpos extraños/juguetes/varios	120,752	5.0
Preparaciones para el resfriado y la tos	114,559	4.8
Preparaciones tópicas	108,308	4.5
Pesticidas	96,811	4.0
Antidepresivos	95,327	4.0
Sustancias químicas	47,557	2.0

Continúa en la próxima página ▶

1. ¿Cuántos posibles casos de envenenamiento de niños menores de seis años son reportados cada año en Estados Unidos?

_____

2. ¿Dónde suelen ocurrir la mayoría de los envenenamientos?

_____

3. Según la tabla, ¿qué porcentaje de casos de envenenamiento en Estados Unidos implican sustancias limpiadoras del hogar?

_____

4. Según la tabla, ¿qué porción de todos los casos de envenenamiento implican a todas las categorías de drogas: analgésicos, sedantes, medicinas para el resfriado y antidepresivos? ¿Cuántos de estos casos se reportan cada año?

_____

_____

_____

5. ¿Te sorprendiste al enterarte de los casos de envenenamiento más comunes en Estados Unidos? ¿Qué categoría te sorprendió más? ¿Por qué?

_____

_____

_____

Destrezas para el siglo XXI Carta a la FDA

Entre las destrezas utilizadas en esta actividad están **identificación, formulación y resolución de problemas**, **creatividad** y **curiosidad intelectual**, **conocimientos sobre medios de comunicación e información** y **responsabilidad social**.

Algunas veces, las sustancias que se consideran seguras plantean problemas en cuanto a sus efectos tóxicos. Esto ocurrió hace poco con la sustancia química bisfenol-A (BPA). Desde la década de 1930, se sospechaba que el BPA era peligroso para los seres humanos. Sin embargo, hasta hace poco, solía usarse como un componente del plástico policarbonato para las botellas de agua y biberones. En 2008, las preocupaciones sobre el uso del BPA en los productos de consumo acapararon los titulares cuando varios gobiernos emitieron informes cuestionando su seguridad y algunos mayoristas voluntariamente retiraron de sus almacenes los productos fabricados con esta sustancia. No obstante, esta sustancia química se sigue usando comúnmente en los forros de las latas y en muchos otros productos. Los científicos permanecen divididos sobre los riesgos que el BPA representa para la salud. El gobierno canadiense ha restringido su uso, pero la Administración de Drogas y Alimentos (FDA) de Estados Unidos no lo ha hecho. En Internet, busca por lo menos dos artículos periodísticos recientes sobre la controversia de los posibles efectos tóxicos del BPA. Sopesa tú mismo las pruebas y luego escribe una carta a la FDA en la que recomiendes lo que crees que debe hacer sobre el BPA. Incluye tu razonamiento.

32 Sistemas esquelético, muscular y tegumentario

la gran idea · Estructura y función

P: ¿Qué sistemas forman la estructura del cuerpo humano?

	LO QUE SÉ	LO QUE APRENDÍ
32.1 ¿De qué manera le permite su estructura al sistema esquelético funcionar adecuadamente?		
32.2 ¿Cómo te ayudan los músculos a moverte?		
32.3 ¿Por qué el sistema tegumentario es un sistema de órganos necesario?		

32.1 El sistema esquelético

Objetivos de la lección

- Enumerar las estructuras y funciones del sistema esquelético.
- Describir la estructura de un hueso típico.
- Enumerar los diferentes tipos de articulaciones y describir el rango de movimiento de cada una.

Resumen de la lección

El esqueleto El esqueleto humano, igual que el de otros vertebrados, es un endoesqueleto.

▷ El adulto tiene 206 huesos: unos del esqueleto axial y otros del apendicular.

- El cráneo, la columna vertebral y la caja torácica forman el **esqueleto axial**, que sostiene el eje central del cuerpo.
- Los huesos de brazos, piernas, hombros y caderas constituyen el **esqueleto apendicular**.

▷ El esqueleto sostiene al cuerpo, protege los órganos internos, produce movimiento al actuar como palanca, almacena minerales y produce glóbulos rojos.

Huesos Los huesos del cuerpo humano están formados por una sólida red de células vivas y proteínas fibrosas rodeadas de sales de calcio.

▷ Tienen una estructura compleja y están cubiertos por una capa de resistente tejido conectivo llamada periostio. Se componen por dos tipos de tejido óseo.

- El hueso compacto es una densa capa externa dispuesta alrededor de los **conductos de Havers**, que son canales por los que fluyen los vasos sanguíneos y los nervios.
- El hueso esponjoso es una capa menos densa que se encuentra en los extremos de los huesos largos y en el centro de los huesos planos, que agrega fortaleza pero no masa en exceso.
- Un tejido suave llamado **médula ósea** ocupa las cavidades de algunos huesos. La médula ósea amarilla almacena grasa. La médula ósea roja contiene células troncales, que producen casi todos los tipos de glóbulos rojos.

▷ En los niños, casi todo su esqueleto es de **cartílago**, un denso tejido dispuesto alrededor de las proteínas fibrosas. El hueso reemplaza al cartílago mediante un proceso llamado osificación, en el que células llamadas **osteoblastos** secretan minerales. Éstas se convierten en **osteocitos**, que mantienen a los minerales en el hueso y lo fortalecen.

▷ El hueso maduro contiene algunos osteoblastos, que producen nuevo hueso, y células llamadas **osteoclastos**, que descomponen los minerales que hay en él. Estas células permiten la reparación de los huesos rotos o dañados y evitan que se debilite o quiebre.

Articulaciones Los huesos se unen en las **articulaciones**, que contienen tejidos conectivos que mantienen los extremos unidos. Permiten que los huesos se muevan sin tocarse.

▷ Las articulaciones se clasifican en tres tipos:

- Las inmóviles o fijas, como las craneales, no permiten el movimiento.
- Las semimóviles, como las vertebrales, permiten algunos movimientos.
- Las móviles, en codos y rodillas, permiten el movimiento en dos o más direcciones.

▷ El cartílago cubre los extremos de los huesos en la articulación. Los **ligamentos**, resistentes bandas de tejido conectivo, mantienen unidos a los huesos. El líquido sinovial reduce la fricción entre los huesos móviles. Las bursas son bolsas de fluido sinovial que también actúan como amortiguadores.

▷ Las lesiones en las articulaciones incluyen daño en los ligamentos, inflamación o pérdida de cartílago. La bursitis es la inflamación de las bursas. La osteoartritis es un doloroso endurecimiento de las articulaciones provocado por la degeneración del cartílago.

El esqueleto

1. Completa el mapa de conceptos para resumir las partes del esqueleto humano.

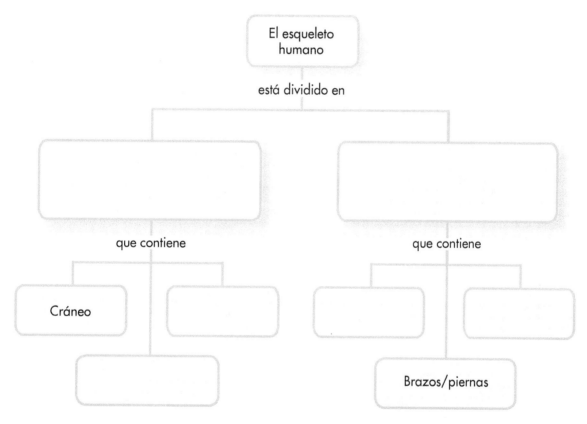

Para las preguntas 2 y 3, consulta la Analogía visual que compara el esqueleto con el armazón de madera de una casa.

2. ANALOGÍA VISUAL ¿Qué le pasaría a una casa si sus vigas verticales no fueran fuertes y macizas? Compara esto con lo que le pasaría al cuerpo humano si sus huesos verticales no fueran fuertes y macizos.

_____

_____

_____

_____

_____

3. Sugiere otra posible analogía para la estructura y función del esqueleto.

_____

4. Enumera cinco funciones del sistema esquelético.

_____

_____

_____

Huesos

5. RAZONAMIENTO VISUAL El diagrama muestra el corte transversal de un hueso. Rotula los conductos de Havers, el periostio, el hueso compacto y el hueso esponjoso. Describe en las líneas la diferencia que hay entre el hueso esponjoso y el hueso compacto.

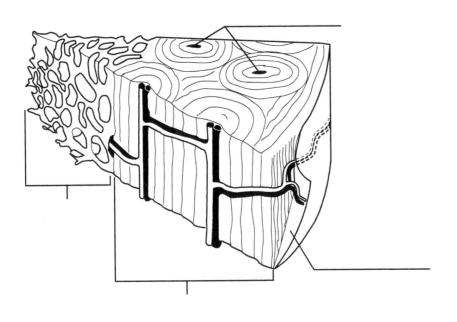

_____

_____

_____

_____

Para las preguntas 6 a 12, completa cada oración con la(s) palabra(s) correcta(s).

6. Una resistente capa de tejido conectivo llamada _____ rodea al hueso.

7. Los nervios y los vasos sanguíneos fluyen a través de _____ de los huesos.

8. _____ ósea es el tejido suave de las cavidades de los huesos que _____ (amarilla) o produce glóbulos (rojos).

9. El hueso que tiene una estructura enrejada se llama hueso _____.

10. Durante el proceso de _____, el cartílago es reemplazado por hueso.

11. Las células que secretan los depósitos minerales que forman los huesos se llaman

_____.

12. La enfermedad llamada _____ se produce cuando _____ degeneran los minerales de los huesos más rápido de lo que pueden ser depositados.

Articulaciones

13. ¿Qué es una articulación?

_____

_____

14. Enumera las tres clasificaciones de articulaciones, según su tipo de movimiento.

_____

_____

Para las preguntas 15 a 19, relaciona cada articulación con la categoría que representa.

Articulación

Categoría

_____ **15.** Tobillo

A. Articulación mecánica

_____ **16.** Entre dos vértebras

B. Articulación en bisagra

_____ **17.** Hombro

C. Articulación inmóvil

_____ **18.** Codo

D. Articulación de pivote

_____ **19.** Entre los huesos del cráneo

E. Articulación semimóvil

Para las preguntas 20 a 22, escribe en la línea Cierto o Falso.

_____ **20.** Los ligamentos protegen los extremos de los huesos mientras se mueven en las articulaciones.

_____ **21.** El fluido sinovial evita que los extremos de los huesos choquen en las articulaciones.

_____ **22.** La osteoartritis es un dolor y endurecimiento de las articulaciones causado por la pérdida de cartílago.

Aplica la gran idea

23. Los plomeros usan la palabra *unión* para referirse al lugar donde dos tubos se unen. ¿En qué se parecen y en qué se diferencian la función y la estructura de las uniones de los tubos con las de las articulaciones del sistema esquelético?

_____

_____

_____

_____

32.2 El sistema muscular

Objetivos de la lección

☐ Describir la estructura y función de los tres tipos de tejido muscular.

☐ Describir el mecanismo de la contracción muscular.

☐ Describir la interacción de los músculos, huesos y tendones para producir el movimiento.

Resumen de la lección

Tejido muscular Casi un tercio de la masa corporal es músculo. Hay tres tipos:

▷ El músculo esquelético, con bandas alternas claras y oscuras llamadas estriaciones, compone los músculos que por lo general van unidos a los huesos. Los movimientos de la mayoría de los músculos esqueléticos o estriados, están controlados de manera consciente por el sistema nervioso central. Sus células se llaman **fibras musculares**.

▷ El músculo liso, sin estriaciones y compuesto por células con forma de huso, reviste las estructuras huecas como el estómago y los vasos sanguíneos. Sus movimientos son involuntarios.

▷ El músculo cardíaco, que también es estriado pero con células más pequeñas que las del esquelético, se halla sólo en el corazón. El control de este músculo es involuntario.

Contracción muscular Los músculos esqueléticos producen movimientos al contraerse de extremo a extremo, por la interacción de dos filamentos de proteínas musculares:

▷ Las fibras musculares esqueléticas están densamente unidas mediante **miofibrillas**, haces de filamentos de proteína. Los filamentos gruesos de la proteína **miosina** y los delgados de la proteína **actina** están organizados en un patrón superpuesto, que forma las estriaciones del músculo esquelético. Los de actina se unen en áreas llamadas líneas Z. Dos líneas Z y los filamentos que hay entre ellas forman una unidad llamada **sarcómero**.

▷ Durante la contracción muscular, los filamentos de miosina (impulsados por el ATP) forman conexiones llamadas puentes cruzados con los filamentos de actina. Los puentes cruzados cambian de forma y tiran de los filamentos de actina hacia el centro del sarcómero. Esta acción reduce la distancia entre las líneas Z y el sarcómero se acorta.

▷ Las neuronas motoras controlan las contracciones de las fibras musculares y se unen a ellas en una sinapsis llamada **unión neuromuscular**. El neurotransmisor **acetilcolina** lleva los impulsos nerviosos a través de la sinapsis hasta la célula muscular.

Músculos y movimiento Los músculos producen fuerza al contraerse en una sola dirección.

▷ Los **tendones**, bandas de tejido conectivo, unen los músculos esqueléticos a los huesos, que actúan como palancas. Los movimientos controlados son posibles debido a que los músculos trabajan en pares opuestos.

▷ Los músculos rojos, o lentos, con muchas mitocondrias, pueden trabajar por largos períodos de tiempo. Los músculos blancos, o rápidos, tienen menos mitocondrias, pero son más fuertes que los lentos. Se usan en despliegues rápidos de fuerza o velocidad.

▷ El ejercicio regular ayuda a mantener la fortaleza y flexibilidad, y eso disminuye la probabilidad de que los músculos se lesionen.

Tejido muscular

Para las preguntas 1 a 6, escribe Cierto *si la oración es cierta. Si la oración es falsa, cambia la(s) palabra(s) subrayada(s) para que la oración sea cierta.*

_____ **1.** Los músculos esqueléticos grandes tienen células largas y estrechas con varios <u>núcleos</u>.

_____ **2.** Las bandas claras y oscuras de los músculos esqueléticos son <u>líneas Z</u>.

_____ **3.** Las células de los músculos lisos tienen forma de <u>cajas</u>.

_____ **4.** El tejido muscular liso reviste el <u>interior</u> de los vasos sanguíneos y el tracto digestivo.

_____ **5.** El músculo cardíaco se controla <u>voluntariamente</u>.

_____ **6.** Las células del músculo cardíaco tienen uniones <u>de hendidura</u> que permiten que los impulsos eléctricos pasen de una célula a otra.

7. Completa la tabla para comparar y contrastar los tres tipos de tejido muscular.

Tipos de tejido muscular		
Tipo de músculo	**Estriado/No estriado**	**Tipo de control**
	Estriado	
		Involuntario
Cardíaco		

Contracción muscular

Para las preguntas 8 a 13, completa cada oración con la(s) palabra(s) correcta(s).

8. Las fibras musculares están llenas de _____, que son haces de filamentos de proteína densamente unidos.

9. Los filamentos gruesos de proteína de las fibras musculares se llaman _____, y los filamentos delgados se llaman _____.

10. Los filamentos gruesos de las fibras musculares forman _____, que producen el deslizamiento de los filamentos uno contra el otro.

11. La energía que se usa en la contracción muscular es suministrada por _____.

12. Los impulsos transmitidos por las neuronas motoras liberan iones de _____ dentro de las fibras musculares.

13. La diferencia entre la contracción de un músculo fuerte y la de un músculo débil es _____ fibras musculares que se contraen.

Músculos y movimiento

14. **RAZONAMIENTO VISUAL** Rotula las estructuras indicadas en esta ilustración que muestra cómo los músculos de la parte superior del brazo producen los movimientos del antebrazo. Luego, explica en las líneas qué hacen los músculos para que el codo se doble y se estire.

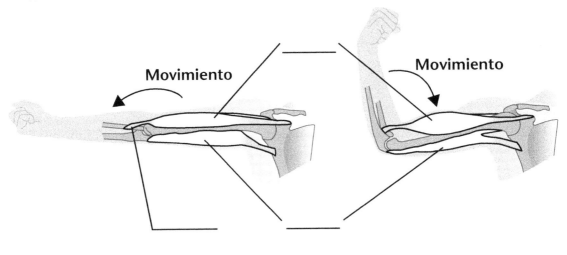

_____

_____

Para las preguntas 15 a 19, completa cada oración con la(s) palabra(s) correcta(s).

15. Cuando se producen los movimientos, los músculos suministran la fuerza, los huesos actúan como _____, y la articulación actúa como _____.

16. Los músculos esqueléticos trabajan en pares _____.

17. Las fibras del músculo rojo contienen _____, que almacena oxígeno.

18. El músculo blanco también se llama músculo _____.

19. En las células del músculo _____ se hallan muchas mitocondrias, que usan oxígeno para la respiración aeróbica.

Aplica la gran idea

20. Cuando se observa bajo el microscopio una muestra de tejido, revela estriaciones y fibras largas y delgadas que contienen muchos núcleos y mitocondrias. ¿Qué tipo de tejido probablemente se está observando? Explica tu respuesta.

_____

_____

_____

_____

32.3 La piel: el sistema tegumentario

Objetivos de la lección

- Mencionar las funciones del sistema tegumentario.
- Identificar las estructuras del sistema tegumentario.
- Describir algunos de los problemas que afectan a la piel.

Resumen de la lección

Funciones y estructuras del sistema tegumentario Este sistema protege los órganos internos, regula la temperatura corporal, excreta desechos, reúne información sobre el medio ambiente y produce vitamina D. Consta de la piel y de las estructuras relacionadas: pelo, uñas y varios tipos de glándulas. La piel consiste en dos capas principales.

- La capa externa de la piel es la **epidermis**, que tiene una capa superior de células muertas y una capa interna de células vivas de rápida división. Las células epidérmicas vivas producen **queratina**, la dura proteína fibrosa que llena las células muertas de la piel. La epidermis también contiene células llamadas **melanocitos**, que producen melanina. La **melanina** es el pigmento café que da color a la piel y la protege de la radiación ultravioleta.

- La **dermis** es la capa interna más gruesa de la piel que contiene las estructuras que interactúan con otros sistemas corporales para mantener la homeostasis al regular la temperatura corporal. Las **glándulas sebáceas** de la dermis secretan sebo, una sustancia aceitosa ácida que mantiene a la epidermis flexible e impermeable y mata a las bacterias.

- Los pelos son largas columnas de células muertas, llenas de queratina. Se producen en los **folículos capilares**, cavidades de la epidermis que se extienden hasta la dermis.

- Las uñas crecen de células de rápida división en las puntas de los dedos de las manos y los pies. Las células se llenan de queratina y producen las resistentes uñas en forma de placas.

Problemas de la piel Muchos factores internos y externos afectan la salud de la piel.

- El acné es un padecimiento que se desarrolla cuando el sebo y las células muertas de la piel obstruyen los folículos capilares.

- La urticaria son verdugones rojos producidos por alergias a medicinas o alimentos.

- El cáncer de piel, el crecimiento anormal de las células de la piel, es resultado de la exposición excesiva a la radiación ultravioleta del sol o de los salones de bronceado.

Funciones del sistema tegumentario

Para las preguntas 1 a 5, escribe en las líneas Cierto o Falso.

_____ 1. La protección contra los patógenos, la pérdida de agua y la radiación ultravioleta son funciones de la dermis.

_____ 2. La piel libera el exceso de calor pero mantiene un poco de calor corporal.

_____ 3. El sudor contiene sales y urea excretadas por la piel.

_____ 4. La piel tiene receptores sensoriales para la presión y el dolor.

_____ 5. La piel necesita luz solar para producir vitamina B.

Estructuras del sistema tegumentario

6. RAZONAMIENTO VISUAL Rotula las estructuras de la piel.

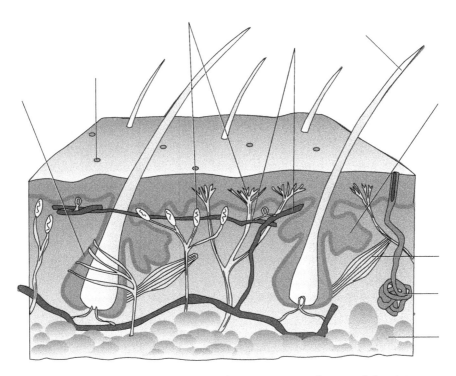

Para las preguntas 7 a 14, completa cada oración con la(s) palabra(s) correcta(s).

7. La capa externa de la piel se llama _____.

8. La capa interna de la epidermis incluye células _____ de rápida división que producen nuevas células que empujan a las viejas hacia la superficie.

9. Las células epidérmicas, _____, producen el pigmento café _____.

10. El pigmento café de la piel la protege al absorber _____.

11. La capa inferior de la piel que contiene muchas estructuras especializadas es

_____.

12. Las estructuras que ayudan a mantener la homeostasis al excretar sales y urea de la piel

son _____.

13. _____ producen un fluido que mata a las bacterias.

14. Tanto el pelo como _____ contienen _____, la misma dura proteína fibrosa que producen las células de la piel.

15. ¿Cómo ayuda la dermis a regular la temperatura corporal?

_____

_____

_____

16. ¿Cómo te ayuda el sudor a mantenerte fresco?

_____

17. ¿Cuál es la función del sebo?

_____

_____

18. ¿Cómo protegen al cuerpo los pelos dentro de la nariz, oídos y alrededor de los ojos?

_____

_____

19. ¿Qué provoca el crecimiento del pelo?

_____

_____

20. ¿Qué es la raíz de la uña?

_____

_____

Problemas de la piel

21. Completa la tabla para resumir los tipos de problemas de la piel y sus causas.

Tipos de problemas de la piel		
Problema de la piel	**Descripción**	**Causa**
	Bultos rojos que pueden contener pus y dejar cicatrices	
Urticaria		
Cáncer de piel		

Aplica la gran idea

22. ¿Por qué las quemaduras de tercer grado, que dañan tanto a la epidermis como a la dermis de la piel, son lesiones muy graves?

_____

_____

_____

_____

Repaso del vocabulario del capítulo

1. El siguiente diagrama muestra los filamentos musculares de un músculo relajado. Rotula la miosina, la actina y el sarcómero. Luego, describe en las líneas cómo cambia la posición de los filamentos de actina durante la contracción muscular.

Músculo relajado

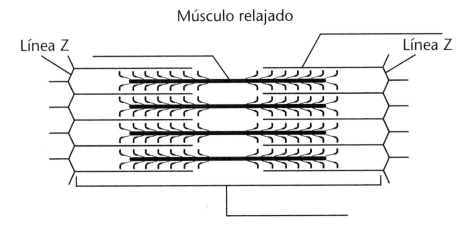

_____

_____

Para las preguntas 2 a 9, relaciona la célula o tejido con su descripción.

Célula/Tejido

_____ **2.** Dermis

_____ **3.** Epidermis

_____ **4.** Ligamento

_____ **5.** Melanocito

_____ **6.** Osteoblasto

_____ **7.** Osteoclasto

_____ **8.** Osteocito

_____ **9.** Tendón

Descripción

A. Une dos huesos en una articulación

B. Une los músculos a los huesos

C. Célula ósea que descompone los minerales del hueso

D. Capa interna de la piel

E. Célula del hueso maduro que mantiene al hueso

F. Capa exterior de la piel

G. Célula de la piel que produce un pigmento café

H. Célula ósea que produce hueso

Para las preguntas 10 a 15, completa cada oración con la(s) palabra(s) correcta(s).

10. _____ es una sección de miofibrillas que incluye dos líneas Z y los filamentos que hay entre ellas.

11. La sustancia que impermeabiliza la piel y mata las bacterias que hay en ella es producida por _____.

12. _____ es un haz de filamentos de actina y _____.

13. El pelo y las uñas están formados de la proteína _____.

14. El neurotransmisor _____ es liberado en las uniones neuromusculares de las neuronas motoras y fibras musculares.

15. Los nervios y los vasos sanguíneos del hueso compacto fluyen a través de estructuras llamadas _____.

MISTERIO DEL CAPÍTULO

DECESO DE UNA ENFERMEDAD

Aprendizaje en el siglo XXI

En el Misterio del capítulo, desentrañaste la relación entre la vitamina D y el raquitismo que aquejó a muchos niños desnutridos en climas del Norte a principios del siglo XX. A pesar de que esta enfermedad ha sido casi erradicada de este país, millones de niños en todo el mundo siguen padeciendo deficiencias de vitaminas y minerales.

La lucha contra la desnutrición en todo el mundo

El problema de la desnutrición infantil es tan serio y apremiante que muchas organizaciones gubernamentales y sin fines lucrativos se han comprometido a combatirlo. Uno de estos esfuerzos es dirigido por la Fundación de Bill y Melinda Gates. La fundación ha anunciado que asignará $25 millones a subvenciones para apoyar la "biofortificación". Este programa implica producir cultivos que proporcionen mayores niveles de micronutrientes como el hierro, el zinc y la vitamina A.

Lee los siguientes hechos de un informe de las Naciones Unidas para conocer más sobre la magnitud del problema que instó a la Fundación Gates a actuar:

Informe sobre las deficiencias de vitaminas y minerales en la niñez
Un problema global

- **Deficiencia de hierro**, es la forma de desnutrición más frecuente en todo el mundo y afecta a *miles de millones* de personas. El hierro transporta el oxígeno en la sangre, así que los síntomas de la deficiencia incluyen cansancio y palidez. La carencia de hierro en grandes segmentos de la población perjudica severamente a la productividad de un país. También impide el desarrollo cognitivo. En los países en desarrollo, afecta a más de la mitad de los niños de entre 6 y 24 meses de edad, un período en el que el cerebro se desarrolla rápidamente.

- **Deficiencia de vitamina A** Afecta a 127 millones de niños en edad preescolar y a seis millones de mujeres embarazadas de países en desarrollo. También es la causa principal de la ceguera en niños de países en desarrollo. Debilita el sistema inmunológico, aumentando la vulnerabilidad a las enfermedades y el riesgo de morir de diarrea, sarampión y malaria.

- **Deficiencia de yodo** Afecta a 780 millones de personas en todo el mundo. El síntoma más claro es la inflamación de la tiroides, llamada bocio. Pero el impacto más serio ocurre en el cerebro, que no se puede desarrollar adecuadamente sin yodo. De acuerdo con una investigación de la ONU, cada año, 20 millones de niños nacen discapacitados porque sus madres no consumieron suficiente yodo. Las deficiencias más severas provocan retraso mental e impedimentos físicos.

- **Deficiencia de zinc** Contribuye al retraso en el crecimiento y al debilitamiento de la inmunidad en niños pequeños. Está vinculada con altos riesgos de diarrea y neumonía y provoca casi 800,000 muertes al año en todo el mundo.

Continúa en la próxima página ▶

Asuntos del siglo XXI Ciencia y conciencia global, conocimientos de ciencias y salud

1. ¿Cuáles son algunas de las deficiencias de minerales y vitaminas, aparte de la vitamina D, que actualmente afectan a niños y adultos de todo el mundo?

_____

_____

2. ¿Qué porcentaje de niños de entre seis meses y dos años de edad se calcula que sufren de una deficiencia de hierro? _____

3. ¿Cuántos niños en edad preescolar se cree que sufren de una deficiencia de vitamina A y cuáles son sus efectos en la salud?

_____

_____

_____

_____

4. ¿Qué es la "biofortificación" y cómo puede ayudar a combatir las deficiencias de vitaminas y minerales?

_____

_____

_____

5. ¿Estás de acuerdo en que el problema de la deficiencia de vitaminas y minerales en los niños del mundo requiere de atención urgente? Explica tu respuesta.

_____

_____

6. ¿Crees que enfocarse en la biofortificación podría ayudar? ¿Por qué?

_____

_____

Destrezas para el siglo XXI Memorándum a la Fundación Gates

Entre las destrezas utilizadas en esta actividad están **razonamiento crítico y comprensión de sistemas, identificación, formulación y resolución de problemas, creatividad y curiosidad intelectual, conocimientos sobre medios de comunicación e información** y **responsabilidad social.**

En Internet, consulta páginas Web que contengan mapeos de los problemas de hambre y desnutrición de todo el mundo. Podrías consultar la página Web del Programa Mundial de Alimentos (PMA) de las Naciones Unidas. Con base en tu investigación, redacta el borrador de una breve carta a la Fundación Gates. Menciona dónde piensas que la necesidad es mayor y da una idea general acerca de los pasos que crees que la Fundación debe considerar para combatir las deficiencias de vitaminas y minerales.

33 Sistemas circulatorio y respiratorio

la gran idea

Estructura y función

P: ¿Cómo mantienen las estructuras de los sistemas respiratorio y circulatorio su estrecha relación funcional?

LO QUE SÉ	LO QUE APRENDÍ
33.1 ¿Qué estructuras transportan las sustancias por todo el cuerpo humano?	
33.2 ¿Cuáles son las funciones de la sangre y del sistema linfático en el cuerpo?	
33.3 ¿Cómo ocurre el intercambio de oxígeno y dióxido de carbono entre el ser humano y el medio ambiente?	

33.1 El sistema circulatorio

Objetivos de la lección

- Identificar las funciones del sistema circulatorio humano.
- Describir la estructura del corazón y explicar cómo bombea sangre a todo el cuerpo.
- Mencionar los tres tipos de vasos sanguíneos del sistema circulatorio.

Lesson Summary

Funciones del sistema circulatorio El sistema circulatorio transporta oxígeno, nutrientes y otras sustancias a todo el cuerpo y elimina los desechos de los tejidos.

El corazón La capa muscular del corazón es el **miocardio**. Sus poderosas contracciones bombean sangre por todo el sistema circulatorio. El corazón humano tiene cuatro cámaras. Una pared llamada septo separa el lado derecho del corazón del izquierdo. A cada lado del septo hay una cámara superior y una inferior.

- Las cámaras superiores, o **aurículas**, reciben la sangre del cuerpo; las cámaras inferiores, o **ventrículos**, bombean la sangre que sale del corazón.
- Entre las aurículas y los ventrículos y entre los ventrículos y los vasos sanguíneos que salen del corazón se ubican aletas de tejido conectivo llamadas **válvulas**. Éstas se abren y cierran para que la sangre se mueva sólo en una dirección.

El corazón bombea sangre a través de dos vías:

- La **circulación pulmonar** bombea sangre del corazón a los pulmones y de regreso al corazón. La sangre recoge oxígeno y libera dióxido de carbono en los pulmones.
- La **circulación sistémica** bombea sangre del corazón al resto del cuerpo. Las células absorben gran cantidad de oxígeno y llenan la sangre de dióxido de carbono.

El músculo cardíaco late de forma metódica y coordinada. Un pequeño grupo de fibras musculares cardíacas, el nodo sinoauricular (nodo SA), también es llamado **marcapasos**. Cuando éste se dispara, un impulso eléctrico hace que las aurículas se contraigan. Otro grupo de fibras musculares, el nodo auriculoventricular (nodo AV) ocasiona que los ventrículos se contraigan. El sistema nervioso influye en el nodo SA, aumentando o disminuyendo el ritmo cardíaco para satisfacer las necesidades del cuerpo.

Vasos sanguíneos La sangre fluye a través del sistema circulatorio en los vasos sanguíneos.

- Las **arterias** son vasos grandes que llevan la sangre del corazón a los tejidos corporales. Excepto por las arterias pulmonares, todas transportan sangre oxigenada.
- Los **capilares** son los vasos más pequeños. Sus delgadas paredes permiten que el oxígeno y los nutrientes pasen de la sangre a los tejidos y que los desechos pasen de los tejidos a la sangre.
- Las **venas** regresan la sangre al corazón. Muchas tienen válvulas que previenen el reflujo.

Las contracciones del corazón producen olas de presión en el fluido de las arterias y esto se conoce como presión arterial. Sin esa presión, la sangre dejaría de fluir por todo el cuerpo. El cuerpo regula la presión arterial por medio del cerebro y los riñones.

Funciones del sistema circulatorio

1. ¿Por qué los animales que tienen millones de células "necesitan" un sistema circulatorio, en tanto que los que tienen pocas células pueden vivir sin uno?

_____

_____

_____

_____

2. [ANALOGÍA VISUAL] Marie vive en una ciudad grande. Tiene capacidades diferentes y no puede salir de su casa. Todo lo que necesita debe ser entregado a su casa y toda su basura debe ser sacada. Compara la manera en que las calles y carreteras de la ciudad satisfacen las necesidades de Marie con la manera en que el sistema circulatorio satisface las necesidades de las células individuales del cuerpo humano.

_____

_____

_____

_____

_____

El corazón

3. Completa la tabla.

Camino de la circulación	Lado del corazón que bombea	Destino después de salir del corazón	Cambio en la sangre
Pulmonar			
Sistémica			

4. Rotula el diagrama en los puntos indicados para mostrar las estructuras del sistema circulatorio humano. Agrega flechas para mostrar la dirección del flujo de la sangre.

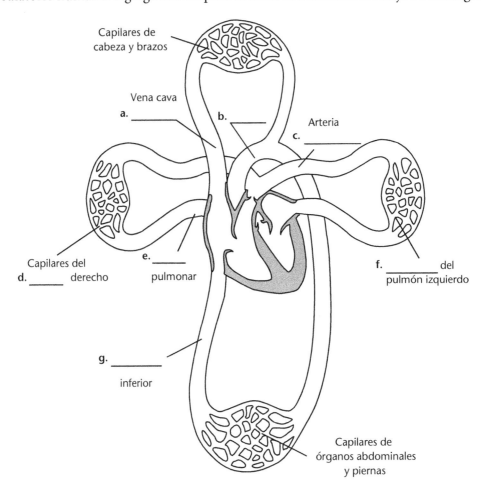

Capilares de cabeza y brazos

Vena cava
a. _____

b. _____

Arteria

c. _____

Capilares del
d. _____ derecho

e. _____
pulmonar

f. _____ del
pulmón izquierdo

g. _____
inferior

Capilares de
órganos abdominales
y piernas

5. Completa el diagrama de flujo para mostrar las acciones que hacen que el corazón lata de manera metódica.

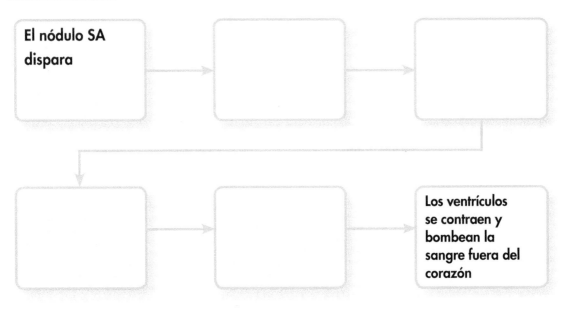

El nódulo SA dispara

Los ventrículos se contraen y bombean la sangre fuera del corazón

Vasos sanguíneos

6. A medida que la sangre fluye por todo el cuerpo, pasa por tres tipos de vasos sanguíneos. Escribe el nombre de cada uno y describe su estructura y función para completar la tabla.

Vasos sanguíneos	Estructura	Función

7. Completa el diagrama de retroalimentación para mostrar cómo el sistema nervioso regula la presión arterial.

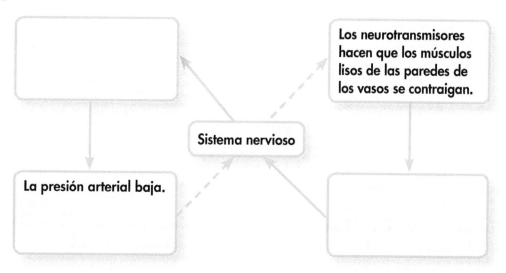

Los neurotransmisores hacen que los músculos lisos de las paredes de los vasos se contraigan.

Sistema nervioso

La presión arterial baja.

8. El lado izquierdo del corazón es más grande y musculoso que el lado derecho. Asimismo, las paredes de las arterias son más gruesas que las de las venas. Explica por qué estas diferencias en la estructura son importantes para su funcionamiento.

_____

_____

_____

_____

33.2 La sangre y el sistema linfático

Objetivos de la lección

- Explicar las funciones del plasma, los glóbulos rojos, los glóbulos blancos y las plaquetas de la sangre.
- Describir la función del sistema linfático.
- Enumerar tres enfermedades circulatorias comunes.
- Describir la relación entre el colesterol y las enfermedades circulatorias.

Resumen de la lección

Sangre La sangre tiene cuatro componentes básicos:

- El **plasma** es un fluido amarillento. Contiene aproximadamente 90% de agua y 10% de gases, sales, nutrientes, enzimas, hormonas, productos de desechos, proteínas plasmáticas, colesterol y otros compuestos importantes. Partes del plasma controlan la temperatura corporal, transportan sustancias y combaten infecciones. Las proteínas plasmáticas participan en la coagulación sanguínea.
- Los **glóbulos rojos** transportan oxígeno. La sangre obtiene su color rojo del hierro de la **hemoglobina**, proteína que se une al oxígeno pulmonar y lo libera en los capilares.
- Los **glóbulos blancos** defienden contra las infecciones, los parásitos y las bacterias.
- Las **plaquetas** son fragmentos celulares que participan en la coagulación sanguínea.

Sistema linfático Es una red de vasos, nódulos y órganos que recolectan el fluido que sale de los capilares, "filtran" los microorganismos y lo regresan al sistema circulatorio.

- **Linfa** fluido de componentes sanguíneos que han pasado por las paredes de los capilares.
- Los vasos linfáticos transportan materiales y los nódulos linfáticos actúan como filtros, atrapando los microorganismos, células cancerosas errantes y desechos.

Enfermedades del sistema circulatorio Sus tres enfermedades más graves y comunes son:

- Cardiopatías: Su principal causa es la **aterosclerosis**, enfermedad en la que depósitos grasos llamados placas se acumulan en las paredes arteriales y las endurecen. Un infarto ocurre cuando las células del músculo cardíaco se dañan.
- Apoplejía: Es la muerte repentina de células del cerebro cuando se interrumpe su suministro de sangre, debido a la obstrucción de un vaso sanguíneo cerebral. También puede ocurrir cuando se rompe un vaso débil y produce una hemorragia en el cerebro.
- Hipertensión: Se define como una presión arterial mayor que 40/190, capaz de dañar el corazón, los vasos sanguíneos y los riñones, y provocar infartos y apoplejías.

Comprender las enfermedades circulatorias El colesterol es un lípido que forma parte de las membranas de las células animales. Es transportado en la sangre principalmente por dos tipos de lipoproteínas: la de baja densidad (LDL) y la de alta densidad (HDL). El hígado lo produce, pero también proviene de alimentos animales. Su alto nivel y otros factores de riesgo, provocan aterosclerosis y mayor riesgo de infarto.

Sangre

Para las preguntas 1 a 5, escribe Cierto *si la oración es cierta. Si la oración es falsa, cambia la(s) palabra(s) subrayada(s) para que la oración sea cierta.*

_____ **1.** La sangre ayuda a regular la <u>temperatura</u> corporal y a combatir las infecciones.

_____ **2.** El cuerpo humano contiene de <u>8 a 10</u> litros de sangre.

_____ **3.** El plasma contiene aproximadamente <u>50</u> por ciento de agua.

_____ **4.** La albúmina, las globulinas y el fibrinógeno son <u>ácidos nucleicos</u> de la sangre.

_____ **5.** El <u>fibrinógeno</u> es necesario para la coagulación sanguínea.

6. Completa la tabla para describir las características y funciones de la sangre.

Componente	Características	Función
Plasma		
Glóbulos rojos		
Glóbulos blancos		
Plaquetas		

Sistema linfático

Para las preguntas 7 a 14, escribe la letra de la respuesta correcta.

_____ **7.** El fluido y las partículas pequeñas que salen de la sangre se llaman conjuntamente

    A. plasma.   **C.** plaquetas.

    B. linfocitos.   **D.** linfa.

_____ **8.** Una parte de la linfa se acumula en una red de vasos, nódulos y órganos llamados

    A. sistema circulatorio.   **C.** sistema respiratorio.

    B. sistema linfático.   **D.** sistema excretor.

_____ **9.** ¿Cómo protege la linfa contra las infecciones?

    A. Filtra los microorganismos.

    B. Produce fiebre cuando hay virus presentes.

    C. Elimina el ADN defectuoso de las células.

    D. Elimina las toxinas del hígado.

_____ **10.** ¿Qué transporta a la linfa hacia los ductos?

    A. las válvulas de las venas

    B. la acción de bombeo del corazón

    C. la presión de los músculos esqueléticos

    D. las delgadas paredes de los capilares

_____ **11.** ¿Por dónde regresa la linfa al torrente sanguíneo?

    A. por las venas que hay justo debajo de los hombros

    B. por las venas de las piernas

    C. por las arterias del abdomen

    D. por los capilares del hígado

_____ **12.** ¿Qué nutrientes recoge el sistema linfático en el tracto digestivo y transporta al torrente sanguíneo?

    A. grasas y vitaminas solubles en grasa

    B. agua y vitaminas solubles en agua

    C. agua y proteínas

    D. ácidos grasos y colesterol

_____ **13.** ¿Cuál de las siguientes NO es una función de los nódulos linfáticos?

    A. bombear sangre a los pulmones

    B. atrapar microorganismos

    C. recolectar células cancerosas

    D. recoger desechos del cuerpo

_____ **14.** ¿Qué órgano del sistema linfático almacena plaquetas?

    A. el corazón   **C.** el timo

    B. el nódulo linfático   **D.** el bazo

Enfermedades del sistema circulatorio

15. ¿Por qué la primera señal de un problema circulatorio es un evento que afecta al corazón o al cerebro?

_____

_____

_____

16. ¿Qué es la aterosclerosis?

_____

_____

_____

17. ¿Qué es la angina de pecho y qué la causa?

_____

_____

18. ¿Cuál es una de las causas de la insuficiencia cardíaca?

_____

_____

19. ¿Qué es un infarto y qué causa casi todos los infartos?

_____

_____

_____

20. ¿En qué se parece una apoplejía a un infarto?

_____

_____

_____

21. ¿Cómo daña la presión arterial alta al corazón?

_____

_____

_____

Comprender las enfermedades circulatorias

Para las preguntas 22 a 25, completa cada oración con la(s) palabra(s) correcta(s).

22. El colesterol es transportado por todo el cuerpo por una lipoproteína de _____ y una lipoproteína de _____.

23. Un nivel de colesterol en el rango de _____ se considera normal.

24. El colesterol se produce en _____, pero también se puede hallar en alimentos altos en _____.

25. El colesterol alto es uno de los factores de riesgo para _____ y el infarto.

26. Completa el mapa de conceptos para comparar el camino del colesterol en las células hepáticas normales y en las defectuosas.

Normal

La LDL se une a los receptores de la membrana de las células del hígado y es llevada a la célula

Defectuosas

La LDL no se puede unir a sus receptores

Los niveles de colesterol son altos

El hígado produce más colesterol

27. ¿Qué descubrieron Brown y Goldstein acerca de las personas que llevan dietas altas en grasa?

_____

_____

_____

Aplica la gran idea

28. La cardiopatía, la apoplejía y la presión arterial alta matan a muchas personas en Estados Unidos, pero hay muchas maneras de prevenirlas. ¿Cómo puede una dieta saludable y el ejercicio mantener el buen funcionamiento del sistema circulatorio para prevenir estas enfermedades?

_____

_____

_____

_____

33.3 El sistema respiratorio

Objetivos de la lección

- Identificar las estructuras del sistema respiratorio y describir sus funciones.
- Describir el intercambio de gases.
- Describir cómo se controla la respiración.
- Describir los efectos del tabaquismo en el sistema respiratorio.

Resumen de la lección

Estructuras del sistema respiratorio En los organismos, la *respiración* es el proceso en el que se intercambian gases entre el cuerpo y el medio ambiente. El sistema respiratorio humano recoge el oxígeno del aire cuando inhalamos y libera el dióxido de carbono al aire cuando exhalamos. Las estructuras del sistema respiratorio incluyen:

- la nariz, donde el aire se filtra, humedece y calienta.
- la **faringe**, o garganta, que sirve como conducto de entrada tanto para el aire como para los alimentos.
- la **tráquea**, o conducto respiratorio, y la **laringe** o cuerdas vocales.
- los **bronquios**, dos tubos grandes que conducen a los pulmones. Cada uno se ramifica en conductos más pequeños llamados bronquiolos que terminan en diminutas bolsas de aire dentro de los pulmones llamadas **alveolos**.

Intercambio y transporte de gases El oxígeno y el dióxido de carbono se intercambian a través de las paredes de los alveolos y los capilares. Las propiedades químicas de la sangre y de los glóbulos rojos permiten el transporte eficaz de los gases por el cuerpo.

- Intercambio de dióxido de carbono y oxígeno por las paredes de los capilares y alveolos.
- La hemoglobina se une al oxígeno y lo transporta difundiéndolo de los alveolos a los capilares. También aumenta la eficacia del intercambio de gases.
- La sangre transporta el dióxido de carbono de tres maneras. Casi todo se combina con agua y forma ácido carbónico. Otra parte se disuelve en el plasma y la otra se une a la hemoglobina y a las proteínas del plasma.

Respiración Durante la inhalación y la exhalación los movimientos del diafragma y de la caja torácica cambian la presión del aire en la cavidad torácica.

- El músculo en forma de bóveda que se encuentra en la parte inferior de la cavidad torácica se llama **diafragma**. Durante la inhalación, la contracción del diafragma y de los músculos de las costillas aumenta el volumen del pecho y el aire entra rápidamente. En la exhalación, estos músculos se relajan y el aire sale rápidamente.
- El sistema nervioso tiene el control final de los músculos respiratorios. La respiración no requiere control consciente.

Tabaquismo y sistema respiratorio Las sustancias químicas del humo del tabaco dañan las estructuras de todo el sistema respiratorio y tienen otros efectos negativos en la salud. Produce varias enfermedades, como bronquitis crónica, enfisema y cáncer de pulmón.

Estructuras del sistema respiratorio

1. Rotula las estructuras indicadas en el siguiente dibujo del sistema respiratorio humano.

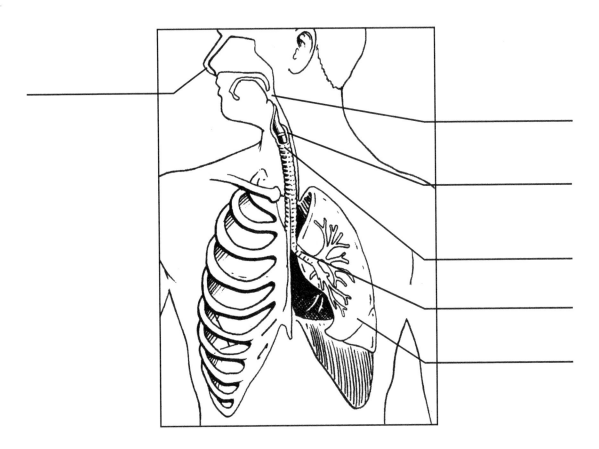

Intercambio y transporte de gases

Para las preguntas 2 a 7, completa cada oración con la(s) palabra(s) correcta(s).

2. _____ proporcionan la superficie para el intercambio de gases en los pulmones.

3. Los gases que se intercambian en los pulmones son dióxido de carbono y _____.

4. El proceso que intercambia gases a través de las paredes de los capilares es _____.

5. El oxígeno se difunde de un área de _____ concentración a un área de menor concentración.

6. _____ se une al oxígeno y aumenta su capacidad de transporte en la sangre.

7. Casi todo el dióxido de carbono se combina con _____ de la sangre, produciendo ácido carbónico.

Respiración

8. Completa el diagrama de flujo para mostrar cómo funciona la respiración.

| El diafragma se contrae | → | | → | Aire inhalado |

| | ← | La caja torácica desciende | | |

Tabaquismo y sistema respiratorio

9. Completa la tabla con la descripción de los efectos en la salud de tres sustancias del humo del tabaco.

Sustancia	Efecto
Nicotina	
Monóxido de carbono	
Alquitrán	

10. ¿Qué produce la tos del fumador?

_____

_____

_____

11. Fumar aunque sea pocos cigarros pero de manera habitual puede producir bronquitis crónica. ¿Qué les ocurre a las personas que padecen esta enfermedad?

_____

Aplica la gran idea

12. El tabaquismo y el humo pasivo dañan tanto al sistema respiratorio como al circulatorio. Explica cómo la estrecha relación estructural de estos dos sistemas manifiesta el efecto del humo en ambos sistemas.

_____

_____

_____

Repaso del vocabulario del capítulo

Horizontales

3. proteína de la sangre que se une al oxígeno

5. acumulación de depósitos grasos en las paredes arteriales

8. capa muscular del corazón

12. nódulo sinoauricular del corazón

14. el fluido y las pequeñas partículas que contiene y que salen de los glóbulos rojos

15. la vía de la circulación que envía la sangre del corazón a los pulmones y de regreso al corazón

16. los leucocitos, o glóbulos _____, defienden contra las infecciones

17. el vaso sanguíneo más pequeño

Verticales

1. cámara inferior del corazón

2. estructura que mantiene a la sangre moviéndose en el corazón en una dirección

4. vaso sanguíneo que regresa la sangre del cuerpo al corazón

6. los eritrocitos, o glóbulos _____, transportan oxígeno

7. circulación que envía la sangre del corazón a todo el cuerpo excepto a los pulmones

9. cámara superior del corazón

10. parte líquida de la sangre

11. fragmento celular que hace posible la coagulación sanguínea

13. vaso sanguíneo que transporta la sangre del corazón a los tejidos corporales

Para las preguntas 17 a 19, completa cada oración con la(s) palabra(s) correcta(s).

17. La garganta también se llama _____.

18. El conducto respiratorio también se llama _____.

19. Las cuerdas vocales están en _____.

MISTERIO DEL CAPÍTULO

EN LA SANGRE

El Misterio del capítulo se centró en una rara enfermedad genética conocida como hipercolesterolemia familiar. Las enfermedades que a menudo están directamente asociadas con los cigarrillos y otros usos del tabaco, como el cáncer de pulmón y la cardiopatía, son mucho más comunes.

Aprendizaje en el siglo XXI

Tabaquismo, cáncer de pulmón y cardiopatía: ¿Debe la FDA regular el tabaco?

El cáncer de pulmón y la cardiopatía son algunos de los principales asesinos de la nación. Juntos, son responsables de la muerte de cientos de miles de estadounidenses cada año.

Los legisladores federales han debatido durante mucho tiempo cómo regular mejor los productos del tabaco. Si el proyecto de ley es aprobado por la Cámara de Representantes, se requeriría que la Administración de Drogas y Alimentos de Estados Unidos (FDA) regulara los cigarrillos y otros productos del tabaco.

Lee la siguiente declaración presentada por la congresista Rosa DeLauro (D-CT) ante la Cámara de Representantes de Estados Unidos, en la que exhorta a aprobar el proyecto de ley llamado H.R.1108:

CÁMARA DE REPRESENTANTES, 30 DE JULIO DE 2008

Sra. *DeLAURO*. Señora presidente, hago uso de la palabra en apoyo a la Ley para la Prevención del Tabaquismo Familiar y el Control del Tabaco H.R. 1108. Esta legislación otorgará a la Administración de Drogas y Alimentos (FDA) la tan necesaria autoridad para regular la fabricación, venta, distribución y comercialización de productos del tabaco.

Como sabemos, el tabaco contribuye a la muerte de más de 400,000 estadounidenses y cuesta al sistema de salud casi $100 mil millones cada año. Lo más trágico de esta estadística es que prácticamente todas estas muertes pudieron haberse evitado. Es alarmante que enfermedades prevenibles, como el enfisema, la cardiopatía y el cáncer se deban al tabaco. Además de proporcionar a los consumidores información científica sobre los productos del tabaco, otorgar la autoridad a la FDA para regularlo ayudaría a proteger a nuestros hijos de estos productos. Casi 90% de todos los fumadores adultos comenzaron su hábito en la adolescencia o antes, y dos tercios se convirtieron en fumadores habituales antes de cumplir los 19 años. Según la Asociación Médica Estadounidense, a diario, unos 4,000 niños fuman por primera vez y otros 1,000 se convierten en fumadores regulares. Esto significa que un tercio de estos niños morirá prematuramente.

Aunque afirman lo contrario, las tabacaleras continúan comercializando activamente sus productos a los niños. Esta ley otorgará a la FDA la autoridad para imponer restricciones a la comercialización, al etiquetado y prohibir productos del tabaco de sabores dulces, para evitar que las tabacaleras conviertan a los niños en adictos. Este proyecto de ley goza de un fuerte apoyo bipartidario y de grupos clave, como la Sociedad Estadounidense del Cáncer, la Asociación Médica Estadounidense, la Asociación Estadounidense del Corazón, la Asociación Estadounidense del Pulmón y la Campaña para Niños Libres de Tabaco.

Continúa en la próxima página ▶

Asuntos del siglo XXI Conocimientos de ciencias y cívica, conocimientos de ciencias y salud

1. ¿Cuántas muertes en Estados Unidos se atribuyen directamente al tabaco cada año?

_____

2. ¿Cuánto se calcula que cuestan al sistema de salud de Estados Unidos las enfermedades relacionadas con el tabaco cada año?

_____

3. Si la Administración de Drogas y Alimentos (FDA) regulara los productos del tabaco, ¿qué cambios podría imponer este organismo?

_____

_____

4. ¿A qué edad comenzaron su hábito la mayoría de los fumadores adultos?

_____

_____

5. ¿Crees que el proyecto de ley H.R. 1108 debe aprobarse? ¿Por qué?

_____

_____

_____

Destrezas para el siglo XXI Carta para tu senador

Entre las destrezas utilizadas en esta actividad están **razonamiento crítico y comprensión de sistemas, conocimientos sobre medios de comunicación e información, destrezas de comunicación** y **responsabilidad social.**

En Internet, visita la gran base de datos legislativa de la Biblioteca del Congreso llamada "Thomas", en honor del tercer presidente de Estados Unidos, Thomas Jefferson. Úsala para averiguar la situación del proyecto de ley H.R. 1108. Lee el proyecto, busca los comentarios de otros representantes y analiza la evaluación económica que realizó la Oficina Presupuestaria del Congreso sobre él. Con base en esta investigación, escribe una carta a tu senador expresando tu opinión acerca de si el proyecto de ley debe aprobarse (o si debió haberse aprobado). Menciona claramente en la carta las razones de tu elección.

34 Sistemas endocrino y reproductor

la gran idea

Homeostasis

P: ¿Cómo usa el cuerpo señales químicas para mantener la homeostasis?

LO QUE SÉ	LO QUE APRENDÍ
34.1 ¿De qué manera el cuerpo envía y recibe señales químicas?	
34.2 ¿Qué procesos vitales regulan las hormonas?	
34.3 ¿Qué estructuras corporales permiten a los seres humanos producir descendencia?	
34.4 ¿Cómo se desarrolla un ser humano de una célula a un bebé recién nacido?	

34.1 El sistema endocrino

Objetivos de la lección

- Describir la estructura y función del sistema endocrino.
- Explicar cómo funcionan las hormonas.

Resumen de la lección

Hormonas y glándulas El sistema endocrino está compuesto por glándulas endocrinas que liberan hormonas en la sangre.

▷ Las **hormonas** son sustancias químicas producidas en una parte del cuerpo que afectan a las células en otras partes. Viajan por todo el cuerpo en el torrente sanguíneo.

- Las hormonas se unen a las **células objetivo**, que son células que tienen receptores específicos para una hormona, ya sea sobre la membrana celular o dentro de ella.
- Una hormona no afecta a las células que no tienen receptores para esa hormona.

▷ Las glándulas son órganos que liberan secreciones. El cuerpo tiene dos tipos de glándulas.

- Las **glándulas exocrinas** liberan sus secreciones a través de ductos, ya sea fuera del cuerpo o en el sistema digestivo.
- Las **glándulas endocrinas** liberan hormonas directamente en el torrente sanguíneo. Otras estructuras que por lo general no se consideran glándulas, como los huesos, el tejido adiposo, el corazón y el intestino delgado, también producen y liberan hormonas.

▷ Todas las células, excepto los glóbulos rojos, producen sustancias parecidas a hormonas llamadas **prostaglandinas**, ácidos grasos modificados que suelen afectar sólo a células y tejidos cercanos. A veces se les llama "hormonas locales".

Acción hormonal Hay dos tipos de hormonas.

▷ Las esteroides se producen del colesterol. Pueden cruzar las membranas de las células objetivo, unirse a sus receptores y entrar en el núcleo. Los complejos de la hormona receptora cambian la expresión génica de la célula objetivo y producen cambios drásticos en su actividad.

▷ Las no esteroides pueden ser proteínas, péptidos pequeños o aminoácidos modificados. No pueden cruzar las membranas celulares. Los receptores de estas hormonas están sobre la membrana celular. Complejos llamados mensajeros secundarios llevan los mensajes de las hormonas no esteroides al interior de las células objetivo.

Hormonas y glándulas

Para las preguntas 1 a 4, escribe Cierto *si la oración es cierta y* Falso *si la oración es falsa.*

_____ **1.** Las hormonas son mensajeros químicos transportados por el torrente sanguíneo.

_____ **2.** Cualquier célula puede ser una célula objetivo de una hormona.

_____ **3.** La respuesta del cuerpo a las hormonas es la misma que la de los impulsos nerviosos.

_____ **4.** La insulina y el glucagón son dos hormonas opuestas.

5. Completa la tabla con las principales glándulas endocrinas del cuerpo humano.

Glándula	Hormona(s) producida(s)	Función
Paratiroides	Hormona paratiroidea	
Pineal		Regular las actividades rítmicas
	Tiroxina	
	Corticosteroide, epinefrina, norepinefrina	
		Mantener el nivel de glucosa en la sangre
		Regular la formación de óvulos y el desarrollo de las características sexuales secundarias femeninas; preparar el útero para la fecundación
	Testosterona	

6. ¿Qué son las prostaglandinas? ¿En qué se diferencia su función de la de las hormonas?

_____

_____

_____

_____

_____

Acción hormonal

7. **RAZONAMIENTO VISUAL** Las hormonas esteroides y no esteroides afectan a sus células objetivo de diferentes maneras. En las siguientes celdas vacías, dibuja diagramas que muestren cómo afecta cada tipo de hormona a su célula objetivo. Asegúrate de rotular la membrana celular, el citoplasma, el núcleo, las hormonas y sus receptores.

Cómo funcionan las hormonas esteroides	Cómo funcionan las hormonas no esteroides

8. Resume la acción de una hormona esteroide en una célula objetivo.

_____
_____
_____

9. Resume la acción de una hormona no esteroide en una célula objetivo.

_____
_____
_____

Aplica la gran idea

10. Compara la liberación de una hormona con la transmisión de un comercial de televisión.

_____
_____
_____
_____

34.2 Glándulas del sistema endocrino

Objetivos de la lección

- Identificar las funciones de las principales glándulas endocrinas.
- Explicar cómo están controladas las glándulas endocrinas.

Resumen de la lección

Glándulas endocrinas humanas Estas glándulas están dispersas por todo el cuerpo.

- La **glándula pituitaria** es una estructura del tamaño de un frijol que está en la base del cerebro. Consta de dos partes: la anterior y la posterior. Secreta hormonas que regulan las funciones corporales y controlan las acciones de otras glándulas endocrinas.

- El hipotálamo controla las secreciones de la glándula pituitaria y es la conexión entre el sistema nervioso central y el endocrino. Sus células neurosecretoras controlan la pituitaria posterior. Produce **hormonas liberadoras** que controlan las secreciones de la pituitaria anterior.

- Arriba de cada riñón descansa una glándula suprarrenal. Sus hormonas prepararan al cuerpo para manejar el estrés. Consisten en una corteza y una médula.
  - La corteza suprarrenal produce más de dos docenas de **corticosteroides**, que ayudan a mantener la homeostasis.
  - La médula suprarrenal produce las hormonas **epinefrina** y **norepinefrina** de "lucha o huída", que ayudan al cuerpo a responder al estrés.

- El páncreas es tanto una glándula exocrina como endocrina. Como glándula exocrina, libera enzimas digestivas.

- La insulina y el glucagón, hormonas producidas por las isletas de Langerhans del páncreas, ayudan a mantener estables los niveles de glucosa en la sangre.

- La glándula tiroides se envuelve alrededor de la tráquea en la base del cuello. Las cuatro glándulas paratiroides están en su superficie posterior. La **tiroxina**, de la glándula tiroides, regula el metabolismo, y la **calcitonina** y la **hormona paratiroidea** de las paratiroides, trabajan juntas para mantener los niveles de calcio en la sangre.

- Las glándulas reproductoras, o gónadas, producen gametos y hormonas sexuales. Las femeninas (ovarios) producen óvulos, y las masculinas (testículos) espermatozoides.

Control del sistema endocrino Los mecanismos de retroalimentación hormonales ayudan a mantener la homeostasis. En la inhibición por retroalimentación, los altos niveles de una sustancia inhiben el proceso que la produjo. Las secreciones del hipotálamo y de la pituitaria regulan así la actividad de otras glándulas endocrinas.

- Las acciones del hipotálamo y de la glándula pituitaria posterior regulan el equilibrio hídrico. El hipotálamo indica a la glándula pituitaria posterior que aumente (en caso de exceso de hidratación) su liberación de la hormona antidiurética (ADH). En respuesta a los niveles de ADH, los riñones producen más o menos orina.

- El hipotálamo y la pituitaria anterior regulan el metabolismo y la temperatura corporal al controlar la cantidad de tiroxina que la glándula tiroides produce.

Glándulas endocrinas humanas

Para las preguntas 1 a 4, completa cada oración con la(s) palabra(s) correcta(s).

1. La glándula pituitaria está ubicada en la base de _____ y consiste en la pituitaria _____ y la pituitaria _____.

2. Las células _____ de _____ producen hormonas que son liberadas por _____.

3. Las dos hormonas liberadas por la pituitaria posterior son la oxitocina y _____.

4. Las hormonas _____ secretadas en los vasos sanguíneos que van a la pituitaria _____ controlan sus secreciones.

Para las preguntas 5 a 9, relaciona la hormona pituitaria con su acción.

Hormona

_____ 5. MSH

_____ 6. TSH

_____ 7. LH

_____ 8. GH

_____ 9. ACTH

Acción

A. Estimula los ovarios y los testículos

B. Estimula la liberación de tiroxina

C. Estimula la liberación de las hormonas de la corteza suprarrenal

D. Estimula la síntesis de proteínas y el crecimiento celular

E. Estimula los melanocitos para aumentar la producción de melanina en la piel

10. Completa la tabla. Escribe la información que falta de cada glándula suprarrenal.

Parte de la glándula suprarrenal	Hormona(s) producida(s)	Función
Corteza suprarrenal		
Médula suprarrenal		

11. ¿De qué manera el páncreas usa conjuntamente la insulina y el glucagón para controlar los niveles de glucosa en el cuerpo?

_____

_____

_____

12. ¿Qué es la diabetes sacarina?

_____

_____

Sangre

Para las preguntas 13 a 19, escribe Cierto si la oración es cierta. Si la oración es falsa, cambia la(s) palabra(s) subrayada(s) para que la oración sea cierta.

_____ **13.** Una función de la <u>glándula tiroides</u> es controlar el metabolismo.

_____ **14.** El cuerpo necesita <u>calcio</u> para producir tiroxina.

_____ **15.** Muy poca tiroxina causa una enfermedad llamada <u>hipertiroidismo</u>.

_____ **16.** La <u>calcitonina</u> es una hormona producida por la glándula tiroides.

_____ **17.** Las glándulas paratiroides están atrás de la <u>pituitaria</u>.

_____ **18.** La hormona paratiroidea fomenta el funcionamiento adecuado de <u>nervios y músculos</u>.

_____ **19.** Se dice que los órganos reproductores son <u>gametos</u>.

Control del sistema endocrino

20. ¿Qué es la inhibición por retroalimentación?

_____

_____

21. Completa el diagrama de flujo para mostrar cómo los controles de retroalimentación regulan la glándula tiroides.

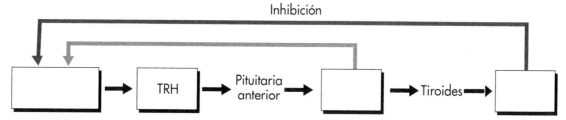

Inhibición

TRH → Pituitaria anterior → □ → Tiroides → □

22. Explica cómo el control por retroalimentación regula el ritmo del metabolismo.

_____

_____

_____

_____

_____

_____

Aplica la gran idea

23. ¿Qué glándula, el hipotálamo o la pituitaria, debe llamarse "glándula suprema"? Explica.

_____

_____

_____

_____

34.3 El sistema reproductor

Objetivos de la lección

- Describir los efectos que tienen las hormonas sexuales en el desarrollo.
- Mencionar y analizar las estructuras del sistema reproductor masculino.
- Mencionar y analizar las estructuras del sistema reproductor femenino.
- Describir algunas de las enfermedades de transmisión sexual más comunes.

Resumen de la lección

Desarrollo sexual Las hormonas liberadas por los ovarios y los testículos producen el desarrollo sexual en la **pubertad**, un período de crecimiento rápido y maduración sexual que comienza entre los 9 y los 15 años de edad. A su término, los órganos reproductores masculinos y femeninos están totalmente desarrollados y son enteramente funcionales.

Sistema reproductor masculino La principal función del sistema reproductor masculino es producir y entregar espermatozoides.

- Los **testículos** son los órganos principales del sistema masculino. Ambos están en una bolsa externa llamada **escroto**. Producen espermatozoides en diminutos tubos llamados **túbulos seminíferos**. Los espermatozoides maduran y se almacenan en el **epidídimo**. El **conducto deferente** los transporta de cada testículo a la uretra dentro del pene.

- Durante el camino, las secreciones de varias glándulas forman un fluido con muchos nutrientes llamado fluido seminal. La combinación de los espermatozoides y los fluidos seminales se llama **semen**. El semen sale del cuerpo a través de la uretra. Las contracciones expulsan al semen fuera del pene en un proceso llamado eyaculación.

- Un espermatozoide maduro consiste en una cabeza que contiene el núcleo, una parte media llena de mitocondrias y un flagelo que impulsa a los espermatozoides.

Sistema reproductor femenino Las principales funciones del sistema reproductor femenino son producir óvulos y preparar al cuerpo femenino para nutrir a un embrión.

- El **ovario** es el órgano principal del sistema reproductor femenino. Cada ovario tiene miles de folículos, que son grupos de células que rodean a un óvulo. Un óvulo maduro pasa por el tubo de Falopio hasta el útero, que está conectado al exterior del cuerpo por la vagina.

- A partir de la pubertad, el cuerpo femenino pasa por un **ciclo menstrual**, una serie de sucesos que preparan al cuerpo para cuidar a los óvulos fecundados. Tiene cuatro fases:
  - Fase folicular: Un óvulo madura en su folículo.
  - **Ovulación**: El óvulo maduro es liberado del ovario.
  - Fase lútea: El folículo se desarrolla en una estructura llamada **cuerpo lúteo**.
  - **Menstruación**: Si el óvulo no se fecunda, el forro del útero se cae y sale del cuerpo por la vagina.

Enfermedades de transmisión sexual Una enfermedad que se contagia durante el contacto sexual se llama **enfermedad de transmisión sexual** (ETS). Las bacterias y los virus pueden causar las ETS. La clamidia, la sífilis, la gonorrea y el SIDA son ETS.

Desarrollo sexual

Para las preguntas 1 a 3, escribe la letra de la respuesta correcta.

_____ **1.** Los embriones masculinos y femeninos son casi idénticos hasta

    A. la segunda semana de desarrollo.   **C.** el tercer mes de desarrollo.

    B. la séptima semana de desarrollo.   **D.** el quinto mes de desarrollo.

_____ **2.** ¿Qué hormona, cuando se produce en un embrión, desencadena un patrón de desarrollo masculino?

    A. testosterona   **C.** estrógeno

    B. progesterona   **D.** adrenalina

_____ **3.** El período del desarrollo humano que incluye el crecimiento rápido y la maduración sexual se llama

    A. adolescencia.   **C.** madurez.

    B. niñez.   **D.** pubertad.

Sistema reproductor masculino

Para las preguntas 4 a 8, relaciona la estructura del sistema reproductor masculino con su descripción.

Estructura	Descripción
_____ **4.** epidídimo	**A.** Bolsa externa de las gónadas masculinas
_____ **5.** escroto	**B.** El principal órgano reproductor masculino
_____ **6.** túbulo seminífero	**C.** Donde maduran los espermatozoides
_____ **7.** testículo	**D.** Estructura en la que ocurre la meiosis
_____ **8.** conducto deferente	**E.** Tubo de paso de los espermatozoides a la uretra

Para las preguntas 9 a 12, completa cada oración con la(s) palabra(s) correcta(s).

9. Las vesículas seminales, _____ y la glándula _____ producen un fluido lleno de nutrientes llamado fluido _____.

10. Los espermatozoides mezclados con el fluido seminal se llaman _____.

11. Las señales del sistema nervioso _____ causan la eyaculación.

12. _____ de un espermatozoide contiene mitocondrias que suministran energía al _____, que impulsa a los espermatozoides.

Sistema reproductor femenino

Para las preguntas 13 a 16, completa cada oración con la(s) palabra(s) correcta(s).

13. Los principales órganos reproductores femeninos son _____.

14. La función de _____ es ayudar a madurar al óvulo.

15. Sólo aproximadamente _____ óvulos de los 40,000 con los que nace una mujer se desarrollan en óvulos maduros.

16. La estructura del sistema reproductor femenino en la que se desarrolla el embrión se llama _____.

Para las preguntas 17 a 20, relaciona la fase del ciclo menstrual con el suceso adecuado.

Fase

_____ **17.** Fase folicular

_____ **18.** Ovulación

_____ **19.** Fase lútea

_____ **20.** Menstruación

Suceso

A. Un óvulo sin fecundar sale del cuerpo.

B. El óvulo viaja a través de un tubo de Falopio.

C. Se desarrolla un óvulo dentro de un folículo.

D. Un óvulo es liberado de un ovario.

21. Completa el mapa de conceptos con los resultados de un ciclo menstrual.

Óvulo maduro entra en el tubo de Falopio

No hay espermatozoides en el tracto femenino

Podría producirse la fecundación

Enfermedades de transmisión sexual

Para las preguntas 22 a 24, escribe Cierto *si la oración es cierta. Si la oración es falsa, cambia la(s) palabra(s) subrayada(s) para que la oración sea cierta.*

_____ **22.** El <u>SIDA</u> es la ETS bacteriana más común.

_____ **23.** La clamidia daña el tracto reproductor y puede causar <u>infertilidad</u>.

_____ **24.** La <u>hepatitis B</u> y el herpes genital son ETS virales.

Aplica la gran idea

25. ¿Por qué el ciclo menstrual es un ejemplo de retroalimentación negativa del cuerpo?

_____

_____

_____

_____

34.4 Fecundación y desarrollo

Objetivos de la lección

- Describir la fecundación y las primeras etapas del desarrollo.
- Identificar los sucesos principales de las etapas posteriores del desarrollo.

Resumen de la lección

Fecundación y desarrollo temprano La fecundación es la unión de un espermatozoide y un óvulo. Después de que ocurre, comienza una serie de sucesos llamados desarrollo.

- Un óvulo fecundado se llama **cigoto**. Éste se divide y se somete a repetidas rondas de mitosis para desarrollarse en una esfera hueca de células llamada **blastocisto**.

- Aproximadamente una semana después de la fecundación, el blastocito se adhiere a la pared del útero en el proceso de **implantación**. Al mismo tiempo, las células del blastocisto comienzan a especializarse por medio de la diferenciación. Algunas células emigran para formar dos capas de células: el ectodermo y el endodermo.

- Una tercera capa de células es producida por un proceso llamado **gastrulación**, en el que las células del ectodermo emigran para formar el mesodermo. Las tres capas al final se desarrollan para formar los diferentes órganos del embrión.

- Durante la **neurulación** se forman el notocordio y el tubo neural. Finalmente, del tubo neural se desarrollan el cerebro y la médula espinal.

- A medida que el embrión se desarrolla, también se forman membranas para su protección y nutrición. Parte de una membrana se combina con el forro uterino para formar la **placenta**. La madre y el embrión/feto intercambian gases, alimentos y productos de desecho a través de la placenta. El cordón umbilical conecta al embrión/feto con la placenta.

- Después de ocho semanas de desarrollo, al embrión se le llama **feto**. Después de tres meses, casi todos los órganos están totalmente formados.

Desarrollo posterior Antes del nacimiento, transcurren otros seis meses de desarrollo.

- Durante los meses cuarto a sexto, los tejidos del feto se especializan y órganos como el corazón comienzan a funcionar.

- Durante los meses séptimo a noveno, los sistemas de órganos del feto maduran a medida que el feto crece en tamaño y masa. Los pulmones y el sistema nervioso central completan su desarrollo.

- El nacimiento ocurre aproximadamente nueve meses después de la fecundación, cuando las hormonas provocan contracciones en el útero de la madre. Las contracciones primero empujan al bebé fuera de la vagina. Después, más contracciones expelen la placenta y el saco amniótico del útero. Poco después del alumbramiento, el tejido del pecho de la madre comienza a producir leche que contiene todo lo que el bebé necesita durante los primeros meses de su vida.

- La placenta es una barrera contra muchos agentes dañinos, pero algunos pueden pasar por ella, como los virus que causan el SIDA y la rubeola. El alcohol, las drogas y el tabaquismo también tienen efectos negativos en los embriones y los fetos. El cuidado prenatal y los avances en la tecnología médica han disminuido la tasa de mortalidad infantil.

Fecundación y desarrollo temprano

Para las preguntas 1 a 4, completa cada oración con la(s) palabra(s) correcta(s).

1. La fusión de un espermatozoide con un óvulo se llama _____.

2. Durante la implantación, _____ se incrusta en el forro del útero.

3. Las estructuras embrionarias llamadas _____ se combinan con el forro uterino para formar _____.

4. El embrión está rodeado por un líquido llamado fluido _____.

5. Completa la tabla con los sucesos y estructuras del desarrollo temprano.

Suceso o estructura	Qué es
	El proceso en el que un espermatozoide se une a un óvulo
	La capa de células a partir de la cual se desarrollan la piel y el sistema nervioso
Gastrulación	
	La etapa temprana en el desarrollo del sistema nervioso
Endodermo	
	La estructura llena de fluido que amortigua y protege al embrión
	El órgano de respiración, nutrición y excreción del embrión
Mesodermo	
Cordón umbilical	

Desarrollo posterior

6. ¿Qué cambios tiene un feto en desarrollo durante los meses cuarto a sexto del embarazo?

_____

_____

7. ¿Qué cambios tiene un feto en desarrollo durante los meses séptimo a noveno del embarazo?

_____

_____

_____

Para las preguntas 8 a 13, escribe la letra de la respuesta correcta.

_____ **8.** Las contracciones del trabajo de parto antes del nacimiento son desencadenadas

    A. por el líquido amniótico.

    B. por la hormona oxitocina.

    C. por el cordón umbilical.

    D. por la pared uterina.

_____ **9.** El término "alumbramiento" se refiere a

    A. amnios y corion.

    B. sujetar el cordón umbilical.

    C. la placenta y el saco amniótico.

    D. la producción de leche para el bebé.

_____ **10.** ¿Qué es el ombligo?

    A. una estructura con un propósito desconocido

    B. la cicatriz que deja el cordón umbilical

    C. restos del notocordio

    D. el punto donde ocurre la implantación

_____ **11.** ¿Qué hormona ocasiona que el pecho de la madre comience a producir leche?

    A. estrógeno

    B. oxitocina

    C. progesterona

    D. prolactina

_____ **12.** Beber alcohol en el embarazo puede dañar al embrión, sobre todo

    A. su sistema reproductor.

    B. su sistema circulatorio.

    C. su sistema endocrino.

    D. su sistema nervioso.

_____ **13.** ¿Qué medida de salud pública ha disminuido la incidencia de la espina bífida?

    A. la adición de ácido fólico a los cereales

    B. el desarrollo de nuevos tipos de leche para bebé

    C. los programas dirigidos a reducir el consumo del alcohol y el tabaco

    D. el uso de una vacuna que evita la rubeola

Aplica la gran idea

14. Las mujeres con diabetes tipo 1 tienen problemas para controlar los niveles de azúcar en la sangre durante el embarazo. Al inicio del embarazo, el feto extrae glucosa de la sangre de la madre a gran velocidad. ¿Esto eleva o reduce su necesidad de insulina?

_____

_____

_____

Repaso del vocabulario del capítulo

En las siguientes líneas, rotula las estructuras del
sistema reproductor masculino correspondientes
a los números en el diagrama.

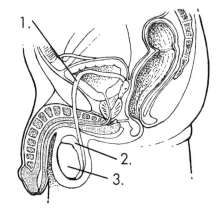

1. _____

2. _____

3. _____

Para las preguntas 4 a 10, relaciona el término con su definición.

Término

_____ **4.** glándula endocrina

_____ **5.** glándula exocrina

_____ **6.** gastrulación

_____ **7.** hormona

_____ **8.** implantación

_____ **9.** menstruación

_____ **10.** semen

Definición

A. Mezcla de espermatozoides y fluidos seminales

B. Adhesión del blastocisto a la pared uterina

C. Descarga de tejido uterino y sangre de la vagina

D. Sustancia química producida en una parte del
cuerpo que viaja a otras partes por el torrente
sanguíneo

E. El proceso que produce las tres capas de células del
embrión

F. Tipo de glándula que libera sus sustancias químicas
directamente en el torrente sanguíneo

G. Tipo de glándula que libera sus sustancias químicas
fuera del cuerpo

Para las preguntas 11 a 18, completa cada oración con la(s) palabra(s) correcta(s).

11. Después de ocho semanas de desarrollo, al embrión se le llama _____.

12. La glándula que produce las hormonas que regulan las secreciones de otras glándulas es la
glándula _____.

13. Las células con receptores de una hormona específica se llaman células _____.

14. Un óvulo fecundado se llama _____.

15. _____ también se conocen como "hormonas locales".

16. El oxígeno y los nutrientes se difunden de la sangre de la madre a la del embrión a través
de _____.

17. Las etapas tempranas del cerebro y la médula espinal se forman durante _____.

18. Los espermatozoides se producen en ductos llamados túbulos _____.

MISTERIO DEL CAPÍTULO

FUERA DE RITMO

En el Misterio del capítulo, aprendiste lo que pasa cuando el cuerpo no obtiene todo lo que necesita. Los procesos vitales que no son esenciales, como la menstruación, pueden interrumpirse. Además, el cuerpo podría comenzar a tomar nutrientes de los órganos y tejidos.

Aprendizaje en el siglo XXI

Dar a tu cuerpo lo que necesita

Existen muchas enfermedades asociadas con la desnutrición. En Estados Unidos, casi todas ellas están relacionados con cuestiones psicológicas y no con la falta de nutrientes disponibles. Una de estas enfermedades y quizá la más común es la anorexia nerviosa. El siguiente es un extracto de la lista de preguntas frecuentes de una página Web dedicada a la anorexia nerviosa.

Preguntas frecuentes sobre la anorexia

P: ¿Qué es la anorexia nerviosa?
R: Es un padecimiento que afecta la forma de pensar en los alimentos y en el propio cuerpo.

Regresar al principio

P: ¿La anorexia sólo afecta a niñas y mujeres?
R: Si bien entre 90 y 95% de los anoréxicos son mujeres, entre 5 y 10% son niños y hombres.

Regresar al principio

P: ¿Qué causa la anorexia?
R: No sabemos. Ni siquiera si existe una causa o muchas. Pero hay factores de riesgo.

Regresar al principio

P: ¿Cuáles son los factores de riesgo?
R: El primero es la cultura. Afecta casi exclusivamente a personas que se mudaron o crecieron en culturas occidentales con imágenes del cuerpo "ideal" para su sexo. Por ejemplo, las imágenes de mujeres delgadas y perfectas abundan en sus medios de comunicación.
    Tener un pariente con anorexia aumenta la probabilidad de que una persona la desarrolle. Es posible que los rasgos de personalidad y los factores genéticos también estén implicados.

Regresar al principio

P: ¿Qué efecto tiene la anorexia en el cuerpo humano?
R: Los síntomas varían según la severidad y duración de la enfermedad. Cambia la química del cerebro, causando irritabilidad, depresión y dificultad para razonar. El pelo y las uñas se hacen quebradizos. La presión sanguínea disminuye así como el pulso cardíaco. La piel se seca y se llena de moretones fácilmente. Los huesos pierden masa y se rompen con mayor facilidad. Otros síntomas incluyen cálculos y deficiencia renal, anemia, piel amarilla y crecimiento de finos vellos en todo el cuerpo. En las mujeres, la anorexia interrumpe el ciclo menstrual y aumenta la probabilidad de aborto y peso bajo en el nacimiento.

Regresar al principio

Continúa en la próxima página ▶

Asuntos del siglo XXI — Conocimientos de ciencias y salud

1. ¿Qué porcentaje de anoréxicos son hombres?

_____

2. ¿A qué partes del cuerpo afecta la anorexia nerviosa?

_____

_____

_____

3. ¿Qué síntomas se describen tanto en esta lista de preguntas frecuentes como en la solución del Misterio del capítulo?

_____

_____

4. ¿Cuáles crees que podrían ser algunos de los tratamientos para la anorexia?

_____

_____

_____

_____

5. Sugiere algunas maneras en que la incidencia de la anorexia nerviosa en Estados Unidos se podría reducir.

_____

_____

_____

_____

_____

Destrezas para el siglo XXI — Se solicita nutriólogo

Entre las destrezas utilizadas en esta actividad están **destrezas de comunicación, creatividad y curiosidad intelectual, destrezas interpersonales y de colaboración, responsabilidad y adaptabilidad y responsabilidad social.**

Un interés en la nutrición podría llevar a una carrera profesional como nutriólogo o dietista. Los nutriólogos y dietistas trabajan en hospitales, casas de reposo, consultorios, escuelas, organismos gubernamentales y otros lugares. Usa recursos de la biblioteca o de Internet para investigar las diferentes oportunidades de trabajo que tienen que ver con la nutrición. Luego, escribe el anuncio de una vacante que describa tu trabajo ideal.

Compara tu anuncio con los de tus compañeros.

35 El sistema inmunológico y las enfermedades

la gran idea

Homeostasis

P: ¿Cómo combate el cuerpo a los organismos invasores que pueden perturbar la homeostasis?

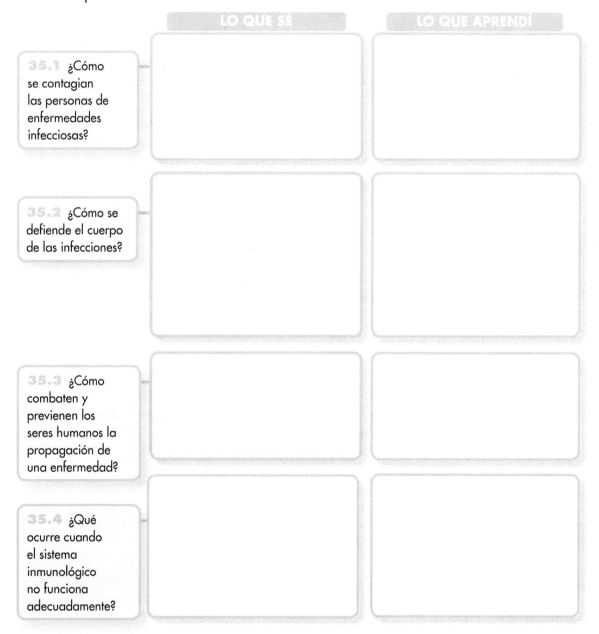

LO QUE SÉ	LO QUE APRENDÍ
35.1 ¿Cómo se contagian las personas de enfermedades infecciosas?	
35.2 ¿Cómo se defiende el cuerpo de las infecciones?	
35.3 ¿Cómo combaten y previenen los seres humanos la propagación de una enfermedad?	
35.4 ¿Qué ocurre cuando el sistema inmunológico no funciona adecuadamente?	

35.1 Enfermedades infecciosas

Objetivos de la lección

- Identificar las causas de las enfermedades infecciosas.
- Explicar cómo se propagan las enfermedades infecciosas.

Resumen de la lección

Causas de las enfermedades infecciosas Los cambios en la fisiología corporal que perturban las funciones normales del cuerpo y que son causados por microorganismos se llaman **enfermedades infecciosas**. Esta explicación, establecida por Louis Pasteur y Robert Koch, se llama la **teoría microbiana de la enfermedad**.

▶ Son causadas por virus, bacterias, hongos, protistas y gusanos parásitos. Estos microorganismos que causan enfermedades también se llaman patógenos.

▶ Koch también desarrolló una serie de reglas que ayudan a los científicos a identificar qué organismo causa una enfermedad específica. Éstas reglas son los **postulados de Koch**.

▶ Muchos microorganismos son simbiontes que no son dañinos ni beneficiosos. Los patógenos causan enfermedades al destruir las células, perturbar las funciones corporales o liberar toxinas que matan a las células o interfieren con sus funciones normales.

Cómo se propagan las enfermedades Las enfermedades infecciosas se pueden propagar de varias maneras.

▶ Algunas se propagan de persona a persona a través de la tos, el estornudo, el contacto físico o el intercambio de fluidos corporales. Casi todas se propagan por el contacto indirecto, como los patógenos transportados en el aire y que se pueden inhalar o recoger de las superficies.

▶ Algunos patógenos se propagan por tipos específicos de contacto directo, como el contacto sexual o el consumo de drogas en las que se comparten jeringas.

▶ Otras enfermedades infecciosas se propagan por el agua o alimentos contaminados.

▶ Algunas se propagan de los animales a los humanos. Este tipo de enfermedades se llaman **zoonosis**. A menudo, en su propagación participan **vectores**, portadores de enfermedades a los que el patógeno no suele afectar.

Causas de las enfermedades infecciosas

1. ¿Cuáles son las enfermedades infecciosas y qué las causa?

_____

_____

2. ¿Cómo obtuvo su nombre la teoría microbiana de la enfermedad?

_____

_____

3. ¿Qué otro nombre científico designa a los agentes causantes de enfermedades?

_____

Para las preguntas 4 a 12, relaciona cada tipo de enfermedad con el tipo de agente que la causa. Algunos tipos de agentes causantes de enfermedades se pueden usar más de una vez.

Enfermedad

Tipo de agente que causa la enfermedad

_____ 4. enfermedad africana del sueño

_____ 5. pie de atleta

_____ 6. botulismo

_____ 7. varicela

_____ 8. anquilostomiasis

_____ 9. influenza

_____ 10. malaria

_____ 11. triquinosis

_____ 12. tuberculosis

A. virus

B. bacteria

C. protista

D. gusano parásito

E. hongo

13. ¿Para qué se usan los postulados de Koch?

_____

_____

14. Para completar el diagrama de flujo, enumera los pasos que muestran el orden en el que un investigador aplica los postulados de Koch.

Mismo patógeno obtenido del ratón enfermo	Patógeno inyectado en un ratón sano de laboratorio	Patógeno incubado en cultivo esterilizado	Ratón sano se enferma	Patógeno aislado de un ratón muerto

_____   _____   _____   _____   _____

15. ¿Son los microorganismos siempre dañinos para el cuerpo humano? Explica tu respuesta y da un ejemplo.

_____

_____

_____

_____

16. Enumera dos maneras en que las bacterias pueden producir una enfermedad.

A. _____

B. _____

17. Enumera tres maneras en que los gusanos parásitos pueden producir una enfermedad.

A. _____

B. _____

C. _____

Cómo se propagan las enfermedades

Para las preguntas 18 a 26, completa cada oración con la(s) palabra(s) correcta(s).

18. La selección natural favorece los patógenos que tienen _____ que les ayudan a propagarse entre los huéspedes.

19. Los síntomas de las enfermedades que pueden propagar a los patógenos incluyen _____ y _____ .

20. Las mejores maneras de prevenir las infecciones de nariz, garganta y tracto respiratorio es _____ con frecuencia y evitar _____ la boca y la nariz.

21. _____ que causa las infecciones en la piel se puede transmitir por cualquier contacto corporal o por contacto con toallas o equipos contaminados.

22. _____ se propaga entre los huéspedes por medio de los fluidos corporales que se intercambian durante la actividad sexual.

23. La sangre de las jeringas compartidas puede propagar ciertas formas de _____ y _____ .

24. Un síntoma de las enfermedades que se propagan por agua o alimentos contaminados es la _____ .

25. La enfermedad de Lyme, la enfermedad de las vacas locas y el síndrome respiratorio agudo severo son ejemplos de _____ .

26. _____ que transporta el virus del Nilo Occidental entre las aves y los seres humanos es un mosquito.

Aplica la gran idea

27. Explica cómo la tos y el estornudo no sólo pueden propagar una infección, sino también ayudar a proteger contra los organismos invasores.

_____
_____
_____
_____
_____
_____

35.2 Defensas contra las infecciones

Objetivos de la lección

- Describir las defensas no específicas del cuerpo contra los patógenos invasores.
- Describir la función de las defensas específicas del sistema inmunológico.
- Enumerar las defensas específicas del cuerpo contra los patógenos.

Resumen de la lección

Defensas no específicas El cuerpo tiene muchas defensas no específicas que lo defienden contra una amplia gama de patógenos.

▶ La primera línea de defensa es la piel, que mantiene a los patógenos fuera del cuerpo al formar una barrera que pocos pueden atravesar. La mucosidad, la saliva y las lágrimas contienen una enzima que puede matar las bacterias. Ésta también atrapa a los patógenos.

▶ Si los patógenos logran entrar al cuerpo, la segunda línea de defensa comienza a trabajar. Estas defensas no específicas incluyen:

- la **respuesta inflamatoria**, en la que sustancias químicas llamadas **histaminas** ocasionan que los vasos sanguíneos que están cerca de una herida se expandan y que los fagocitos entren en el tejido para combatir la infección.

- la producción de proteínas llamadas **interferones** que bloquean la replicación viral.

- la liberación de sustancias químicas que producen **fiebre**, esto es, un aumento en la temperatura normal del cuerpo, que puede desacelerar el crecimiento de los patógenos y acelerar la respuesta inmune.

Defensas específicas: Sistema inmunológico La función del sistema inmunológico es combatir las infecciones al desactivar las sustancias o células extrañas que han entrado en el cuerpo. La respuesta inmune específica funciona de varias maneras, incluyendo:

▶ reconocerse "a sí mismo" y también a las células y proteínas que pertenecen al cuerpo.

▶ reconocer a los "extraños", o **antígenos**, es decir, las moléculas que se hallan en sustancias extrañas. Los antígenos estimulan al sistema inmunológico para producir células llamadas linfocitos que reconocen, atacan, destruyen y "recuerdan" a patógenos específicos.

▶ producir linfocitos específicos que reconocen a antígenos específicos. Atacan a las células infectadas o producen **anticuerpos**, que son proteínas que marcan a los antígenos que deben ser destruidos por las células inmunes.

El sistema inmunológico en acción La respuesta inmune funciona de dos maneras.

▶ En la **inmunidad humoral**, los glóbulos blancos llamados linfocitos B (células B), producen anticuerpos que atacan a los patógenos en la sangre.

▶ En la **inmunidad mediada por células**, los glóbulos blancos llamados linfocitos T (células T), buscan y destruyen a las células infectadas o anormales.

▶ Después de que un patógeno es destruido, permanecen en la sangre células B de memoria y células T de memoria. Estas células ayudan a crear una respuesta inmune más rápida si el mismo patógeno vuelve a entrar al cuerpo.

Defensas no específicas

Para las preguntas 1 a 8, escribe la letra de la definición más apropiada de cada término.

Término

_____ 1. piel

_____ 2. lisozima

_____ 3. respuesta inflamatoria

_____ 4. histaminas

_____ 5. interferones

_____ 6. fiebre

_____ 7. mucosidad

_____ 8. defensas no específicas

Definición

A. Aumento en la temperatura corporal que desacelera o detiene a los patógenos

B. Secreción de la nariz y garganta que atrapa a los patógenos

C. Enzima que se halla en las lágrimas y en la saliva que descompone las paredes celulares de las bacterias

D. Sustancias químicas que aumentan el flujo de sangre a los tejidos

E. Combinación de barreras físicas y químicas que defienden de los patógenos

F. Enrojecimiento, dolor e hinchazón en el lugar de una herida

G. Proteínas que combaten el crecimiento viral

H. La defensa no específica más importante del cuerpo

Defensas específicas: Sistema inmunológico

Para las preguntas 9 a 14, completa cada oración con la(s) palabra(s) correcta(s).

9. La respuesta _____ es la respuesta del cuerpo a invasores específicos.

10. La sustancia que desencadena la respuesta inmune también se conoce como _____.

11. El papel principal de _____ es marcar a _____ para que las células inmunes los destruyan.

12. Las principales células que trabajan en el sistema inmunológico son dos tipos de _____. Su tipo específico está determinado por _____ de una persona.

13. _____ descubren a los antígenos de los fluidos corporales.

14. _____ defienden al cuerpo de los patógenos que han infectado las células del cuerpo.

15. RAZONAMIENTO VISUAL En el siguiente espacio, dibuja un ejemplo de cada tipo de linfocito que muestre una diferencia básica entre los dos tipos de célula.

Célula B	Célula T

El sistema inmunológico en acción

Para las preguntas 16 a 22, escribe en la línea Cierto o Falso.

_____ **16.** La inmunidad humoral responde a patógenos en sangre y linfa.

_____ **17.** La primera respuesta de la inmunidad humoral a una infección es mucho más rápida que la segunda.

_____ **18.** Las células plasmáticas son células B especializadas.

_____ **19.** En la inmunidad mediada por células participan anticuerpos.

_____ **20.** La inmunidad mediada por células mata las células infectadas.

_____ **21.** La inmunidad mediada por células sólo actúa en cuadros virales.

_____ **22.** Las células T citotóxicas causan el rechazo a órganos trasplantados.

23. Completa la tabla para comparar cómo funcionan la inmunidad humoral y la inmunidad mediada por células después de que un virus invade el cuerpo por primera y segunda vez.

Inmunidad humoral contra inmunidad mediada por células	
Acción de la inmunidad humoral	**Acción de la inmunidad mediada por células**
Respuesta primaria:	**Respuesta primaria:**
	Los macrófagos consumen los virus y exhiben sus antígenos en la superficie de la célula. Las células T ayudantes se activan.
Las células B activadas crecen y se dividen rápido.	
	Las células T ayudantes activan las células B y T citotóxicas y producen células de memoria.
Las células plasmáticas liberan anticuerpos que capturan y marcan antígenos para destruirlos.	
Respuesta secundaria:	**Respuesta secundaria:**

Aplica la gran idea

24. El escurrimiento nasal es un síntoma del resfriado. ¿Por qué ésto es una prueba de que las defensas inmunes del cuerpo están trabajando?

_____

_____

_____

_____

35.3 Combatir enfermedades infecciosas

Objetivos de la lección

- Distinguir entre inmunidad activa e inmunidad pasiva.
- Describir cómo las medidas de salud pública y los medicamentos combaten enfermedades.
- Describir por qué han cambiado los patrones de las enfermedades infecciosas.

Resumen de la lección

Inmunidad adquirida Tú puedes adquirir inmunidad sin tener una enfermedad.

- La **vacunación** es la inyección de una forma debilitada o atenuada de un patógeno que causa inmunidad.
- La **inmunidad activa** es el resultado de las vacunas o de la exposición natural a un antígeno.
- La **inmunidad pasiva** se forma cuando se introducen anticuerpos en el cuerpo. Sólo dura hasta que el sistema inmunológico destruye a los anticuerpos extraños.

Salud pública y medicamentos En el año 2005, menos del 5 por ciento de las muertes humanas fueron causadas por enfermedades infecciosas. Esta estadística es el resultado de dos importantes factores.

- El campo de la salud pública proporciona servicios que ayudan a vigilar los suministros de agua y alimentos y a promover la vacunación y las conductas saludables.
- El desarrollo y uso de muchos medicamentos nuevos, sobre todo antibióticos y antivirales, han salvado muchas vidas al curar las enfermedades infecciosas.

Enfermedades nuevas y que vuelven a surgir Desde 1980, han aparecido muchas enfermedades nuevas y han reaparecido otras que se pensaba habían sido erradicadas. Hay dos razones principales para estos cambios.

- Las interacciones con animales exóticos han aumentado.
- El mal uso de los medicamentos ha provocado que enfermedades que una vez estuvieron bajo control, como la tuberculosis y la malaria, hayan desarrollado una resistencia a muchos antibióticos.

Inmunidad adquirida

1. ¿Cuál fue el origen del término *vacunación*? Explica por qué se le dio este nombre.

_____

_____

_____

2. ¿Cómo funcionan las vacunas?

_____

_____

_____

3. ¿Qué tipo de inmunidad producen las vacunas?

_____

4. ¿Qué tipo de inmunidad transmite una madre a su hijo mientras lo amamanta?

_____

5. ¿Por qué la inmunidad pasiva sólo es temporal?

_____

6. Completa el diagrama de Venn para comparar los dos tipos de inmunidad y escribe las palabras correctas en las líneas.

_____   _____

La capacidad a largo plazo del sistema inmunológico para responder a

_____.

Puede ser el resultado de la exposición natural o

_____.

La capacidad

_____

para combatir las infecciones producidas por la introducción de

_____.

Salud pública y medicamentos

Para las preguntas 7 a 11, completa cada oración con la(s) palabra(s) correcta(s).

7. Promover _____ en la infancia y surtir agua potable limpia son dos actividades de _____ que han reducido enormemente la propagación de muchas enfermedades infecciosas.

8. Los compuestos que matan a las bacterias sin dañar a las células huésped se llaman

_____.

9. El primer antibiótico que se descubrió fue _____.

10. Los medicamentos _____ inhiben la capacidad de los virus para invadir las células o multiplicarse dentro de ellas.

11. ¿Cómo descubrió Alexander Fleming el primer antibiótico?

_____

_____

Enfermedades nuevas y que vuelven a surgir

Para las preguntas 12 a 16, escribe la letra de la respuesta correcta.

_____ **12.** ¿Cuál de las siguientes NO se considera una causa importante de enfermedades nuevas o de las que vuelven a surgir?

    A. el mal uso de medicamentos

    B. la fusión de hábitats animales y humanos

    C. la vacunación

    D. el comercio de animales exóticos

_____ **13.** ¿Cuál de los siguientes es un ejemplo de una enfermedad infecciosa que fue eliminada gracias a las medidas de salud pública?

    A. la influenza aviar

    B. el hantavirus

    C. la viruela

    D. el virus del Nilo Occidental

_____ **14.** ¿Cómo se cree que se iniciaron en los seres humanos el virus de la viruela de los simios y el síndrome respiratorio agudo severo?

    A. por el comercio de animales como mascotas o alimento

    B. por la resistencia a los antibióticos

    C. por el despeje de nuevas áreas de tierra en los trópicos

    D. por la fusión de hábitats animales y humanos

_____ **15.** La malaria y la tuberculosis son dos ejemplos de enfermedades que

    A. habían sido totalmente eliminadas de la población humana.

    B. desarrollaron resistencia a muchos antibióticos.

    C. aumentaron debido a que no se entendía la manera en que trabajaban las vacunas.

    D. se han descubierto recientemente en Estados Unidos.

_____ **16.** Se piensa que el hecho de no seguir las recomendaciones de vacunación es el responsable del regreso

    A. del Ébola.

    B. de la influenza.

    C. de la enfermedad de Lyme.

    D. del sarampión.

Aplica la **gran** idea

17. Después de ser vacunados, a muchos niños les da fiebre. Esto no se considera un peligro ni un problema. ¿A qué se podría deber?

_____

_____

_____

35.4 Trastornos del sistema inmunológico

Objetivos de la lección

- Explicar cuando el sistema inmunológico exagera ante patógenos inocuos.
- Describir cómo se transmite el VIH y cómo afecta al sistema inmunológico.

Resumen de la lección

Cuando el sistema inmunológico "falla" A veces, el sistema inmunológico reacciona de forma exagerada a antígenos inocuos. Esto ocasiona tres tipos de enfermedades.

- Las más comunes son las **alergias**, que ocurren cuando los antígenos entran en el cuerpo y se unen a los mastocitos. Éstos liberan histaminas, que aumentan el flujo de sangre y fluidos al área. Esto provoca los síntomas de las alergias.

- Las reacciones alérgicas del sistema respiratorio pueden causar **asma**, una peligrosa enfermedad crónica que estrecha los conductos de aire y dificulta la respiración.

- Cuando el sistema inmunológico ataca a las células de su propio cuerpo, produce una enfermedad autoinmune, como la diabetes tipo 1, la artritis reumatoide y el lupus.

VIH y SIDA En la década de 1970, varios casos de enfermedades oportunistas, esto es, enfermedades que atacan a las personas con sistemas inmunológicos débiles, llevaron al descubrimiento del síndrome de inmunodeficiencia adquirida (SIDA).

- Las investigaciones revelaron que el SIDA es una enfermedad infecciosa causada por el virus de inmunodeficiencia humana (VIH), que se une a los receptores de las células T ayudantes. Una vez dentro, se copia a sí mismo e infecta a más células T ayudantes.

- La infección del VIH gradualmente provoca la muerte de más células T. Una persona tiene SIDA cuando su conteo de células T disminuye a casi un sexto de lo normal.

- El VIH sólo se transmite por el contacto con sangre, semen, secreciones vaginales o leche materna infectados.

Cuando el sistema inmunológico "falla"

Para las preguntas 1 a 5, completa cada oración con la(s) palabra(s) correcta(s).

1. La reacción exagerada del sistema inmunológico a los antígenos del polen y otras sustancias inocuas se llama _____.

2. El estornudo, el escurrimiento en la nariz y los ojos llorosos son síntomas de la respuesta _____ del sistema respiratorio.

3. Los medicamentos llamados _____ contrarrestan los efectos de _____ producidas por los mastocitos.

4. La peligrosa enfermedad que afecta al sistema respiratorio y que puede ser causada por alergias se llama _____.

5. Algunos ejemplos de disparadores _____ de reacciones alérgicas incluyen el humo del tabaco, la contaminación, los mohos y la caspa de las mascotas.

6. ¿Qué es una enfermedad autoinmune?

_____

_____

7. Describe las ventajas y desventajas de los tratamientos para enfermedades autoinmunes como el lupus.

_____

_____

_____

8. Completa la tabla con las enfermedades autoinmunes.

Enfermedades autoinmunes	
Enfermedad autoinmune	**Órgano o tejido que es atacado**
Diabetes tipo 1	
	Los tejidos conectivos alrededor de las articulaciones
Lupus	

VIH y SIDA

9. ¿Qué significa "SIDA"?

_____

10. ¿Cuál es el término que describe las enfermedades que atacan a las personas que tienen un sistema inmunológico débil?

_____

_____

11. Enumera cuatro fluidos corporales que pueden transmitir el SIDA.

    A. _____

    B. _____

    C. _____

    D. _____

12. ¿Qué comportamientos previenen que las personas se infecten de VIH?

_____

_____

13. ¿Por qué es tan complicado curar la infección de VIH? Explica tu respuesta.

_____

_____

_____

14. Completa el diagrama de flujo que resume el proceso de infección de VIH.

> [ ]

↓

> El VIH se adhiere a la membrana celular huésped con moléculas específicas en la superficie.

↓

> [ ]

↓

> [ ]

↓

> El ADN viral entra en el núcleo, se adhiere al ADN huésped y produce ARN viral.

↓

> [ ]

↓

> Nuevos virus brotan de la membrana celular huésped e infectan a más células.

Aplica la gran idea

15. ¿Cuál es la diferencia clave entre una enfermedad de inmunodeficiencia y una enfermedad autoinmune?

_____

_____

_____

_____

Repaso del vocabulario del capítulo

Usa el diagrama para responder las preguntas 1 a 3.

1. La estructura A del diagrama representa

_____.

2. La estructura B del diagrama representa

_____.

3. En las siguientes líneas, describe la interacción que ocurre entre los anticuerpos y los antígenos.

_____

_____

B.

A.

Para las preguntas 4 a 7, relaciona la definición con el término correcto.

Definición

Término

_____ 4. Animal que transmite un patógeno de persona a persona

_____ 5. Enfermedad que se transmite de los animales a los humanos

_____ 6. Enfermedad respiratoria crónica en la que los conductos de aire se estrechan más de lo normal

_____ 7. Inyección de una forma debilitada o atenuada de un patógeno para producir inmunidad

A. asma

B. vacunación

C. vector

D. zoonosis

Para las preguntas 8 a 10, escribe la letra de la respuesta correcta.

_____ 8. Las sustancias químicas que obstaculizan la replicación de los virus en el cuerpo se llaman

    A. interferones.   **C.** alergias.

    B. histaminas.   **D.** antígenos.

_____ 9. ¿Qué sustancias químicas se producen durante la respuesta inflamatoria?

    A. interferones   **C.** alergias

    B. histaminas   **D.** antígenos

_____ 10. La temperatura corporal elevada que ayuda a detener el crecimiento de los patógenos es

    A. un vector.   **C.** una alergia.

    B. la zoonosis.   **D.** la fiebre.

Para las preguntas 11 a 13, completa cada oración con la(s) palabra(s) correcta(s).

11. Un cambio en la fisiología que perturba las funciones normales del cuerpo y es causado

por un microorganismo se llama _____.

12. La parte de la respuesta inmune que depende de la acción de los macrófagos y varios tipos

de células T se llama inmunidad _____.

13. La parte de la respuesta inmune que depende de la acción de las células B y de los

anticuerpos que circulan en la sangre y en la linfa se llama inmunidad _____.

MISTERIO DEL CAPÍTULO

EN BUSCA DE LA CAUSA

EL ANTIGUO LYME
Connecticut

Aprendizaje en el siglo XXI

En el Misterio del capítulo, leíste acerca de un grupo de personas de una zona de Connecticut que se contagiaron de la enfermedad de Lyme. Esta enfermedad es propagada por ciertos tipos de garrapatas, pero muchas enfermedades infecciosas se propagan directamente de persona a persona.

Enfermedades infecciosas en la historia

La viruela es una enfermedad mortal muy contagiosa que una vez fue común en toda Europa, Asia y África del Norte. La guerra contra la viruela comenzó a finales del siglo XVIII, cuando el médico británico Edward Jenner desarrolló una vacuna contra ella. A finales de la década de 1900, se realizó un esfuerzo mundial para administrar la vacuna a escala global. Para 1980, la enfermedad ya se había erradicado. Uno de los últimos brotes graves de viruela ocurrió en Europa Oriental en 1972. El siguiente artículo describe lo que ocurrió durante una de las últimas batallas contra esta devastadora enfermedad contagiosa.

LA ÚLTIMA BATALLA DE LA VIRUELA

Cada año, millones de personas viajan a la ciudad de La Meca en Arabia Saudita. En 1972, un hombre que regresaba del Medio Oriente viajó por un área donde se sabía había viruela. El hombre regresó a su aldea en Kosovo, Yugoslavia, con el virus de la enfermedad.

Curiosamente, el peregrino sólo se enfermó levemente. Pero indirectamente transmitió el virus a un hombre llamado Ljatif Muzza, que vivía en un pueblo vecino. Cuando Muzza se enfermó, fue al hospital local donde no pudieron diagnosticar qué tenía. (Nadie reconocía la viruela porque no había habido ningún brote en muchos años). El hospital local lo envió a una institución más grande y ésta, a su vez, al principal hospital de la capital, Belgrado. Muzza murió poco después. Pero en su recorrido de hospital en hospital había infectado de viruela a otras 38 personas, ocho de las cuales también murieron.

En esa época, Yugoslavia era gobernada por un dictador comunista llamado Josip Broz, que se hacía llamar "Tito". Él usó sus poderes dictatoriales para tomar medidas drásticas que detuvieran el brote de viruela. Declaró la ley marcial y la provincia donde Muzza vivía fue bloqueada; nadie podía entrar ni salir. Las personas que se habían infectado permanecieron en cuarentena en hospitales especiales. A todo el que hubiera entrado en contacto con personas infectadas, 10,000 en total, se le administró la vacuna de la viruela y se le puso en cuarentena en hoteles bajo la custodia del ejército. En todo el país se prohibieron los eventos públicos y se usaron barricadas y alambres de púas para evitar que las personas viajaran y propagaran la enfermedad. El brote se extinguió después de algunas semanas y sólo 35 personas murieron.

Continúa en la próxima página ▶

Asuntos del siglo XXI Conocimientos de ciencias y salud

1. ¿Cómo fue erradicada la viruela de la población global?

_____

_____

2. ¿Por qué los médicos tardaron tanto en reconocer que la enfermedad de Muzza era viruela?

_____

_____

3. ¿Qué información del artículo indica que la viruela se propaga directamente de persona a persona?

_____

_____

4. ¿Qué medidas drásticas se tomaron para controlar el brote?

_____

_____

_____

5. En Estados Unidos, a los niños ya no se les vacuna contra la viruela. ¿A qué crees que se debe esto?

_____

_____

_____

_____

_____

Destrezas para el siglo XXI Controlar una epidemia

Entre las destrezas utilizadas en esta actividad están **conocimientos sobre medios de comunicación e información, destrezas de comunicación, creatividad y curiosidad intelectual,** y **responsabilidad social**.

Las enfermedades epidémicas ahora están en la mente de las personas más de lo que lo estaban en 1972. La viruela fue eliminada, pero otras enfermedades, como la influenza aviar y el síndrome respiratorio agudo severo, son posibles amenazas. Probablemente tu gobierno estatal tiene planes vigentes para manejar posibles epidemias o pandemias. Si vives en una ciudad grande, tal vez los funcionarios municipales también tengan algún plan. Entrevista a los funcionarios adecuados y averigua qué planes y procedimientos están vigentes para proteger al público en caso de una epidemia. Luego, usa la información para escribir un artículo de revista que describa los planes de tu gobierno.